DROIT ADMINISTRATIF GÉNÉRAL

mémentos dalloz

série droit public - science politique

sous la direction de Yves Jégouzo

professeur à l'Université Paris 1 Panthéon-Sorbonne

DROIT ADMINISTRATIF GÉNÉRAL

Gustave Peiser

Professeur émérite de l'Université

Pierre Mendès-France (Grenoble II)

25e édition – 2011

DALLOZ

DALLOZ

31-35 rue Froidevaux, 75685 Paris cedex 14

ISBN 978-2-247-08803-4

SOMMAIRE

PRÉLIMINAIRE

Ce premier volume des **Mémentos « Droit administratif »** est consacré au Droit administratif général (actes administratifs, organisation administrative, police, service public, responsabilité, contentieux administratif). Deux autres volumes décrivent les rubriques essentielles du Droit administratif spécial : Fonction publique, Biens (domaine public, expropriation, travaux publics). Enfin, la rubrique « contentieux administratif » développée dans le présent Mémento, a fait aussi l'objet d'un Mémento spécial « Contentieux administratif », plus détaillé.

BIBLIOGRAPHIE DE BASE

– J. Rivero, J. Waline, *Droit administratif*, Dalloz, coll. « Précis », 23e éd., 2010.

– Y. Gaudemet, *Droit administratif*, LGDJ, coll. « Traités », 19e éd., 2010.

– G. Vedel, P. Delvolvé, *Droit administratif*, Thémis, 1992.

– R. Chapus, *Droit administratif général*, Montchrestien, coll. « Précis Domat », 2 tomes, 15e éd., 2001.

– M. Lombard, G. Dumont, *Droit administratif*, Dalloz, coll. « Hypercours », 8e éd., 2009.

– G. Braibant, B. Stirn, *Le droit administratif français*, PFNSP-Dalloz, coll. « Amphithéâtre », 2005.

– G. Dupuis, M.-J. Guédon, P. Chrétien, *Droit administratif*, Dalloz-Sirey, coll. « Université », 12e éd., 2010.

– M.-C. Rouault, *Droit administratif*, Gualino, 2010.

– J.-L. Autin, C. Ribot, *Droit administratif général*, Litec, coll. « Objectif Droit », 5e éd., 2007.

– D. Truchet, *Droit administratif*, PUF, coll. « Themis », 3e éd., 2010.

Le numéro de page qui suit les arrêts fait référence au *Recueil Lebon* de l'année.

RFDA : Revue française de droit administratif – AJDA : Actualité juridique de droit administratif – EDCE : Études et documents du Conseil d'État – GAJA : Grands arrêts de la jurisprudence administrative.

INTRODUCTION GÉNÉRALE

Qu'entend-on par droit administratif ?

1. On peut le concevoir comme le **droit applicable à l'administration**, c'est-à-dire l'ensemble des règles juridiques relatives à son organisation, son activité et au contrôle qui s'exerce sur elle. Vu sous cet angle, tous les pays ont un droit administratif.

2. Mais en France, on entend par droit administratif, **un corps de règles** applicables à l'administration, pour la plupart substantiellement **différentes des règles applicables aux particuliers** et soumises au contrôle d'une juridiction administrative autonome.

Il existe donc deux définitions du droit administratif :

Définition large : le droit administratif est l'ensemble des règles déterminant l'organisation et le fonctionnement de l'administration.

Définition étroite : en France, le droit administratif est constitué par cet ensemble de règles qui sont indépendantes et autonomes par rapport au droit privé. Le contentieux de l'application de ce droit relève d'un juge indépendant du juge judiciaire, le juge administratif.

Chapitre 1 › L'ADMINISTRATION

Définition : ***ensemble organisé de services*** *(caractère organique)* ***destiné à satisfaire les besoins collectifs déterminés*** *(caractère matériel).*

Section 1 › ORGANES

Le terme d'administration recouvre une réalité juridique complexe et sert à désigner un ensemble d'organismes gérés par des organes internes à chacun des organismes. L'ensemble de l'administration est composé d'un certain nombre de personnes administratives, ayant la personnalité morale : au sommet **l'État**, qui n'est pas seulement une personne administrative, mais assume aussi une fonction législative et une fonction juridictionnelle ; au-dessous, des personnes publiques à caractère territorial, **régions, départements, communes**, ou des services possédant une autonomie en tant que tels (**établissements publics**) (ex. : Universités).

Section 2 › FONCTIONS

§ 1 - Administration et action des particuliers

Les particuliers agissent dans un **but d'intérêt particulier**, recherche d'un profit, réussite ; l'administration agit dans un **but d'intérêt public** dans l'intérêt général. Les particuliers, dans leurs relations, sont dans une situation **égalitaire**. L'administration, qui défend l'intérêt général, est dans une situation **inégalitaire** en face des particuliers ; en tant que puissance publique, elle **dispose d'un certain nombre de prérogatives lui permettant de défendre cet intérêt général.**

§ 2 - Administration et autres activités publiques

A. Légiférer et action administrative

- Au point de vue **organique**, le Parlement fait la loi, l'administration **administre**. Toutefois, le Parlement joue un rôle important dans la vie administrative, dans la mesure où il donne sa structure à l'administration et la contrôle.
- Au point de vue **matériel**, on pourrait dire que faire des lois c'est poser des règles générales, abstraites, impersonnelles ; administrer, au contraire, c'est assurer une gestion quotidienne. Mais, en réalité, le Parlement peut faire des **actes de pure gestion**, et inversement, l'administration prend souvent des **décisions de caractère très général**.

B. Gouverner et action administrative

- Au point de vue **organique**, le gouvernement est à la fois un organe politique et un organe administratif, puisque le Premier ministre et les ministres sont à la tête de l'administration : **le politique et l'administratif se confondent à ce niveau.**

• Au point de vue **matériel**, si le gouvernement est chargé de « **conduire le politique de la Nation** » (art. 20 Constitution 1958) et que l'administration **assure une gestion de tous les jours**, en pratique il est difficile de distinguer entre les tâches du pouvoir exécutif et les tâches purement administratives.

C. Juger et action administrative

• Au point de vue **organique**, il existe bien une **séparation** de l'administration et de son juge ; mais dans le système français, le juge administratif s'est établi à l'intérieur même de l'administration, si bien que c'est **à l'intérieur** de celle-ci qu'il faut distinguer entre l'administration active et le juge administratif.

• Au point de vue **matériel**, juger, c'est rappeler **la règle de droit applicable**, administrer, c'est assurer la **satisfaction des besoins publics** ; mais en pratique, la distinction est souvent moins nette, car dans l'un et l'autre cas, il s'agit **d'appliquer le droit à un cas concret et éventuellement de créer le droit** (jurisprudence, règlements).

Section 3 › DROIT APPLICABLE À L'ADMINISTRATION

§ 1 - État de police et État de droit

• **Dans l'État de police**, l'administration est bien soumise à une sorte de réglementation, mais sans valeur juridique, l'administration gardant en fin de compte, **une entière liberté d'action**.

• **Dans l'État de droit**, l'administration est liée par la règle de droit. Principe fondamental du libéralisme politique, cette notion prévaut dans les États modernes. Mais les modalités peuvent être variables.

§ 2 - Modalités dans l'État de droit

A. La soumission au droit commun

Dans le système anglo-saxon (Angleterre, États-Unis), l'administration est soumise au droit dans les mêmes conditions que les citoyens ; **la loi est la même pour tous**.

B. La dualité de droit applicable

Dans le système français, le droit applicable à l'administration est double : **un droit spécial (le droit administratif) et le droit privé**. Certes, l'application du droit privé a été l'exception jusqu'à une certaine époque (1920). Mais aujourd'hui la part du droit privé s'est considérablement accrue, c'est une hypothèse de plus en plus fréquente.

Exemples :

– organisation de l'administration. À côté des agents publics soumis au droit public, il y a des agents de l'administration soumis au droit privé.

– activité de l'administration. Distinction entre les actes soumis au droit public (décisions unilatérales, contrats administratifs) et les actes soumis au droit privé (contrats de droit privé de l'administration) ; entre le domaine public de l'administration, soumis au droit public et le domaine privé de l'administration, soumis au droit privé ; entre la responsabilité administrative et la responsabilité qui peut être régie par les règles du droit privé, etc.

Chapitre 2 › LE DROIT ADMINISTRATIF

Notion : *nous entendons ici le droit administratif dans son sens restreint :* ***droit spécial applicable à l'administration.***

Section 1 › SON AUTONOMIE

§ 1 - Causes

A. Causes historiques

• **La méfiance** qu'inspirent aux révolutionnaires les Parlements de l'Ancien Régime, va conduire à la **loi des 16-24 août 1790 qui sépare les fonctions administratives des fonctions judiciaires** : le juge judiciaire ne peut troubler de quelque manière que ce soit les opérations des corps administratifs.

• **En conséquence l'administration devient son propre juge ;** au début, l'administration active **se juge elle-même**, puis peu à peu il y a **spécialisation** au sein de l'administration de **certains organes chargés de juger.** Création de juridictions administratives : **Conseil d'État**, Cour des comptes, Conseils de préfecture.

• **Ces juridictions spéciales** affirment leur originalité en aidant au développement d'un **droit spécial : l'existence d'un organe distinct à compétence déterminée aura contribué à créer la fonction**.

B. Causes pratiques

• **Caractère centralisé et rigide** de l'administration française, déjà affirmé sous l'**Ancien Régime, renforcé par Napoléon et peu atténué** par les régimes démocratiques.

• **Primauté de l'intérêt public** opposé aux intérêts particuliers ; la nécessité de faire fonctionner les services publics.

§ 2 - Manifestations

• Certaines règles **n'ont pas de correspondant en droit privé** : **prérogatives de coercition** s'exprimant dans l'acte unilatéral ; **privilège du préalable, pouvoir réglementaire**, possibilité de **contraindre** les particuliers à fournir des prestations (expropriation…), sanctions administratives…

• Certaines règles **diffèrent** seulement de règles correspondantes en droit privé : **responsabilité administrative, contrats administratifs**. Si ces différences sont fréquemment justifiées par les nécessités particulières de l'action administrative, il n'en va pas toujours ainsi. Parfois, elles sont **purement accidentelles**, et proviennent de l'existence de deux ordres de juridictions différents qui ne jugent pas de la même manière (p. ex. refus du Conseil d'État d'admettre, avant 1961, la réparation du préjudice d'affection).

• Parfois, le juge administratif **applique** les règles du droit privé, sans s'y **référer spécialement** ou même dans certains cas, **en s'y référant spécialement** (ex. art. 1153 et 1154 C. civ. en matière d'intérêt des indemnités allouées). Le juge estime qu'il n'y a pas de raison spéciale de ne pas appliquer les règles du droit privé. **Mais le juge étant maître de ces emprunts, l'autonomie du droit administratif reste entière.**

§ 3 - Caractères

L'idée de la **défense de l'intérêt public** est dominante.

A. L'administration bénéficie de prérogatives particulières

En face des particuliers, elle est dans une situation :
– **inégalitaire** : elle donne des **ordres en prenant des décisions unilatérales** ; en matière contractuelle, elle peut dans certaines hypothèses **modifier unilatéralement** certains éléments du contrat ; sa responsabilité n'est **ni générale ni absolue** ; elle a ses règles spéciales « qui varient suivant les besoins du service et la nécessité de concilier les droits de l'État avec les droits privés » (T. confl., 8 févr. 1873, *Blanco*). Un particulier ne peut user de voies de contraintes privées contre l'administration ;
– **autoritaire** : l'administration a **le privilège du préalable** en donnant des ordres exécutoires ; les particuliers sont tenus d'y obéir, et s'ils peuvent saisir le juge, son contrôle n'a lieu qu'après. **Dans certains cas**, l'administration a même le **privilège d'exécution d'office**. Elle pourra faire procéder à l'exécution par contrainte en mettant en mouvement la force publique (v. *infra,* p. 64 et s.).

B. L'administration peut être soumise à des sujétions particulières

Ne pouvant poursuivre son activité que dans un but d'intérêt général, **la liberté d'action de l'administration sera fréquemment plus entravée que celle des particuliers** : elle ne peut choisir librement son cocontractant, l'administrateur ne peut déléguer ses pouvoirs à son gré, etc.

C. Le particulier sera spécialement protégé lorsque l'intérêt public l'exige

• Théorie de **l'imprévision** en matière de contrats : possibilité pour le cocontractant d'obtenir une **indemnité** de la part de l'administration pour les pertes qu'il a subies lorsque la continuité du service public l'exige (v. p. 87).

• Théorie du **risque** en matière de responsabilité : possibilité d'obtenir une **indemnisation** en dehors de toute faute (v. p. 211 et s.).

Section 2 › SES SOURCES

§ 1 - Relevé

A. Place exceptionnelle de la jurisprudence

Le juge administratif a élaboré lui-même une **théorie générale du droit administratif.** C'est le juge administratif qui a posé une très grande partie des règles du droit administratif, en s'efforçant d'ailleurs de les adapter à l'évolution des faits et des idées. Par ailleurs, le juge administratif fait **preuve d'une grande hardiesse** dans l'interprétation des textes.

B. Importance relative des textes écrits

La théorie générale du droit administratif est l'œuvre de la jurisprudence et **non pas l'œuvre du législateur**. En revanche, il existe une série de grands textes régissant certains **domaines fondamentaux de l'organisation et de l'action administrative** (ex. loi du 10 août 1871 pour les départements, loi du 5 avril 1884 pour les communes, loi du 2 mars 1982 relative aux droits et libertés des communes, des départements et des régions). De plus, de très nombreux textes épars régissent des matières administratives spéciales (expropriation, réquisition, etc.). **Il n'existe aucune codification d'ensemble de la matière**. Les codifications actuelles en droit administratif ont uniquement pour but de mettre en ordre les divers textes relatifs à une matière déterminée du droit administratif (**Code minier, Code général des collectivités territoriales, Code de justice administrative, etc.).** Elles tendent à se multiplier.
Cette codification, lorsqu'elle se fait par ordonnance, peut être soumise au contrôle du Conseil d'État (CE, 13 juill. 2006, *France Nature Environnement*, *AJDA* 2006, p. 2119).

§ 2 - Conséquences sur le droit administratif

A. Sa souplesse

Caractère prétorien de la jurisprudence : **large liberté d'action du juge administratif**, qui adapte constamment sa jurisprudence à l'évolution des idées et des faits, aux nécessités de la vie administrative.

B. Optique contentieuse

De nombreux problèmes ont été essentiellement abordés jusqu'à maintenant par l'intermédiaire du contentieux : il en résulte une **vue très particulière des questions** et l'importance de l'aspect « pathologique » des règles analysées. L'action administrative n'est souvent évoquée que sous l'angle de son contrôle.

C. Son incertitude

• **L'absence de code**, la multiplicité des textes législatifs et réglementaires, la rapidité de leur transformation ne permettent que **difficilement de suivre l'évolution des règles**. Toutefois, depuis quelques années, de nombreux domaines du droit administratif (biens, collectivités territoriales, fonction publique, juridiction administrative) ont fait l'objet de « *codifications* ».

• Caractère **très nuancé, très complexe** de la jurisprudence ; de plus, les décisions du Conseil d'État sont rédigées **de façon très concise, ce qui rend souvent leur interprétation difficile.**

• Les **pratiques administratives**, compliquées et nombreuses, restent inconnues du grand public.

• Absence d'une **notion clef** permettant, non plus de connaître le droit administratif lui-même, **mais son champ d'application** : la notion de « **service public** » ne permet plus à elle seule de délimiter, à l'heure actuelle, le droit administratif.

Chapitre 3 › ÉVOLUTION DU DROIT ADMINISTRATIF

Évolution profonde depuis 1800 :
*– en ce qui concerne ses **caractères** : on était parti d'une conception **autoritaire qui s'est un peu assouplie** ;*
*– en ce qui concerne son **domaine** d'application, qui s'est largement étendu ;*
*– en ce qui concerne ses **fondements**, qui ont varié.*
Trois périodes :
– de l'an VIII aux débuts de la IIIe République ;
– des débuts de la IIIe République aux deux guerres mondiales ;
– l'évolution récente.
***Remarque** : ce découpage historique est très approximatif, les choses évoluant en réalité de façon continue.*

Section 1 › DE L'AN VIII AUX DÉBUTS DE LA IIIE RÉPUBLIQUE

§ 1 - Caractère autoritaire de l'État

A. Dans l'organisation des pouvoirs publics

Uniformité des structures administratives pour réagir contre la **complexité et la diversité des structures de l'Ancien Régime**, les divisions territoriales sont uniformes (départements, communes) et chaque échelon de la division territoriale comporte les mêmes organes.
L'ensemble est **centralisé** sous l'ordre du gouvernement de Paris ; sur place dans les départements, **le préfet est un agent dans la main de l'État**. Il y a début de libéralisation sous la monarchie de Juillet.

B. Dans les rapports de l'État avec ses fonctionnaires

Subordination complète du fonctionnaire à ses chefs hiérarchiques ; il est par ailleurs considéré comme représentant lui-même une fraction de la puissance publique. Ce système s'atténue sous la monarchie de Juillet.

C. Dans les rapports particuliers-administration

L'administration donne des **ordres que les particuliers exécutent, sans moyen de recours,** sans contrôle juridictionnel.
Les autorités administratives sont nommées, et non pas élues par les citoyens.

§ 2 - Domaine d'application réduit de l'activité de l'administration

- **Conception de l'État gendarme** : l'activité de l'État se réduit à **l'essentiel** : quelques services administratifs surtout (police, justice, armée), Assistance publique, Travaux publics…

• **L'intervention de l'État** dans le domaine économique et social est considérée comme **néfaste,** les services de l'État sont, tout au moins à l'origine, peu nombreux.

§ 3 - Notion de puissance publique, fondement du droit administratif

Fondement : le droit public repose sur les **idées de puissance publique** et de souveraineté, **« le particularisme du droit public exprimant les exigences juridiques des tâches de commandement »**. L'administration ordonne et défend.

Conséquence : cela permet de distinguer parmi les activités de l'État, les activités de **puissance publique** et les **activités de gestion**. Lorsque l'État procède au moyen d'ordres, manifeste sa volonté de commander, cette activité relève des règles spéciales du droit administratif et est soumise au contrôle du juge administratif. Lorsque l'État agit comme un particulier (p. ex. : contrats), il fait des actes de gestion soumis au droit privé et à la compétence du juge judiciaire.

Réserve : cette théorie, qui domine jusqu'à la fin du XIXe siècle, conduit toutefois à des **difficultés d'interprétation**, et enferme finalement l'application du droit administratif dans des limites très étroites.

Section 2 › DES DÉBUTS DE LA IIIe RÉPUBLIQUE AUX DEUX GUERRES MONDIALES

Transformations du droit administratif sous l'influence de phénomènes divers :
– **causes politiques et constitutionnelles** – le développement du régime démocratique et libéral, la responsabilité du gouvernement devant les chambres ;
– **causes techniques** – extension du domaine du droit administratif étant donné les transformations de la vie économique, sociale et administrative française ; développement des services publics à caractère technique (chemins de fer, eau, gaz, électricité).

§ 1 - Atténuation du caractère autoritaire de l'État

A. Dans l'organisation des pouvoirs publics

• Le régime parlementaire **atténue le caractère autoritaire de l'État.**

• **Morcellement de l'autorité gouvernementale** entre les divers ministres.

• **Accentuation de l'autonomie des collectivités locales** : c'est la décentralisation administrative **(loi de 1871 pour le département, loi de 1884 pour les communes)**.

B. Dans les rapports avec les fonctionnaires

• La multiplication des services techniques augmente **le nombre des fonctionnaires** ; de plus en plus, ils se consacrent à des tâches de gestion plutôt qu'à des tâches de commandement.

• L'accroissement du nombre des fonctionnaires leur fait **perdre leur caractère de caste privilégiée.**

• **Limitation du pouvoir hiérarchique**, développement des organes s'interposant entre le supérieur hiérarchique et le fonctionnaire ; possibilité de **recours des fonctionnaires** par le moyen de la juridiction administrative.

C. Dans les rapports avec les particuliers

• Les particuliers **désignent les représentants du peuple** dont le **gouvernement, chef de l'administration, est issu.**

• Les particuliers **élisent en grande partie les administrateurs locaux** : conseillers généraux, municipaux, maires.

• **Développement du contrôle juridictionnel** et surtout du **recours pour excès de pouvoir** permettant de faire annuler les décisions administratives illégales par le juge administratif.

§ 2 - Extension de l'activité administrative

Le cadre libéral subsiste, mais :
– les pouvoirs publics vont **intervenir de plus en plus dans les domaines** qui **ne sont pas rémunérateurs** pour les particuliers, tels que l'enseignement, et surtout dans le domaine social : hygiène, assistance publique ;
– ils vont **réglementer les activités privées** ayant un caractère monopolistique ou un aspect de service public ; système de la concession de chemin de fer, gaz, électricité, etc.

§ 3 - Le service public, fondement du droit administratif

Le rôle de l'État s'étant **élargi**, la conception autoritaire s'est **atténuée.**
L'arrêt *Blanco* (T. confl., 8 févr. 1873, *D.* 1873.3.17) fait appel à la **notion de service public, considérée comme la pierre angulaire du droit administratif.**
Un enfant ayant été renversé et blessé par un wagonnet d'une manufacture des tabacs exploités en régie par l'État, son père avait saisi les tribunaux judiciaires pour déclarer l'État civilement responsable des fautes commises par les ouvriers. Le préfet ayant élevé le conflit. le Tribunal des conflits considère que la responsabilité « qui peut incomber à l'État pour les dommages causés aux particuliers par le fait des personnes qu'il emploie dans le **service public**, ne peut être régie par les principes qui sont établis dans le Code civil pour les rapports de particulier à particulier. Que cette responsabilité n'est ni générale, ni absolue, qu'elle a ses règles spéciales, qui varient suivant les besoins du service et la nécessité de concilier les droits de l'État avec les droits privés ». L'autorité administrative est seule compétente pour en connaître.

A. Notion

• Le service public est toute **activité d'une collectivité publique visant à satisfaire un besoin d'intérêt général.**

• Ainsi, la satisfaction des besoins d'intérêt général est-elle assurée généralement par des services publics au sens organique du terme, c'est-à-dire des administrations, des organismes publics.

• Mais toutes les activités de l'administration ne sont pas des activités de service public : l'administration peut avoir une activité de type privé, p. ex. la gestion de son domaine privé.

B. Conséquences

• Pour de nombreux auteurs, le service public est la **justification du régime administratif** particulier et permet, par là, de définir **les limites** du droit administratif ; le droit administratif est le **droit des services publics** (Duguit, Rolland).

• Consécration par la jurisprudence dans une série d'affaires célèbres : T. confl., *Blanco, op. cit.* ; CE, 6 févr. 1903, *Terrier*, p. 94 ; T. confl., 28 févr. 1908, *Feutry*, p. 208 ; concl. Romieu dans *Terrier* : « *Tout ce qui concerne l'organisation et le fonctionnement des services publics proprement dits, généraux ou locaux… constitue une opération administrative qui est, de par sa nature, du domaine de la juridiction administrative. Toutes les actions entre personnes publiques et tiers ou entre ces personnes publiques elles-mêmes, fondées sur l'exécution, l'inexécution ou la mauvaise exécution d'un service public, sont de la compétence administrative* ».

• Toutefois il n'y a compétence administrative et application du droit administratif que dans la mesure où l'administration n'utilise pas volontairement des procédés de droit privé : distinction entre la **gestion publique**, application du droit administratif et la **gestion privée** (domaine privé, passation de contrats courants) application du droit privé. Mais cette distinction **se fait à l'intérieur** du service public, **elle n'est que subsidiaire**.

Section 3 › L'ÉVOLUTION RÉCENTE DU DROIT ADMINISTRATIF

Idée générale : depuis 1914 il y a eu une transformation totale des activités de l'État sous l'**influence des doctrines** (socialistes, économistes modernes) des faits (guerres, crises économiques, modification des techniques, etc.). La frontière entre les activités de l'État et celle des particuliers devient **très indécise**. L'État prend en mains de nombreuses activités assurées autrefois par les particuliers, il dirige l'activité des particuliers ou y participe ; inversement, les particuliers vont prêter main-forte à l'État.

§1 - Transformations diverses des caractères de l'État

Elles se reflètent dans :

A. Organisation des pouvoirs publics

• La nécessité **d'interventions constantes**, de mesures techniques, rapides, secrètes, impopulaires, va entraîner un **effacement du Parlement,** une restauration de l'autorité gouvernementale.

• **Reconstitution aussi de l'autorité sur le plan central** ; importance accrue du chef du gouvernement, en même temps, chef de l'administration.

• Si, en principe, la décentralisation s'accroît, **la pratique est plus nuancée** ; l'État prend en mains des secteurs autrefois gérés par les collectivités locales ; multiplication aussi de circonscriptions administratives et de collectivités locales nouvelles prenant partiellement la place des anciennes collectivités locales, en particulier des communes (districts urbains, communautés urbaines, problème des « régions »).

B. Rapports avec les fonctionnaires

• On assiste à une croissance **considérable** des effectifs.

• Il y a atténuation du caractère particulier de leur situation :
– les travailleurs de l'industrie et du commerce se sont rapprochés des fonctionnaires : **congés, retraites, la sécurité d'emploi est plus marquée** ;
– les fonctionnaires se rapprochent des employés du secteur privé : **conditions sociales équivalentes**, revendications identiques, syndicats, grèves.

Conséquence : l'atténuation de l'autoritarisme s'accentue : 1946 verra la mise en œuvre du statut de la Fonction publique.

C. Rapports avec les particuliers

• **L'administration fait**, de plus en plus, un effort d'information du public.

• **Développement aussi du recours à la procédure consultative** qui permet d'avoir l'avis des intéressés ou des techniciens. La participation des administrés à la prise de décision est inéluctable lorsque l'administration ne se borne plus à prendre une décision dans un secteur donné mais lorsqu'elle est chargée, comme c'est le cas de plus en plus fréquent, à l'heure actuelle, d'une action d'ensemble.

• **L'administration recherche la collaboration des particuliers**, ex. : contrats fiscaux.

• De façon générale, l'administration cherche à améliorer ses rapports avec les particuliers et à prévenir les procédures contentieuses. L'institution d'un « médiateur » (loi du 3 janv. 1973, aujourd'hui intégré dans le Défenseur des droits, répond à cet objectif. La simplification des formalités administratives va dans le même sens.
Pour éviter une « mise en fiches » attentatoire aux libertés, la loi du 6 janvier 1978 limite la possibilité de créer des fichiers informatisés et créé la « Commission nationale de l'informatique et des libertés ». La loi du 17 juillet 1978 prévoit, sous certaines conditions, un meilleur accès des administrés aux documents administratifs. La très importante loi du 11 juillet 1979 prévoit la motivation de certains actes administratifs. Il faut aussi souligner, les nombreuses mesures prévues par la loi du 27 février 2002 sur la « **démocratie de proximité** » (v. p. 111 et s.).

§ 2 - Nouvelle extension de l'activité de l'administration

A. Interventionnisme

L'État prend en mains des services assurés autrefois par les particuliers : **prolifération surtout de services à objet économique** (Offices, nationalisations, socialisme municipal).

Il ne s'agit pas toujours de monopoles (p. ex. nationalisation des banques) ni même toujours de véritables services publics (Renault) ; parfois les capitaux publics s'associent seulement aux capitaux privés (Société d'économie mixte). **Les formes d'interventions sont très variées.**

Régimes juridiques très variés : établissement public, régie, société nationale, société d'économie mixte, concession, etc.

B. Autoritarisme

Tout en ne participant pas directement à la gestion de certaines activités, l'État n'a pas hésité à les soumettre très souvent à un **contrôle extrêmement sévère**, leur accordant en contrepartie de **véritables prérogatives de puissance publique**. Que ces organismes remplissent ou non une véritable mission de service public, ils sont étroitement contrôlés par l'État.

Exemples : ordres professionnels gérés par les professionnels eux-mêmes (médecins, architectes, experts-comptables, etc.), sources thermales, sociétés indigènes de prévoyance, régime de la Sécurité sociale, transporteurs routiers, outillage portuaire, etc.

§ 3 - Recherche de nouveaux critères comme fondement du droit administratif

A. Crise de la notion de service public

1. Application du droit privé dans les services publics

Elle existait déjà avec la distinction de la gestion publique et de la gestion privée. Toutefois à l'intérieur d'un service public donné, l'application du droit privé était exceptionnelle, celle du droit public, la règle.

Aujourd'hui, au contraire, **certains services publics seront essentiellement soumis au droit privé : cas des services publics industriels et commerciaux** ; l'application du droit privé est la règle, l'application du droit public, l'exception (T. confl., 22 janv. 1921, *Société commerciale de l'Ouest africain, Affaire du Bac d'Eloka*, p. 135).

La colonie de la Côte-d'Ivoire exploitait directement un bac dans la lagune d'Abidjan. Dans la nuit du 5 au 6 septembre 1920, le bac coula : une personne fut noyée et de nombreux biens perdus. La société commerciale, propriétaire d'un véhicule perdu, assigna la colonie devant un juge judiciaire. Le conflit positif fut élevé (v. p. 249 et s.). Le Tribunal des conflits estima dans cette affaire célèbre que la compétence était judiciaire.

Selon la Haute Juridiction, la colonie exploite le service dans les mêmes conditions qu'un industriel ordinaire. Dans ce cas, la compétence est judiciaire. La distinction entre les services publics administratifs, qui relèvent en principe du droit administratif, des services publics industriels et commerciaux, n'a fait que s'amplifier depuis cette époque.

Ces services, en effet, exercent leur activité dans les mêmes conditions qu'un particulier.

Extension partielle de cette jurisprudence **aux services publics sociaux et professionnels.**
Dans la mesure où certains services publics sont largement soumis au droit privé, le **service public ne peut plus constituer le seul fondement du droit administratif** et du régime spécial du droit public.

2. Application du droit public en dehors des services publics

• L'État confère des **prérogatives de puissance publique** à des particuliers :
– soit à des **organismes privés** qui ne sont pas des services publics organiques **mais qui gèrent une activité de service public** (caisses d'assurances sociales, centres régionaux de lutte contre le cancer, fédérations départementales de chasseurs, commission d'un groupement d'armateurs répartissant des droits de trafic, fédérations sportives, etc.) ;
– soit à des **organismes privés n'exerçant même pas une activité de service public** : sociétés indigènes de prévoyance (CE, 1935, *Sté des Éts Vézia*, p. 212), certaines sociétés d'économie mixte, etc.

• Cette disposition **accentue la crise de la notion de service public** et de son rôle de fondement du régime administratif.

B. Solutions nouvelles

La doctrine recourt aujourd'hui à des critères très variés : **service public** (M. de Laubadère), **puissance publique** (M. Vedel) ; **critères empiriques** aussi ; le droit administratif s'applique chaque fois que son application s'avère nécessaire, qu'il faut soumettre une activité à un régime exorbitant du droit commun, ou conférer des prérogatives à l'administration, limiter son pouvoir d'action en dehors des **règles du droit commun.**
Pour certains auteurs, il est nécessaire de **détacher** totalement la notion de **« droit administratif »** du **contentieux administratif.** Le droit administratif ne serait pas cet ensemble de règles spéciales régissant l'administration appliquées par le juge administratif, mais le droit administratif serait : **« Le droit applicable à l'administration, à l'action administrative** – que ce droit comporte des "régimes de droit privé" c'est-à-dire des règles identiques à celles régissant les relations entre particuliers…, ou bien qu'il soit fait de "régimes de droit public" c'est-à-dire de règles exorbitantes par rapport à celles de la vie privée, que ce droit soit appliqué… par les juridictions administratives ou… judiciaires… » (Définition Amselek, v. aussi Eisenmann, Auby, Chapus.) On en vient donc à une définition du **droit administratif au sens large**. Il faudra alors chercher une notion clef pour ce droit administratif (pour M. Chapus : le service public). Quant au contentieux administratif considéré comme la partie du contentieux de l'administration qui relève du juge administratif, d'autres critères pourraient en rendre compte (pour M. Chapus : la notion de puissance publique).

Conclusion : les multiples divergences et difficultés portant tant sur la définition et les critères du droit administratif que sur les critères de la répartition des compétences juridictionnelles ne sont que **le reflet de la complexité des sociétés modernes et de l'action administrative**. Le droit, et en particulier le droit administratif, doit suivre l'évolution des sociétés et il a bien du mal à s'adapter à la rapidité des changements tels qu'ils se produisent dans la société d'aujourd'hui.

À l'heure actuelle, de nouveaux problèmes sont en train de se poser – aux juristes comme aux autres professions – du fait des caractères particuliers que prend, depuis quelques années, l'action de l'État. La nature même de cette action est modifiée, entraînant la transformation des techniques juridiques traditionnelles et le recours à des modalités d'action nouvelles.

1. La transformation des techniques juridiques traditionnelles. L'intervention de l'État dans les domaines comme l'économie et l'urbanisme entraîne une modification des techniques juridiques. Traditionnellement, la règle de droit élaborée par l'administration avait un caractère général ; elle s'appliquait immédiatement et pour une durée indéterminée ; enfin, un acte élaboré par l'administration constituait soit une décision exécutoire, soit un acte purement interprétatif. À l'heure actuelle, le recours à la technique de la **dérogation** enlève fréquemment son caractère général à la règle de droit ; dans certains domaines, en particulier l'urbanisme, les actes de l'administration (p. ex. les « schémas » et « plans ») ne constituent pas une règle d'application immédiate et n'ont souvent qu'un caractère « **prospectif** ». Enfin, certains actes pris par les administrations « **les directives** » ne constituent ni des décisions exécutoires, ni des actes interprétatifs (v. p. 58).

2. Le recours à des modalités d'actions nouvelles. Alors que pendant de nombreuses années, l'interventionnisme économique avait essentiellement un aspect autoritaire, il prend aujourd'hui, en France, **une teinte plus libérale**. Certes, l'État accroît sans cesse ses responsabilités économiques et sociales, il cherchait même à leur donner une plus grande cohérence d'ensemble par des moyens divers dont le plus important était le « **plan national de développement économique et social** » mais ses procédés d'intervention deviennent plus libéraux (v. article de Delmas-Marsalet dans « Études et documents », 1969).

Cette libéralisation des interventions économiques est marquée par deux tendances principales. C'est ainsi que l'**État cherche à substituer progressivement des procédés d'incitation aux procédés de contrainte**. Il y a régression de « l'économie dirigée » au sens strict du terme. À la réglementation autoritaire et unilatérale, se substitue de plus en plus **le contrat**, accord de volonté, l'État incitant, par diverses mesures, les entreprises à passer des contrats (ex. : conventions de lancement, de conversion, de modernisation). L'État accorde des avantages fiscaux à des entreprises remplissant certaines conditions et qui obtiennent alors un **agrément administratif.** Autre grande innovation de ces dernières années, est le développement des **contrats de partenariat public-privé** qui constitue un moyen de développement économique très moderne (v. p. 89).

Une autre tendance consiste dans la **multiplication de la remise en mains des interventions économiques à des organismes privés, à la « privatisation » de certaines interventions**. On assiste alors à une multiplication de sociétés professionnelles proches juridiquement ou en fait, des sociétés commerciales, qu'il s'agisse de l'agriculture (ex. : sociétés d'aménagement foncier et d'établissement rural) ou de l'industrie (Institut du développement industriel, intervention du Crédit national, du Crédit agricole).

Toutefois l'arrivée de la gauche au pouvoir en mai-juin 1981 avait de nouveau, partiellement du moins, transformé les données du droit administratif ; deux points sont particulièrement à souligner : d'une part, le développement considérable du

secteur nationalisé, d'autre part un retour partiel à l'interventionnisme. Il est certain qu'après une trentaine d'années de relatif désengagement de l'État dans l'économie, on assistait depuis mai-juin 1981 à une nouvelle reprise en mains du secteur économique et social par l'État.
En revanche, l'arrivée au pouvoir, en mars 1986, de la coalition RPR-UDF dont la plate-forme s'inspire nettement des théories « **libérales** », implique un net **désengagement de l'État** (libération des prix, dénationalisation, etc.). Le retour au pouvoir des socialistes en mai 1988 n'a que très peu changé ces dernières données. D'ailleurs, en 1993, la coalition RPR-UDF a repris le pouvoir, confirmée par l'élection présidentielle de 1995. Le gouvernement Jospin n'a pas fondamentalement modifié cette politique de libéralisation accentuée par les gouvernements Raffarin, Villepin et Fillon.

3. De plus, le très fort mouvement **d'intégration européenne** se reflète de plus en plus, dans le droit français. Le caractère **très libéral**, au sens économique du terme, de l'Union européenne, remet fortement en cause le service public à la française et la tradition interventionniste de l'État français.
Au-delà il faut souligner qu'il y aujourd'hui un véritable envahissement de notre droit administratif par le **droit communautaire**. Il ne s'agit pas simplement de souligner le caractère libéral de l'Union européenne. Le droit communautaire est à la fois organique et structurel et il a un contenu « matériel » en fixant ses propres règles qui s'imposent directement aux États. Les structures du droit administratif sont bouleversées (règlement communautaires, directives communautaires) ainsi que le contenu du droit lui-même (passation des marchés, subventions, détermination des services publics d'intérêt général ou marchand, etc.).
Tous ces points, d'une importance considérable, seront repris ultérieurement.

4. On assiste alors plus fondamentalement à une **déstructuration du droit administratif** (v. J. B. Aubry, « La bataille de San Romana », *AJDA* 2001, p. 912 et s.) La **globalisation du monde** a entraîné une « internationalisation des sources » (p. ex. multiplication des conventions internationales intéressant le droit administratif) ; ainsi qu'à un « impact des normes et standards internationaux » (p. ex. le droit des contrats affectés par le système communautaire mais aussi par l'Organisation mondiale du commerce). La **desétatisation de la société** est marquée par la « place croissante des marchés », déjà soulignée (privatisations et déréglementations) mais aussi par la « démocratie administrative » (ex. : développement des procédures de concertation, de participation, débat public, etc.). La **décentralisation du pouvoir** se reflète dans le mouvement de « décentralisation territoriale » (ex : régions, lois de décentralisation de 1982) et dans la « fragmentation de l'appareil d'État » lui-même (p. ex. création d'autorités administratives indépendantes).

5. Dans un article, Jean-Marie Pontier s'est posé la question « Qu'est-ce que le droit administratif ? » (*AJDA* 2006, p. 1937 et s.). Pour l'auteur, sa spécificité se situe sur trois points : il demeure d'abord ce qu'il a été, ce qui l'a défini, *un droit de dérogation*. Le droit administratif est ensuite devenu le *droit de confrontation des droits*. Enfin, il est un *droit d'équilibre* (par définition instable) des droits, droit de l'État et droit des autres personnes morales, droits de l'État et droits des citoyens, faisant la part de ce qu'il faut reconnaître à ces derniers sans oublier la matrice originelle qui le constitue.

6. Ces transformations se reflètent donc dans le domaine du droit et en particulier du droit administratif. L'ordre juridique traditionnel est de nouveau troublé. De plus en plus, une activité donnée comportera à la fois des aspects « droit public » et des aspects « droit privé » dont les limites deviendront de plus en plus incertaines. Le « démembrement » des activités de l'État entraîne un démembrement du contrôle juridictionnel risquant bientôt d'entraîner une absence totale de contrôle. Les juges tant administratifs que judiciaires, auront répugnance à contrôler des réalités qu'ils connaissent mal, dont ils n'ont connaissance qu'en partie et encore ne savent-ils pas exactement laquelle.

Mais, comme on l'a indiqué, les difficultés de l'adaptation du droit à l'évolution des sociétés modernes sont parfaitement normales, ils sont la preuve que le droit ne se prend pas pour son propre objectif et, en fin de compte, la preuve de la vitalité du droit.

La constitutionnalisation du droit administratif. Si le droit administratif est très largement une création du Conseil d'État, les fondements constitutionnels du droit administratif ont été affirmés plus tardivement par le Conseil constitutionnel. En vertu de deux décisions, l'une du 22 juillet 1980, l'autre du 23 janvier 1987, l'indépendance de la juridiction administrative est désormais reconnue comme l'un des « **principes fondamentaux reconnus par les lois de la République** ». S'il serait impossible aujourd'hui de supprimer les juridictions administratives par la simple voie législative, le Conseil constitutionnel n'a cependant pas exclu le transfert de certaines compétences autrefois administratives au juge judiciaire.

Mais cette jonction du droit administratif avec le droit constitutionnel constitue un événement marquant des deux dernières décennies du XXe siècle (Chapus).

Première partie
LES ACTES ADMINISTRATIFS

Les actes administratifs sont des actes juridiques qui se distinguent des actes privés ou des actes d'autres organes de l'État, telles que les lois prises par le Parlement. Les actes administratifs ne peuvent être pris que par des **autorités « compétentes »** respectant le principe de légalité comprenant le droit écrit et les principes généraux du droit. Les possibilités d'action de l'administration s'inscrivent entre le pouvoir discrétionnaire et la compétence liée.

Il faut distinguer entre les actes **administratifs unilatéraux** et les **contrats**.

L'acte administratif unilatéral est soumis à une série de procédures. Sa force exécutoire est variable selon les mesures dont il s'agit. Il existe de nombreux types d'actes administratifs unilatéraux.

L'administration passe aussi de nombreux contrats, mais tous les contrats passés ne sont pas des contrats administratifs. Les contrats administratifs relèvent de certains critères, leur régime juridique est particulier.

Chapitre préliminaire › LA NOTION D'ACTE ADMINISTRATIF

Section 1 › ACTES JURIDIQUES ET ACTES MATÉRIELS

Distinction : si dans la langue courante, le terme d'« acte » sert à désigner de simples agissements matériels, **dans la langue juridique**, il **désigne une décision créatrice par elle-même d'un effet de droit.**

Nuance : toutefois la distinction des deux notions n'est **pas toujours absolument nette**. Si l'acte juridique est celui, comme dit Duguit, qui a pour objet de provoquer une modification dans l'ordonnancement juridique, on peut se demander si **un paiement est un acte matériel ou un acte juridique** : apparemment, c'est un acte matériel, mais il a pour conséquence d'éteindre une dette, il produit un effet de droit ; c'est donc un acte juridique.
Les actes matériels sont très divers : actes de contrainte ou d'exécution forcée, actes de prestation.

Section 2 › ACTES PRIVÉS ET ACTES DE L'ADMINISTRATION

On peut avoir **plusieurs conceptions** de cette distinction :
– on peut concevoir, comme acte administratif, celui émanant d'un **organisme administratif** (conception organique) ;
– on peut concevoir, comme acte administratif, celui qui est **soumis au droit administratif** (conception fonctionnelle).
Ces deux conceptions ne se recouvrent pas.

§ 1 - Conception organique

Distinction : certains organismes sont, par définition, de **nature publique** (établissements publics) d'autres, de nature privée (établissements d'utilité publique, associations de la loi de 1901, sociétés d'économie mixte, syndicats professionnels). **Mais, en pratique, la distinction est souvent très délicate**, en particulier parce que les pouvoirs publics ne précisent pas toujours le caractère d'établissement public ou d'établissement d'utilité publique d'un organe (v. p. 166 et s.).

Intérêt : pourtant, la distinction a un intérêt certain. En principe **un acte sera administratif lorsqu'il émanera d'un organisme administratif**, il sera privé lorsqu'il émanera d'un organisme ou d'une personne privée. Mais il faut reconnaître que les **exceptions à ce principe sont devenues très nombreuses**, la conception fonctionnelle ne recouvrant pas la conception organique.

§ 2 - Conception fonctionnelle

• Concevoir comme acte administratif, l'acte soumis au droit administratif, c'est faire application au domaine particulier des actes, du problème général de la répartition des compétences entre les juridictions administratives et judiciaires.

• En ce qui concerne **les actes unilatéraux**, si, en principe, **l'acte émanant d'un organisme public est un acte administratif**, il faut en exclure les actes considérés comme des actes de gestion privée de l'administration (p. ex. gestion du domaine privé et certains autres actes).

• Inversement, **tous les actes des personnes privées ne sont pas des actes échappant au droit administratif**. Ce principe, en effet, connaît des exceptions. Certains actes émanant d'organismes privés sont considérés comme des actes administratifs lorsque ces actes sont liés à l'exécution d'un service public et comportent l'emploi de prérogatives de puissance publique (jurisprudence *Monpeurt*, 21 juill. 1942, p. 239 ; *Bouguen*, 2 avr. 1943, p. 86, mais la nature de ces organismes restait indéterminée). Le Conseil d'État a repris cette jurisprudence à propos d'organismes dont il a affirmé le caractère d'organismes privés (CE, 13 janv. 1961, *Magnier*, p. 33 ; CE, 6 oct. 1961, *Féd. nat. des Huileries*, p. 544), même lorsqu'ils sont chargés de la gestion d'un service public industriel et commercial (à propos d'un *règlement* d'Air France : T. confl., 15 janv. 1968, *Époux Barbier*, p. 533).

• En ce qui concerne **les contrats**, l'administration peut conclure des contrats soumis au droit privé et des contrats administratifs, soumis au droit public (v. *infra*, distinction, p. 77 et s.). Mais les contrats où seules sont parties des personnes privées ne peuvent jamais être des contrats administratifs (v. p. 77 et s. exception T. confl., 1963, *Sté Entr. Peyrot*, p. 787).

Section 3 › ACTES DE L'ADMINISTRATION ET ACTES D'AUTRES ORGANES DE L'ÉTAT

§ 1 - Actes administratifs et actes législatifs

A. Au point de vue formel

Les lois sont des actes du Parlement, élaborées et adoptées selon une certaine procédure (procédure législative). Les actes de l'administration émanent des organismes administratifs.

L'intérêt de la distinction est fondamental, car **le régime juridique des actes législatifs est très différent** : pas de contrôle du juge administratif, régime de responsabilité particulier ; en principe (et sauf l'exception des règlements autonomes de l'art. 37 Const.) valeur supérieure aux actes de l'administration.

B. Au point de vue matériel

Leur contenu est identique, car les lois et les actes de l'administration peuvent avoir, **soit une portée générale, soit une portée individuelle**.

Certains auteurs cependant (Duguit, Jèze), ont procédé à une classification des actes juridiques **fondée uniquement sur la distinction des actes à portée générale et des actes à portée individuelle**. Dans ce cas, on considérera comme acte matériellement législatif, tous les actes à portée générale (la plupart des lois, les règlements administratifs) et comme actes matériellement administratifs, tous les actes à portée individuelle (actes subjectifs : contrats ; actes-conditions, dans la théorie de Duguit : une nomination). Cette distinction présente de nombreux intérêts.

§ 2 - Actes administratifs et actes juridictionnels

A. Au point de vue organique et formel

On peut distinguer les organes de l'administration active et les organismes juridictionnels de l'administration.

Distinction : parfois très simple lorsqu'il s'agit d'organismes pour lesquels le caractère de juridiction (Conseil d'État, cours administratives d'appel, tribunaux administratifs, Cour des comptes, etc.) ou d'organismes administratifs actifs, ne fait pas de doute. Mais dans de très nombreux cas, **la distinction est délicate**, la nature de l'organisme restant indéterminée. Le Conseil d'État, lorsqu'il est appelé à déterminer cette nature, s'attache à la **mission confiée à l'organe** (dire le droit ou administrer, trancher ou non les litiges), à **sa structure et à la procédure** à laquelle il est soumis.

Intérêt de la distinction évident, les règles s'appliquant aux organismes juridictionnels étant différentes de celles s'appliquant aux organismes administratifs actifs.

B. Au point de vue matériel

L'acte juridictionnel consiste dans le rétablissement du droit à la suite du déséquilibre créé et dont résultait la situation contentieuse.

• **Le régime juridique de l'acte juridictionnel est très différent du régime juridique de l'acte administratif** (procédure, compétence différentes).

• Surtout **les conceptions organique et matérielle ne se recouvrent pas absolument** ; en effet, de nombreux organismes juridictionnels, en marge de leur activité juridictionnelle, accomplissent des actes purement administratifs ; de plus, certains organismes spécialisés, ont tantôt un véritable rôle juridictionnel (conseils de l'ordre prenant des décisions en matière disciplinaire) tantôt un véritable rôle administratif (lorsqu'ils prennent des décisions en matière d'inscription au tableau de l'ordre).

Titre 1

LA COMPÉTENCE DES AUTORITÉS ADMINISTRATIVES

On entendra par compétence, la possibilité de faire des actes juridiques. Cette possibilité est soumise en France au « principe de légalité », comprenant le droit écrit et le droit non-écrit, en particulier, les principes généraux du droit. À l'intérieur du principe de légalité, l'administration dispose d'un pouvoir d'appréciation plus ou moins large. Le non-respect du principe de légalité peut entraîner l'inexistence ou la nullité de l'acte.

Chapitre 1 › DÉFINITION ET CARACTÈRES

Notion : *la compétence, c'est la possibilité de faire des actes juridiques, par opposition aux actes matériels.*
Le terme de compétence peut avoir deux sens :
Au sens restreint (généralement employé), *la compétence se rapporte uniquement à l'auteur de l'acte, à la personne.*
Au sens large, *la compétence est relative à la totalité des éléments de l'acte juridique (personne auteur de l'acte, forme, motif, objet, but).*

Section 1 › LA QUALITÉ DE L'AUTEUR DE L'ACTE

Définition : c'est une aptitude propre à la fonction, conférée par la loi ou les règlements à certains agents publics, à accomplir certains actes juridiques sur un territoire donné, à un moment donné.

• Ce n'est qu'**une aptitude** ; elle n'implique pas toujours l'obligation d'agir.

• **propre à la fonction** : le titulaire de la compétence doit l'exercer personnellement. Il n'en dispose pas comme d'un droit. La compétence ne se délègue pas. **La délégation de compétence** n'est possible que si elle est prévue par un texte, qu'aux agents visés par le texte ; elle ne peut être que partielle ; elle doit être écrite et la publicité régulière. La délégation vise le poste et non la personne qui a reçu délégation. La délégation de *signature* est toutefois soumise à des règles différentes : elle vise la personne qui a reçu délégation et non le poste (ex. : CE, 17 avr. 1989, *Boyer, RFDA* 1989, p. 559). Mais le décret du 27 juillet 2005 a rapproché la délégation de signature de la délégation de compétence ; elle vise désormais le poste et non pas la personne. Surtout le Conseil d'État n'admet aucune « subdélégation » c'est-à-dire la délégation d'une délégation (CE, Ass., 30 juin 2000, *Ligue fçse des droits de l'homme, AJDA* 2000, p. 830) : le législateur avait prévu que le gouvernement devait prendre des décrets d'application, ces derniers ne pouvant renvoyer à un arrêté ministériel ultérieur la mise en œuvre des principes de la loi. Le décret de 2005 prévoit quelques cas de subdélégation.

• **conférée par la loi ou les règlements** – ou à la rigueur par le juge. La compétence a donc le caractère d'une **situation légale, générale, impersonnelle, modifiable à tout moment, permanente**, s'exerçant à l'égard de toute personne soumise à l'autorité du fonctionnaire ;

• **à certains agents** : c'est-à-dire aux autorités administratives (Premier ministre, préfet, etc.) ou aux assemblées délibérantes (ex. : conseil municipal) ;

• à accomplir **certains actes juridiques** sur un **territoire donné à un moment donné** :
– **compétence *ratione materiae* de l'agent** : il ne peut exercer la compétence du législateur ou du juge ou d'une autre autorité administrative (p. ex. le ministre doit respecter la compétence du maire) ;
– **compétence *ratione loci*** : les autorités administratives **sont compétentes pour un territoire déterminé** (pour les autorités gouvernementales, c'est l'ensemble du pays, le préfet, son département…) ;

– **compétence *ratione temporis*** : la compétence des agents se situe entre leur investiture et leur désinvestiture ; mais il existe certaines atténuations à cette règle ; théorie selon laquelle le gouvernement est chargé de **l'expédition des affaires courantes** (CE, 4 avr. 1952, *Synd. rég. Quot. Algérie*, p. 210) ; théorie du fonctionnaire de « fait » fondée sur **l'apparence** ou la nécessité.
Le Conseil d'État a mis en œuvre **la théorie de l'apparence** dans un important arrêt (CE, S., 16 mai 2001, *Préfet de police c/Mtimet AJDA 2001*, p. 643). La circonstance que le préfet de police ne pouvait être légalement maintenu en fonctions après son admission à la retraite n'entache pas d'incompétence les actes pris en vertu des délégations de signature qu'il a consenties.

Section 2 › LES AUTRES ÉLÉMENTS DE L'ACTE JURIDIQUE

Outre la personne, auteur de l'acte, il existe d'autres éléments :
Forme : les règles de procédure (p. ex. avis, délais) **et de forme** (signature, date, etc.) constituent les éléments extérieurs de l'acte (contenant). L'illégalité quant à la forme et à la procédure de l'acte, constitue le « vice de forme et de procédure ».

Motif : faits extérieurs, antérieurs à l'acte, la situation matérielle, objective, de fait ou de droit qui précède l'acte et le justifie (motif de révocation d'un fonctionnaire : la faute disciplinaire).

Objet : le contenu même de l'acte, son effet juridique (l'objet d'une réquisition est d'obtenir l'objet réquisitionné).

L'illégalité quant aux motifs de l'acte ou à leur objet constitue en principe une « violation de la loi ».
But : les intentions subjectives de l'auteur de l'acte, le résultat qu'il cherche à atteindre. Il s'agit des mobiles psychologiques de l'agent (le maire prend un arrêté de police en vue du maintien ou du rétablissement de l'ordre public). L'illégalité quant au but de l'acte constitue un « détournement de pouvoir » (p. ex. maire faisant fermer sous un prétexte d'ordre public un café qui faisait concurrence à un autre café appartenant à des membres de sa famille).

Chapitre 2 › LE PRINCIPE DE LÉGALITÉ

*Dans le système de l'**État de droit**, tel qu'il existe en France, l'**administration n'est pas toute-puissante** : sa compétence est enfermée dans certaines limites, elle doit respecter la règle de droit, elle est soumise au principe de légalité.*

Section 1 › SOURCES

§ 1 - Le droit écrit

A. La Constitution

Elle constitue, en principe, la règle suprême – toutefois **en pratique**, la loi peut être supérieure à la Constitution si rien ne vient sanctionner son inconstitutionnalité. Cette possibilité existait avant 1958 et existe même depuis 1958 lorsque le Conseil constitutionnel n'a pas été saisi (CE, 6 nov. 1936, *Arrighi*, p. 966 : le juge ne contrôle pas le caractère inconstitutionnel d'une loi).

Après de longues controverses, il est admis aujourd'hui que le Préambule de la Constitution, tout comme les Déclarations de droits, ont force de textes juridiques (CE, 12 févr. 1960, *Sté Eky*, p. 101).

Le Préambule de la Constitution de 1958, renvoyant à la Déclaration des droits de 1789 et au Préambule de la Constitution de 1946, ont valeur constitutionnelle. Il faut souligner aussi l'importante décision du 16 juillet 1971 dans laquelle le Conseil constitutionnel a reconnu valeur constitutionnelle non seulement au Préambule proprement dit de la Constitution de 1946, mais même aux « **principes fondamentaux reconnus par les lois de la République** » (en l'espèce les principes fondamentaux de la loi de 1901 sur les associations) auquel ce Préambule renvoie. Il en va de même des principes politiques, économiques et sociaux que le Préambule de 1946 définit comme étant « particulièrement nécessaires à notre temps ».

Dans un important arrêt *Koné* du 3 juillet 1996 (*RFDA* 1996, p. 878), le Conseil d'État a fait lui-même une application directe des principes fondamentaux reconnus par les lois de la République en matière d'extradition.

C'est cet ensemble que l'on désigne par « **le bloc de constitutionnalité** ».

Fait également aujourd'hui partie intégrante de la Constitution la **Charte de l'environnement** dont le Conseil constitutionnel a affirmé la pleine valeur juridique (Cons. const., 19 juin 2008, *Loi relative aux organes génétiquement modifiés*, *AJDA* 2008, p. 1614). Le Conseil d'État, dans une importante décision *Commune d'Annecy* (CE Ass., 3 oct. 2008, *AJDA* 2008, 2166 ; *AJDA* 2009, p. 1852 nombreux autres commentaires) souligne son caractère constitutionnel (annulation d'un décret relatif aux lacs de montagne pour incompétence du pouvoir réglementaire). L'application de la Charte de l'environnement est précisée (CE, 24 juill. 2009, *Comité de recherche et d'information indépendantes sur le génie génétique*, *AJDA* 2009, p. 1818) : abrogation implicite d'une loi par la Charte.

Dans la même décision *Commune d'Annecy*, le Conseil d'État admet à nouveau la valeur constitutionnelle de l'ensemble des dispositions du Préambule de la Constitution.

B. Les traités

Selon l'art. 55 de la Constitution de 1958 : « *Les traités ou accords régulièrement ratifiés, ont dès leur publication, une autorité supérieure à celle des lois, sous réserve pour chaque accord ou traité, de son application par l'autre partie* ».

1. Le Conseil d'État

Au point de vue de la hiérarchie des textes, il faut toutefois remarquer, que le Conseil d'État, lorsqu'il y avait divergence entre le traité et la loi, faisait prévaloir jusqu'en 1989, la loi sur le traité, du moins la loi postérieure au traité. La loi faisait en quelque sorte « écran » entre le traité et l'acte administratif (CE, 1er mars 1968, *Synd. général des fabricants de semoule de France*, p. 149). Mais dans une très importante décision ***Nicolo*** (CE, Ass., 20 oct. 1989, *AJDA* 1989, p. 799, *GAJA*, 18e éd., n° 91), le Conseil d'État renverse sa jurisprudence traditionnelle. En application de l'art. 55 de la Constitution, **il contrôle désormais la conformité de la loi même postérieure au traité**, qu'il s'agisse de traités institutionnels ou non, de traités multilatéraux ou bilatéraux. Ce revirement de jurisprudence est fondamental (v. aussi 21 déc. 1990, *Conféd. nat. assoc. famil. cathol., RFDA* 1990, p. 1065). En revanche – et il s'agit aussi d'un arrêt d'une importance fondamentale –, **la Constitution est toujours supérieure aux traités** (CE, Ass., 30 oct. 1998, *Sarran, Levacher et autres, AJDA* 1998, p. 962). V. sur ce point arrêt *Arcelor*, p. 31.

Si une loi de ratification d'un traité est elle-même contraire à une convention internationale (en l'espèce la Conv. europ. des droits de l'homme) le juge exerce un contrôle sur la loi (CE, 8 déc. 2000, *M. Hoffner et autre, RFDA* 2001, p. 243).

Il faut remarquer que le juge administratif se réfère de plus en plus fréquemment aux traités de l'Union européenne et surtout, dans le cadre élargi du Conseil de l'Europe, à la Convention européenne des droits de l'homme (ex. CE, S., 29 juill. 1994, *Dépt de l'Indre, RFDA* 1994, p. 169 ; sur le contrôle des publications étrangères, v. CE, S., 9 juill. 1997, *Ass. Ekin, RFDA* 1997, p. 1284).

Le juge administratif renvoyait, jusqu'à présent, au ministre des Affaires étrangères, pour savoir si la condition de **réciprocité** d'application des accords était bien appliquée (CE, 29 mai 1981, *Rekhou*, 25 mai 1981, *Min. Budget c/Mme vve Belli, AJDA* 1981, p. 485). Cette jurisprudence a été confirmée (CE, Ass., 9 avr. 1999, *Me Chevrol-Benheddach, AJDA* 1999, p. 401). Mais cette interprétation semblait contraire à la jurisprudence de la Cour européenne des droits de l'homme (CEDH, 13 févr. 2003, *Chevrol c/France, AJDA* 2003, p. 308). Dans une importante décision (CE Ass., 9 juill. 2010, *Mme Cheviet-Benseghir*) le juge s'est effectivement rallié à la jurisprudence européenne et contrôle lui-même l'application du principe de réciprocité.

Jusqu'en 1990, lorsque les termes d'un traité n'étaient pas clairs et qu'il s'agissait de les interpréter, le juge demandait au ministère des Affaires étrangères l'interprétation du traité. Depuis l'important arrêt *GISTI* (29 juin 1990, *AJDA* 1990, p. 621, *GAJA*, 18e éd., n° 93), le Conseil d'État **interprète lui-même les traités**.

Mais le juge ne contrôle pas si la loi de ratification est contraire à la Constitution (CE, 8 juill. 2002, *Cne de Porta, EDCE* 2003, p. 35).

2. La Cour de cassation

Elle avait déjà admis, avant le Conseil d'État, la supériorité d'un traité sur la loi interne (Cass. mixte, 24 mai 1975, *Admin. des Douanes c/Jacques Vabre*). En l'espèce, il s'agissait du traité de Rome, mais cette jurisprudence s'étend à tous les traités.

3. Le Conseil constitutionnel

Il se situe normalement dans une perspective différente, car contrairement à la Cour de cassation et au Conseil d'État, il est amené généralement à contrôler directement en présence d'une loi et avant sa promulgation, si celle-ci est conforme à un traité. Dans cette hypothèse, le Conseil constitutionnel a affirmé très nettement qu'il n'était pas compétent pour contrôler la conformité des lois aux traités (*Affaire de l'interruption volontaire de grossesse*, Cons. const., 15 janv. 1975).

Observation : il faut ajouter, que la **Convention européenne des droits de l'homme** de 1950 est devenue une source particulièrement importante du droit français. Le juge s'y réfère très fréquemment, les décisions jurisprudentielles appliquant les articles de la Convention se multiplient. Les articles les plus fréquemment appliqués sont l'art. 6 (droit à un procès équitable) et l'art. 14 (relatif au principe de non-discrimination).

Ainsi, et on le donnera à titre d'exemple d'une jurisprudence foisonnante, le Conseil d'État dans un arrêt fondamental (CE, Ass., 30 nov. 2001, *Min. Défense, AJDA* 2001, p. 1039) a estimé que la « cristallisation » des pensions des Anciens combattants de nationalité étrangère à une certaine date, constituait une « discrimination » et était contraire à l'art. 14 de la Convention européenne. De même, selon le Conseil d'État, l'art. 14 de la loi de 1881 sur la liberté de la presse (mod. décret 6 mai 1939) relatif au contrôle de la presse étrangère par le ministre de l'Intérieur est contraire à l'art. 10 de la Convention européenne des droits de l'homme. Le Premier ministre a l'obligation d'annuler ce décret loi (CE, 7 févr. 2003, *GISTI, RFDA* 2003, p. 418). En revanche les principes généraux et les coutumes du droit international ne s'imposent pas à la loi française : CE, Ass., 6 juin 2000, *Aquarone*, et 28 juill. 2000, *Paulin* (v. *AJDA* 2001, p. 703).

Dans le cadre de cet ouvrage, il n'est pas possible de développer toute l'importance que revêtent aujourd'hui la Convention européenne des droits de l'homme et la jurisprudence de la Cour européenne des droits de l'homme (v. *Contentieux administratif* p. 58 et s.) Signalons simplement que cette Convention et son juge requièrent (entre autres) le droit à un recours effectif (art. 13 de la Convention), le droit à un procès équitable (art. 6-1). La Convention et la jurisprudence ont eu aussi un effet déterminant sur le contrôle de fond exercé par le juge administratif (ex. : problèmes très divers des étrangers : reconduites à la frontière, respect de la vie familiale…, v. aussi problèmes nombreux en matière religieuse ou de situation des détenus dans une prison). Ce ne sont là que de trop brefs exemples de l'influence de cette Convention et de la Cour.

C. La loi

Il existe aujourd'hui des catégories très variées de lois : lois ordinaires, référendaires, organiques, de finances. Elles constituent toutes des sources de légalité.

D. Les règlements

On appelle « règlements » des décisions administratives ayant un **caractère général**. La hiérarchie des règlements se fait en considération de leurs auteurs (Premier ministre, ministres, préfets, présidents de conseils généraux, maires). Le règlement de l'autorité supérieure l'emporte.

Les décisions individuelles, même celles émanant d'autorités supérieures à celles qui ont pris le règlement, doivent respecter la source de légalité que constituent les règlements.

E. Les règlements et directives communautaires

La création de la Communauté économique européenne a créé un nouvel ordre juridique qui multiplie les sources de légalité applicables en France. Le régime des actes communautaires est extrêmement complexe. Mais il faut souligner que l'on assiste depuis fin 1989 à une accélération de la prise en compte par le Conseil d'État du droit communautaire.

Tout d'abord, il est évident que le traité de Rome constitue une norme s'imposant à l'administration, comme d'ailleurs tout autre traité. Dans l'important arrêt *Nicolo* (*op. cit.*, 1989), le Conseil d'État a admis la supériorité de tous les traités sur les lois même postérieures. V. aussi arrêt *Arcelor*, p. 31.

En ce qui concerne les actes pris par les autorités communautaires, ce que l'on peut appeler le « droit communautaire dérivé », il faut faire des distinctions :

1. Les « règlements communautaires » proprement dits

Ils sont directement applicables dans les États membres, sans passer par l'intermédiaire d'une norme nationale distincte. Le Conseil d'État a toujours reconnu cette solution. De plus, dans un important arrêt (CE, 24 sept. 1990, *Boisdet*, *AJDA* 1990, p. 906) en application de la jurisprudence *Nicolo*, il a estimé que la législation nationale ne pouvait faire obstacle à l'application d'un règlement communautaire. Ainsi, le règlement communautaire peut mettre en échec la loi française.

2. Les directives

Le conflit a été beaucoup plus vif en ce qui concerne les « directives ».

Évolution : la Cour de justice des Communautés européennes (CJCE, aujourd'hui Cour de justice de l'Union européenne – CJUE) a estimé que certaines directives étaient directement applicables. Le Conseil d'État avait refusé cette interprétation dans la célèbre affaire *Cohn-Bendit* (CE, 2 déc. 1978, *D.* 1978, p. 155). Le juge administratif estime que ces directives ne sont pas directement applicables en droit français et qu'elles ne lient les États que quant au résultat à atteindre. Il est nécessaire de passer par l'intermédiaire d'une norme nationale. Aussi, et à l'inverse, l'État ne peut se prévaloir d'une directive qu'il n'a pas transposée en droit interne (CE, S., 23 juin 1995, *SA Lilly France*, *AJDA* 1995, p. 570).

Cette « guerre des juges » qu'avaient craints certains auteurs **est aujourd'hui terminée**. L'évolution s'est faite progressivement avec l'abandon progressif de la jurisprudence *Cohn-Bendit* puis sa disparition totale.

Tout d'abord, la CJCE (CJUE) a atténué sa jurisprudence (CJCE, 26 févr. 1986, *Marshall*). Mais surtout le Conseil d'État contrôle aujourd'hui si les dispositions réglementaires prises par les autorités françaises ne sont pas contraires à une directive (CE, 7 déc. 1984, *Féd. fçse protection de la nature*, *AJDA* 1985, p. 105 ; 7 oct. 1988, *Rassemblement des opposants à la chasse*, *EDCE* 1988, p. 53). Dans l'important arrêt *Alitalia* du 3 février 1989 (*RFDA* 1989, p. 415), le Conseil d'État a été encore plus audacieux en annulant **un règlement français illégal qui pourtant était antérieur à la directive.**

De même dans un autre arrêt important, appliquant la jurisprudence *Nicolo* (CE, Ass., 28 févr. 1992, *SA Rothmans International, AJDA 1992*, p. 224) le Conseil d'État a estimé qu'une loi française ne pouvait être contraire à une directive. La responsabilité de l'État peut éventuellement être engagée (CAA Paris, 1er juill. 1992, *Sté Jacques-Dangeville, AJDA* 1992, p. 768) lorsque la directive n'a pas été transposée en temps utile. Mais le Conseil d'État n'a pas encore entériné cette jurisprudence (CE, Ass., 30 oct. 1996, *Sté Jacques-Dangeville, RFDA* 1997, p. 1056). V. cependant l'important arrêt *Gardedieu*, p. 215.

Le Conseil d'État est allé encore plus loin. Il a admis que, lorsque le requérant demande l'annulation d'une mesure individuelle non compatible avec une directive communautaire, comme il ne peut invoquer directement la directive, **il peut soulever cependant l'exception d'illégalité du règlement français en infraction avec la directive communautaire.** Ainsi, dans un important arrêt *Tête* du 6 février 1998 (*AJDA* 1998, p. 403) relatif aux décisions prises pour la réalisation du périphérique nord de Lyon ainsi que son exploitation, le juge a estimé que les décisions (en particulier celles relatives au péage) avaient été prises sur le fondement de règles nationales incompatibles avec les **objectifs** d'une directive communautaire et il les a annulées (*AJDA* 1998, p. 458). Les conditions de passation étaient donc illégales. Cette notion apparaît aussi dans l'arrêt CE, 20 mai 1998, *Communauté du Piémont de Barr* (*AJDA* 1998, p. 632). Le juge va de plus en plus loin. Lorsqu'une disposition législative est incompatible avec une directive communautaire, le gouvernement peut s'abstenir de prendre les décrets d'application de la loi (CE, 24 févr. 1999, *Assoc. des patients de la médecine, RFDA* 1999, p. 437).

Deux arrêts du Conseil d'État du 3 juin 1999 (*Assoc. ornithologique, GAJA*, 18e éd., n° 103) sont significatifs : le Conseil d'État estime que le refus du Premier ministre de prendre un décret compatible avec les objectifs d'une directive communautaire, décret qui aurait pour objet de modifier les dispositions réglementaires figurant dans une loi, constitue une décision administrative susceptible de recours. Il incombe au Premier ministre de tirer les conséquences de l'incompatibilité de la réglementation actuelle et de la directive, « *eu égard aux exigences inhérentes à la hiérarchie des normes ainsi qu'à l'obligation pour les autorités nationales d'assurer l'application du droit communautaire* ». Toutefois, le Premier ministre a un large pouvoir d'appréciation quant à la date et à la procédure appropriées pour arriver à cette fin.

Enfin dans un arrêt d'une **importance fondamentale** (CE Ass., 30 oct. 2009, *Mme Perreux, AJDA* 2009, 2385 – de très nombreux commentaires ont été consacrés à cet arrêt, v. *AJDA* 2010, p. 1728 – recensement de commentaires, *GAJA*, 18e éd., n° 117), le Conseil d'État reconnaît l'effet direct des directives communautaires opérant ainsi un revirement total par rapport à sa jurisprudence *Cohn-Bendit*. Il ouvre ainsi la voie à **l'invocabilité directe par les particuliers, des dispositions des directives, qui, non transposées à temps, sont précises et inconditionnelles, ainsi qu'à leur application directe par le juge pour pallier une réglementation nationale non conforme au droit communautaire** (en l'espèce il s'agissait de la charge de la preuve sur laquelle nous reviendrons par ailleurs).

Cette jurisprudence devrait aussi avoir pour effet que l'État transpose plus rapidement les directives.

Si, comme on l'a déjà constaté, la Constitution reste supérieure aux traités (arrêt *Sarran, op. cit.*, p. 27) et aux actes communautaires dérivés, la Conseil d'État a cependant ouvert une nouvelle voie avec un arrêt d'une importance fondamentale, l'arrêt *Société Arcelor Atlantique* du 8 février 2007 (*GAJA*, 18e éd., n° 114, nombreux commentaires), arrêt assez complexe. La société avait soulevé le fait qu'un décret (transposition d'une directive) qui la lésait était contraire à des principes constitutionnels. En application de la jurisprudence *Sarran*, le décret aurait dû être annulé. Mais le Conseil d'État fait une analyse plus subtile. S'appuyant sur l'art. 88 de la Constitution qui créé une obligation constitutionnelle de transposition de la directive communautaire ainsi que sur une décision du Conseil constitutionnel, il estime qu'avant de confronter le décret de transposition à la Constitution, il est nécessaire de rechercher « s'il existe une règle ou un principe général du droit communautaire qui, eu égard à sa nature et à sa portée tel qu'il est interprété en l'état actuel de la jurisprudence du juge communautaire, garantit par son application, l'effectivité du respect de la disposition ou du principe constitutionnel invoqué ». Pour s'assurer de l'existence d'une disposition communautaire, le Conseil a deux possibilités : soit, s'il n'y a pas difficulté sérieuse, il examine lui-même si cette disposition existe ou non ; soit, s'existe une difficulté sérieuse, il saisit la CJUE d'un renvoi préjudiciel pour interprétation.

Cet arrêt, quoi que très complexe, renforce considérablement l'influence du droit communautaire sur le droit français.

En ce qui concerne **l'interprétation du droit communautaire**, la CJUE est, selon le traité, normalement compétente. Mais à l'origine le Conseil d'État avait donné à ces articles du traité un sens restrictif estimant très fréquemment qu'on était en présence d'un « acte clair ». Peu à peu, le Conseil d'État a eu un moindre recours à la notion d'acte clair. Aujourd'hui, il renvoie très fréquemment, demandant l'interprétation de la CJUE (ex. : CE, S., 11 déc. 1998, *Assoc. Greenpeace France*, *RFDA* 1999, p. 250, n° 16 à propos du « maïs génétiquement modifié » ; CE, 6 nov. 2002, *Sté Caixa Bank*, *EDCE* 2003, p. 34 à propos des dates d'ouverture et de fermeture de la chasse).

Lorsque la Cour a donné une interprétation d'un texte, le juge français doit le respecter. S'il y a une trentaine d'années, le Conseil d'État tentait parfois d'éluder la question, aujourd'hui le juge français tient bien compte des interprétations données par la Cour (ex. : à propos du prix du livre, 24 janv. 1992, *Assoc. Centres distributeurs Leclerc*, *RFDA* 1992, p. 489 ; CE, Ass., 11 déc. 2006, *Sté Groot*, *AJDA* 2007, p. 137 et s.).

Dans un registre différent, dans une importante affaire (CE S., 10 avril 2008, *Conseil national des barreaux*, 2008.II.10125) le Conseil d'État se prononce pour la première fois sur la conformité d'une directive communautaire à la Convention européenne des droits de l'Homme (v. aussi *AJDA* 2008, p. 1085).

§ 2 - Les principes généraux du droit

« *On appelle ainsi un certain nombre de principes qui ne figurent pas dans les textes mais que la jurisprudence reconnaît comme devant être respectés par l'administration ; leur violation constitue une illégalité* » (De Laubadère).

Le Conseil d'État en a fait application explicitement pour la première fois dans l'arrêt *Aramu* (26 oct. 1945, p. 213) estimant « qu'il résulte des principes généraux du droit applicables même en l'absence de texte, qu'une sanction disciplinaire ne peut être légalement prononcée sans que l'intéressé ait été mis en mesure de présenter sa défense ».

A. Procédés d'utilisation

• **Généralisation d'une règle formulée par un texte** ; un texte affirme quelque chose ; le juge applique la règle en dehors du texte proprement dit (p. ex. Principes des droits de la défense, CE, 5 mai 1944, *Trompier-Gravier*, p. 133 ; CE, 19 oct. 1962, *Canal*, p. 552).

• Règle dégagée de **l'esprit** d'un ou de plusieurs textes (p. ex. le principe du double degré de juridiction).

• Règle dégagée de la **nature d'une institution** (la **continuité** du service public est inhérente à la nature même de l'institution).

• Règle dégagée de **l'éthique politique et sociale** : ainsi il considère le principe d'égalité comme un aspect fondamental de la conscience et de la tradition nationale française (égalité devant la loi, devant l'impôt, égalité des sexes devant le service public, etc.).

Remarques :

– Très souvent, mais pas toujours, les principes généraux du droit se relient de façon plus ou moins étroite au Préambule de la Constitution et, en particulier, à la **Déclaration des droits de l'homme et du citoyen de 1789**. Il faut surtout souligner que, dépassant même la construction des principes généraux du droit, le Conseil d'État a admis, en matière d'extradition, l'existence d'un principe fondamental reconnu par les lois de la République (CE, Ass., 3 juill. 1996, *Koné* v. *supra*) : les stipulations d'un accord international relatives au refus de l'extradition lorsqu'il s'agit d'une infraction politique doivent être interprétées conformément aux principes fondamentaux reconnus par les lois de la République, selon lequel l'État doit refuser l'extradition lorsqu'elle est demandée dans un but politique.

– Les principes généraux du droit ont un caractère évolutif lié à l'état de la civilisation (ainsi le principe de la continuité du service public a dû être concilié avec la possibilité de grève dans les services publics ; la liberté du commerce et de l'industrie ne constitue plus aujourd'hui un principe absolu, etc.).

B. Exemples de principes généraux du droit

Les principes généraux du droit sont très nombreux et on ne peut en faire un catalogue. On se bornera à citer les exemples les plus remarquables.

1. Le principe d'égalité est fréquemment utilisé

Ainsi dans l'important arrêt *Société des Concerts du Conservatoire* (CE, 9 mai 1951, *Rec.* p. 151) cette société avait pris des sanctions à l'égard de certains musiciens qui au lieu d'assurer leur travail à l'orchestre avaient prêté leur concours à un concert organisé par la Radiodiffusion française. En guise de représailles, la Radiodiffusion refusa momentanément l'antenne à la Société des concerts. La société fit un recours devant le Conseil d'État. Celui-ci annula la décision, condamna la Radiodiffusion à verser une indemnité, estimant que la Radio avait commis un détournement de pouvoir et surtout avait méconnu « le principe d'égalité qui régit le fonctionnement des services publics ».

Dans l'affaire *Barel* (CE, 28 mai 1954, *Rec.* p. 419), qui est l'un des arrêts les plus connus du droit administratif, le secrétaire d'État à la présidence du Conseil avait refusé, les candidatures au concours de l'ENA, à plusieurs personnes, dont le sieur Barel. Les journaux s'emparèrent de l'affaire, affirmant que les candidats, selon les dires d'un membre du cabinet, avaient été exclus parce qu'ils avaient des opinions communistes. Le ministère démentit les allégations. Finalement les candidats s'adressèrent au Conseil d'État.

Celui-ci après avoir en vain demandé au ministre de produire les pièces, s'estima suffisamment informé et annula la décision. Si l'arrêt présente de multiples intérêts, le juge estima que le gouvernement ne saurait sans méconnaître « **le principe d'égalité de tous les Français aux emplois et fonctions publics**, écarter de la liste un candidat en se fondant uniquement sur ses opinions politiques ».

Autres exemples d'application du principe d'égalité : égalité devant les charges publiques (CE, 30 nov. 1923, *Couitéas*, p. 789), égalité des sexes (CE, 3 juill. 1936, *Bobard*, p. 721), le principe d'impartialité dans un concours (CE, 9 nov. 1966, *Cne de Clohars-Carnoet*, p. 591). Le congé parental ne doit pas être différencié selon la nationalité des intéressés (CE, 30 juin 1989, *Ville de Paris*, req. 78173). Il faut réserver une égalité d'accès à une école de musique pour les personnes qui travaillent et ceux qui habitent dans la commune (CE, 13 mai 1994, *Cne de Dreux, AJDA* 1995, p. 625). On ne peut établir de tarif différent pour les usagers d'un parc de stationnement selon qu'ils habitent ou non dans la commune (CE, 12 juill. 1995, *Cne de Maintenon, RFDA* 1995, p. 1053). Application du principe d'égalité en matière fiscale (CE, Ass., 28 mars 1997, *Sté Baxter, RFDA* 1997, p. 458). Application relative du principe d'égalité en ce qui concerne les frais d'utilisation des services publics (p. ex. CE, S., 29 déc. 1997, *Cne de Genevilliers* ; même jour, *Cne de Nanterre, RFDA* 1998, p. 539) ainsi que par l'autorité de régulation des télécommunications (CE, Ass., 26 juin 1998, *Sté AXS Télécom, RFDA* 1998, p. 894). Accès à la profession d'avocat (CE, S., 25 juill. 2007, *Synd. des avocats de France, AJDA* 2007, p. 1501).

Application du principe d'égalité entre les abonnés dans la tarification de l'eau (CE, 14 oct. 2009, *Commune de Saint Jean Aulps, AJDA* 2009, p. 1922).

Dans la fameuse affaire *Perreux* (*op. cit.*) du 30 octobre 2009, le juge (outre qu'il admet l'application directe des directives communautaires) inaugure le contentieux particulièrement délicat à traiter et qui relève du principe d'égalité, des « **discriminations** ». Il explique les règles de preuve qui vont s'imposer au juge.

Le Conseil d'État, dans des décisions importantes, a aussi affirmé le principe d'égalité des citoyens devant le suffrage (p. ex. sur la légalité de création et modification de circonscriptions cantonales, CE, Ass., 13 nov. 1998, *Cne d'Armoy et autres, RFDA* 1998, p. 270).

Pour l'application du principe d'égalité de traitement des agents publics (CE, 2 avr. 2003, *M. Ajolet, AJDA* 2003, p. 1463).

Le principe d'égalité a été appliqué de façon remarquable dans l'important arrêt *Duvignères* (18 déc. 2003, *AJDA* 2003 p. 487) à propos des circulaires, problème fondamental étudié ultérieurement. Une circulaire conforme à un décret est annulée, car le décret lui-même, pourtant non attaqué, n'a pas respecté le principe d'égalité.

Le principe d'égalité doit tenir compte du fait que les personnes sont placées dans des **situations analogues ou différentes**. La jurisprudence, traditionnelle en la matière, est souvent très subtile. Le Conseil d'État a admis dans un important arrêt (CE, Ass., 6 avr. 2001, *Pelletier, AJDA* 2001, p. 448) que le gouvernement avait pu réserver certaines indemnisations aux orphelins juifs dont les parents sont morts en déportation, et ne pas étendre cette mesure aux autres orphelins dont les parents ont aussi péri en déportation : les orphelins victimes des mesures antisémites sont dans une situation différente des autres orphelins. Le juge s'appuie ici sur le « principe constitutionnel d'égalité ». De même a été jugé que l'allocation de reconnaissance réservée aux harkis d'origine arabo-berbère n'est pas « discriminatoire » (CE, 30 mai 2007, *Union nationale laïque des anciens supplétifs, AJDA* 2007, p. 1408). Enfin, l'entrée en vigueur de l'interdiction de fumer dans les lieux publics différente selon les établissements n'est pas discriminatoire (CE, 19 mars 2007, *Mme Le Gac, RFDA* 2007, p. 648).

Application intéressante du principe d'égalité en ce qui concerne l'autorisation de changement d'affectation des logements. Ici, le principe d'égalité est encore invoqué à l'occasion d'une décision individuelle (CE S., 30 déc. 2010, *Min. du Logement, AJDA* 2011, p. 150).

Le Conseil d'État tente de concilier le principe d'égalité avec le droit communautaire. Le décret attaqué ne viole pas le principe constitutionnel national d'égalité puisque la directive communautaire ne viole pas le principe communautaire d'égalité. Le Conseil d'État accepte le postulat de « l'équivalence des protections » (CE, 9 juin 2009, *Sté Arcelor Atlantique et Lorraine, AJDA* 2009, p. 1710). On constate qu'on se trouve ici au delà des « principes généraux du droit » puisqu'on applique des « textes supérieurs ».

Il faut souligner aussi que, reprenant la jurisprudence communautaire, le Conseil d'État, surtout à l'intérieur du principe d'égalité, met en avant le principe de « non-discrimination ». Toutefois, le principe de non-discrimination peut impliquer une « discrimination positive » qui n'est guère appliquée par le juge administratif. Le Conseil d'État contrôle en revanche une discrimination « à rebours » en défaveur des architectes français (CE, 6 oct. 2008, *Cie des architectes en chef, RFDA* 2009, p. 132). V. discrimination CE, 10 janvier 2011, *M. Leveque, AJDA* 2011, p. 901 ; CJUE, 8 mars 2011, *Ruiz Zambrona*, AJDA, 2011, p. 1082.

2. Le principe de liberté

Il s'agit essentiellement de la liberté d'aller et de venir ou de la liberté individuelle (ex. : CE, 14 févr. 1958, *Abisset*, p. 98, liberté d'établissement d'un camping). Il y a aussi consécration de la liberté de l'industrie et du commerce, sans référence aux lois révolutionnaires instituant cette liberté (ex. CE. S., 13 mai 1994, *Président de l'Assemblée territoriale de Polynésie française, RD publ.* 1994, p. 1557). Le Conseil d'État a aussi consacré le principe du libre choix d'un médecin par un malade

(CE, 27 avr. 1998, *Synd. des médecins libéraux, RFDA* 1998, p. 973). Mais c'est en matière de reconduite à la frontière, d'expulsion et d'extradition des étrangers que le Conseil d'État affirme fréquemment le principe de liberté en faisant appel p. ex. aux principes généraux de l'extradition (ex. CE, 13 oct. 2000, *M. Kozirev, RFDA* 2000, p. 1365).

3. Les principes généraux se rattachant à l'idée de sécurité et de protection des administrés

Toute décision administrative peut faire l'objet d'un recours pour excès de pouvoir (CE, 17 févr. 1950, *Lamotte*, p. 110), possibilité de faire un recours hiérarchique, le respect des droits de la défense (CE, 5 mai 1944, *Dame vve Trompier Gravier*, p. 133, 7 déc. 2001 ; CE, S., *Sté anonyme Ferme de Rumont, EDCE* 2002, p. 23), le principe de la non-rétroactivité des actes administratifs (CE, 25 juin 1948, *Sté Journal l'Aurore*, p. 289), principe général du droit selon lequel un « réfugié » ne doit pas (sauf cas exceptionnels prévus) être remis aux autorités de son pays d'origine (CE, 1er avr. 1988, *José Maria Bereciartua-Echarri, RFDA* 1988, p. 506) ; le principe de tenir compte de l'expression pluraliste des courants d'opinion (CE, 17 janv. 1990, *Union nat. profess. libérales, RFDA* 1990, p. 2933) ; le droit pour les étrangers vivant en France de mener une « *vie familiale normale* » (CE, 8 déc. 1978, *GISTI CFDT*, p. 493 ; CE, 29 juin 1990, *Imbaccus, préfet du Doubs, AJDA* 1990, p. 746) ; principe général du droit des réfugiés selon lequel le conjoint et les enfants du « réfugié » bénéficient de la même protection (CE, Ass., 2 déc. 1994, *Mme Agyepong, AJDA* 1995, p. 914). Autres applications : le principe qui exclut qu'une faute provoque l'infliction de plus d'une seule sanction (principe *non bis in idem* : CE, 23 avr. 1958, *Cne du Petit-Quevilly, AJDA* 1958, 2) ; principe selon lequel les actes administratifs ne disposent que pour l'avenir (CE, *Sté du Journal l'Aurore*, p. 249) ; obligation de publier les règlements administratifs (CE, 12 déc. 2003, *Synd. des commissaires, AJDA* 2004, p. 442, note HM) ; principe de la publicité des débats judiciaires (CE, Ass., 4 oct. 1974, *Dame David, D.* 1975, p. 369, note Auby) ; principe de la prescription trentenaire (CE, 8 juill. 2005, *Sté Alussia-Louza, AJDA* 2005, 1833).

4. Le principe de sécurité juridique

Cet important principe avait été admis depuis de nombreuses années par la CJCE, aujourd'hui CJUE, et des jurisprudences étrangères, mais le Conseil d'État français s'était refusé à l'appliquer. **Le revirement de jurisprudence est intervenu avec l'important arrêt KPMG** du 24 mars 2006 (*GAJA*, 18e éd., n° 113, nombreux commentaires). Une loi puis un décret avaient reformé la profession de commissaire aux comptes après les nombreux scandales qui étaient survenus. Le décret était légal mais son application immédiate posait de nombreux problèmes. Selon la Haute Juridiction « il incombe à l'autorité investie du pouvoir réglementaire d'édicter pour des motifs de *sécurité juridique les mesures transitoires qu'implique, s'il y a lieu, une réglementation nouvelle* ; qu'il en va ainsi en particulier lorsque les nouvelles règles sont susceptibles de porter une atteinte excessive à des situations contractuelles en cours qui ont été légalement nouées ». C'est le cas en l'espèce, **le décret est annulé en tant qu'il ne comporte pas de mesures transitoires.**

Cette décision a été renforcée par divers arrêts. Dans l'arrêt *Société Techna* du 27 octobre 2006 le Conseil d'État parle du « principe de sécurité juridique reconnu tant en droit interne que par l'ordre communautaire ». Dans cette importante affaire relative aux informations sur les composants alimentaires, le juge doit « concilier d'une part l'objectif de sécurité sanitaire… et le principe de sécurité juridique ». En l'espèce, la date de l'effet de l'arrêt est reportée. Dans l'arrêt *Lacroix* du 13 décembre 2006, le juge répète bien que normalement le pouvoir réglementaire peut modifier à tout moment une réglementation (v. p. 65 et s.). En l'espèce d'ailleurs les mesures transitoires ne sont pas nécessaires, car d'une part le décret avait laissé un temps suffisant ; de plus le nouveau décret ne « nécessitait pas par son objet et ses effets aucune mesure transitoire ». Par ailleurs les dispositions nouvelles ne peuvent s'appliquer « aux situations régulièrement constituées sous l'empire des anciennes règles ». Le principe de sécurité juridique est ainsi mieux défini et encadré.

Autres exemples : application du principe en matière de droit de préemption (CE, 6 avr. 2006, *Blondeau, AJDA* 2007, p. 775). Application à la modification des règles de concours de la fonction publique (CE, 25 juin 2007, *Synd. CFDT, AJDA* 2007, p. 1823 et s.).

Dans la fameuse affaire *Tropic* (v. p. 88) à propos de la possibilité d'attaquer directement un contrat par la voie du recours pour excès de pouvoir le juge applique aussi le « principe de sécurité juridique ».

Toutefois le Conseil constitutionnel a estimé que le principe de « sécurité juridique » n'est pas un principe constitutionnel (Cons. const., 11 févr. 2011, *M. Pierre L., AJDA* 2011, p. 303 ; v. « Le principe de sécurité juridique et le principe de légalité », par F. Chaltiel, *AJDA* 2009, p. 1650 et s.).

Il faut souligner que le Conseil d'État, contrairement au droit communautaire, ne reconnaît pas le principe de « **confiance légitime** » sauf quand il s'agit d'appliquer en France le droit communautaire. La différence est constituée par le fait que la sécurité juridique a un caractère objectif, la confiance légitime un caractère subjectif, la simple croyance qu'ont les intéressés dans l'existence et le maintien d'un certain état de doit.

Remarquons que cette jurisprudence sur la sécurité juridique se rapproche de la jurisprudence *AC !* (v. p. 204).

5. Autres principes

Ces principes ne se rattachent pas directement à ces catégories : application du principe de « l'enrichissement sans cause », la « continuité des services publics », les principes déontologiques fondés sur « le respect de la personne humaine », même après sa mort (CE, Ass., 2 juill. 1993, *Milhaud*, p. 194, concl. Kessler), de nombreux principes relatifs aux statuts des juridictions : caractère contradictoire de la procédure, secret du délibéré, publicité des audiences judiciaires, etc.

Conclusion : ainsi, contrairement à ce qui avait été affirmé la période formulation des grands principes généraux du droit n'est pas terminée. Le juge formule aussi parfois des principes moins vastes : principe interdisant à une administration de licencier une salariée en état de grossesse (CE, 8 juin 1973, *Dame Peynet*, p. 406), principe selon lequel une collectivité publique ne peut rémunérer ses agents en dessous du SMIC (CE, 23 avr. 1982, *Ville de Toulouse*, p. 152), principe de l'interdiction d'infliger des sanctions pécuniaires à un agent public (CE, Ass., 1er juill. 1988, *Billaud et Ville c/SNCF*, p. 268).

Il est évident, par ailleurs, que fréquemment le juge **refuse de considérer comme principe général** un élément que le justiciable lui demande d'ériger en principe général du droit : n'est pas un principe général du droit en matière de fonction publique, le système du double concours externe et interne ou l'exclusion de la possibilité de recourir à des entreprises de travail temporaire en cas de grève dans les services publics, etc. (CE, 18 janv. 1980, *Synd. CFDT Haut-Rhin*, p. 30).
Autres exemples de négation de principes généraux du droit : pas d'obligation d'anonymat des copies dans les épreuves universitaires (CE, 1er avr. 1998, *Jolivet*, p. 117) ; pas d'obligation de la commission permanente des conseils généraux ou régionaux de se réunir en séance publique (CE, Ass., 18 déc. 1996, *Région Centre, RFDA* 1997, p. 496).

C. Nature et valeur

1. Problèmes traditionnels

En théorie, le juge ne les formule pas lui-même, il ne fait que mettre en œuvre des principes qui préexistent. En pratique, le juge détermine de façon concrète le contenu du principe (Jeanneau : pouvoir quasi législatif). De toute façon, les principes s'imposent à l'administration, qu'elle fasse des règlements ou des actes individuels.

2. Problèmes nouveaux depuis 1958

a) Les règlements autonomes de l'art. 37 de la Constitution ne sont pas soumis à la loi ; sont-ils soumis aux principes généraux du droit ? Le juge peut-il contrôler la légalité des règlements autonomes par rapport aux principes généraux du droit ? Le Conseil d'État l'a admis et cette jurisprudence est extrêmement importante (CE, 26 juin 1959, *Synd. des ingénieurs-conseils*, p. 394).
L'affaire *Syndicat des ingénieurs conseils* ne portait pas directement sur le pouvoir réglementaire autonome issu de la Constitution de 1958, mais sur les pouvoirs que détenait le gouvernement dans les territoires d'outre-mer. Or, depuis 1854 – et cette règle n'avait pas été modifiée –, le Premier ministre pouvait régler par décret les matières qui en métropole relevaient de la loi. La situation était donc identique à celle du pouvoir réglementaire autonome. Le Conseil d'État précise bien – et cette jurisprudence s'appliquera au pouvoir réglementaire autonome en France – que le gouvernement doit respecter « d'une part, les lois applicables dans les territoires d'outre-mer », **« d'autre part, les principes généraux du droit qui, résultant notamment du Préambule de la Constitution, s'imposent à toute autorité réglementaire, même en l'absence de dispositions législatives »**. Cette décision est d'une importance considérable.

b) À l'intérieur des principes généraux du droit il faut faire une distinction entre les simples règles **à valeur interprétative et supplétive** (p. ex. certaines règles de procédure CE, 2 mars 1973, *Dlle Arbousset*, p. 189) qui peuvent être modifiées par le pouvoir réglementaire et les **véritables principes** qui s'imposent au pouvoir réglementaire autonome.

c) S'agissant des véritables « principes généraux du droit » leur place dans la hiérarchie des textes a été discutée. Pour certains, ils se situent au niveau constitutionnel, pour d'autres au niveau de la loi, d'autres enfin ont estimé qu'ils se situent entre la loi et le règlement (Chapus : niveau infra-législatif et supra-décrétal).

d) Lorsqu'il existe un texte constitutionnel ou un principe fondamental reconnu comme tel par le Conseil constitutionnel, le Conseil d'État a de plus en plus tendance à s'y référer directement (ex. : principe de l'indépendance des professeurs de l'enseignement supérieur : CE, 29 mai 1992, *Assoc. amicale des professeurs*, *D.* 1992, IR, p. 201). S'il n'existe pas encore de principe général du droit, le Conseil d'État au lieu de le créer, appliquera, si cela est possible, un principe constitutionnel écrit (ex. : gratuité de l'enseignement : CE, 27 avr. 1987, *Assoc. laïque des parents d'élèves*, *RFDA* 1989, p. 608), l'égal accès de l'enfant à l'instruction, etc. (16 oct. 1987, *Genessiaux*, *RFDA* 1989, p. 154). Il y a donc une véritable **constitutionnalisation des principes généraux du droit**.

§ 3 - La jurisprudence

Le droit administratif **est largement l'œuvre du juge**. Certes, le juge ne peut prendre des « arrêts de règlement ». Mais, même s'il ne résout que des litiges particuliers, la jurisprudence a un caractère créateur car le juge doit statuer, même si la loi est absente ou imprécise ; l'administration, connaissant la jurisprudence, sera bien obligée de s'y conformer. La jurisprudence administrative a donc largement un caractère « **préventif** », l'administration évitant de prendre des mesures qu'elle sait entachées d'illégalité.

Les récentes « codifications » très nombreuses semblent avoir réduit le rôle de la jurisprudence. Mais la réalité est différente : du fait de la multiplication des sources, des contradictions pouvant exister entre les textes, des difficultés d'interprétation, le juge garde un rôle primordial, même s'il est moins créateur de droit administratif proprement dit.

Section 2 › APPLICATION DU PRINCIPE DE LÉGALITÉ

§ 1 - Le problème de l'obligation d'agir

Problème délicat : le principe de légalité **oblige-t-il** l'administration à agir quand elle voudrait s'abstenir ? L'abstention de l'administration peut-elle constituer en elle-même une illégalité ? La réponse est nuancée (Montané de la Roque : *L'inertie des pouvoirs publics*).

- Il y a illégalité lorsqu'un **texte oblige l'administration à agir et qu'**

- De même le refus de prendre un acte individuel d'application peut illégalité.

- L'administration est tenue de prendre les mesures réglementaire l'exécution de la loi ou des règlements. Elle dispose toutefois d'un nable » pour agir (CE, 27 nov. 1964, *Dame vve Renard*, p. 590 ; CE, 30 ju[illegible] 1962, *Kevers-Pascalis*, *D.* 1963, p. 632 ; v. aussi CE, 9 avr. 1993, *Sté des auteurs des arts visuels*, *RFDA* 1993, p. 616 ; délai raisonnable dépassé ; l'illégalité entraîne une faute). Obligation pour l'État d'abroger un décret illégal : CE, 21 févr. 1997, *Calbo*, *JCP* 1997.II.22866 ; refus du ministre de prendre un décret nécessaire à l'application de la loi : CE, S., 26 juill. 1996, *Ass. lyonnaise, RFDA* 1996, p. 771. V. aussi les très importants arrêts *Vassilikotis* (CE, Ass., 29 juin 2001, *AJDA* 2001, p. 1046) : le Conseil d'État annule partiellement un décret pour des mesures qui auraient dû être prises et qui ne l'ont pas été (v. p. 291) et *Assoc. ornitho. et –mammologique, op. cit.* p. 30 ; **le Premier ministre a l'obligation de prendre les décrets pour transposer les directives communautaires**.

• Mais lorsqu'il n'y a pas prescription légale, il semble que l'administration **apprécie librement si elle doit agir ou non.** En effet, lorsqu'il s'agit de savoir dans quelle mesure elle est tenue de faire cesser une situation illégale, il semble que cette obligation n'existe que lorsqu'elle est prévue par un texte (ex. : le préfet, saisi par un particulier de l'illégalité d'une construction n'est pas tenu de saisir l'autorité judiciaire : CE, 20 mars 1974, *Navarra*, p. 200). **Toutefois, en matière de police et en cas d'urgence**, l'administration doit prendre les mesures réglementaires indispensables pour faire cesser un danger particulier (CE, *Doublet*, 23 oct. 1959, *D.* 1960. 191, 23 juin 1976, *Latty*, p. 329 ; 25 sept. 1987, *Cne de Lège-Cap-Ferret, RD publ.* 1988, p. 898, carence en ne faisant pas cesser des bruits excessifs). Autre exemple : la non-réalisation d'une aire d'accueil pour les gens du voyage constitue une abstention fautive (responsabilité) (CE, 20 déc. 2000, *Cie assur. Zurich, AJDA* 2001, p. 898). Une commune est responsable si son maire n'a pas mis fin à une situation de péril (CE, 27 sept. 2006, *Cne de Baalon, AJDA* 2006, p. 1815). V. aussi décision *Vassilitkos, op. cit.*).

§ 2 - Le pouvoir discrétionnaire et la compétence liée

A. Définition

On dit qu'il y a **pouvoir discrétionnaire** lorsque l'administration est **libre d'agir à sa guise** ; il y a **compétence liée**, lorsque **la règle de droit oblige l'administration à agir d'une certaine façon.**

B. Problème

En fait, si l'administration n'était tenue par aucune règle, aucun principe, il y aurait **arbitraire administratif**. En revanche, si l'administration n'avait aucune liberté pour agir, elle serait rapidement **paralysée** et, à la limite, deviendrait même inutile.

En principe, s'il existe quelques cas où la compétence est presqu'entièrement liée (p. ex. : délivrance du récépissé de déclaration d'une association, l'administration doit lui délivrer ce récépissé ; encore que souvent l'administration ait le « choix du moment »), il n'existe pas de cas où la compétence soit entièrement discrétionnaire.

C. Les limites du pouvoir discrétionnaire

Certes, l'administration a très fréquemment un très large pouvoir d'appréciation, elle peut décider ce qu'il est opportun de faire : p. ex. elle peut choisir librement le nom d'une rue, elle a une large liberté pour l'avancement au choix des fonctionnaires ; en présence d'un étranger qui réunit les conditions pour être naturalisé, elle peut le naturaliser ou non. Mais même dans ces hypothèses, il existe un « contrôle minimum ».

1. Limites générales (contrôle minimum)

Il est erroné de parler de pouvoir discrétionnaire à propos de **l'acte** administratif lui-même : à l'intérieur d'un acte administratif, le pouvoir discrétionnaire porte sur certains éléments, **mais il ne porte jamais sur tous les éléments**.

a) La ou les personnes compétentes (maire, conseil municipal) **pour faire un acte** (auteurs de l'acte) sont toujours déterminées par les textes.

b) Le but de l'acte : un acte administratif, quel qu'il soit, ne peut être pris que dans un but d'intérêt public et jamais dans un but d'intérêt privé ou partisan (p. ex. un maire ne peut faire fermer un café sous prétexte d'atteinte à l'ordre public alors qu'en réalité ce café constituait une concurrence au café tenu par un parent du maire).
Souvent il est nécessaire que l'acte soit pris dans un but d'intérêt public **déterminé** (p. ex. un maire ne peut utiliser ses pouvoirs de police que dans un but « d'ordre public » et non pas dans un « but financier » : fermeture d'une rue dont l'entretien coûte trop cher à la commune).

c) Existence de motifs allégués (erreur de fait ou de droit).
• **L'administration ne peut jamais invoquer des faits qui ne sont pas matériellement exacts** (CE, 29 janv. 1922, *Trépont*, p. 65 : mettre un préfet en congé sur sa demande alors que celle-ci n'existait pas). L'affaire *Camino* est la plus connue (CE, 14 janv. 1916, p. 15). Le docteur Camino, maire d'Hendaye avait été suspendu, puis, révoqué pour ne pas avoir veillé à la décence d'un convoi funèbre auquel il assistait. On lui reprochait d'avoir fait introduire un cercueil par une brèche ouverte dans le mur d'enceinte du cimetière et d'avoir fait creuser une fosse insuffisante pour marquer son mépris à l'égard du défunt : on lui reprochait aussi d'avoir exercé des vexations à l'égard d'une ambulance privée. Le Conseil d'État annule les sanctions, le premier grief étant matériellement inexact, le second reposant sur des faits qui ne constituent pas une faute disciplinaire (v. p. 207 et s.).

• L'administration ne peut pas, en plus, se fonder sur des éléments juridiquement inexacts, sinon elle commet une **erreur de droit**. Dans le très célèbre arrêt *Barel*, (CE, 28 mai 1954, p. 308) le Conseil d'État estime que l'administration méconnaît le principe de l'égalité de l'accès de tous les Français aux emplois et fonctions publics, en écartant une personne de la liste des candidats au concours de l'ENA, en se fondant exclusivement sur ses opinions politiques. Autre exemple : un ministre commet une erreur de droit, en refusant un congé à un fonctionnaire sous le prétexte, inexact, qu'un texte l'obligeait à refuser ce congé. Il aurait pu librement refuser le congé mais il ne pouvait invoquer le texte ; un jury de concours commet une erreur de droit en déclarant d'avance qu'il ne prendra qu'un certain nombre de candidats. Il limite ainsi son propre pouvoir d'appréciation.
Autrement dit, c'est le raisonnement juridique fait par l'administration, qui est vicié (v. p. 207 et s).

d) Erreur manifeste d'appréciation : lorsque l'administration dispose d'un pouvoir discrétionnaire, le juge n'apprécie pas lui-même si les faits étaient de nature à prendre la décision prise. Mais depuis 1960 le juge annule la décision lorsque le résultat semble contraire au bon sens, scandaleux, illogique (p. ex. en matière de fonction publique, une petite faute qui entraînerait la révocation). Peu à peu le juge retient de manière beaucoup plus souple le caractère « manifeste » de l'appréciation. On a l'impression que l'erreur manifeste se rapproche de l'erreur d'appréciation (v. p. 207 et s).

Les applications de l'erreur manifeste d'appréciation sont innombrables (v. des exemples p. 207 et s).

On ne donnera ici qu'un autre exemple récent. Le Conseil d'État n'exerce qu'un contrôle minimum « d'erreur manifeste d'appréciation » sur la réorganisation des tribunaux et la modification de la carte judiciaire effectuées par décret du 30 octobre 2008. Il a reçu plus d'une centaine de recours. Il n'a identifié qu'une erreur manifeste d'appréciation à propos de la suppression des différents tribunaux de Moulins, chef-lieu de département (CE, 19 févr. 2010, *Ordre des avocats du barreau de Moulins*, *AJDA* 2010, p. 357).

Quelques exemples d'application de la jurisprudence de l'erreur manifeste : en matière de contrats d'association avec les établissements d'enseignement privé ; en matière d'autorisations de lotissements ; la valeur thérapeutique d'un médicament ; sanction infligée à un magistrat ; droit à la concurrence ; concentration d'entreprises, etc.

Ainsi, et vu sous l'**angle du contentieux**, le contrôle du juge administratif sur les actes de l'administration portera au minimum sur la légalité externe (surtout l'incompétence), sur le détournement de pouvoir, sur l'exactitude matérielle des faits, sur l'erreur de droit, sur l'erreur manifeste d'appréciation.

2. Adéquation de l'objet de l'acte avec les motifs qui sont à la base (contrôle normal et contrôle maximum)

Au-delà de ce contrôle minimum, qui existe sur tous les actes administratifs, l'intervention du juge administratif chargé de contrôler la légalité administrative, va, dans la majorité des cas, réduire encore plus nettement la liberté d'action de l'administration. Certes, le juge administratif **ne doit pas se considérer comme un supérieur hiérarchique, il ne peut contrôler l'opportunité** de l'action administrative, mais son intervention va en fait, provoquer un accroissement des règles de légalité auxquelles l'administration est tenue. Le problème posé est celui de l'**appréciation et de la qualification des faits**, problème fondamental du contrôle du juge.

a) Importance du contrôle du juge

Le contrôle du juge sera plus ou moins marqué selon les matières dont il s'agit ; ainsi, s'il est très poussé en matière de police municipale et de libertés publiques, il sera pratiquement très réduit en matière de sûreté générale et autrefois, de police des étrangers.

L'arrêt de principe est l'arrêt *Gomel* du 4 avril 1914 (p. 207 et s). La loi conférait au préfet le droit de refuser le permis de construire au cas où le projet présenté porterait atteinte à une perspective monumentale. Le sieur Gomel s'était vu refuser un permis de construire place Beauveau à Paris. Le Conseil d'État, saisi par le sieur Gomel estime « qu'il appartient au Conseil d'État de vérifier si l'emplacement de la construction projetée est compris dans une perspective monumentale, et dans le cas de l'affirmative, si cette construction telle qu'elle est proposée serait de nature à y porter atteinte…, considérant que la place Beauveau ne saurait être regardée dans son ensemble comme formant une perspective monumentale »… (annulation du refus du préfet.)

Exemples : l'organisation syndicale est-elle « représentative » ? le logement attribué à l'instituteur est-il « convenable » ? le « comportement » d'un élève justifie-t-il la décision d'exclusion ? un étranger qui demande à être naturalisé a-t-il en France le « centre de ses intérêts » ? une revue a-t-elle un caractère « pornographique » ?.... le caractère pornographique d'un film ; si une fédération sportive a porté une atteinte au libre accès des activités sportives ; le caractère « cultuel » d'une secte ; sur le port du foulard par des élèves et des enseignantes ; contrôle, en matière d'urbanisme, de la « compatibilité avec une autre situation » ; attribution de fréquences par le CSA ; si un médecin fixe les honoraires avec tact et mesure ; contrôle de la notion de « yaourt » telle que définie par le ministère, etc.

Depuis une date récente, les sanctions de suspension et de révocation infligées aux maires ou à leurs adjoints, ainsi que les sanctions prises par les fédérations sportives à l'encontre de leurs licenciés, font désormais l'objet d'un **contrôle entier** de la part du juge administratif et non plus d'un contrôle restreint (CE, 2 mars 2010, *M. Dalongeville et Féd. française d'athlétisme, AJDA* 2010, p. 66, Chron. S.-J. Liéber et D. Botteghi).

• En ce qui concerne le renvoi des étrangers malades, le juge contrôle aujourd'hui si l'administration a bien vérifié les « conditions concrètes d'accès de l'intéressé aux traitements » (CE S., 7 avril 2010, *Min. Intérieur, Min. Immigration*, 2e esp., *AJDA* 2010, p. 881).

• En ce qui concerne le droit de « retrait » des fonctionnaires et agents publics qui est exercé assez fréquemment aujourd'hui, le Conseil d'État fait le choix d'un contrôle normal sur l'existence d'un « danger grave et imminent » de nature à justifier l'exercice du droit et précise que celui-ci englobe les hypothèses de danger pour la « santé morale des agents » (CE, 16 déc. 2009, *Min. de la Défense, AJDA* 2010, p. 506).

• En matière de police municipale, le juge contrôlera si la mesure était bien nécessaire pour maintenir l'ordre public. Cela l'amènera à apprécier les circonstances concrètes de l'affaire : quelle est la gravité du désordre qu'il s'agissait d'empêcher ? Quelle est l'importance réelle de la gêne apportée ? (v. p. 176 et s.).

• En matière de licenciement pour motifs économiques d'un salarié investi de fonctions représentatives, l'inspecteur du travail, pour refuser ou accorder l'autorisation sollicitée, cherchera sous le contrôle du juge, si la situation justifiait le licenciement en tenant compte des nécessités de réductions d'effectifs, de la possibilité d'assurer le reclassement du salarié dans une entreprise. Le juge contrôlera si aucune atteinte excessive n'est portée à l'un ou l'autre des intérêts en présence (CE, 18 févr. 1977, *Abellan*, p. 97 ; pour un licenciement pour faute professionnelle v. CE, 5 mai 1976, *Safer d'Auvergne c/Bernette*, p. 232).

• En matière d'expropriation pour cause d'utilité publique, le juge contrôle aujourd'hui « si les atteintes à la propriété privée, le coût financier et éventuellement les inconvénients d'ordre social ou l'atteinte à d'autres intérêts publics qu'elle comporte, ne sont pas excessifs eu égard à l'intérêt qu'elle présente » (CE, 28 mai 1971, *Min. Équip. c/Ville nouvelle Est*, p. 409 ; CE, 20 oct. 1972, *Sté civ. Ste Marie Assomption*, p. 657). Le juge procède ainsi au bilan de l'opération (**théorie du bilan**).

b) Nature du contrôle du juge

• **Très souvent, un texte subordonne l'exercice d'un pouvoir de l'administration à l'existence de certaines circonstances de fait**. Le législateur définit donc lui-même les conditions de légalité d'une décision administrative, par des considérations se rapportant à l'opportunité de cet acte. Les faits ont ainsi le caractère de conditions légales (affaire *Gomel*). Le Conseil d'État ne sort pas de son rôle de juge de la légalité (**contrôle normal**).

• **Mais dans certaines hypothèses, il existe, en absence de précisions données par les textes, un véritable pouvoir lié créé par le juge lui-même.** Il en est ainsi par exemple, lorsque le juge contrôle si dans la localité où telle mesure de police a été prise, il existait bien des menaces de désordre de nature à constituer de véritables motifs de police, ou lorsqu'en présence d'un texte muet sur les circonstances et les motifs de son application, le juge invente ces motifs et circonstances (CE, 9 juill. 1943, *Tabouret*, p. 182) (**contrôle maximum**).

L'existence de ce pouvoir lié jurisprudentiel dérive du caractère créateur de la jurisprudence du Conseil d'État. Le juge reste bien un juge de la légalité, mais d'une légalité qu'il a lui-même créée.

§ 3 - Les circonstances exceptionnelles

Lorsque surviennent des circonstances exceptionnelles, l'administration est obligée d'agir de façon plus rapide et plus efficace. **Parfois la Constitution** (art. 16) **ou le législateur eux-mêmes ont prévu des modifications (état de siège, état d'urgence).** L'état d'urgence, qui résulte d'une loi de 1955, a été appliqué fin 2005 pour combattre les violences dans les banlieues. Le Conseil d'État a reconnu la validité des décrets instituant l'état d'urgence en 2005 (CE, 24 mars 2006, *Rollin et autre*, *RFDA* 2006, p. 651). Mais, en dehors de toute intervention législative, le juge administratif admet, que dans certaines situations, l'administration n'est plus obligée de se plier strictement aux règles ordinaires de la légalité, tout en restant soumise à une légalité nouvelle dont le juge définit les exigences.

A. Notion

Née à propos de la guerre (théorie des pouvoirs de guerre), mais ne se limite pas à cette hypothèse. Pour qu'il y ait circonstances exceptionnelles, il faut :
– qu'il existe une **situation anormale et grave** : guerre, troubles, grève… ;
– que l'administration soit **obligée d'agir** : p. ex. légitime défense de l'État ;
– qu'elle soit obligée d'agir comme elle l'a fait car autrement son action aurait été inefficace, étant donné les **circonstances.**

B. Conséquences

Dans l'affaire *Heyries*, du 28 juin 1918 (p. 44) le gouvernement avait suspendu par décret, une loi relative à la communication des dossiers aux fonctionnaires ; le juge estime que « le président de la République est placé à la tête de l'administration française et chargé de l'exécution des lois ; qu'il lui incombe dès lors de veiller que ce qu'à toute époque les services publics institués par les lois et règlements soient en état de fonctionner, et à ce que les difficultés résultant de la guerre n'en paralysent pas la marche ».

Dans l'affaire *Dame Dol et Laurent* du 28 février 1919 (p. 44) des limitations de liberté d'aller et de venir avaient été imposées à des filles dites « galantes » ; le juge estime que « les limites des pouvoirs de police dont l'autorité publique dispose pour le maintien de l'ordre et de la sécurité… ne sauraient être les mêmes dans le temps de paix et pendant la période de guerre, où les intérêts de la défense nationale donnent au principe de l'ordre public une extension plus grande et exigent pour la sécurité publique des mesures plus rigoureuses ; qu'il appartient au juge, sous le contrôle duquel s'exercent ces pouvoirs de police, de tenir compte dans son appréciation, des nécessités provenant de l'état de guerre, selon les circonstances de temps et de lieu, la catégorie des individus visés et la nature des périls qu'il importe de prévenir ».

1. Extension et assouplissement du principe de légalité

a) Assouplissement des règles de compétence (p. ex. simples particuliers se substituant aux autorités compétentes : CE, 5 mars 1948, *Marion*, p. 113) (fonctionnaires de fait).

b) Assouplissement des règles de forme (ex. : décret supprimant la communication du dossier aux fonctionnaires alors que cette mesure résultait de la loi : CE, 28 juin 1918, *Heyries*, p. 651).

c) Élargissement de l'objet des mesures (CE, 6 août 1915, *Delmotte*, p. 215 ; 28 févr. 1919, *Dol et Laurent*, p. 208, restriction à la liberté individuelle ; 18 mai 1983, *Rodes*, p. 199, évacuation d'une zone de territoire étant donné le danger d'éruption volcanique).

d) Modification des compétences habituelles des autorités administratives et judiciaires (ex. : internement dans une prison par un préfet ; 19 févr. 1947, *Bosquain*, p. 63). L'atteinte à la liberté individuelle n'est plus une voie de fait (T. confl., 27 mars 1952, *Dame de la Murette*, p. 626) (v. p. 246 et s.).

2. Contrôle accru du juge

a) Contrôle sur la notion elle-même : le juge contrôle sévèrement si les conditions étaient remplies au lieu et au moment où l'administration agit ; même lorsque des circonstances exceptionnelles existantes à un moment justifient une réglementation particulière, les mesures d'application individuelles ne sont possibles que lorsqu'elles sont justifiées par la situation existante à ce moment (CE, 7 janv. 1955, *Andriamisera*, p. 13).

b) Contrôle sur les buts et les moyens : l'administration était-elle obligée d'agir comme elle l'a fait, avec les moyens qu'elle a employés ? Ex. : l'existence de « circonstances particulières » en mai 1968 ne permettait pas de prendre n'importe quelle mesure, n'importe comment (CE, 12 juill. 1969, *Chambre de commerce et d'industrie de St-Étienne*, p. 379). En pratique, cela entraîne une quasi-disparition du pouvoir discrétionnaire, le juge contrôlant la totalité des éléments de l'action administrative (CE, 19 oct. 1962, *Canal*, p. 552).

c) L'arrêt *Canal* entraîna la plus grave crise que le système du contrôle de l'administration par le juge ait connue entre le pouvoir (en l'espèce le général de

Gaulle et le Conseil d'État). En application du référendum du 13 avril 1962, qui avait autorisé le président de la République à arrêter par voie d'ordonnances ou de décrets « toutes mesures législatives et réglementaires relatives à l'application des déclarations gouvernementales du 19 mars 1962 », fut créée une Cour militaire de justice chargée de juger les auteurs de crimes et délits commis en relation avec les événements d'Algérie. Cette Cour militaire de justice bénéficiait d'un recrutement particulier, d'une procédure spécifique et le recours en cassation devant la Cour de cassation était exclu. Condamnés à mort, les sieurs Canal, Robin et Godot attaquèrent la création de la Cour devant le Conseil d'État. Celui-ci fit droit à leur requête estimant qu'eu égard à l'importance et à la gravité des atteintes que l'ordonnance attaquée « apportait aux principes généraux du droit pénal, notamment la procédure qui y est prévue et l'exclusion de toute voie de recours, la création d'une telle juridiction n'était pas nécessitée pour l'application des déclarations gouvernementales ».
En conséquence, le Conseil d'État annula la création de la Cour, sauvant ainsi les requérants. Mais la décision fut considérée par le général de Gaulle comme un acte politique du Conseil d'État. Une commission fut créée pour réduire les pouvoirs du juge administratif. Finalement, aucune législation ne fut prise restreignant réellement ces pouvoirs.

d) Les particuliers lésés peuvent dans certains cas, obtenir une indemnisation, même si l'action est parfaitement légale. La responsabilité de l'administration sera fondée non pas sur la faute, mais sur le principe d'égalité des citoyens devant les charges publiques (v. p. 211 et s.). Dans l'affaire *Couitéas* (CE, 30 nov. 1923, p. 789), le sieur Couitéas vit ses 38 000 ha de terres dans le Sud tunisien occupé par les tribus. Il obtint des juges judiciaires un jugement ordonnant l'expulsion des tribus autochtones des terres. Le gouverneur général refusa de prêter le concours de la force publique pour exécuter ce jugement. Le sieur Couitéas s'adressa au Conseil d'État qui estima étant donné les circonstances, que le refus du concours de la force publique était légal, mais que le sieur Couitéas avait droit à une indemnité fondée sur l'idée de « risque social » (v. p. 215).

C. Conclusion

À rapprocher d'autres constructions jurisprudentielles procédant de **conceptions analogues** : théorie de l'urgence, théorie de l'imprévision en matière contractuelle. Le principe de légalité intègre un **pouvoir lié jurisprudentiel.**

Section 3 › CONSÉQUENCES DU NON-RESPECT DU PRINCIPE DE LÉGALITÉ

§ 1 - Les formes de nullité

A. L'inexistence

Définition : acte dont l'irrégularité est tellement grave qu'il n'a aucune existence juridique et ne peut produire aucun effet.

Cas : lorsque l'acte est **matériellement inexistant**, il est toujours soumis au régime juridique des actes « inexistants » (ex. : acte inexistant du fait d'une erreur matérielle : CE, 28 déc. 2005, *M. Rochevaux, AJDA* 2006, p. 389).
En revanche, un acte administratif n'est que **très rarement considéré comme juridiquement inexistant** (CE, 31 mai 1957, *Rosan Girard*, p. 355 ; empiétement d'une autorité administrative sur les attributions du juge d'une élection, nominations pour ordre).

Exemples :
• Le Conseil régional du Languedoc-Roussillon a voulu changer le nom de cette région en « Septimanie ». Le juge a estimé que cette délibération était « inexistante » (TA Montpellier, 8 janvier 2008, 2 espèces, *Association Trait d'union Languedoc-Roussillon et M. Bercque, AJDA* 2008, p. 753).

• Les « nominations pour ordre », c'est-à-dire les nominations qui ont pour unique objet de permettre à des personnes d'être nommées ensuite très rapidement à de nouveaux grades ou de nouvelles fonctions, sont en principe considérées comme inexistantes (CE, 13 mai 1981, *Philippe Maurice, AJDA* 1982, p. 90).

Régime juridique : théoriquement, il semble que nul ne serait tenu d'y obéir. Mais cette règle est délicate à mettre en pratique. En tout cas, ces actes ne pouvant créer de droits, ne peuvent devenir définitifs ; il n'y a pas de délais de recours et les actes peuvent être rapportés à tout moment par l'administration. Les tribunaux judiciaires pourront les apprécier.

B. Les nullités

Distinction : en droit administratif, la plupart des nullités sont des nullités absolues sauf en matière contractuelle, ou lorsque la règle est établie dans le seul intérêt de l'administration.

Régime juridique :
– L'acte administratif bénéficie **d'une présomption de légalité** jusqu'à ce que la nullité ait été constatée par un administrateur ou un juge ;
– cette constatation doit se faire dans un certain délai ;
– l'acte nul est censé n'avoir jamais existé, il disparaît rétroactivement.

§ 2 - Le contrôle de la légalité

A. Les contrôles traditionnels

1. Contrôle administratif

Modalités :
– **le recours gracieux** est le recours porté devant l'auteur de l'acte lui-même. Le requérant fait appel à l'administrateur mieux informé ;
– **le recours hiérarchique** est porté devant le supérieur hiérarchique de l'auteur de l'acte. L'administré demande au supérieur d'annuler ou de réformer la décision. Le contrôle hiérarchique peut d'ailleurs exister en dehors de tout recours.

Régime juridique :
– recours de **droit commun** existant en dehors de tout texte ;

– aucune condition de capacité, d'intérêt, de forme ;
– le requérant peut invoquer des motifs de droit mais aussi **d'opportunité** ;
– l'administration **a tout pouvoir envers le recours** : elle peut ne donner aucune réponse, elle peut le rejeter, l'admettre en partie ou en totalité. Elle doit toutefois respecter les droits acquis des tiers ; cette jurisprudence a toutefois été assouplie (CE, 29 mars 1968, *Manufacture française des pneumatiques Michelin*, p. 215) ; de plus, le refus de rapporter un acte illégal constitue une illégalité (CE, 30 juin 1950, *Quéralt*, p. 413) ;
– la décision rendue sur recours constitue une décision administrative, elle-même soumise au régime juridique des actes unilatéraux.

2. Contrôle juridictionnel

Modalités : c'est un contrôle exercé par le juge sur demande du requérant.

Régime juridique (v. *infra*) :
– contrôle possible que pour **illégalité** et non pour inopportunité ;
– soumis à des **conditions** de formes et de délais ;
– le juge est **obligé d'examiner le recours**, et ne peut statuer que dans certaines limites ;
– la décision rendue est un **acte juridictionnel** ayant autorité de chose jugée ;
– le juge peut être saisi par voie d'action (ex. : recours pour excès de pouvoir) ou par voie d'exception.

3. Les liens

– le recours juridictionnel peut succéder à un recours administratif qui a échoué ;
– l'exercice du recours administratif peut prolonger dans certains cas les délais accordés pour saisir le juge (v. *infra*, p. 260 et s.).

B. Le Médiateur de la République et le Défenseur des droits

1. Le Médiateur de la République (1973-2011)

• Un certain nombre de pays, en particulier certains pays scandinaves et anglo-saxons ont créé un intermédiaire, un représentant chargé de la protection des citoyens (appelé *ombudsman* en Suède). Cet *ombudsman* qui est un personnage indépendant joue un rôle important dans la protection des citoyens en détenant des prérogatives de contrôle à l'égard de l'administration. L'institution (loi du 3 janvier 1973 et loi du 24 décembre 1976) en France, d'un « **médiateur** » répond aux mêmes objectifs, mais son indépendance et son pouvoir sont moindres que dans les pays nordiques.

• Nommé pour 6 ans **par décret en Conseil des ministres**, il ne peut être révoqué mais son mandat n'est pas renouvelable. Il bénéficie d'une certaine immunité juridique. Il ne reçoit d'instruction d'aucune autorité (à l'étranger, l'*ombudsman* est généralement nommé par le Parlement).

• Son champ d'action s'étend à toutes les administrations de l'État, des collectivités locales, des établissements publics et des organismes investis d'une mission de service public. Mais le médiateur ne peut intervenir pour régler les litiges entre une administration et ses agents ou les affaires déjà portées devant une juridiction.

• Les personnes physiques ou morales qui estiment qu'à l'occasion d'une affaire les concernant, un organisme administratif n'a pas fonctionné conformément à sa mission, peuvent demander par une réclamation **adressée à un parlementaire** la saisine du médiateur. Les particuliers ne peuvent donc s'adresser directement au médiateur. De plus, le parlementaire saisi fera **le tri entre les affaires**. Les parlementaires peuvent aussi s'adresser directement au médiateur.

• La réclamation doit être précédée de démarches auprès des administrations intéressées et n'interrompt pas les délais de recours.

• Le médiateur doit recevoir de la part des autorités publiques toute l'**aide dont il a besoin** et peut se faire communiquer tous documents. Les autorités administratives ne peuvent répondre aux questions et convocations que sur autorisation des ministres, mais en principe ceux-ci sont tenus de donner cette autorisation.

• Lorsqu'une réclamation lui paraît justifiée, **le médiateur fait des recommandations et propositions pour régler les difficultés**. Il doit être informé de la suite donnée à ses interventions, l'organisme mis en cause peut rendre publique sa réponse. Le médiateur peut faire poursuivre les agents responsables, et rendre publiques ses recommandations. Le médiateur pourra suggérer les modifications qu'il lui paraît opportun d'apporter aux textes législatifs et réglementaires. Après décision d'une juridiction, le médiateur pourra faire des recommandations à l'organisme mis en cause et il pourra, en cas d'inexécution d'une décision de justice, enjoindre à l'organisme de s'y conformer dans un certain délai.

• Le médiateur adresse un **bilan annuel** au président de la République.

Après M. Pinay, M. Paquet, M. Fabre, M. Legatte, M. Pelletier, et M. Stasi, c'est M. Delevoye qui a été nommé médiateur en 2004.

Le contrôle ainsi institué dépasse évidemment le cadre du contrôle de la légalité proprement dit.

Le médiateur a réglé plus de 46 600 dossiers en 2010 (sur plus de 79 000 demandes). Le taux de succès est élevé (94 %).

Dans un arrêt *Retail* du 10 juillet 1981, le Conseil d'État a jugé que le médiateur était une autorité administrative soumise au contrôle du Conseil d'État ; mais les recommandations du médiateur ne sont pas des décisions (CE, 28 oct. 2006, *M. et Mme Miller*, p. 403).

• Des « délégués départementaux » du médiateur apportent leur concours à la fonction du médiateur. Ils transmettent les demandes au médiateur ou celui-ci leur confie des affaires. C'est eux qui règlent aujourd'hui la majorité des affaires.

• La loi du 12 avril 2000 relative aux droits des citoyens dans leurs relations avec les administrations consacre l'existence des « délégués départementaux » ; il prévoit aussi que le médiateur pourra s'autosaisir lorsqu'il constate des dysfonctionnements de l'administration ou que l'application de dispositions législatives et réglementaires aboutit à des situations inéquitables. Il pourra alors suggérer des modifications.

• Ex. d'intervention du médiateur : refus de naturalisation de deux Marocains au motif qu'ils n'avaient pas déclaré la totalité de leurs revenus (or la totalité avait bien été déclarée mais sur de mauvaises colonnes). Le médiateur obtient la naturalisation.

Ex. de proposition du médiateur : permettre aux transsexuels de modifier plus facilement leur prénom.

• On indiquera aussi, à titre d'information, que la loi du 6 mars 2000 a institué une autorité indépendante, le « Défenseur des enfants », aujourd'hui dissoute et également intégrée dans le « Défenseur des droits ».

2. Le Défenseur des droits (Loi du 29 mars 2011)

Le Défenseur des droits prend maintenant la place du Médiateur. Il remplace aussi le « Défenseur des enfants » et « la Halde » (Haute Autorité de lutte contre les discriminations) ainsi que la « Commission nationale de déontologie de la sécurité ». En revanche, le « Contrôleur général des lieux de privation de liberté » reste autonome.

• Pour permettre de faire face à la multiplicité de ses tâches, l'administration du Défenseur des droits se répartit en collèges spécialisés.

• Le Défenseur des droits est nommé en **Conseil des ministres** pour six ans. Les commissions des lois des deux Assemblées parlementaires peuvent s'y opposer à une majorité de trois cinquièmes.

• Le Défenseur peut être saisi directement par toute personne s'estimant lésée par le fonctionnement d'une administration ou d'un service public d'agissements de personnes privées en matière de protection de l'enfance, en matière de déontologie de la sécurité ; il peut enfin être saisi des « discriminations directes ou indirectes » prohibées.

• Le recours au Défenseur des droits est gratuit.

• L'autorité a de larges pouvoirs d'investigation. En cas de difficulté, il peut saisir le Conseil d'État pour avis.
Il peut recourir à la transaction, faire des recours et émettre des injonctions.

• Le Défenseur des droits bénéficie d'une immunité, mais seulement pour les opinions et actes accomplis dans l'exercice de ses fonctions (Avis du Conseil constitutionnel).
Le non-respect de ses pouvoirs peut entraîner des sanctions ; ces sanctions seront définies par une loi ordinaire.
Par cette création, on rejoint l'*Ombudsman* suédois, ou le *Defensor del pueblo* espagnol, etc.

• Des critiques ont été émises : le Défenseur des droits ne serait pas assez indépendant, le nombre de dossiers à traiter serait trop élevé…
Le Conseil constitutionnel a jugé que le Défenseur des droits ne « constitue pas un pouvoir public juridictionnel ». Il n'a aucune compétence à l'égard des magistrats de l'ordre judiciaire.
• M. Dominique Baudis vient d'être nommé Défenseur des droits.

Titre 2

LES ACTES ADMINISTRATIFS UNILATÉRAUX

La possibilité de prendre des décisions unilatérales qui s'imposent aux particuliers constitue l'une des principales prérogatives de l'administration. Certaines règles définissent la façon dont les actes administratifs unilatéraux sont élaborés. Mais au sein des actes pris par l'administration, il faut distinguer, et ce n'est pas toujours aisé, entre ceux qui ont force exécutoire et ceux qui ne l'ont pas. La force exécutoire de certains actes entraîne des conséquences, en particulier le « privilège du préalable » pour l'administration, et éventuellement la possibilité de prendre des sanctions. Enfin, les actes peuvent perdre leur force exécutoire. Particulièrement délicate est la théorie du « retrait ».

Chapitre 1 › L'ÉLABORATION

Généralités :

• *L'importance des décisions administratives paraît justifier l'existence d'une* ***procédure minutieuse*** *: elle n'existe pas en France, contrairement à certains pays étrangers (États-Unis, Autriche).*

• *À défaut du Code de procédure ou d'une loi générale de procédure administrative, il existe cependant des* ***règles établies par des textes variés ou par la jurisprudence****.*

Section 1 › LA PROCÉDURE PRÉPARATOIRE

§ 1 - Règles de procédure

Un Code de l'administration (procédure administrative non-contentieuse) doit être établi mais se heurte à de nombreuses difficultés.

A. Règles établies par les textes

• Il existe certaines règles pour les actes réglementaires, mais dans la mesure où les règles de procédure ont fréquemment pour objet d'assurer des garanties aux intéressés, elles sont plus nombreuses pour les actes individuels, et surtout pour certains d'entre eux (expropriation, sanctions, servitudes) ;

• Les textes imposent fréquemment le recours à la procédure **consultative**. L'administration doit très souvent consulter les intéressés ou les spécialistes, mais elle reste maîtresse de ses décisions. L'organisme consultatif doit être à même d'exprimer son avis sur l'ensemble des questions soulevées par une décision. Lorsque l'autorité compétente apporte des modifications, posant des questions nouvelles, elle doit à nouveau saisir l'organisme consultatif (CE, Ass., 23 oct. 1998, *UFFA-CFDT, RFDA* 1998, p. 1270). Ce n'est que de façon exceptionnelle que les textes assortissent la consultation de l'exigence de « l'avis conforme » ;

• La loi du 17 janvier 1978 proclame le droit des administrés à l'information, garanti par le « **droit d'accès aux documents administratifs non-nominatifs** ». Le refus de communication peut être soumis pour avis à la « Commission d'accès aux documents administratifs » (CADA). Cette importante mesure dépasse évidemment l'élaboration des actes administratifs unilatéraux, mais elle peut y trouver des applications ;

• L'important **décret du 28 novembre 1983** aujourd'hui supprimé a été remplacé en l'espèce par la loi du 12 avril 2000 qui prévoit les mesures suivantes :

– la procédure **contradictoire** doit être respectée à l'avenir pour toutes les décisions qui doivent être motivées en application de la loi du 11 juillet 1979. Les observations de la personne en question peuvent être écrites et orales. Toutefois, ce texte s'applique uniquement lorsque la décision n'est pas prise sur demande de l'intéressé ;

– la procédure **consultative** a été réglementée (pour les décisions de l'État) lorsque l'avis est demandé à un organisme collégial (règles de convocation, de quorum, d'impartialité, etc.). Cette procédure est en voie de réforme ;

– l'administration, étatique ou non, doit mentionner dans la notification des décisions administratives, **les délais et les voies de recours**. Le défaut de cette indication rend le délai du recours **inopposable** (v. p. 260 et s.) (il s'agit plutôt d'une règle de forme) ;

L'indication des voies et délais de recours dans la notification d'une décision administrative, doit être non seulement complète et exacte, mais encore dépourvue d'ambiguïté. La précision apportée par le Conseil d'État renforce utilement les textes (CE, 4 déc. 2009, *Min. de l'Immigration*, *AJDA* 2010, p. 555 note P. Caille – en l'espèce le requérant pouvait avoir été leurré par l'imprécision de la notification).

Toutefois le Conseil d'État n'admet pas que l'administration puisse se prévaloir de cette disposition en matière de délai de retrait (CE, Ass., 24 oct. 1997, *Mme de Laubier, AJDA* 1997, p. 1010) ;

– l'administration étatique ou non, est dans **l'obligation d'accuser réception des demandes**. En cas d'absence d'accusé de réception ou de mauvaises indications, les délais de recours ne courent pas (v. p. 260 et s.) ;

– est consacrée la règle selon laquelle, lorsqu'une autorité étatique ou non, est saisie d'une demande dont elle n'a pas autorité pour connaître, elle doit la transmettre à l'autorité compétente.

B. Règles dégagées par la jurisprudence

La jurisprudence a dégagé quelques règles, particulières en ce qui concerne les décisions individuelles :

– l'administration ne peut faire application d'une règle générale qu'après **examen particulier du dossier** ;

– en cas de sanction, nécessité d'une procédure contradictoire (droits de la défense) ;

– la procédure doit être impartiale.

C. Procédure suivie facultativement par l'administration

• L'administration suit souvent des règles que rien ne lui impose (p. ex. consultation sollicitée spontanément, non imposée par un texte).

• Cette procédure est légale si elle ne heurte pas les principes formulés par les textes et la jurisprudence.

Toutefois, l'autorité administrative si elle a émis elle-même des règles de procédure à caractère réglementaire doit les respecter (CE, 15 mai 2000, *Territoire de Nouvelle-Calédonie*, *RFDA* 2000, p. 878).

§ 2 - Règles de forme

A. Règles établies par les textes

Elles sont relativement rares, mais la loi du 12 avril 2000 a cependant imposé quelques règles importantes. Selon son art. 4, toute personne a le droit de connaître le prénom, le nom, la qualité et l'adresse administrative de l'agent chargé d'instruire sa demande. Ces éléments figurent sur la correspondance qui lui est adressée. Toute décision prise par une autorité administrative comporte outre la signature de son auteur, la mention, en caractères lisibles, du prénom, du nom et de la qualité de celui-ci.

Une décision qui ne comporte pas le nom et le prénom (du maire en l'espèce) est entachée d'irrégularité (CE, 16 nov. 2009, *SNC Anse et Toulvernen*, *AJDA* 2010, p. 574).

On signalera par ailleurs p. ex. exigence du contreseing ministériel ; parfois, obligation de recourir à la forme écrite ; règle selon laquelle le silence gardé pendant 4 mois (loi du 12 avr. 2000 : 2 mois) par l'administration vaut décision implicite de rejet. Obligation d'indiquer les délais et voies de recours (décr., 28 nov. 1983, v. ci-dessus). De plus, si en principe l'administration n'était pas tenue de motiver ses décisions, la motivation était parfois imposée par un texte. Mais la très importante **loi du 11 juillet 1979 relative à la motivation des actes administratifs et à l'amélioration des relations entre l'administration et le public** qui, ainsi que les circulaires du 31 août 1979 et 10 janvier 1980, est entrée en vigueur le 11 janvier 1980, prévoit que les personnes physiques ou morales ont le droit d'être informées sans délais des motifs **des décisions individuelles défavorables** qui les concernent. Devront ainsi être motivées, les décisions qui restreignent l'exercice des libertés publiques ou de manière générale constituent une mesure de police, celles infligeant une sanction ou subordonnant l'octroi d'une autorisation à des conditions restrictives ou imposant des sujétions ; les décisions qui retirent ou abrogent une décision créatrice de droits, opposent une prescription, une forclusion, une déchéance, refusent un avantage dont l'attribution constitue un droit pour les personnes qui remplissent les conditions légales pour l'obtenir.

Doivent aussi être motivées les décisions qui **dérogent** aux règles générales fixées par la loi ou le règlement.

Ainsi et à titre d'exemple, devront être motivés les refus de renouvellement de titres de séjour aux étrangers, le refus de passeport aux Français, les interdictions, limitations et refus d'autorisation en matière de presse, de réunion, de spectacle, de manifestation, etc. La loi du 17 janvier 1986 étend l'obligation de motivation aux décisions qui refusent une autorisation.

Les motivations devront être écrites et comporter l'énonciation des considérations de fait ou de droit qui constituent le fondement de la décision. En cas d'urgence absolue, la non-motivation ne sera pas illégale, mais la communication des motifs doit se faire dans un délai d'un mois si l'intéressé en fait la demande.

Les juridictions administratives et surtout les tribunaux administratifs ont sanctionné depuis janvier 1980 de nombreuses décisions pour absence ou insuffisance de motivation (CE, 24 juill. 1981, *Belasri, AJDA* 1981, p. 464). P. ex. : nécessité d'une motivation de l'internement provisoire d'une personne atteinte d'aliénation mentale (CE, 31 mars 1989, *Min. Intérieur et Lambert*, req. 69457).

La loi du 12 avril 2000 crée l'obligation de respecter les « droits de la défense » pour les décisions qui doivent être motivées.

Le Conseil d'État a étendu de manière significative la portée de l'obligation de motivation lorsqu'est en cause une décision relative aux libertés publiques et à la protection des mineurs. La décision de la commission de contrôle du cinéma se bornait à faire état d'un « climat violent pour sa proposition d'interdiction ».

Le ministre reprend la même motivation que le juge considère comme insuffisante (CE, 25 nov. 2009, *Association promouvoir…*, *AJDA* 2010, p. 614, note M.V.).

B. Règles établies par la jurisprudence

Exemples :

• **Parallélisme des formes** : lorsqu'un texte établit des formes pour un acte, respect de ces mêmes formes, sauf exception, pour un acte modifiant le premier en mettant fin à ses effets.

• **Motivation** : le juge n'imposait pas à l'administration la motivation de ses décisions. Toutefois, dans certaines hypothèses, il estimait cette motivation obligatoire lorsque la décision est prise par certains organismes collégiaux statuant en matière économique (CE, 27 nov. 1970, *Agence maritime Marseille-Fret*, p. 704), ou simplement eu égard à la nature, à la composition et aux attributions de la commission nationale (CE, 13 nov. 1974, *Sieur Guizelin*, p. 554).

C. Règles établies par l'administration

Il est admis qu'une décision puisse prendre les formes les plus variées à condition que l'objet soit bien déterminé ; généralement l'administration donne d'elle-même à ses décisions **une forme solennelle** comportant des visas, des motifs, le dispositif…

§ 3 - Conséquences du non-respect

L'omission des formalités prévues n'entraîne la nullité de l'acte administratif que si la formalité avait un caractère **substantiel**. L'omission d'une formalité non substantielle n'entraînera pas l'annulation. Une formalité est considérée comme substantielle soit lorsqu'un texte la prescrit à peine de nullité, **soit lorsque son omission a pu avoir une influence sur la décision finale**. Il y a non-opposabilité des délais dans certains cas (v. p. 52, 260).

Une même formalité peut être considérée comme substantielle dans un cas et non pas dans un autre.

Ex. de formalité substantielle ou non-substantielle : communication du dossier à une personne menacée de sanction, formalité substantielle ; obligation d'informer ou d'un compte rendu : généralement formalité non substantielle (CE, 28 juill. 1984, *Baillou*, p. 306).

Section 2 › L'ENTRÉE EN VIGUEUR

§ 1 - La publicité

A. Procédés

1. La notification

Elle porte à la connaissance personnelle des intéressés, le contenu de la décision (p. ex. lettre).

2. La publication

Elle porte la décision à la connaissance du public (p. ex. insertion au *JO*, affichage…). Le mode de publication est aujourd'hui très fréquemment la diffusion sur le net.

3. La connaissance de l'acte

Si en principe toute mesure générale doit être publiée et toute mesure individuelle notifiée, l'essentiel est que les intéressés **puissent prendre connaissance de l'acte** : p. ex. les actes individuels s'adressant à de nombreuses personnes peuvent être simplement publiés (caractère « suffisant » des mesures de publicité). Mais le juge est plus sévère pour l'acte réglementaire, qui doit être publié (CE, 25 janv. 1974, *Sieur Jean*, p. 60).

La connaissance complète du contenu de la décision, son intelligibilité, la possibilité d'en apprécier la légalité doivent exister au moment même de la publication, sans quoi le délai contentieux ne saurait courir (v. art. J. Raymond, *JCP Adm.* 2008, n° 49-50, p. 22).

Il faut ajouter ici l'important problème de **« l'accès aux documents administratifs »** puisque celui-ci touche à celui de porter les actes à la connaissance du public. Le libre accès aux documents administratif a été proclamé par la loi du 17 juillet 1978 (refondue à plusieurs reprises). En principe tous les documents « non nominatifs » sont accessibles ; les documents « nominatifs » le sont aux seules personnes concernées. Certains documents sont exclus (secret de certaines délibérations, monnaie et crédit etc.). La procédure de communication est organisée. En cas de refus, l'intéressé peut saisir la Commission d'accès aux documents administratifs (CADA). C'est uniquement ultérieurement qu'on pourra faire un recours.
La procédure est assez lourde.

B. Conséquences

• La publicité effectuée rend l'acte **opposable aux intéressés**, fait courir les délais de recours, permet à l'administration de procéder aux mesures d'exécution.

• Le défaut de publicité ne rend pas l'acte nul, mais simplement **inopposable** aux intéressés.
L'administration doit l'exécuter sans pouvoir l'imposer aux intéressés. Ceux-ci peuvent invoquer à leur profit, à l'encontre de l'administration, une décision même si elle n'a pas fait l'objet d'une publicité, à condition qu'il s'agisse d'un acte individuel (p. ex. attribution d'une bourse).

§ 2 - La non-rétroactivité des actes administratifs

Les actes administratifs ne peuvent rétroagir à une date antérieure à celle de leur édiction à moins qu'une loi n'en ait stipulé autrement. La non-rétroactivité des actes administratifs constitue un principe général du droit (CE, 25 juin 1948, *Sté du Journal l'Aurore*, p. 249 ; Cons. const., 24 oct. 1969).

Chapitre 2 › LES EFFETS : LA FORCE EXÉCUTOIRE

Idée générale : *certains actes administratifs* ***n'ont pas la force exécutoire*** *et sont simplement des mesures d'ordre intérieur,* ***qui ne seront pas contrôlées par le juge.*** *Le non-respect du caractère exécutoire implique des* ***sanctions****, pénales ou administratives, et parfois l'exécution forcée par l'administration de ses propres décisions.*
Enfin, la perte de la force exécutoire des décisions administratives peut être due à l'arrivée d'un terme ou relever de la ***théorie complexe du retrait****.*

Section 1 › LA DÉTERMINATION DES DÉCISIONS EXÉCUTOIRES (PROBLÈMES DES MESURES D'ORDRE INTÉRIEUR)

§ 1 - Variétés

A. Instructions et circulaires

Les chefs de service les adressent aux fonctionnaires placés sous leur autorité.

• Traditionnellement la jurisprudence distinguait les « **circulaires réglementaires** », considérées comme des règlements et soumises au régime juridique des décisions exécutoires, des « **circulaires interprétatives** » dans lesquelles le supérieur hiérarchique fait connaître, rappelle, commente ou interprète un texte antérieur, et qui ne sont pas considérées comme des décisions exécutoires (CE, 29 janv. 1954, *Institution Notre-Dame du Kreisker*, p. 64, concl. Tricot : est réglementaire une circulaire ministérielle qui, entre autre, prévoit que les demandes de subventions des établissements libres d'enseignement secondaire sont soumises pour avis au Conseil supérieur de l'instruction publique, règle non prévue par la loi).
Ainsi, et du moins de façon théorique, est considérée comme **réglementaire** une circulaire qui comble un vide juridique, crée une nouvelle règle de droit opposable aux intéressés ; ainsi est réglementaire et contraire à la loi, la circulaire permettant aux infirmières dans les lycées et collèges de délivrer la pilule du lendemain (CE, Ass., 30 juin 2000, *Assoc. Choisir la vie*, *AJDA* 2000, p. 729) ; *idem* la circulaire restreignant la liberté de correspondance des personnes incarcérées dans une prison (CE, 8 déc. 2000, *M. Frerot*, *RFDA* 2001, p. 261). Constitue une **circulaire non-réglementaire** (donc interprétative) la circulaire du ministre se bornant à faire connaître la façon dont il comprend les dispositions qu'il est chargé d'appliquer (CE, 23 déc. 1959, *Freyssinet*, p. 707 ; instructions du ministre des Armées pour guider les services de recrutement en matière de sursis d'incorporation), la circulaire Bayrou qui interprète la notion de « laïcité » et fait des propositions aux établissements scolaires (CE, 10 juill. 1995, *Assoc. Un. Sysiphe*, *AJDA* 1995, p. 647). La circulaire sur la répression des violences sexuelles à l'école (CE, 20 mars 2000, *Alain et François*, *RFDA* 2000, p. 697) n'a pas de caractère réglementaire.

• **La distinction** des circulaires « réglementaires » et « interprétatives » était **souvent très délicate**, la jurisprudence est assez fluctuante. La même circulaire contient parfois, à la fois des éléments réglementaires et des éléments non réglementaires (CE, 16 juin 1967, *Monod*, p. 256). La jurisprudence avait tendance à être exigeante pour reconnaître le caractère réglementaire d'une circulaire.

• **Cette jurisprudence posait une série de problèmes délicats** :
– fréquemment, les arrêts relèvent que le ministre s'était borné à interpréter les textes, alors qu'en fait les dispositions prises entraînent une modification de la situation juridique des intéressés ;
– en refusant le caractère réglementaire, le juge réduisait les garanties des administrés, mais en reconnaissant le caractère réglementaire d'une circulaire, on tend à faire une « règle » de ce qui n'est peut-être qu'une « tendance » ;
– le problème du pouvoir réglementaire du ministre est posé : si la circulaire est considérée comme réglementaire, elle est souvent annulée, car le ministre n'a pas de pouvoir réglementaire général (sauf pour organiser ses services). Si la circulaire est interprétative, on confère au ministre une sorte de pouvoir réglementaire occulte.
Le juge a pris conscience de l'insuffisance du système puisque, en fin de compte, et paradoxalement, la recevabilité du recours dépendait de son bien-fondé.
Aussi, un arrêt de section du 18 décembre 2002 *Mme Duvignères* (*RFDA* 2003, p. 280 concl. Fombeur) modifie-t-il profondément la jurisprudence. La distinction doit être faite aujourd'hui entre les circulaires donnant une interprétation des lois et règlements qui sont « **dénuées de caractère impératif** » d'une part, et celles qui ont « **un caractère impératif** » d'autre part. *Les dispositions impératives à caractère général d'une circulaire ou d'une instruction doivent être regardées comme faisant grief.* **Un recours pour excès de pouvoir est possible dans ce cas, sans que la légalité de la circulaire soit liée à sa recevabilité**. Le recours doit être accueilli si les dispositions fixent, dans le silence des textes, une règle nouvelle entachée d'incompétence ou, si alors même qu'elles ont été complètement prises, il est soutenu qu'elles sont illégales pour d'autres motifs. Il en va de même, s'il est soutenu à bon droit que l'interprétation qu'elles prescrivent d'adopter, soit méconnaît le sens et la portée des dispositions législatives ou réglementaires qu'elles entendaient expliciter, « *soit réitère une règle contraire à une norme juridique supérieure* ». C'est ce dernier élément qui est vraiment nouveau et important. Ainsi on ouvre éventuellement aux requérants une voie de recours même contre la loi dans l'hypothèse où celle-ci est contraire aux engagements internationaux de la France. Dans l'affaire *Duvignères* la circulaire était bien conforme au décret et n'ajoutait rien au décret, mais le décret lui-même était illégal en ce qu'il était contraire au principe d'égalité, principe général du droit.
Cette jurisprudence illustre aussi de façon remarquable *l'ouverture du droit français aux normes internationales*.
Le Conseil d'État a estimé impérative une circulaire en matière d'interpellation des étrangers en situation irrégulière (CE, 7 févr. 2007, *Ligue des droits de l'homme*, *AJDA* 2007, p. 814), une circulaire sur les punitions scolaires collectives (CE, 8 mars 2006, *Féd. des conseils*, *RFDA* 2006, p. 633) et partiellement impérative une circulaire sur la procédure de « plaider coupable » (CE, 26 avr. 2006, *Ordre des avocats*, *RFDA* 2006, p. 635). La jurisprudence est très abondante (v. p. ex CE, 18 juin 2008, *Association Vivre et vieillir ensemble*, *AJDA* 2008, p. 1972 : le ministre a édicté des mesures nouvelles – annulation). À propos du « service minimum » imposé

aujourd'hui aux enseignants, le juge annule deux points de la circulaire ministérielle (CE, 17 juin 2009, *Syndicat des enseignants UNSA*, *AJDA* 2009, p. 1223). À propos de la circulaire relative au nom (double-tiret) le juge estime qu'elle est réglementaire (CE, 4 déc. 2009, *Mme Lavergne*, *RFDA* 2010, p. 191).

La circulaire sur l'évacuation des camps de Roms, de caractère impératif, est illégale (CE, 7 avril 2011, *Mme C.*, *AJDA* 2011, p. 760).

Mais la transmission en annexe de deux circulaires adressées au parquet de la liste des mouvements susceptibles de présenter un caractère sectaire, ne revêt qu'un caractère « informatif » (CE, 18 mai 2005, *Association (scientologie)*, *AJDA* 2005, p. 1506).

Depuis le 1er mai 2009 les circulaires sont **publiées en ligne**. Ce mode publicité est évidemment très novateur. Le Conseil d'État a estimé qu'était abrogée automatiquement une circulaire tardivement mise en ligne (CE, 23 févr. 2011, *Association La Cimade*, *AJDA* 2011, p. 415). Le Conseil d'État a aussi jugé que la publication d'une circulaire sur le site dédié ne fait pas courir le recours à l'égard des tiers (CE, 7 avril 2011, *Cimade et Gisti*, *AJDA* 2011, p. 759).

B. Les directives

Si les ministres n'ont pas de pouvoir réglementaire, le Conseil d'État leur a reconnu, ainsi d'ailleurs qu'aux autres autorités administratives qui ont le pouvoir de prendre des décisions individuelles, un pouvoir d'orientation qui s'exerce au moyen de « directives ». Cette norme d'orientation présente un caractère particulier car elle n'est ni tout à fait impérative, ni tout à fait facultative. En tout cas, une décision individuelle peut s'appuyer sur une directive (CE, 11 déc. 1970, *Crédit foncier de France*, p. 750). Cette notion de « directive » s'intègre mal dans les normes traditionnelles du droit français.

Il faut absolument éviter de confondre ces directives avec les « directives communautaires » (v. p. 29 et s.).

C. Mesures d'ordre intérieur proprement dites

• Il s'agit ici essentiellement de certaines mesures **d'aménagement intérieur des services** (p. ex. interdiction du port de certains vêtements dans les lycées, CE, 20 oct. 1954, *Chapon*, p. 541) ou de **mesures individuelles de caractère personnel ayant un aspect disciplinaire** (pouvoir disciplinaire dans l'armée ou pouvoir disciplinaire dans les prisons : p. ex. la décision plaçant un prévenu dans un « quartier de plus grande sécurité », CE, 27 janv. 1984, *Caillol*, p. 28), sur certains usagers des services publics (établissements d'enseignement : CE, 5 nov. 1982, *Attard*, p. 374, fixation des horaires d'enseignement : CE, 26 mai 1989, *SNALC*).

Constitue une mesure d'ordre intérieur une punition scolaire (CAA Marseille, 6 juin 2006, *Min. Éduc. nat.*, *JCP Adm.*, 2007, n° 2112). En revanche, et on l'a vu, le juge a estimé qu'une circulaire sur les punitions scolaires, alors que les punitions sont des mesures d'ordre intérieur, est recevable (CE, 8 mars 2006). La décision affectant un fonctionnaire sans modification de sa situation, constitue une mesure d'ordre intérieur (CE, 17 déc. 2008, *Dépt. des Ardennes*, *AJDA* 2009, p. 501).

Mais, depuis l'affaire du foulard islamique, les mesures prises quant au port de certains vêtements dans les lycées sont de véritables décisions (CE, 2 nov. 1992, *Kherouaa*, p. 389 ; CE, 10 mars 1995, *Aoukili, AJDA* 1995, p. 333).

• **En matière pénitentiaire :**

La décision d'installer un système de détection électronique à l'intérieur d'une prison ne constitue pas une mesure d'ordre intérieur et peut être déférée au juge de l'excès de pouvoir (CE, 21 oct. 1988, *Synd. avocats de France, EDCE* 1988, p. 58).

Surtout, la jurisprudence traditionnelle avait été considérablement assouplie par deux arrêts du Conseil d'État du 17 février 1995 (*AJDA* 1995, p. 420-421). Dans l'arrêt *Marie*, le juge estime qu'en matière pénitentiaire, la sanction de mise en cellule pour une durée de huit jours avec sursis, ne constitue pas une mesure d'ordre intérieur et est susceptible de recours. La jurisprudence *Caillol* est ainsi remise en cause. Il en va de même en matière militaire, en ce qui concerne la punition constituée par des « arrêts » qui porte atteinte à la liberté d'aller et de venir du militaire et qui peut avoir des conséquences sur son avancement (arrêt *Hardouin*).

Toutefois, cette jurisprudence, qui ne peut qu'être approuvée, ne met pas fin à la notion des mesures d'ordre intérieur. Le simple isolement d'un détenu constitue toujours une mesure d'ordre intérieur (CE, 28 févr. 1996, *Fauqueux, LPA* 1997, n° 75, p. 16). Mais la solution inverse à l'arrêt *Fauqueux* a prévalu par la suite (CE, 30 juill. 2003, *Garde des Sceaux, D.* 2003, 2331, note Herzog-Evans). Toutefois, et cela peut sembler curieux, le placement d'un détenu en cellule disciplinaire à titre préventif restait une mesure d'ordre intérieur (CE, 12 mars 2003, *Min. Justice c/ Frérot, D.* 2003, 1585, note Péchillon). Les tribunaux administratifs sont moins sévères pour admettre le caractère de « décision » d'une mesure prise dans le milieu pénitentiaire.

La décision de maintenir un détenu dans un établissement inadapté n'est pas une mesure d'ordre intérieur (CAA Nancy, 2 févr. 2006, *M. E., AJDA* 2006, p. 48).

Par trois décisions d'assemblée du 14 décembre 2007 (*AJDA* 2008, p. 128), le Conseil d'État a considérablement *restreint la notion de mesures d'ordre intérieur en matière pénitentiaire*. Dans l'affaire *Pascal Payer*, tout en rejetant le référé-suspension, il a admis que des décisions soumettant un détenu à des « rotations de sécurité » trop fréquentes d'une prison à une autre, constituent des mesures susceptibles de recours. Les deux autres décisions (*Boussouar* et *Planchenault*) concernent les transferts d'une maison centrale (pour les condamnés aux longues peines) vers une maison d'arrêt (pour les prévenus et les courtes peines) et le travail en prison. Le sieur Boussouar, condamné à 20 ans de réclusion criminelle a contesté son transfert d'une maison centrale à une maison d'arrêt. Il obtient gain de cause devant le Conseil d'État. Le sieur Planchenault qui travaillait comme auxiliaire de cuisine dans une prison a fait l'objet d'un déclassement professionnel pour « insuffisance professionnelle » et comportement incompatible avec l'esprit d'équipe. Pour le juge, le recours est possible, mais en l'espèce il est rejeté sur le fond.

Exemples : ne constituent pas des mesures d'ordre intérieur : la décision prise par un directeur de prison relative à l'acquisition de matériel informatique par les détenus (CE, 18 mars 1998, *Druelle, RFDA* 1999, p. 230), la décision de mise à isolement d'un détenu (CE, 30 juill 2003, *Garde des Sceaux, AJDA* 2003, p. 2090).

L'arrêt *Rogier* du 9 avril 2008 (CE, *AJDA* 2008, p. 1827) permet de mesurer la pertinence de la « grille de lecture » des arrêts cités ci-dessus. Cet arrêt départage nettement mesure d'ordre intérieur et acte administratif susceptible de recours en matière de changement d'affectation d'un détenu d'un établissement pénitentiaire à un autre, en particulier d'une maison d'arrêt vers un centre de détention (note D. Coste).

La jurisprudence en ce qui concerne **les détenus s'est considérablement enrichie** ces dernières années. Il y a, sous l'influence de la Convention européenne des droits de l'homme, une reconnaissance de la « dignité de la personne détenue » (v. art. F. X. Fort, *AJDA* 2010, p. 2249 ; v. aussi l'important dossier « La construction d'un nouveau droit pénitentiaire par le juge administratif », *AJDA* 2009, p. 403 et s.).

Exemple : les fouilles corporelles intégrales de détenus ne sont plus des mesures d'ordre intérieur ; elles doivent en outre répondre à une certaine nécessité.

L'arrêt *Section française de l'Observatoire* (CE S., 31 oct. 2008, *AJDA* 2008, Chron. jp p. 2389 et s.) précise très nettement les règles à respecter en matière d'isolement, notamment des mineurs. L'application de ces règles pourra donc faire l'objet de recours.

L'arrêt *MES* (CE, 14 nov. 2008, *RFDA* 2009, p. 957) consacre la compétence du juge administratif en matière de fouilles de détenus à l'occasion d'une extraction judiciaire. Suivant les conclusions de M. Guyomar, le Conseil d'État donne une véritable « feuille de route » relative à la hiérarchie des normes applicable en droit pénitentiaire. Cet arrêt a été commenté à maintes reprises.

La décision portant sur l'organisation des visites aux détenus est un acte faisant grief (CE, 26 nov. 2010, *Min. d'État c/Bompard*, *AJDA* 2011, p. 678).

Il faut signaler que l'importante **loi pénitentiaire du 24 novembre 2009**, s'attache à définir de nombreux droits et devoirs pour les détenus.

- Les mesures d'ordre intérieur ne sont pas considérées comme des décisions « exécutoires » soumises à leur régime juridique car on estime qu'elles ne font pas réellement grief aux intéressés, qu'il s'agit de **mesures d'importance minime**. Aussi, une mesure devient-elle une décision exécutoire contrôlée par le juge dès que le **statut juridique des intéressés est en jeu.**

- En pratique, il faut bien reconnaître que toutes ces mesures peuvent causer des torts aux intéressés : l'importance « minime » de la mesure est plutôt un prétexte pour le juge pour refuser son contrôle qu'une véritable justification. En réalité, le juge veut laisser ici **un large pouvoir discrétionnaire à l'administration.**

D. Les actes-types

Une place particulière doit être faite aux actes-types, procédé dans lequel l'auteur d'un acte juridique (autorité administrative ou personne privée) est invité pour la rédaction de cet acte à reproduire le texte d'un modèle. Les autorités administratives supérieures élaborent fréquemment de tels modèles à l'adresse des autorités administratives inférieures. La jurisprudence distingue alors entre actes-types constituant décision exécutoire et ceux qui n'en constituent pas.

Il faut aussi citer l'existence de « documents référents » dont la nature juridique est délicate à analyser (v. *Sablière*, *AJDA* 2007, p. 66).

§ 2 - Régime juridique

A. Applicabilité

1. Les circulaires non impératives ou instructions de service

Elles s'imposent aux fonctionnaires subordonnés en vertu du devoir d'obéissance hiérarchique. Elles n'ont aucun effet envers les administrés, pour lesquels elles ne constituent pas une source de légalité nouvelle. Il faut souligner cependant que la loi du 17 juillet 1978 prévoit la publication des circulaires, instructions, etc.

2. Les mesures d'aménagement interne des services

Elles s'appliquent aux agents aussi bien qu'aux usagers ; **les mesures individuelles** de caractère personnel s'appliquent aux personnes qu'elles frappent.

3. Les « directives »

Le problème est particulièrement complexe. Le requérant à qui on oppose un refus en se référant à une directive, peut demander l'annulation du refus en invoquant l'application qui a été faite de la directive ou en invoquant l'illégalité de la directive. L'administration, si elle veut maintenir le refus, devra établir que le requérant était dans une situation justifiant la décision prise.

B. Contrôle juridictionnel

1. Les circulaires non impératives

En principe, il n'y a **aucun contrôle juridictionnel** des circulaires non impératives quelle que soit la personne de qui émane le recours ; en particulier le recours pour excès de pouvoir est irrecevable ; de plus, la violation d'une circulaire non impérative par une décision administrative ne constitue pas une illégalité ouvrant le recours pour excès de pouvoir.

2. Les mesures d'ordre intérieur

En matière de mesures d'ordre intérieur proprement dites, la jurisprudence est parfois un peu plus souple : le recours est parfois considéré comme recevable, mais non fondé.

3. Les « directives »

En ce qui concerne les « directives », le fait de savoir si elles peuvent être attaquées directement, a été résolu de façon négative (CE, 8 oct. 1971, *Caisse nat. d'assur. mal. trav. salariés*, p. 588).

Section 2 › LES CONSÉQUENCES DE LA FORCE EXÉCUTOIRE

§ 1 - Le privilège du préalable

• La décision unilatérale prise par l'administration est présumée conforme au droit. L'administration dispose donc d'un pouvoir **d'action unilatérale** auquel les particuliers sont tenus d'obéir.

• Le particulier peut s'adresser au juge mais jusqu'au moment où le juge constatera l'illégalité, la décision produira tous ses effets.

§ 2 - Sanctions de la force juridique

A. Les sanctions proprement dites

1. Les sanctions pénales

Constituent les sanctions les plus répandues et les plus employées. Il faut cependant qu'elles soient formellement prévues par un texte préexistant (ex. : art. R. 610-5 du nouveau Code pénal qui punit d'amendes « ceux qui auront contrevenu aux décrets et arrêtés légalement faits par l'autorité administrative ou aux arrêtés publiés par l'autorité municipale ». Il s'agit ici des règlements de police).
La Constitution de 1958 laisse toutefois la création des « contraventions » dans la compétence du pouvoir réglementaire.

2. Les sanctions administratives

Très courantes pendant la guerre (confiscation, fermetures d'établissements), devenues plus rares ultérieurement (suspension du permis de conduire par le préfet, pénalités imposées aux directeurs de salles de cinéma dans certains cas) doivent être prévues par une loi, les droits de la défense doivent être absolument respectés.

a) Depuis quelques années de très nombreux pouvoirs de sanction ont été attribués à des **autorités administratives indépendantes** (ex. Autorité de la concurrence, Autorité des marchés financiers, Conseil supérieur de l'audiovisuel, etc.) ou à de simples autorités administratives, généralement collégiales. On y trouve des mesures aussi variées, qu'adresser des observations, des recommandations, etc. et de véritables sanctions telles que les amendes, interdictions d'exercer une activité, retraits d'autorisation… P. ex. le Conseil supérieur de l'audiovisuel peut prononcer des mesures affectant l'autorisation d'émettre, ainsi que des sanctions pécuniaires.
Le Conseil constitutionnel a jugé (28 juill. 1989 et 13 août 1993) qu'une autorité administrative peut avoir un pouvoir de sanction à condition qu'il n'y ait *pas privation de liberté et* que la loi prévoit des mesures destinées à sauvegarder les droits et libertés constitutionnellement garantis. Lorsque la sanction a le caractère d'une punition, les principes relatifs à la sanction pénale doivent être respectés.
Si le Conseil d'État semble avoir été trop souple en matière de sanction administrative dans les années antérieures, il veille aujourd'hui à ce que les éléments constitutifs de l'infraction soient déterminés de façon précise et complète (CE, 5 oct. 1996, *Sté Prigest, RFDA* 1996, p. 1269). Mais le principe de légalité des délits et des peines n'implique pas obligatoirement que la sanction soit instituée par une « loi » (CE, Ass., 7 juill. 2004, *Min. Intérieur, AJDA* 2004, p. 1389).

b) En ce qui concerne les **garanties procédurales**, le juge administratif a aussi évolué. Le Conseil d'État estime aujourd'hui **que l'art. 6/1 de la Convention européenne des droits de l'homme** relatif en particulier au principe « **d'impartialité** » s'applique à certaines autorités administratives de par l'importance des pouvoirs de sanction qui leur sont conférés (CE, S., 20 oct. 2000, *Sté Habib Bank Limited*, v. aussi CE, S., 28 juill. 1999, *GIE Mumm-Perrier Jouet, AJDA* 1999, p. 835 : contribution spéciale au bénéfice de l'Office de migrations internationales, l'employeur ayant occupé un étranger sans autorisation de travail). Par ailleurs, en application de la loi du 11 juillet 1979, les sanctions doivent être motivées (v. p. 53-54).

Si en application du principe *non bis in idem*, il ne peut y avoir de cumul de sanctions administratives, en revanche, une sanction administrative peut fort bien se cumuler avec une sanction pénale.

c) Le Conseil d'État a bien indiqué les **compétences respectives du législateur et du gouvernement** (pouvoir réglementaire) en matière de sanctions administratives (CE S., 18 juill. 2008, *Féd. de l'hospitalisation privée, AJDA* 2008, p. 1461). Lorsque les obligations auxquelles est soumis l'exercice d'une activité sont définies par la loi en vertu de l'article 34 de la Constitution, la loi seule peut définir les sanctions administratives dont la méconnaissance de ces obligations peut être assortie, ainsi que les éléments constitutifs de ces infractions que ces sanctions ont pour objet de réprimer (*AJDA* 2008, p. 1812, Chron. gén. Geffray et S.J. Liéber). Le Conseil constitutionnel à son tour a jugé « que les sanctions disciplinaires touchant les droits et libertés des détenus doivent être définies par la loi » (Cons. const., 19 nov. 2009, *Loi pénitentiaire, AJDA* 2009, n° 2199).

d) Plus récemment, le Conseil d'État, dans une **décision très importante** (CE, 19 févr. 2009, *Société Aton, AJDA* 2009, p. 583) a bouleversé partiellement le régime des sanctions administratives. Le Conseil d'État estime que le juge des sanctions que l'administration inflige à un administré, est un **juge de pleine juridiction** (et non d'excès de pouvoir). Ce juge de pleine juridiction, qui a des pouvoirs plus importants que celui de l'excès de pouvoir (v. p. 276 et s.) peut substituer sa décision à celle de l'administration et peut faire application d'une loi nouvelle plus douce entrée en vigueur entre la date à laquelle l'infraction a été commise et la date à laquelle il statue. En consacrant ainsi le basculement au plein contentieux d'une partie au moins des sanctions administratives, le Conseil d'État revient sur certaines solutions jurisprudentielles antérieures (sanction en matière fiscale). Cet arrêt a été maintes fois commenté et pose le problème de la distinction du plein contentieux et de l'excès de pouvoir (v. *AJDA* 2009, p. 1573, « L'arrêt *Sté Aton*, un grand arrêt… » ; application TA Clermont-Ferrand 1er déc. 2009, *M. El Beghiti, AJDA* 2010, p. 122 ; v. aussi sur le contrôle du juge CE S., 12 oct. 2009, *M. Petit, RFDA* 2009, p. 1291 : contrôle normal des sanctions disciplinaires à l'égard d'un commissaire aux comptes ; sur cette question du plein-contentieux v. p. 276).

e) Le juge exerce enfin un certain **contrôle de proportionnalité** sur l'étendue de la sanction, en vérifiant si celle-ci n'est pas excessive par rapport aux faits qui ont pu la motiver (CE, Ass., 1er mars 1991, *Le Cun, RFDA* 1991, p. 613). À propos d'une mesure de caractère disciplinaire prise par la Commission nationale des experts en automobile (CE, S., 22 juin 2007, *M. A., AJDA* 2007, p. 891). Sur les mesures prises par l'Autorité des marchés financiers (CE, S., 27 oct. 2006, *M. P., AJDA* 2007, p. 80). Il est souvent très délicat de déterminer si un organisme prenant une mesure relative à une personne utilise son pouvoir de « police » ou son pouvoir de « sanction » dont les régimes juridiques sont différents (CE, 22 juin 2001, *Sté Athis, AJDA* 2001, p. 634 : CE, 16 mars 2001, *Min. Intérieur, RFDA* 2001, p. 783 : dans ce dernier cas, le retrait d'agrément à des employés de casino a le caractère d'une mesure de police).

Sur ces problèmes assez complexes, v. l'article de M.-T. Viel, *AJDA* 2007, p. 1006 et s.
Sur le problème de la procédure contradictoire (en l'espèce en matière d'installations classées) v. CE, 28 déc. 2009, *Min. État, Écologie…*, *AJDA* 2010, p. 1152.
Enfin plus récemment s'est posée la question des conséquences d'une sanction disciplinaire infligée à une société d'exercice libéral (pharmacie). Pour le Conseil d'État cette sanction n'a pas pour conséquence la cessation d'activité de cette société et la fermeture de l'officine. La Section du Contentieux du Conseil d'État, apporte un éclairage nouveau sur les conséquences de la sanction infligée à une société d'exercice libéral ; mais la décision ne résout pas toutes les questions liées à la difficulté d'articulation de la sanction de la société et celle personnelle, des praticiens associés en son sein (CE, 7 avril 2010, *SELARL grande pharmacie Gerbaud et autres*, *AJDA* 2010, p. 876, Chron. jp S.-J. Liéber et D. Botteghi).

B. L'exécution administrative

En principe, l'administration ne peut mettre en mouvement la force publique pour exécuter ses décisions car il s'agit d'une grave atteinte à la liberté. Il y a toutefois des exceptions.

1. Cas

V. T. confl., 2 déc. 1902, *Sté Immobilière de St Just*, concl. Romieu p. 713.

a) Les textes permettent à l'administration de procéder à des **actes matériels d'exécution** (p. ex. loi 1877 sur la réquisition ; Code de la route qui prévoit l'enlèvement de véhicules gênants). Ces textes ont tendance à se multiplier (ex. : refoulement à la frontière, lutte contre le bruit, etc.).
b) En cas d'**urgence**, il est possible de recourir à l'**exécution forcée**. Romieu : « Il est de l'essence même du rôle de l'administration d'agir immédiatement et d'employer la force publique sans délai ni, procédure lorsque l'intérêt immédiat de la conservation publique l'exige ; quand la maison brûle, on ne va pas demander au juge l'autorisation d'y envoyer les pompiers ». Le juge examinera évidemment s'il y avait urgence ou péril.

c) S'il n'y a ni texte ni urgence, l'exécution forcée n'est possible qu'**en absence de toute sanction légale**. C'est là, au fond, la plus importante des hypothèses de possibilité de recours à l'exécution d'office. Par absence de sanction légale, on entend tout d'abord l'absence de toute sanction pénale. Romieu : « Si la sanction pénale existe, l'exécution forcée administrative n'existe pas… ». Mais même en absence de sanctions pénales, l'existence d'autres voies de droit permettant à l'administration de se faire obéir (p. ex. action judiciaire) privera l'administration de la possibilité de recourir à l'exécution forcée.
Même lorsque le recours à l'exécution forcée est possible, il est enfermé dans d'étroites limites :
– il faut que l'opération administrative pour laquelle l'exécution est nécessaire, ait sa source dans un texte de loi précis ;
– il faut que l'administré ait opposé une résistance ;
– il faut que les mesures d'exécution forcée tendent uniquement dans leur objet immédiat, à la réalisation de l'opération prescrite par la loi.

« L'exécution administrative n'est justifiée en principe que par la nécessité d'assurer l'obéissance à la loi et l'impossibilité de l'assurer par tout autre procédé juridique » (concl. Blum dans CE, 17 mars 1911, *Abbé Bouchon*, p. 341).

2. Conséquences de l'emploi illégal

a) Une exécution forcée d'un acte « manifestement insusceptible de se rattacher à l'application d'un texte législatif ou réglementaire » ou une exécution forcée illégale et qui portent atteinte au droit de propriété ou à une liberté publique, constituent des voies de fait entraînant compétence judiciaire (v. p. 246 et s.).

b) En toute hypothèse, l'emploi illégal de l'exécution forcée entraîne la **responsabilité de l'administration.**

Section 3 › LA PERTE DE LA FORCE EXÉCUTOIRE (RETRAIT)

L'acte devient **caduc s'il était destiné à produire effet seulement pendant un certain délai.** Plus importante est la théorie du **retrait**.

Idée générale : théorie dominée par divers principes : principe de l'intangibilité des effets individuels des actes administratifs, principe de la non-rétroactivité des actes administratifs, principe du contrôle des actes administratifs par le juge. Mais les conséquences de ces principes sont très variables selon qu'il s'agit d'actes réglementaires ou d'actes individuels, selon que l'acte est régulier ou irrégulier, qu'il a créé ou qu'il n'a pas créé de droits.

§ 1 - Décisions réglementaires

A. Décisions régulières

Le principe de non-rétroactivité **interdit le retrait pour le passé** mais ne s'oppose pas à l'abrogation pour l'avenir. L'administration peut toujours modifier ou abroger ses décisions réglementaires pour l'avenir.

B. Décisions irrégulières

• L'administration a **l'obligation de retirer cet acte**, soit d'office, soit sur demande des particuliers : l'acte n'ayant pu créer de droits, ce retrait a un **caractère rétroactif.** Traditionnellement, ce retrait étant considéré comme une sanction du caractère illégal de l'acte, l'action de l'administration sera calquée sur les **pouvoirs du juge : le retrait devient impossible après l'écoulement du délai de recours contentieux** (deux mois) à moins que le juge n'ait été saisi. Le retrait est alors possible avant qu'il n'ait statué.

• Le délai ne court qu'à partir de la publication.

• **Le changement ultérieur de circonstances**, qu'il s'agisse de circonstances de droit (survenance d'une loi nouvelle) ou de circonstances de fait (p. ex. bouleversement des conditions économiques), oblige l'administration à modifier ou à abroger le règlement **pour l'avenir** pour l'adapter aux conditions nouvelles de la légalité. Le refus de procéder à cette modification ou à cette abrogation constitue une illégalité pouvant être sanctionnée par le juge (CE, 10 janv. 1930, *Despujol*, p. 30, CE, 10 janv. 1964, *Syndic nat. cadres bibliothèques, Min. Agriculture c/Sieur Simonnet*, p. 17 et 19). V. aussi l'important arrêt CE, 3 déc. 1999, *Assoc. ornithologique* (v. p. 30, 70).

V. sur le développement de cette jurisprudence, CE, 22 janv. 1982, *Butin, Ah. Won René*, p. 33. L'administration ne doit pas mettre à exécution l'obligation de quitter le territoire si un changement dans les circonstances de droit ou de fait intervient.

• Le décret du 28 novembre 1983 (aujourd'hui abrogé) avait précisé voire modifié la jurisprudence précédente : ce décret prévoyait que « l'autorité compétente est tenue de faire droit à toute demande tendant à l'abrogation d'un règlement illégal », illégal dès l'origine ou illégalité résultant des circonstances de droit ou de fait. Mais il ne s'agit que d'une abrogation pour l'avenir et non d'un retrait rétroactif. Le Conseil d'État a reconnu à cette disposition la valeur d'un principe. Il l'a appliqué de façon particulièrement ferme dans l'important arrêt *Alitalia* du 3 février 1989 (*op. cit.*) à propos d'une réglementation française antérieure à une directive communautaire. Cette jurisprudence reste valable. D'ailleurs, la loi du 20 décembre 2007 relative à la simplification du droit impose au pouvoir réglementaire d'abroger les règlements illégaux ou devenus sans objet, soit d'office, soit à la demande d'une personne intéressée.

§ 2 - Décisions individuelles

A. Décisions régulières

En vertu du principe de l'intangibilité des effets individuels des actes administratifs, aucune modification n'est possible, ni pour le passé, ni même pour l'avenir.

Principe applicable **que si l'acte a créé des droits**, sinon possibilité d'abrogation pour l'avenir (p. ex., lorsqu'il s'agit, d'actes ayant un caractère provisoire, d'autorisations de police essentiellement révocables, d'actes simplement négatifs). En ce qui concerne les actes obtenus par fraude (CE, 23 févr. 2009, *Mme B. R.*, note F. Melleray, *RFDA* 2009, p. 226), possibilité de retrait sans délai (ici plagiat d'une thèse).

Exception : la décision peut-être retirée sur recours gracieux de l'intéressé (p. ex. une sanction) à condition que ce retrait ne porte pas atteinte aux droits des tiers (CE, 31 juill. 1974, *Min. Intérieur c/Sieur Gay*, p. 441).

B. Décisions irrégulières

• **Le régime était le même que pour les actes réglementaires** : obligation de retrait rétroactif dans les délais du recours contentieux (CE, 3 nov. 1922, *Dame Cachet*, p. 790). Mais cette possibilité a été remise en cause par l'arrêt *Ternon* (v. ci-dessous).

• Un acte individuel, conséquence d'un acte individuel précédent, pourra être retiré même après l'écoulement du délai, lorsque le premier acte aura été annulé pour l'illégalité.

• Lorsqu'une décision est simplement notifiée, le délai ne courait ni envers les tiers ni envers l'administration (CE, 6 mai 1966, *Ville de Bagneux*, p. 303) qui pouvait rapporter l'acte à tout moment. Mais dans une importante décision (CE, Ass.,

24 oct. 1997, *Mme du Laubier, AJDA* 1997, p. 1010) la Haute Juridiction restreignait le pouvoir de retrait de l'administration en estimant que si l'administration n'a pas mentionné comme elle aurait dû le faire les délais et voies de recours, elle ne peut en prendre prétexte pour affirmer que les délais de retrait dont elle dispose n'ont pas couru. **Dans une décision fondamentale du 26 octobre 2001** (CE, Ass., 26 oct. 2001, *Ternon, AJDA* 2001, p. 1034) le juge met fin à la jurisprudence « *Ville de Bagneux* » et bouleverse le système existant. Le juge dissocie totalement le délai de retrait de l'administration et le délai de recours contentieux. Il impose une solution radicale : **l'administration ne peut retirer une décision individuelle explicite créatrice de droits, si elle est illégale, que dans le délai de quatre mois suivant la prise de cette décision.** Curieusement, c'est le juge qui a inventé, créé, ce délai de quatre mois. On constatera aussi que le délai court maintenant de la « prise de décision » et non de la notification.

De même, le délai de quatre mois durant lequel l'administration peut retirer une décision créatrice de droits et qui est irrégulière, s'entend comme le délai durant lequel elle doit prendre sa décision et non comme celui dans lequel elle doit l'avoir notifiée à l'intéressé (CE S., 22 déc. 2007, *Sté Bertin, RFDA* 2008, p. 471 – solution souvent critiquée).

Le Conseil d'État a apporté d'importantes clarifications à cette jurisprudence. Dans un arrêt *Coulibaly* (CE S., 6 mars 2009, *AJDA* 2009, p. 817, Chron. gén. jp S.J. Liéber et D. Botteghi) le juge prend la décision suivante : un conseil départemental ayant inscrit un chirurgien-dentiste au tableau de l'ordre **ne peut pas abroger** cette décision s'il s'aperçoit plus de quatre mois après avoir pris sa décision, qu'il s'est trompé dans son appréciation de la validité en France du diplôme de praticien. Cet arrêt, maintes fois commenté, apporte une clarification théorique au régime des actes créateurs de droits acquis.

Il semble ainsi qu'après certaines hésitations, le Conseil d'État rapproche le régime de l'abrogation de celui du retrait (v. CE S., 14 mars 2008, *Portalis, AJDA* 2008, p. 800). Ce dernier arrêt avait en effet institué (note Seiller, *RFDA* 2008, p. 93) une certaine confusion.

La demande d'abrogation d'un acte illégal suppose toujours un intérêt à agir (CE, 24 juill. 2009, *M. de Braba, AJDA* 2009, p. 1516).

• Exceptionnellement, le **silence** gardé par l'administration sur une décision équivaut non à un refus, mais à une acceptation de celle-ci. Ces décisions n'étant en principe pas publiées, et pour éviter que l'administration ne puisse revenir à n'importe quel moment sur la décision, le juge estimait que la décision acquise par l'écoulement du délai, ne pouvait plus être retirée, même pour illégalité (CE, 14 nov. 1969, *Ève*, p. 498).

Il en va toutefois autrement lorsqu'une décision implicite fait l'objet d'une publicité, par exemple un permis de construire tacite (CE, 19 juin 1973, *Min. Équip. c/Époux Roulin*, p. 390).

La loi du 12 juin 2000 met fin à la jurisprudence *Ève* en admettant dans son art. 23 que le retrait d'une décision implicite d'acceptation est possible « pendant le délai de deux mois à compter de laquelle est intervenue la décision lorsqu'aucune mesure d'information des tiers n'a été mise en œuvre « ou pendant la durée de l'instance au cas où un recours contentieux a été formé » (application : CE, avis 12 oct. 2006, *Mme Cavallo, RFDA* 2006, p. 1272 : l'administration peut retirer à la demande des tiers un acte pour illégalité et, au-delà du délai de deux mois, une décision implicite d'acceptation tant que le recours juridictionnel contre celle-ci n'a pas été jugé).

Conclusion : le problème du retrait et de l'abrogation des actes administratifs constitue à l'heure actuelle l'un des problèmes les plus délicats du droit administratif et son régime juridique est, en pratique, d'une très grande complexité.
Soulignons que par trois décisions importantes le Conseil d'État, à propos des lois, a défini dans quelles conditions une norme peut être implicitement abrogée par une norme postérieure (CE, référé, 21 nov. 2005, *Aboisvert* ; CE, S., 23 nov. 2005, *Mme Baux* et CE, Ass., 16 déc. 2005, *Synd. Nat...*, *AJDA* 2006, p. 357, Chron. Landais et Lenica). Cette jurisprudence sur l'« abrogation implicite » peut être étendue aux actes administratifs.

Chapitre 3 › LA CLASSIFICATION DES DÉCISIONS UNILATÉRALES

Idée générale : *classées selon qu'elles s'adressent à un ou plusieurs destinataires, les décisions unilatérales se distinguent également selon leurs auteurs et la forme qu'elles revêtent.*

Section 1 › CLASSIFICATION D'APRÈS LEUR PORTÉE

Il s'agit de la distinction des décisions réglementaires et des décisions individuelles.

§ 1 - Distinction

• Les décisions **réglementaires** ont un caractère général intéressant la totalité ou du moins une catégorie de citoyens. Ce sont des actes créateurs de situations juridiques impersonnelles, objectives et générales (Duguit), identiques pour tous les individus placés dans la même situation.
Ex. : arrêté de police réglementant la circulation dans la rue.

• Les décisions **individuelles** créent une situation juridique nouvelle à l'égard d'un ou plusieurs particuliers déterminés.
Ex. : une autorisation donnée à un particulier.

§ 2 - Intérêt

• Les tribunaux judiciaires civils peuvent **interpréter les règlements, non pas les actes individuels** (T. confl., 16 juin 1923, *Septfonds*, p. 498).

• Les tribunaux répressifs pouvaient **apprécier la légalité d'un règlement** mais non pas celle d'un acte administratif individuel (T. confl., 5 juill. 1951, *Avranches et Desmarets*, p. 638). C'était du moins la jurisprudence du Tribunal des conflits avant 1994. Le Code pénal met fin à cette jurisprudence restrictive.

• Le mode de publicité normal de la décision réglementaire est la **publication**, celui de la décision individuelle la notification.

• L'acte réglementaire peut toujours être **abrogé** ou **modifié**, ne créant jamais de droit acquis. L'acte individuel, lorsqu'il crée des droits acquis, ne peut plus être modifié.

Section 2 › CLASSIFICATION D'APRÈS LEURS AUTEURS ET LEURS FORMES

§ 1 - Introduction : la distinction de la loi et du règlement

Idée générale : bouleversant de façon fondamentale la tradition juridique française en matière de loi et de règlement, la Constitution de 1958 **a assigné des domaines respectifs** à ces deux catégories d'actes.

A. Domaines respectifs

1. La loi

• Avant 1958, le législateur **fixait lui-même le domaine de sa compétence** ; il pouvait intervenir en toute matière.

• L'art. 34 de la Constitution de 1958 limite la compétence du législateur. Dans certains cas, la loi « **fixe les règles** » (droits civiques, nationalité, etc.), dans d'autres cas, elle « détermine **les principes fondamentaux** » (enseignement, droit du travail, etc.). Mais, en pratique, la différence n'est pas très sensible.

2. Le règlement

• Avant 1958, les autorités exécutives ne pouvaient exercer le pouvoir réglementaire que pour compléter une loi ou dans une matière non régie par une loi (CE, 8 août 1919, *Labonne*). **Le domaine du règlement était donc limité**.

• L'art. 37 de la Constitution donne au **pouvoir réglementaire une compétence de droit commun**, le législateur n'ayant plus qu'une compétence d'attribution. Le gouvernement peut donc prendre des « **règlements autonomes** », en toute matière où la Constitution ne donne pas expressément compétence au législateur. Par ailleurs, le gouvernement est toujours compétent, comme avant 1958, pour prendre des mesures réglementaires d'exécution des lois (art. 21 Const.).
En pratique, la mise en œuvre des articles 34 et 37 de la Constitution donne lieu à des difficultés d'interprétation considérables.

B. Sanctions

1. Protection du domaine réglementaire

Si le gouvernement estime qu'une proposition ou un amendement d'origine parlementaire empiète sur le domaine réglementaire, il peut opposer l'irrecevabilité ; en cas de désaccord avec le président de l'Assemblée intéressée, le Conseil constitutionnel sera saisi (art. 51 Const.).
En tout état de cause, le Premier ministre, le président de la République, les présidents des Assemblées parlementaires ou 60 sénateurs ou 60 députés peuvent toujours déférer le texte de loi au Conseil constitutionnel avant sa promulgation. Alors que le Conseil constitutionnel a longtemps estimé que cette procédure ne pouvait être utilisée pour la détermination du domaine législatif et du domaine réglementaire, depuis une jurisprudence récente, même saisi selon cette procédure, il sanctionne la loi qui contient des éléments de nature réglementaire. Il ne supprime pas les articles en cause, mais déclare simplement qu'ils relèvent du domaine réglementaire (Cons. const., 21 avr. 2005, *RFDA* 2005, p. 927). Ils pourront donc être modifiés par décret.
Si le gouvernement a laissé voter un texte par le Parlement et estime ultérieurement que ce texte est de nature réglementaire, il peut saisir le Conseil constitutionnel ; si celui-ci reconnaît le caractère réglementaire du texte en forme législative, il pourra être modifié par décret après avis du Conseil d'État (art. 37 Const.).
Dans le très important arrêt *Assoc. ornithologique* (CE, 3 déc. 1999, *op. cit.*) la Haute Juridiction a estimé que lorsqu'un texte est voté sous forme législative mais

qu'il porte sur la matière réglementaire, le gouvernement a l'obligation d'engager la procédure de délégalisation lorsque ce texte (en forme législative) est contraire à une directive européenne.

Les lois anciennes ayant statué sur des matières actuellement réglementaires, peuvent être modifiées par décret, après avis du Conseil d'État (art. 37 Const.). Domaine de la loi et du règlement : CE, 21 nov. 2008, *Union des chirurgiens de France* (*RFDA* 2009, p. 192). Principes fondamentaux de la Sécurité sociale, domaine législatif.

2. Protection du domaine législatif

Il n'existe pas de procédure constitutionnelle protégeant le domaine législatif contre les empiétements du gouvernement. Mais le règlement, qui est un acte administratif, peut être déféré par tout intéressé au Conseil d'État jugeant au contentieux, qui, le cas échéant, pourra l'annuler en se fondant sur l'incompétence du gouvernement en ce domaine.

Ex. d'un contrôle du Conseil d'État : CE, 21 nov. 2008, *Assoc. Faste Sud*, incompétence du pouvoir réglementaire pour réglementer une activité professionnelle relevant du domaine de la loi (*RFDA* 2009, p. 151 concl. Mlle Courrèges).

C. Rapports

Dans la hiérarchie des normes, **la loi reste supérieure au règlement :**

– la **loi échappe au contrôle du juge administratif, le règlement y est soumis ;**

– la loi **s'impose au règlement** lorsqu'il s'agit de règlements d'exécution de la loi (art. 21 Const.) ou lorsqu'il s'agit de règlements où la loi fixe les principes fondamentaux ;

– en revanche, **lorsque leur domaine d'intervention est différent** (règlements autonomes) **la loi ne peut pas s'imposer au règlement.**

D. La question prioritaire de constitutionnalité

Jusqu'à la révision constitutionnelle de 2008 et la loi organique du 10 décembre 2009, le contrôle de la constitutionnalité des lois, aux mains du Conseil constitutionnel, ne pouvait être soulevé que par le président de la République, le Premier ministre, les Présidents des deux Assemblées parlementaires, ou par 60 députés ou sénateurs. Une modification d'une importance considérable est intervenue grâce aux nouveaux textes.

Aux termes de l'art. 61-1 de la Constitution « *Lorsque, à l'occasion d'une instance en cours devant une juridiction, il est soutenu qu'une disposition législative porte atteinte aux droits et libertés que la Constitution garantit, le Conseil constitutionnel peut être saisi de cette question sur renvoi du Conseil d'État ou de la Cour de cassation qui se prononcent dans un délai déterminé* ». La procédure est mise en œuvre par la loi organique.

Le moyen doit être soulevé par le requérant dans une requête distincte du recours principal. Il peut être invoqué pour la première fois en appel ou en cassation, mais le juge ne peut le soulever d'office. La juridiction saisie statue elle-même sur la transmission aux juridictions suprêmes « sans délai » et par décision motivée.

Il n'y a possibilité de soulever cette question que si la disposition est applicable au litige en cours, elle ne doit pas avoir été déjà déclarée conforme par le Conseil constitutionnel (sauf changement de circonstances) ; la question ne doit pas être dépourvue de caractère sérieux. La décision ne peut faire l'objet d'aucun recours et le juge sursoit à statuer. Les hautes juridictions ont trois mois pour se prononcer. Le Conseil constitutionnel statue dans les trois mois.

En cas d'inconstitutionnalité, la disposition est abrogée mais le Conseil constitutionnel peut fixer une date ultérieure (v. jp *AC !* p. 291). Le Conseil constitutionnel détermine les effets de sa décision.

Ainsi on en vient à un système qui rapproche la France, en matière de contrôle de la constitutionnalité des lois, des autres pays européens et surtout de l'Allemagne.

Cette nouvelle procédure a eu un succès considérable. Le Conseil d'État et la Cour de cassation ont fréquemment saisi le Conseil constitutionnel qui a annulé ou n'a pas annulé la disposition législative attaquée.

Au 1er janvier 2011, le bilan est le suivant : le Conseil d'État et la Cour de cassation ont examiné 401 questions ; 294 non-renvois au Conseil constitutionnel ; 107 renvois (52 par le Conseil d'État, 55 par la Cour de cassation). Sur les QPC renvoyées par le Conseil d'État 61 % avaient été directement posées devant lui, 18 % devant des CAA, 31 % devant les TA. 63 % des questions posées émanaient de personnes physiques, 30 % de personnes morales et 7 % de collectivités locales. Le Conseil constitutionnel a rendu 63 décisions portant sur 83 QPC. Il y a eu 52,5 % de décisions de conformité, 34,5 % de non-conformité partielle ou totale et 13 % de non-lieu. Le délai moyen de jugement est de deux mois.

Les exemples, en peu de temps sont devenus nombreux : inconstitutionnalité de la différence des « pensions » entre Français et non-Français ; annulation des dispositions sur la garde à vue ; etc.

On a reproché au Conseil constitutionnel son insuffisante argumentation (*AJDA* 2011, p. 885 ; v. aussi CE Ass., 13 mai 2011, *Mme M'Rida*, AJDA 2011, p. 1136).

§ 2 - Les actes administratifs

A. Les ordonnances

1. Ordonnances de l'article 38 de la Constitution

a) Le système des ordonnances prévu par la Constitution de 1958 institutionnalise l'ancienne pratique des **décrets-lois** qui avait permis au gouvernement, sur délégation législative, de prendre des mesures qui sont normalement de la compétence du Parlement. Dans le système actuel, le Parlement, par une loi d'habilitation, autorise le gouvernement à édicter, pendant **une période déterminée, des mesures du domaine de la loi.**

Les habilitations ont un caractère impersonnel, le changement de gouvernement ne prive pas d'effet l'habilitation accordée (CE, S., 5 mai 2006, *Mme Schmidt*, *AJDA* 2006, p. 1362, Chron. Landais et Lenica).

Par ailleurs, le Conseil d'État a bien précisé que le gouvernement n'était plus compétent à l'expiration du délai d'habilitation, pour modifier par décret les dispositions d'une ordonnance portant sur la matière législative (CE, Ass., 11 déc. 2006, *Conseil national de l'ordre des avocats, AJDA* 2007, p. 133, Chron. Landais et Lenica).

b) Les ordonnances prises en Conseil des ministres, après avis du Conseil d'État, signées par le président de la République, contresignées par les ministres, sont immédiatement applicables mais doivent être ratifiées ultérieurement **par le Parlement**. Si le Parlement n'est pas saisi à la fin du délai imparti, les ordonnances deviennent caduques. Avant la ratification ou lorsque le Parlement saisi ne se prononce pas, les ordonnances sont considérées comme des règlements au point de vue du contrôle contentieux.

Le Conseil d'État, saisi par un requérant, exerce sur les ordonnances son contrôle habituel, tant que les ordonnances n'ont pas été ratifiées. Exemples : ordonnance ne fixant pas façon suffisamment précise, en matière de transaction pénale, la séparation des pouvoirs (CE, Ass., 7 juill. 2006, *France Nature Environnement, RFDA* 2006, p. 1082) ; illégalité d'une ordonnance abrogeant des dispositions du Code de l'environnement non comprises dans la loi d'habilitation (CE, 13 juill. 2006, *France Nature Environnement, RFDA* 2006, p. 1083).

Exemples d'ordonnances : ordonnances de 1967 sur la Sécurité sociale, ordonnances de 1982 en matière d'emploi et de travail. Le problème des ordonnances de l'art. 38 a pris une importance particulière depuis mars 1986. Le gouvernement Chirac a fait voter deux lois d'habilitation : loi du 2 juillet 1986 autorisant le gouvernement à prendre diverses mesures d'ordre économique et social. Cette loi entraînera une série d'ordonnances. Quant à la loi **d'habilitation du 11 juillet 1986, elle est relative à l'élection des députés** (rétablissement du scrutin majoritaire uninominal à deux tours) et autorise le gouvernement à délimiter par ordonnance les circonscriptions électorales. Le président Mitterrand ayant refusé de signer trois ordonnances (relatives à la privatisation, au découpage électoral, à l'aménagement du temps de travail), le gouvernement a été obligé, dans ces trois cas, de recourir à la loi ordinaire. Plus récemment le gouvernement Juppé a fait adopter l'importante loi du **30 décembre 1995**, autorisant le gouvernement de réformer par **ordonnance, la sécurité sociale**. Le gouvernement Jospin a aussi utilisé le système des « ordonnances » (sur le contrôle des ordonnances par le Conseil d'État v. CE, 27 mai 2002, *SA Transolver Service, EDCE* 2003, p. 29). Le recours aux ordonnances a été très fréquent ces dernières années (gouvernements Raffarin, Villepin et Fillon). Ex. de recours devant le juge : rejet des recours contre l'ordonnance sur le contrat nouvelle embauche (CE, 19 oct. 2005, *CGT, AJDA* 2005, p. 1980).

La révision constitutionnelle du 23 juillet 2008, **a interdit** les ratifications implicites. Elles ne peuvent qu'être **expresses**.

Le Conseil d'État a pris position sur la question de savoir dans quelle mesure une ordonnance partiellement ratifiée peut être l'objet d'une « Question prioritaire de constitutionnalité » (CE, 11 mars 2011, *M. Benzoni, AJDA* 2011, p. 534) (pour les éléments de nature législative).

2. Autres ordonnances

Certains textes avaient conféré au gouvernement la possibilité de prendre des ordonnances :

– **loi du 3 juin 1958** relative aux pleins pouvoirs du gouvernement du général de Gaulle ;

– **article 92 de la Constitution** permettant de prendre, à titre transitoire, des ordonnances jusqu'à l'installation du régime de la Ve République.

B. Les décrets

Actes émanant du président de la République ou du Premier ministre ayant soit un **caractère réglementaire** (appelés simplement règlements) soit un **caractère individuel**.

1. Les règlements

Il en existe plusieurs variétés :

a) Règlements autonomes (art. 37 Const.)
Avant 1968, les règlements avaient en principe pour but de mettre la loi en application. Une des grandes nouveautés de la Constitution de 1958 est la création d'un domaine réglementaire autonome, entièrement indépendant du domaine de la loi.

Champ d'application : le gouvernement a aujourd'hui une compétence de droit commun pour édicter des règlements autonomes en tous domaines sauf dans les matières réservées à la loi et qui sont spécialement énumérées dans l'art. 34 de la Constitution.

Régime juridique : si, au lendemain de la Constitution de 1958, on a pu hésiter sur la soumission de règlements autonomes au contrôle du juge administratif, le doute a été levé depuis, **puisque le juge s'est déclaré compétent pour contrôler ces décisions**. Si les règlements autonomes ne sont plus soumis à la loi, ils n'échappent pas au contrôle du juge administratif qui contrôlera, s'il est saisi régulièrement, si les règlements autonomes ne violent pas les règles constitutionnelles ou les principes généraux du droit (CE, 28 juin 1959, *Synd. gén. des Ingénieurs-Conseil*, p. 394 ; 12 févr. 1960, *Sté Eky*, p. 101 ; 28 oct. 1960, *de Laboulaye*, p. 570).

b) Règlements d'exécution de la loi (art. 21 Const.)
Ces règlements sont **traditionnels et existaient déjà avant 1958 :**
– dans certains cas, la loi prévoit elle-même que le gouvernement prendra des règlements pour appliquer la loi. La catégorie la plus importante de ces règlements était celle formée par les **règlements d'administration publique (RAP)**. L'adoption de cette formule **obligeait le gouvernement à prendre un règlement** ;
– aujourd'hui le RAP est remplacé par un décret en Conseil d'État ;
– en dehors de toute invitation législative, le gouvernement peut édicter spontanément des décrets nécessaires à l'application de la loi.
V. l'article de Denys de Bechillon, « À propos de l'obligation faite au gouvernement de prendre des règlements d'exécution des lois » (*AJDA* 2009, p. 686 et s.).

2. Décrets individuels

Catégorie **relativement rare**, un arrêté ministériel suffisant généralement pour les mesures individuelles. Toutefois certaines lois et la Constitution exigent parfois un décret individuel (p. ex. nomination des recteurs, officiers généraux, etc.).

C. Les arrêtés

Les arrêtés peuvent être réglementaires ou individuels ; ils peuvent émaner d'autorités très différentes :

1. Arrêtés ministériels

Il s'agit généralement d'arrêtés individuels (p. ex. nominations), parfois d'arrêtés réglementaires dans la mesure où ils se limitent à **organiser le service** (CE, 7 févr. 1936, *Jamart*, p. 172). En effet, les ministres n'ont pas de compétence réglementaire de principe. La loi leur confère parfois un pouvoir réglementaire dans certains cas précis : p. ex. ministre Travaux publics à la police des chemins de fer. Mais le juge estime que les ministres ont un pouvoir d'orientation par le moyen des « directives » (CE, 11 déc. 1970, *Crédit foncier de France*, p. 750 ; v. p. 115 et s.). Le ministre de la Défense a un pouvoir particulier de réglementation à l'égard des militaires (imposer l'obligation de vaccination ; CE, Ass., 3 mars 2004, *Association liberté*, *AJDA* 2004, p. 974).

Très fréquemment les arrêtés ministériels doivent être signés par deux ou plusieurs ministres, sinon il y a incompétence (CE, 2 mars 2009, *Assoc. frçse*, *RFDA* 2009, p. 615).

2. Arrêtés du préfet, du président du conseil général et du maire

Ils sont réglementaires, soit individuels.

3. Arrêtés d'autres autorités administratives

Compétence interne pour l'organisation du service conféré à tout chef de service ; certains organismes possèdent même un véritable pouvoir réglementaire (ordres professionnels, Centre national de la cinématographie) à l'égard des professionnels. On peut aussi citer la Commission nationale de l'informatique et des libertés créée en 1978 ; la loi prévoit qu'elle dispose d'un véritable pouvoir réglementaire. Il en va de même d'autres autorités administratives indépendantes.

D. Autres décisions

- Les **délibérations** des assemblées administratives, p. ex. des conseils régionaux, généraux ou municipaux.
- Les **décisions** du président de la République en application de l'art. 16 Const. Caractère législatif dans la mesure où elles portent sur le domaine de la loi, caractère réglementaire dans la mesure où elles portent sur le domaine du règlement (CE, 2 mars 1962, *Rubin de Servens*, p. 174, *GAJA*, 18e éd., n° 79).

E. Les règlements communautaires européens (v. p. 29 et s.)

Titre 3

LES CONTRATS ADMINISTRATIFS

L'administration passe de très nombreux contrats. Les principaux types de contrats passés par l'administration sont la concession de service public, le marché de travaux publics, les marchés de fournitures et services, le contrat d'emprunt public, le contrat de louage de services, etc. Mais tous ces contrats ne sont pas obligatoirement des contrats administratifs.

L'importance quantitative et qualitative des contrats et marchés passés par l'administration leur fait jouer un rôle considérable dans l'économie nationale. Les marchés passés par l'administration au sens large s'élèvent à plusieurs centaines de milliards d'euros par an.

L'administration peut passer des contrats dans les conditions du droit commun : rien ne distingue ces contrats des contrats de droit privé et la compétence sera celle du juge judiciaire. Mais l'administration peut aussi passer des contrats à proprement parler **administratifs ; ces contrats administratifs sont soumis au droit public et au contrôle du juge administratif.**

Chapitre 1 › LE CRITÈRE DES CONTRATS ADMINISTRATIFS

Attention : *les principaux contrats administratifs (concessions, marchés) seront étudiés ultérieurement dans le chapitre relatif au « service public »* *(p. 188 et s.)**. Il faut souligner que le droit administratif des contrats s'est développé de façon considérable étant donné l'importance et la complexité des contrats passés par l'administration. De nombreux ouvrages et articles sont consacrés aux différents contrats. Dans le cadre de cette étude restreinte, nous serons obligés de nous tenir aux problèmes de base.*

Distinction :

– certains contrats de l'administration sont ***toujours des contrats administratifs*** *parce que* **le législateur** *l'a voulu : marchés de travaux publics (loi du 28 pluviôse, an VIII) ; vente des immeubles de l'État ; offres de concours ; contrats comportant occupation du domaine public ; contrats d'emprunt public d'État.*

Il faut remarquer que la loi du 11 décembre 2001 « portant mesures urgentes de réforme à caractère économique et financière », dispose que « les marchés passés en application du Code des marchés publics ont le caractère administratif ». En définissant comme contrats administratifs tous les marchés publics, la loi renforce considérablement l'application du droit administratif en matière de contrats. T. confl., 22 mai 2006, OPHLM de Montrouge, AJDA *2006, p. 1742. Les contrats-emplois jeunes lorsqu'il s'agit d'adjoints de sécurité (loi 16 oct. 1997 ; T. confl., 3 juill. 2000,* Préfet des Haut-de-Seine, RFDA *2001, p. 512). Soulignons aussi que la loi portant engagement national en matière d'environnement (loi dite Grenelle II) détermine comme contrats administratifs les contrats d'achat d'énergie électrique (interprétation complexe de cette loi. voir « Électrique » de L. Rapp,* AJDA *2010, p. 1337).*

– certains contrats de l'administration sont considérés comme des ***contrats administratifs en fonction de divers critères jurisprudentiels.***

Section 1 › CONDITIONS DE PRINCIPE

§ 1 - La personne publique, partie au contrat

L'un des cocontractants doit être une **personne publique**. Un contrat entre deux particuliers n'est jamais un contrat administratif à moins que l'un des particuliers n'agisse **pour le compte** d'une personne publique, et est, en quelque sorte son mandataire (CE, 18 déc. 1936, *Prade*, p. 1124). Lorsqu'une association ne constitue qu'une émanation d'une autorité publique, elle agit « pour le compte » de l'autorité publique et les contrats sont des contrats de droit public (CAA Marseille, 14 sept. 2004, *Mme Martin-Metenier, AJDA* 2005, p. 380, note G. Peiser).

Autre exemple : une commune est responsable du contrat passé par une association transparente (CE, 21 mars 2007, *Cne de Boulogne-Billancourt, AJDA* 2007, p. 663).

Le juge administratif est aussi éventuellement compétent, lorsqu'il y a occupation du domaine public, et que le contrat est passé entre un contractant privé et un sous-concessionnaire (T. confl., 16 oct. 2006, *EURL Pharmacie*, *RFDA* 2007, p. 303, note Lavialle).

Le Conseil d'État a jugé que la nature d'un contrat s'apprécie à la date de sa conclusion ; un contrat administratif le reste, même si la personne publique se transforme en personne de droit privé (T. confl., 16 oct. 2006, *Caisse centrale de réassurance*, *AJDA* 2006, p. 2382, Chron. Landais et Lenica).

§ 2 - Contenu du contrat

Il faut que l'une ou l'autre des deux conditions suivantes soit réalisée **(chacune des deux conditions est donc suffisante)** :

Il faut :

– **ou bien que le contrat comporte des clauses exorbitantes du droit commun** (CE, 31 juill. 1912, *Sté des Granits porphyroïdes des Vosges*, p. 909). On entend par clauses exorbitantes, les clauses mettant en œuvre des prérogatives de puissance publique (ex. : pouvoir de sanction), la clause inhabituelle dans les conventions entre particuliers (ex. : fixation des prix par l'administration), la clause inspirée par un souci manifeste d'intérêt général, la référence à un cahier des charges (T. confl., 5 juill. 1999, *Union des groupements d'achat*, *AJDA* 1999, p. 626 : caractère exorbitant d'une clause de résiliation). Le juge élargit aujourd'hui la notion de clause exorbitante en celle de « régime exorbitant de droit commun » (CE, 19 janv. 1979, *Sté exploitation élect. de la rivière du Sant*, p. 48 : un contrat conclu « obligatoirement » entre EDF et des producteurs, est administratif). Mais une clause n'est exorbitante que si elle permet « la réalisation prioritaire de l'intérêt général » distinct de l'intérêt financier des personnes publiques (T. confl., 15 juill. 1999, *Cne de Sauve*, *AJDA* 1999, p. 626). La notion de « cause exorbitante de droit commun » est encore largement employée (malgré quelques avis doctrinaux contraires). Dans un arrêt du 19 nov. 2010 (*Office national des forets*, *AJDA* 2011, p. 281 et s.), le Conseil d'État considère comme contrat de droit administratif le contrat portant sur le domaine privé comportant des clauses exorbitantes de droit commun (en l'espèce pouvoir de contrôle de l'ONF, exclusion de recours indemnitaire contre l'ONF, obligation de respecter les « instructions » des agents forestiers ; v. aussi CE, 15 nov. 2010, *Min. Ens. sup.*, *AJDA* 2010, p. 2042) ;

– **ou bien que le contrat ait pour objet l'exécution même du service public**. Il peut s'agir de contrats ayant pour objet de confier au cocontractant l'exécution même d'un service public (CE, 20 avr. 1956, *Époux Bertin*, *D.* 1956.433). Dans l'affaire *Époux Bertin*, il s'agissait de ressortissants soviétiques se trouvant en France en 1944 et qui furent hébergés dans des Centres dépendant du ministre des Anciens combattants. Les époux Bertin s'étaient engagés à les héberger et à les nourrir par un contrat verbal passé avec le chef de centre. Celui-ci leur ayant demandé de servir un supplément de nourriture, le ministre refusa de payer la prime pour le supplément. Le Conseil d'État saisi, se déclara compétent car « ledit contrat a eu pour objet de confier à cet égard aux intéressés l'exécution même du service public... du rapatriement ». Cette circonstance suffit à elle seule à imprimer au contrat un caractère administratif.

Il peut s'agir aussi de contrats comportant une participation directe du cocontractant à l'exécution du service public (CE, 4 juin 1954, *Affortit et Vingtain*, p. 342) que de contrats constituant par eux-mêmes une modalité d'exécution du service public (CE, 20 avr. 1956, *Grimouard, D.* 1956.429). Mais ne constitue pas un contrat administratif une simple participation tendant à la satisfaction des besoins du service (ex : fournitures ou transports pour le service).
Ex. récent d'application de la jurisprudence *Bertin* : La location de locaux au sein d'un hôpital est un contrat administratif – l'hôpital est entièrement affecté à un service public hospitalier (Civ. 1re 4 nov. 2010, *Sté ANTS, AJDA* 2010, p. 2137).

Section 2 › EXCEPTIONS

§ 1 - Domaine des travaux publics

Le Tribunal des conflits a admis que les contrats conclus entre une société d'économie mixte concessionnaire d'une autoroute (c'est-à-dire d'un ouvrage public) et des entrepreneurs, tous deux personnes de droit privé, étaient des contrats de droit public (T. confl., 8 juill. 1963, *Entreprise Peyrot*, p. 787). Certes, le Tribunal a estimé que ces marchés, étaient, vu leur objet, nécessairement conclus « pour le compte de l'État ». En fait, l'emploi de la formule « pour le compte de » était très douteux en l'espèce, et il semble que le Tribunal des conflits ait voulu par tous les moyens et pour des considérations plus pratiques que juridiques, soumettre tous les marchés liés aux travaux routiers, au régime juridique des travaux publics. Cette jurisprudence est d'interprétation extrêmement restrictive. **Elle n'a pas été étendue en dehors du domaine des travaux publics** (T. confl., 3 mars 1969, *Sté interprofessionnelle du lait*, p. 682). Même à l'intérieur du domaine des travaux publics, elle devient de plus en plus restrictive et semble se limiter aujourd'hui à certains travaux publics routiers (Cass., 2 févr. 1972 ; T. confl., 17 janv. 1972 ; *SNCF c/Solon*, p. 944 ; CE, 21 juill. 1972, *Sté Ent. Ossude*, p. 562). Mais, selon une jurisprudence ultérieure (CE, 30 mai 1975, *Sté d'équipement de la région montpelliéraine*, p. 326 ; T. confl., 7 juill. 1975, *Cne d'Agde*, p. 797), des contrats passés par des sociétés d'économie mixte avec des entrepreneurs privés, soit pour la construction de voies publiques à l'intérieur de zones à urbaniser en priorité, soit pour la construction de réseaux d'assainissement d'eau potable sont bien des contrats administratifs car les sociétés d'économie mixte agissent « pour le compte » de la collectivité publique (v. aussi CE, 18 juin 1976, *Dame Culard*, p. 320). Le Tribunal des conflits a confirmé la jurisprudence *Entreprise Peyrot* à propos du tunnel de Sainte-Marie aux Mines dans les Vosges (T. confl., 12 nov. 1984, *Sté éco. mixte Tunnel Ste Marie, AJDA* 1985, p. 165). Le Conseil d'État a appliqué cette jurisprudence aux contrats passés par deux sociétés privées dont aucune n'était une société d'Économie mixte (CE, 3 mars 1989, *Sté des Autoroutes de la région Rhône-Alpes, RFDA* 1989, p. 379).

§ 2 - Les contrats des services publics industriels et commerciaux

Les contrats passés entre les services publics industriels et commerciaux et leurs usagers sont toujours des contrats de droit privé (CE, 13 oct. 1961, *Éts Compagnon-Rey*,

p. 567 ; T. confl., 17 déc. 1962, *Dame Bertrand*, p. 831). Cette jurisprudence est très importante car elle soumet au droit privé **les abonnements d'eau, de gaz, d'électricité, de téléphone, l'accès aux transports publics.** Mais les clauses réglementaires (le règlement) du contrat d'abonnement relèvent tout de même de la compétence administrative. On est en présence d'un acte détachable (CE, S., 11 juill. 2001, *Sté des eaux du Nord, AJDA* 2001, p. 857).

§ 3 - Les contrats entre deux personnes publiques

Le Tribunal des conflits a estimé qu'un contrat entre **deux personnes publiques** revêt en principe un caractère administratif même si les autres conditions ne sont pas remplies. Il faut cependant réserver le cas où ce contrat ne concerne que des « rapports de droit privé » (T. confl., 21 mars 1983, *UAP c/Min. P et T*, p. 537 ; CE, 11 mai 1990, *Bureau d'aide sociale, CIEG* 1990, p. 347 ; T. confl., 7 oct. 1991, *CROUS de l'Académie de Nancy-Metz, AJDA* 1992, p. 157).

Chapitre 2 › LE RÉGIME JURIDIQUE DES CONTRATS ADMINISTRATIFS

Idée générale : *il y a bien un* ***accord de volonté****, comme en droit privé, mais il faut tenir compte ici de l'****inégalité des intérêts en présence.***

Section 1 › LA FORMATION DU CONTRAT

§ 1 - La capacité

Seules peuvent passer des contrats, **les personnes morales de droit public**. En pratique, l'autorité qui est chargée de passer les contrats au nom de la personne morale (ex. : maire pour la commune) doit souvent obtenir l'autorisation (conseil municipal dans la commune). Dans certains cas aussi, intervention d'organismes spécialisés (commissions dans les ministères), ou nécessité de faire approuver le contrat.

§ 2 - Les modes de passation des contrats

A. Relevé des modes de passation

Idée générale : en principe, et surtout pour les **marchés publics**, l'administration n'est **pas libre** de choisir ses cocontractants. Les restrictions imposées à l'administration varieront suivant que l'on voudra tenir compte avant tout des **intérêts financiers de l'État** (marché conclu aux conditions les plus économiques : recours à l'adjudication) **ou des intérêts administratifs** (marché confié au plus apte à l'exécuter, recours à des modes de passation laissant davantage de liberté à l'administration p. ex. marché de gré à gré).

1. L'adjudication

L'administration ouvre la soumission à tous les intéressés (adjudication ouverte) ou à certaines entreprises seulement (adjudication restreinte). La soumission se fait par enveloppe cachetée ; le bureau d'adjudication en séance publique doit proclamer adjudicataire **celui qui a proposé le prix le plus bas**. L'administration peut refuser d'approuver l'adjudication, mais elle ne peut pas choisir un autre adjudicataire, et doit dans ce cas renoncer au marché.

2. L'appel d'offre

Cette procédure fait aussi appel à la concurrence, mais l'administration est **libre de choisir son cocontractant.**

3. Le marché de gré à gré (ou entente directe, marchés négociés)

Dans ce cas, l'administration, comme un particulier, **discute librement et choisit qui elle veut** (en matière de concession de service public, l'administration a toujours la liberté de choix).

B. Évolution des modes de passation

Depuis près d'un demi-siècle, les modes de passation des contrats passés par l'administration et en particulier **les marchés publics**, ont profondément évolué.

• Au XIXe siècle et pendant la première moitié du XXe siècle, l'idée dominante était d'obtenir le meilleur prix : le recours au système de l'adjudication semblait le mieux garantir les intérêts pécuniaires de l'administration. D'une part, on traitait au prix le plus bas, d'autre part, on pensait supprimer les fraudes.

• Le recours systématique à l'adjudication s'est révélé largement décevant pour de nombreuses raisons. Les soumissionnaires peuvent s'entendre à l'avance pour se partager le marché ; le prix le plus bas ne garantit pas toujours une bonne exécution des travaux ; certains entrepreneurs soumissionnent à perte, emportant l'adjudication sans pouvoir terminer les travaux.

D'autres inconvénients sont apparus plus récemment : la spécialisation croissante des fabrications, la multiplication des procédés secrets réduisent souvent à néant les possibilités de concurrence ; la concentration des entreprises dans certains secteurs, la création, dans certains cas, de grands trusts réduit aussi les possibilités de concurrence ; la nécessité d'investissements souvent très importants, oblige les entrepreneurs d'avoir l'assurance d'un certain volant de marchés.

Le système de l'adjudication est donc en nette régression. Depuis 1956, l'État **a toujours le choix entre l'adjudication et l'appel d'offres**. Le recours **aux marchés négociés** n'est possible que lorsqu'un texte le prévoit. Depuis 1971, les collectivités locales bénéficient du même régime. Le système de l'adjudication a pratiquement disparu, tout au moins en ce qui concerne l'État. Si le recours aux marchés négociés n'est possible que dans les cas prévus par la loi, dans la pratique, le recours à ce mode de passation est très fréquemment possible.

De façon plus générale, la conception des rapports entre l'administration et le cocontractant a changé. Il faut assurer à celui-ci une rémunération normale pour qu'il prenne toutes les initiatives ; l'importance des travaux à entreprendre, le concours souvent nécessaire de bureaux d'études du ministère, transforment fréquemment le cocontractant de partie adverse en véritable **collaborateur de l'administration.**

• Les développements récents vont au contraire dans le sens d'un développement de la **concurrence** et d'une plus grande **transparence**. C'est ainsi que le droit européen oblige à développer la concurrence ; de plus, les nombreuses « affaires » qui ont émaillé la passation des marchés publics dans les années quatre-vingt ont incité le législateur français à prévoir des mesures de transparence et de concurrence.

– Il faut tout d'abord souligner l'importance prise par le **droit européen** dans le système des marchés publics, qui tend peu à peu à bouleverser tout le système (v. p. 82 et s. ; 192 et s.).

En application du traité de Rome, la mise en concurrence au sein de la CEE des marchés publics de fournitures et de travaux dépassant un certain montant, fait actuellement l'objet du livre V du Code des marchés publics. En particulier ont été transposées en droit interne les directives communautaires sur la passation des marchés publics de fourniture (20 mars 1988) et de travaux (directive du 19 juillet 1990). Il existe d'autres exemples.

La loi du 11 décembre 1992 est relative à la passation de certains contrats dans les secteurs de l'eau, de l'énergie, des transports et des télécommunications. Ces contrats sont soumis à une réglementation européenne spécifique (etc.).
– En dehors du cadre européen, le législateur français a été amené à prendre de nombreuses mesures pour lutter contre la **corruption, la fraude, le système des « fausses factures »**…
La loi du 26 janvier 1990 renforce les moyens de contrôle de la régularité de passation des marchés. Elle crée une « mission interministérielle d'enquête », pour contrôler la régularité des marchés passés par les collectivités, les établissements publics et les sociétés d'économie mixte.
La loi du 4 janvier 1992 relative aux recours en matière de passation de certains contrats et marchés de fournitures et de travaux, organise un **contrôle juridictionnel** pouvant intervenir avant la conclusion d'un contrat en cas de manquement aux obligations de publicité et de mise en concurrence (v. p. 84), v. *infra*.
La loi du 29 janvier 1993 relative à la prévention de la corruption et pour la transparence de la vie économique et des procédures publiques, contient diverses dispositions relatives aux contrats, nouvellement appelés **« délégations de service public »** (et qui se rapprochent des traditionnelles « concessions de service public » passées par les collectivités publiques avec les entreprises). La très grande liberté qui prévalait jusqu'à présent dans la passation de ces contrats est maintenant limitée ; désormais, il faut recourir à des procédures de publicité permettant la présentation d'offres concurrentes (v. p. 84 et s.).
Il faut tenir compte aussi de l'entrée en vigueur (décr. 7 mars 2001) du Code des marchés publics et des modifications récentes apportées.
Conclusion : on peut estimer qu'après une période de très grande liberté, on cherche, sans revenir à l'adjudication, à introduire plus de clarté et de concurrence dans la passation des marchés publics. La jurisprudence elle-même s'est fortement transformée sous la pression du droit communautaire. C'est ainsi que dans un important arrêt *Sté Million et Marais* (CE, S., 3 nov. 1997, *RFDA* 1997, p. 1228), le juge a, pour la première fois, à propos d'un contrat de concession d'un service de pompes funèbres, examiné si cette mesure était compatible avec le **« droit de la concurrence »**.
De plus, la loi du 4 janvier 1992 a institué un **référé précontractuel** pour faire respecter les règles de publicité et de concurrence dans la passation des marchés publics et des conventions de délégations de service public. Le président du tribunal administratif peut être saisi par toute personne ayant intérêt à conclure avant la passation définitive du contrat. Le juge statuant en forme de référé (v. p. 267) peut prendre des mesures très variées.

§ 3 - La forme des contrats

A. Le contrat lui-même

Forme écrite ou verbale, sauf pour les marchés publics pour lesquels la forme écrite est obligatoire au-dessus d'un certain montant.

B. Les documents annexes : les cahiers des charges

Ces cahiers des charges déterminent la plus grande partie des obligations contractuelles et le cocontractant de l'administration, qui ne peut en discuter les clauses, **ne peut qu'accepter les dispositions en bloc ou refuser le marché**.

Un décret du 21 janvier 1975 a modifié la nomenclature des cahiers des charges :

– **cahier des clauses administratives générales** : ces cahiers fixent les dispositions administratives applicables à toute une catégorie de marchés (ex. cahier des clauses administratives générales applicable aux marchés publics de travaux qui a été approuvé par le décret du 21 janvier 1976) ;

– **cahier des clauses techniques générales** (qui remplace le cahier des prescriptions communes) : ces cahiers fixent les dispositions techniques applicables à toutes les prestations de même nature ;

– **cahier des clauses administratives particulières :** ces cahiers fixent respectivement les dispositions propres à chaque marché et les dispositions techniques nécessaires à l'exécution des prestations prévues au marché.

§ 4 - Les types de contrats

Les contrats administratifs sont très divers, ex. : recrutement d'agents de droit public, achat de biens mobiliers ou immobiliers, prestations de service, etc. On reviendra sur deux types de contrats importants : la concession de service public et la délégation de service public (v. p. 187 et s.).

Les marchés publics ont une importance économique particulière, représentant 6 % du produit intérieur brut. Comme on l'a vu, les institutions communautaires se sont particulièrement intéressées à ces contrats. Une réforme profonde du Code des marchés publics a été réalisée par le décret du 7 mars 2001. Cette réforme cherche essentiellement à rendre conforme aux règles communautaires, le droit des marchés publics.

Art. 1er (définition des marchés publics) : « les marchés publics sont les contrats conclus à titre "onéreux avec des personnes publiques ou privées, par les personnes morales de droit public, pour répondre à leurs besoins en matière de travaux, de fournitures ou de services" ».

Les montants des différents « seuils » de passation des marchés pour recourir à l'un ou l'autre des modes passation ont été alignés sur le droit communautaire.

Selon la loi du 11 décembre 2001 portant « mesures urgentes de réformes à caractère économique et financier », « **les marchés passés en application du Code des marchés publics ont le caractère administratif** ». En définissant comme contrats administratifs **tous** les marchés publics, la loi renforce considérablement l'application du droit administratif en matière de contrats.

Récemment, les modes de passations des marchés ont été modifiés.

Les réformes initialement prévues fixaient le seuil du recours à l'appel d'offre extrêmement haut, si bien que la plupart des marchés pouvaient être passés de gré à gré. La crainte d'une multiplication des cas de corruption a finalement amené le gouvernement à fixer des seuils plus raisonnables.

Seuils fixés par le décret du 17 janvier 2004 (ces chiffres varient rapidement) :

– jusqu'à 9 000 € (hors taxes) : ces marchés sans formalités préalables doivent tout de même faire l'objet d'une publicité « adéquate » ;
– de 90 000 à 230 000 € HT pour les collectivités locales (ou 150 000 € HT pour l'État) pour les fournitures, services et travaux : publication obligatoire dans un journal d'annonces légales ou au *Bulletin officiel* ;
– de 230 000 € pour les collectivités locales (ou 150 000 € pour l'État) pour les fournitures et services : procédure d'appel d'offre européen obligatoire avec publication au *JO* de l'Union européenne et au *Bulletin officiel*.

Pour les marchés de travaux entre 230 000 et 5,9 millions € HT, trois types de procédure sont possibles :
– l'appel d'offre classique (sans négociation) ;
– le marché négocié avec publicité et mise en concurrence – autrefois strictement encadré, maintenant laissé largement à la discrétion de la collectivité publique ;
– le dialogue compétitif : nouvelle procédure, après publication d'un avis, l'acheteur public entame des négociations avec les candidats sélectionnés. Une commission spécifique attribue le marché.

La Commission européenne ne semble pas être d'accord avec ce texte. Par ailleurs, les seuils indiqués sont fréquemment révisés.

Le Conseil d'État dans une très importante décision (CE, 10 févr. 2010, *Perez*, *AJDA* 2010, p. 561 et s., note Dreyfus ; v. *LPA* 18 mars 2010, n° 55 p. 8, nombreux autres commentaires), a estimé qu'en relevant de 4 000 € à 20 000 € le seuil en deçà duquel les marchés publics pouvaient être passés sans publicité ni mise en concurrence, le décret du 19 décembre 2008, a méconnu les principes généraux du droit de la commande publique (effet différé, application de la jurisprudence *AC !*, v. p. 291).

Section 2 › L'EXÉCUTION DES CONTRATS ADMINISTRATIFS

Idée générale : l'administration va bénéficier de **certaines prérogatives** qui trouvent leur fondement dans les **nécessités des services publics** ; mais le cocontractant bénéficie en **contrepartie de garanties financières** quel que soit l'usage que l'administration aura fait de ses prérogatives.

§ 1 - Les prérogatives de l'administration

L'administration les détient, que le contrat les prévoit ou non. Elle ne peut y renoncer.

A. Pouvoir de contrôle et de direction des opérations d'exécution

Le Conseil d'État contrôle de façon nette et précise si la neutralité de la réglementation des marchés publics est bien garantie.

B. Pouvoir de modifier unilatéralement le contrat

À condition cependant que les nécessités du service public l'exigent (CE, 10 janv. 1902, *Gaz. de Déville-les-Rouen* : obligation pour le concessionnaire d'éclairage de passer du gaz à l'électricité ; 21 mars 1910, *Compagnie générale des tramways*), que les modifications n'excèdent pas certaines limites, et que l'équilibre financier du contrat soit respecté. Cette possibilité de modification unilatérale des contrats a fait l'objet de nombreuses discussions en doctrine mais est aujourd'hui reconnue (CE, 2 févr. 1983, *Union des transports publics*, p. 33).

Ex. de modification unilatérale dans l'intérêt général sans bouleversement du contrat (CE, 27 oct. 2010, *Synd. intercommunal, Dr. adm.* 2011, comm. 3).

Mais normalement, le contrat, expression de la volonté des parties (comme en droit civil) ne peut être modifié unilatéralement. Par ailleurs, le Conseil d'État a bien reprécisé dans son fameux arrêt *KPGM* (v. *supra,* p. 35 et s.) « qu'une disposition législative nouvelle ne peut s'appliquer à des situations contractuelles en cours à sa date d'entrée en vigueur sans revêtir par là un caractère rétroactif ». Le juge reprend ainsi la formulation de l'arrêt *Sté du Journal L'Aurore* (v. p. 55) qui s'applique ainsi aux « contrats administratifs ». Le juge ajoute « qu'il suit de là que sous réserve des règles générales applicables aux contrats administratifs, seule une disposition législative peut pour des raisons d'ordre public, fut-ce implicitement, autoriser l'application de la norme nouvelle à de telles situations ».

C. Pouvoir de sanction

En cas de faute dans l'exécution et à condition qu'il y ait eu une mise en demeure préalable.

Ce pouvoir existe de plein droit et de façon unilatérale (CE, 31 mai 1907, *Deplanque*, p. 513). Il s'agit soit de **sanctions pécuniaires** (dommages-intérêts, pénalités) soit de **sanctions coercitives** variables suivant les types de contrats (mise sous séquestre, concession), mise en régie (travaux publics), exécution temporaire et achat par défaut (fournitures). L'administration exécutera elle-même ou fera appel à un tiers, mais le contrat est passé aux risques et périls du cocontractant primitif. Ces mesures n'ont qu'un caractère provisoire et temporaire.

D. Droit de résiliation unilatérale et discrétionnaire

Le cocontractant a seulement droit à l'indemnisation.

§ 2 - Les droits du cocontractant

Le particulier a droit au paiement du prix et au rétablissement de l'équilibre financier au cas où il menacerait d'être rompu.

- Droit au paiement du prix fixé initialement. Ce prix ou « tarif » dans la concession de service public ne peut être modifié unilatéralement par l'administration.

- Droit au rétablissement de l'équilibre financier en cas de prestations nouvelles imposées par l'administration, ou de survenance de faits imprévus :

A. Théorie du fait du prince

Cas des mesures prises par l'administration et qui causent un préjudice au co-contractant. Dans ce cas une indemnisation est possible dans certaines hypothèses :

– lorsque l'administration cocontractante **use de son pouvoir de modification unilatérale** ;
– lorsque l'administration cocontractante **prend une mesure générale** aggravant les charges du cocontractant à condition que cette mesure ait une répercussion sur l'un des éléments essentiels du contrat.

La théorie ne joue pas lorsque la mesure émane d'une personne publique autre que l'administration cocontractante.

Lorsque la théorie joue, l'indemnisation est alors intégrale.

La théorie du fait du prince, très intéressante pour le cocontractant, est toutefois en recul aujourd'hui.

B. Théorie de l'imprévision

Elle constitue l'une des théories traditionnelles les plus intéressantes du droit administratif, car elle s'inspire de l'idée de la continuité du service public (même en cas de difficultés financières). Cette théorie est née pendant la Première Guerre mondiale, période qui a constitué le début des déséquilibres économiques, financiers et monétaires.

Définition : il y a application de la théorie de l'imprévision en cas de survenance de **faits nouveaux étrangers à la volonté des parties entraînant un bouleversement** des conditions économiques d'exécution du contrat. En droit privé, la survenance de ces faits est sans effet sur les obligations nées du contrat : en droit public, le juge admet une possibilité d'indemnisation dans certaines conditions (CE, 24 mars 1916, *Cie générale d'éclairage de Bordeaux*, p. 125 : l'augmentation considérable du prix du charbon nécessaire à la fabrication du gaz par le concessionnaire oblige l'administration à aider pécuniairement le concessionnaire).

Conditions : événement indépendant de la volonté des parties, imprévisible (guerre, crise économique grave, dévaluation monétaire) entraînant un véritable **bouleversement** du contrat et non pas un simple manque à gagner (dans l'arrêt *Gaz de Bordeaux*, le Conseil d'État fait allusion à « une augmentation déjouant tous les calculs »).

Effets : si le cocontractant doit poursuivre l'exécution du contrat, il a droit, de la part de l'administration cocontractante, à une indemnité d'imprévision, fixée sous le contrôle du juge, et qui **couvrira** une partie du déficit qu'il a subi. L'état d'imprévision, toujours temporaire, prendra fin soit par le **rétablissement de l'équilibre** du contrat, soit sa **résiliation** (CE, 1932, *Cie des Tramways de Cherbourg*, p. 1050).

La théorie de l'imprévision s'applique moins fréquemment aujourd'hui dans la mesure où de très nombreux contrats passés par l'administration contiennent des **clauses de révision des prix**. Mais la théorie s'appliquera encore lorsque ces clauses s'avéreront insuffisantes ou lorsqu'elles n'existent pas.

Section 3 › LA FIN DES CONTRATS ADMINISTRATIFS

En dehors des fins normales (exécution des obligations) il existe des procédés propres aux contrats administratifs :

§ 1 - Résiliation par l'administration

Soit à titre de sanction en cas de faute du cocontractant, soit sans faute lorsque l'intérêt général l'exige (CE, 2 mai 1958, *Distillerie de Magnac-Laval, D.* 1958.730) et cela même pour des actes de concession de services (CE, 2 févr. 1987, *Sté TV6*, p. 28).

Illustration du pouvoir de résiliation unilatérale de l'administration, refus de prendre en compte la nouvelle organisation du service (CE, 27 oct. 2010, *Synd. intercommunal des transports, AJDA* 2010, p. 2076).

Dans le cas de faute, il y a indemnisation du cocontractant.

§ 2 - Résiliation par le juge

Soit à la demande du particulier dans certaines hypothèses (p. ex. modifications unilatérales imposées par l'administration excédant certaines limites), soit à la demande de l'administration lorsqu'elle renonce à son pouvoir de résiliation ou en cas de concession de service public pour laquelle la déchéance ne peut être prononcée par l'administration.

De même la survenance d'événements de « force majeure » entraîne la résiliation du contrat, tout comme en droit privé (CE, 29 janv. 1909, *Compagnie des Messageries maritimes*, p. 120 ; CE, 9 déc. 1932, *Cie des Tramways de Cherbourg*, p. 1050).

Dans un important arrêt récent le Conseil d'État a admis que **la décision de résiliation d'un contrat est désormais susceptible de recours** (CE S., 21 mars 2011, *Commune de Béziers, AJDA* 2011 p. 5691 ; v. aussi Chron. jp *AJDA* 2011, p. 670 et s., *GAJA*, 18e éd., n° 118).

§ 3 - Le problème fondamental de la déclaration de nullité ou l'annulation du contrat par le juge

Dans la mesure où normalement il n'est pas possible de faire un recours pour excès de pouvoir contre un contrat, dans quelle mesure le juge administratif peut-il, en particulier sur demande d'un tiers « annuler le contrat » ? Cette question très importante, très débattue, a longuement évolué et a trouvé une sorte de premier aboutissement dans deux arrêts (CE Ass., 16 juill. 2007, *Sté Tropic travaux signalisation, AJDA* 2007, p. 1577, Chron. jp et de très nombreux commentaires – *GAJA*, 18e éd., n° 115) et dans l'arrêt CE Ass., 28 déc. 2009, *Commune de Béziers, AJDA* 2010, p. 142 et s.). Cette question fondamentale sera reprise plus en détail ultérieurement (v. p. 284).

En ce qui concerne les conséquences indemnitaires de la nullité des contrats administratifs (CE S., 10 avril 2008, *Sté Decaux, AJDA* 2008, p. 1092 et s., refus d'indemnité à une entreprise qui s'est prêtée à la conclusion d'un marché selon une procédure gravement irrégulière).

Section 4 › CONCLUSION SUR LES CONTRATS

Depuis plusieurs années les contrats passés par l'administration ont profondément évolué.

• **En ce qui concerne les marchés publics.** Les modes de passation ont été profondément transformés (v. ci-dessus).

• **On peut ajouter enfin que l'utilisation même des contrats tend à se transformer dans l'économie moderne.** Alors que traditionnellement le contrat est utilisé comme un mode de gestion ou de participation à l'exécution des services publics, aboutissant à la fourniture de prestations, il tend à être utilisé aussi et de plus en plus comme instrument de **régulation et d'orientation de l'économie** (v. *supra*, p. Introduction).

• **Le développement des contrats de partenariat public-privé.**
Ce dernier contrat administratif (Ord. 17 juin 2004), à mi-chemin entre les marchés publics et les délégations de service public (v. p. 186 et s.), permet à une personne publique de confier à un partenaire *a priori* privé, une mission globale comportant obligatoirement le financement d'un ouvrage, ou d'un équipement, sa construction ainsi que son exploitation ou sa maintenance pour une longue durée, déterminée par l'amortissement de l'ouvrage ou les modalités de financement. Le partenaire privé peut participer aux études, assurer lui-même la maîtrise des travaux, détenir des droits réels. Associé à la mission de service public dont la personne publique est investie, le partenaire privé est rémunéré directement par la collectivité contractante durant toute la durée du contrat.
Sur recours de l'ordre des avocats au barreau de Paris (CE, Ass., *Ordre des avocats*, *RFDA* 2006, p. 1048, concl. Casas), la Haute Juridiction a estimé que l'assistance des services de l'État par une « Mission d'appui » pour conclure ces contrats ne portait pas atteinte à la liberté de l'industrie et du commerce.
La loi du 28 juillet 2008, a modernisé le système du contrat de partenariat public-privé. Après une série d'annulation par les juridictions, de censure par la Cour des comptes et le Conseil constitutionnel, le nouveau système cherche à stimuler l'optimisation fiscale et juridique du contrat de partenariat (v. étude E. de Fenoyl, *AJDA* 2008, p. 1709 et s.).
Sur les contrats de partenariat public-privé et étude *AJDA* 2010, p. 2244 et s. ; ces contrats de partenariat ne sont pas en principe des contrats portant sur des services publics.

Deuxième partie

L'ORGANISATION ADMINISTRATIVE

Idée générale : l'administration agit par l'intermédiaire de personnes publiques : leur compétence est parfois **générale** et s'étend à **tout le territoire ;** c'est le cas de **l'État** dont les services parisiens ont d'ailleurs des ramifications dans l'ensemble de la France ; leur compétence est parfois **générale** mais **limitée à une portion du territoire : régions, départements, communes ;** parfois leur compétence est spécialisée **(établissements publics)**. Ex. : universités, hôpitaux, chambres professionnelles, s'étendant à tout le territoire ou à une portion seulement.

Titre 1

GÉNÉRALITÉS SUR LES PERSONNES PUBLIQUES

Avant d'aborder les différentes personnes publiques (État, collectivités territoriales etc.), il est nécessaire d'apporter certaines informations de caractère plus général. Certaines collectivités ont la personnalité morale, d'autres ne l'ont pas. Les rapports entre personnes publiques font appel à des notions comme la centralisation, la décentralisation, ainsi que la déconcentration. Il existe des contrôles administratifs, en particulier le contrôle hiérarchique et le contrôle de tutelle. Mais on ne saurait comprendre le système actuel sans faire l'historique de l'évolution de la centralisation et de la décentralisation en France. Cette étude prendra un aspect critique. Débordant les problèmes purement juridiques, on examinera aussi certaines difficultés de l'appareil administratif, tels que les problèmes de l'inadaptation de celui-ci.

Chapitre 1 › LA PERSONNALITÉ MORALE

Section 1 › NOTION

Certains auteurs ont admis **l'existence de personnes morales** soit par analogie des personnes morales et des personnes humaines, soit en soutenant qu'il existe une volonté collective du groupe (Hauriou, Saleilles).

D'autres auteurs ont estimé que la personne morale n'était qu'**une pure fiction** (Savigny) ; pour les uns, cette fiction est inutile, et il vaut mieux abandonner la notion de personne morale (Duguit, Jèze), d'autres estiment que la personne morale est une fiction **commode**.

En réalité, les deux théories lient trop la personne humaine et la personne juridique. L'aptitude à la vie juridique est une qualité abstraite. Il est possible que la personne humaine ne soit pas le seul sujet de droit. **Des intérêts collectifs peuvent être juridiquement protégés.** Waline : « La personne morale est un centre d'intérêts socialement protégés ».

Ainsi la personne publique est une collectivité titulaire de droits et d'obligations.

Section 2 › INTÉRÊT

L'octroi de la personnalité juridique à certains groupements collectifs est une formule commode qui présente divers intérêts :

• Elle permet de **distinguer** les actes que les individus passent pour leur propre compte et ceux qu'ils passent pour un organisme collectif.

• La personne juridique est **propriétaire d'un patrimoine**, de biens distincts de ceux des individus.

• La personne morale est **responsable des actes passés pour son compte**, de même qu'elle bénéficie des réparations du tort qui lui a été causé.

• Les droits et obligations découlant des actes juridiques seront les droits et obligations de la personne morale elle-même.

• La personne morale ne peut agir qu'en **fonction d'intérêts précis** pour lesquels elle a été créée : principe de la **spécialité** des personnes morales.

Chapitre 2 › LES PERSONNES MORALES DE DROIT PUBLIC

Section 1 › DISTINCTION AVEC LES PERSONNES MORALES DE DROIT PRIVÉ

1. Les personnes morales de droit privé sont créées par l'initiative privée, leurs buts sont variables, l'appartenance au groupement est libre (société, association). Les personnes morales de droit public sont **créées par l'autorité publique**, elles ont toujours en vue un **but d'intérêt public, l'adhésion est obligatoire**.

2. On assiste aujourd'hui dans certains cas à un **rapprochement** des deux sortes de personnes morales :

• certaines personnes morales de droit public ont une **activité commerciale analogue** aux sociétés privées (ex. l'ancienne Régie Renault) ;

• certaines activités privées ont un **rôle comparable** aux collectivités publiques (ex. associations privées à but charitable) ;

• tendance générale au rapprochement dans de très nombreux secteurs :
– certaines personnes morales de droit public sont largement soumises au droit privé (établissements à caractère industriel et commercial),
– certaines personnes morales de droit privé sont largement soumises au droit public : système de la concession, sociétés d'économie mixte, etc. ; entreprises privées d'intérêt général (CE, 20 déc. 1935, *Éts Vézia*), comités d'organisation professionnelle, ordres professionnels (CE, 12 juill. 1942, *Monpeurt* ; 2 avr. 1943, *Bouguen*).

Section 2 › DISTINCTION AVEC LES COLLECTIVITÉS PUBLIQUES SANS PERSONNALITÉ MORALE

La région, le département, la commune ont la personnalité morale. D'autres circonscriptions administratives n'ont pas la personnalité morale :

1. Le canton, circonscription administrative sans personnalité juridique, ni organes propres, regroupe un certain nombre de communes et sert essentiellement de circonscription électorale pour l'élection des conseillers généraux.

2. L'arrondissement est une fraction du département sous l'autorité du sous-préfet, représentant du préfet.

3. Les diverses administrations spécialisées (Armée, Santé, Éducation nationale, etc.) utilisent pour l'implantation des services extérieurs, des cadres régionaux, mais qui ne se recouvrent absolument pas. Le décret du 2 juin 1960 a prescrit l'harmonisation des circonscriptions administratives.

Section 3 › CLASSIFICATION DES PERSONNES MORALES DE DROIT PUBLIC

• **Les collectivités territoriales :** regroupent les personnes vivant sur une partie déterminée du territoire et s'occupent de l'ensemble des intérêts de leurs habitants : État, région, département, commune.

• **Les collectivités chargées d'une tâche particulière d'intérêt général :** elles sont chargées de satisfaire **un besoin déterminé**, elles sont **spécialisées dans un objet précis** : établissements publics (ex. en matière sociale : hôpitaux ; en matière d'éducation : université ; en matière professionnelle et économique : chambres de commerce ; en matière industrielle : Électricité de France jusqu'à une date récente, etc.).
Ces établissements publics sont rattachés soit à l'État (**établissements nationaux**), soit aux régions (établissements régionaux), soit aux départements (**établissements départementaux**) ou aux communes (**établissements communaux**) (v. p. 165 et s.).

• Plus récemment, le Tribunal des conflits a estimé que constituent des personnes morales de droit public les **GIP (Groupements d'intérêt public)** prévus par le législateur. Il s'agit d'associations d'une ou plusieurs personnes morales de droit public ou de droit privé, pour permettre d'exercer en commun pendant une période déterminée, des activités qui ne peuvent donner lieu à un partage des bénéfices. Ils sont contrôlés par l'autorité administrative (T. confl., 14 févr. 2000, *GIP Habitat et interventions sociales pour les mal-logés et les sans-abris, AJDA* 2000, p. 465).

• Enfin, la **Banque de France** est aujourd'hui une personne morale de droit public (T. confl., 16 juin 1997, *Sté la Fontaine de Mas*, p. 132).

Chapitre 3 › LES RAPPORTS ENTRE LES PERSONNES PUBLIQUES

Notion : *administrations centralisées et décentralisées impliquent différentes modalités de mise en œuvre et de contrôle.*

Limites : *les évolutions d'un système centralisé vers davantage de décentralisation n'ont pas permis de résoudre certaines difficultés inhérentes à l'administration française.*

Section 1 › CENTRALISATION ET DÉCENTRALISATION

Notions : la centralisation consiste à confier à l'État l'exécution de toutes les tâches qui se posent sur le territoire national. Toutes les activités administratives sont exercées exclusivement par des organes de l'État, les services administratifs n'étant que des émanations de l'État. **La décentralisation consiste à confier aux autorités locales la satisfaction des besoins qui leur sont propres**, les activités administratives étant exercées par des organes locaux bénéficiant d'une certaine autonomie.

§ 1 - La centralisation

C'est le système d'organisation qui rattache les services publics à un même centre, à un centre unique, **l'État**.

A. Conséquences

- Envers l'État, **il assure son omnipotence**, concentre sous une même direction tous les moyens d'action et d'exécution.
- Les collectivités locales n'ont pas d'existence juridique reconnue et constituent tout au plus de simples découpages administratifs.

B. Modalités

- La centralisation sous cette forme la plus absolue n'existe guère, car un État même autoritaire ne peut supprimer les collectivités locales traditionnelles. En réalité, on laissera toujours **survivre les collectivités locales** mais les organes dirigeants seront dans la main de l'État (Consulat et Empire).
- De plus, même dans un système très centralisé, on ne peut pas tout décider de la capitale. **Il est nécessaire d'avoir des agents sur place** ayant un pouvoir propre de décision et permettant de mieux tenir compte des nécessités locales. C'est le système de la **déconcentration**. Mais ces agents restent soumis à l'autorité des organes centraux dont ils sont les représentants (p. ex. préfet).

C. Valeur

• Les partisans de la centralisation estiment qu'elle assure **la cohésion de l'État**, élimine les **particularismes dangereux**, renforce **l'égalité des individus**, permet de faire fonctionner les services de façon rationnelle.

• Ses adversaires estiment que la centralisation est **trop rigide**, les organes centraux trop encombrés ne peuvent statuer rapidement, il est **impossible d'adapter** les décisions aux circonstances locales, ce qui les rend souvent **inopportunes.** Elle ne favorise pas la participation démocratique des citoyens.

§ 2 - La décentralisation

C'est le système d'organisation par lequel l'État permet à d'autres personnes morales que lui d'assurer la gestion de certains services publics.

A. Types

On distingue la décentralisation **territoriale**, reconnaissance de la personnalité juridique **à des collectivités géographiquement délimitées**, de la décentralisation **par service**, attribution de la personnalité morale à **certains services, nettement individualisés.**

B. Éléments

• **Existence d'affaires propres** à la collectivité (p. ex. besoins en eau de la commune). Il ne faut pas que les services locaux concurrencent les services étatiques : aussi **c'est l'État, seul souverain, qui détermine quelles sont les affaires locales** : principe de la **spécialité** des collectivités locales. Pour les établissements publics, leur spécialité est incluse dans leur définition (Ex. universités : enseignement et recherche).

• **Existence d'autorités propres**, émanation directe de la collectivité, souvent élues par elle (conseil municipal et maire, président du conseil général, conseil général) mais pas toujours (préfet, agent du département avant la loi du 2 mars 1982).

• **Existence d'un contrôle**, car décentralisation ne signifie pas souveraineté et indépendance, mais simplement **une certaine autonomie** qui appelle un certain contrôle (la tutelle).

C. Modalités

Entre la centralisation absolue et l'indépendance, il existe **une gamme infinie d'autonomies locales** : il y a déjà un début de décentralisation lorsque la décision est prise pour le compte d'une collectivité locale, même si cette décentralisation garde un caractère autoritaire. Inversement, le fédéralisme constitue l'aboutissement d'une décentralisation très poussée.

D. Valeur

• Les partisans de la décentralisation font valoir son **aspect libéral et démocratique, la participation des citoyens** à la gestion de leurs affaires, la meilleure connaissance et défense des **intérêts locaux**.

• Les adversaires de la décentralisation font valoir qu'elle porte **atteinte à la cohésion de l'État**, qu'elle fait **prévaloir les intérêts locaux** sur les intérêts généraux.

Section 2 › LES CONTRÔLES ADMINISTRATIFS

§ 1 - Le contrôle hiérarchique

Définition : la hiérarchie est une organisation du personnel dans laquelle chaque agent se trouve **subordonné** à un autre agent, à l'exception de l'un d'entre eux qui exerce son autorité sur tous les autres, soit directement, soit en passant par les agents intermédiaires. Le contrôle hiérarchique est le corollaire de la centralisation.

A. Contrôle sur les personnes

Le supérieur hiérarchique affecte les agents à leur poste, répartit les tâches, leur indique par des circulaires, des instructions, des ordres de service, la conduite à tenir, exerce le pouvoir disciplinaire en infligeant des sanctions.

B. Contrôle sur les actes

Le supérieur hiérarchique peut approuver l'acte, l'annuler, le suspendre, le réformer. Ce contrôle porte aussi bien sur les **éléments de régularité juridique de l'acte que sur son opportunité**, il s'exerce d'office, en absence de tout texte l'instituant. Il peut être mis en œuvre spontanément ou sur demande des particuliers (recours hiérarchique). Toutefois l'application stricte des règles de compétence et la théorie des droits acquis limitent parfois les possibilités de contrôle hiérarchique.

§ 2 - Le contrôle de tutelle

Définition : « L'ensemble des pouvoirs de contrôle accordés par la loi à une autorité supérieure sur les agents des collectivités décentralisées et sur leurs actes dans un but de protection de l'intérêt général » (Maspétiol et Laroque).

A. Caractères généraux

1. Pouvoir de contrôle

Comme le contrôle hiérarchique mais se distingue de celui-ci. Le contrôle de tutelle :
– porte sur les organes ou les actes d'une autre personne morale ;
– n'existe que si un texte l'établit ;
– ne comporte en principe pas le pouvoir de donner des directives ou des instructions ;
– implique, en faveur des organes qui y sont soumis, la possibilité d'un recours par le moyen du recours pour excès de pouvoir (CE, 18 avr. 1902, *Maire de Néris-les-Bains*).

2. Dans l'intérêt général

Si la tutelle du droit civil vise à protéger les intérêts de la personne sous tutelle, **la tutelle administrative tend surtout à protéger les intérêts généraux** et accessoirement seulement ceux de la personne morale contrôlée. Aussi la tutelle du droit civil est-elle organisée sur la base de la représentation juridique, la tutelle administrative ne constitue qu'un contrôle généralement *a posteriori*, des actes de la personne sous tutelle.

B. Mécanisme

1. Sur les personnes

Dans le système français, le contrôle ne porte pas le plus souvent sur la désignation des personnes **mais sur l'exercice de leurs fonctions**. Il est moins rigoureux que le contrôle hiérarchique, mais la différence est davantage de degré que de nature.
Il s'exerce par exemple sur **les assemblées locales** (dissolution des conseils municipaux ou généraux par décret), sur **les membres des assemblées locales** (démission d'office des conseillers municipaux ou généraux), sur les **autorités individuelles** des personnes morales (suspension ou révocation du maire).

2. Sur les actes

Procédés très variés : pouvoir de **substitution** d'action, lorsqu'une autorité s'abstient d'accomplir un acte entrant dans sa compétence ; pouvoir d'**approbation**, après décision des autorités sous tutelle, pouvoir d'**autorisation**, avant décision des autorités sous tutelle, pouvoir d'**annulation**, de **suspension, d'information**.
Tous ces contrôles n'existent que lorsqu'un texte les prévoit et strictement dans la limite des textes : p. ex. il est impossible d'annuler une décision lorsque le texte ne prévoit qu'un pouvoir de suspension, etc. **La loi du 2 mars 1982 a considérablement réduit la tutelle pesant sur les actes des collectivités locales**. On ne parle d'ailleurs plus que de « contrôle » (v. p. 126 et s.).

C. Mise en œuvre

1. Du point de vue juridique

La tutelle ou le contrôle s'exerce de façon automatique ou lorsqu'une réclamation a eu lieu.
La tutelle était, avant la loi du 2 mars 1982, généralement dans les mains **des agents centralisés de l'administration** générale, plus rarement dans les mains d'un organe lui-même décentralisé (ex. tutelle du conseil municipal sur les établissements publics de la commune).

2. Dans la pratique

Les collectivités sont souvent moins gênées à l'heure actuelle par l'existence d'un contrôle de tutelle que par l'absence de moyens financiers, par la tutelle directe, que par les contrôles parallèles ou indirects de caractère technique, en matière d'expropriation, de travaux publics, etc. Ces contrôles de caractère technique ont aussi été limités par la loi du 2 mars 1982.

Section 3 › ÉVOLUTION DE LA CENTRALISATION ET DE LA DÉCENTRALISATION EN FRANCE

Idée générale : depuis que les rois de France ont cherché à faire l'unité du pays, la France est un pays centralisé. Les différentes tentatives de décentralisation, coupées d'ailleurs de phases de retour à la centralisation, ont cependant abouti à atténuer le caractère centralisateur du système français. Toutefois, il existe fondamentalement en France, une continuité de la tendance centralisatrice.

§ 1 - La Révolution : décentralisation et uniformisation

S'opposant à la complexité des structures de l'Ancien Régime, la France est divisée en départements, districts (qui deviendront les arrondissements), cantons et communes. Trois organes, le conseil, le procureur-syndic, le directoire, tous élus, assurent la gestion. Mais la Convention et le Directoire reviennent à une centralisation plus rigoureuse.

§ 2 - Le régime de l'an VIII : centralisation

On maintient des circonscriptions territoriales mais on modifie la structure des organes. Il existe toujours un conseil, mais les organes d'exécution (préfet, sous-préfet, maire), sont tous nommés par le pouvoir central ou ses représentants.

§ 3 - Les progrès de la décentralisation

1. Sous la monarchie de Juillet, élection au suffrage restreint des conseillers généraux et communaux (lois de 1831 et 1833), mais le maire est nommé parmi les membres du conseil municipal. En 1837 et 1838, extension des pouvoirs des conseils.

2. Sous la IIe République, élection des conseils au suffrage universel et élection des maires des petites communes.

3. Sous le Second Empire, les maires sont de nouveau nommés, mais la compétence des conseils est accrue.

4. La IIIe République donne aux départements (loi du 10 août 1871) et communes (loi du 5 avril 1884) leur **charte administrative**. Les maires sont élus, les pouvoirs des conseils accrus, et leur autonomie est encore renforcée en 1926.

5. La IVe République revient au régime antérieur à 1940 après que le régime de Vichy eut largement remis en cause les conquêtes de la décentralisation. La Constitution de la IVe République pose même le **principe d'une extension de la décentralisation**.

6. La Ve République a procédé à un allègement de la tutelle (Ord. 5 janv. 1959). Les mesures prises par la loi du 31 décembre 1970 sur « la gestion municipale et les libertés communales » sont particulièrement importantes.

Un projet de loi sur les collectivités locales était en discussion devant le Parlement avant mai 1981. **La loi du 2 mars 1982** abandonne complètement ce projet de loi et réalise **une très vaste décentralisation** : la tutelle *a priori* est supprimée et remplacée par un contrôle plus léger, le président du conseil général devient à la place du préfet l'exécutif du département, la région devient une collectivité territoriale de plein exercice et le président du conseil régional devient son organe exécutif. Les lois du 22 juillet 1982, du 7 janvier et 22 juillet 1983 ont élargi la compétence des collectivités locales. La loi du 29 décembre 1983 a modifié la répartition des ressources. **La loi constitutionnelle du 28 mars 2003** relative à la décentralisation est particulièrement importante (v. détails p. 105 et s.) ainsi que la **loi organique du 16 décembre 2010** (v. p. 107 et s.).

§ 4 - Les limites de la décentralisation

Malgré les affirmations décentralisatrices, les nécessités de l'action gouvernementale dans l'État moderne (faire face aux difficultés financières, politiques, développement de techniques nouvelles), ont entraîné en fait **un large resserrement des contrôles étatiques** dans tous les domaines (contrôles de finances locales, prise en main de la police, etc.).
La réforme actuelle de l'administration d'État prend souvent aussi les formes de la déconcentration plutôt que de la **décentralisation**. Ces mesures de déconcentration, très importantes, se sont multipliées depuis 1964 en particulier au profit des préfets de région et de département et des recteurs.
La tradition centralisatrice reste tout de même très forte en France :
– avec le temps, les citoyens ont perdu l'habitude de s'intéresser aux affaires locales ;
– inégalité historique entre Paris et la province ;
– les collectivités locales, trop faibles et trop nombreuses, sont mal armées pour résoudre des problèmes techniques de plus en plus complexes.
Les lois (2 mars 1982, 7 janv. et 22 juill., 29 déc. 1983 et 28 mars 2003) renforcent cependant considérablement la décentralisation.

Section 4 › LES GRANDS PROBLÈMES DE L'ADMINISTRATION FRANÇAISE

L'administration française a gardé une certaine unité depuis Bonaparte : or, certaines solutions, déjà plus ou moins bien adaptées aux circonstances de l'époque, se sont révélées insuffisantes à la lumière des nécessités actuelles. **La réforme des structures de l'administration française est l'un des problèmes fondamentaux de la vie française à l'heure actuelle.**

§ 1 - Les problèmes des cadres territoriaux

A. Les cadres traditionnels de l'administration française

Les collectivités locales ont la personnalité morale et sont en même temps des circonscriptions administratives de l'État (région, département, commune). **Les simples circonscriptions administratives** générales (arrondissement, canton), ou spéciales, n'ont **pas la personnalité morale.** Avant la loi du 2 mars 1982, il n'y avait que deux sortes de collectivités locales.

1. Les collectivités locales

a) Le département, création artificielle, crée par les Révolutionnaires, qui détruisirent les anciennes provinces, mais procédèrent cependant au découpage de la France après une étude géographique.

b) La commune, regroupement naturel, correspond aux paroisses de l'Ancien Régime, après l'abandon par les Révolutionnaires de leur tentative de créer des municipalités de canton.

2. Les circonscriptions administratives générales

a) L'arrondissement, crée par Napoléon, a perdu la plus grande partie de son importance. À la tête de l'arrondissement se trouve le sous-préfet.

b) Le canton : ne sert plus que de circonscription électorale pour l'élection des conseillers généraux.

3. Les circonscriptions administratives spéciales

De nombreuses administrations ont aménagé leurs services sur d'autres bases que les cadres territoriaux généraux et ont établi des circonscriptions spéciales à leur service ; ces découpages très variés, ont été faits sans coordination ni plan d'ensemble, p. ex. régions militaires, ressorts des tribunaux administratifs, des cours d'appel, des académies, etc.

B. L'insuffisance des structures traditionnelles

1. Insuffisance des structures régionales traditionnelles

a) La primauté parisienne (« Paris et le désert français ») au détriment de la province, phénomène ancien, tend à s'accentuer. Tous les centres réels de décision sont à Paris.

b) Le manque d'harmonisation des circonscriptions administratives, l'absence de regroupement des services au chef-lieu du département, oblige les administrés à des déplacements en des endroits très différents.

c) Le manque d'utilité de certaines circonscriptions administratives telles que l'arrondissement et le canton.

d) L'inadaptation du centre géographique que constitue le **département :**
– les départements, dit-on, seraient trop exigus, trop nombreux, alors que le développement des moyens de communication permet aujourd'hui des déplacements faciles (toutefois les administrés doivent se rendre plus souvent au chef-lieu) ;
– le département serait une création trop artificielle (toutefois, depuis 1800, il s'est créé une vie départementale) ;
– différences trop importantes entre les départements, aussi bien au point de vue superficie qu'au point de vue du nombre des habitants.

e) Insuffisance du cadre géographique que constitue le département : certaines réalités administratives et économiques contemporaines ne peuvent s'exprimer dans le cadre départemental mais exigent un cadre plus large : **la région.** Cela pose le problème général de **l'aménagement du territoire**, celui de la recherche d'une meilleure répartition des hommes en fonction des ressources naturelles et des activités dans un cadre géographique donné (loi du 4 févr. 1995).

2. Insuffisance des structures communales

a) Disproportion entre les communes : il existe en France 36 000 communes dont 250 environ ont plus de 20 000 habitants et 24 000 moins de 500 habitants. Toutes ces communes sont en principe soumises à un régime juridique pratiquement identique.

b) Les petites communes ont à faire face à des problèmes qui dépassent leurs possibilités financières. La charge des dépenses obligatoires ne permet aucun effort de modernisation.

c) Les grandes villes sont souvent formées de communes distinctes ayant leurs services propres, ce qui rend difficile tout effort de rationalisation. De plus, les communes-dortoirs, aux alentours de la commune centrale, n'ont que des ressources financières réduites.

C. Les tentatives de solution

1. À l'échelon régional et départemental

a) À l'échelon régional

• **Tentatives anciennes** de regroupement régional : peu importantes avant la Seconde Guerre mondiale, elles se sont renforcées sous le régime de Vichy. Après la guerre, on créa, pendant un certain temps, des commissaires régionaux de la République. Quant aux IGAME, ils étaient chargés de coordonner sur le plan régional, les mesures de sécurité publique.

• **Tentatives plus récentes :**

– les textes sont très nombreux entre 1955 et 1972. En 1955, on a créé 22 circonscriptions d'action régionale ayant surtout des attributions économiques. La loi référendaire *rejetée par le peuple français le 27 avril 1969* prévoyait de très importantes dispositions relatives à la région. Après le rejet du projet, les anciennes structures sont maintenues jusqu'en 1972. La loi du 5 juillet 1972 transforme les régions en établissements publics.

– **la loi du 2 mars 1982** a complètement bouleversé le système. Les **régions deviennent** des **collectivités territoriales**. Elles sont administrées par un conseil régional élu au suffrage universel direct.

Le conseil régional règle par ses délibérations les affaires de la région. Il a compétence pour promouvoir le développement économique, social, sanitaire, culturel et scientifique de la région et l'aménagement de son territoire et pour assurer la préservation de son identité, dans le respect de l'intégrité, de l'autonomie et des attributions des départements et des communes. **Le président du conseil régional devient l'organe exécutif de la région.**

– **la loi du 6 février 1992** relative à **l'administration territoriale de la République** complète la loi du 2 mars 1982 en tentant de développer la démocratie locale, de favoriser la coopération entre collectivités locales, et de réformer l'État en fonction des nouveaux aspects de la décentralisation.

– **la loi du 4 février 1995** relative à **l'aménagement et au développement du territoire** est une « loi d'orientation » destinée à être complétée par de nombreuses mesures législatives et réglementaires. La politique est déterminée au niveau national par l'État et elle est mise en œuvre avec la collaboration des collectivités territoriales (v. aussi loi du 25 juin 1999 ; v. p. 105 ; v. aussi loi constitutionnelle du 28 mars 2003 p. 105).
Pour la réforme du 16 décembre 2010, v. p. 107.

b) À l'échelon départemental

La loi du 2 mars 1982 prévoit que le département est maintenu dans ses structures traditionnelles. Mais deux modifications importantes sont prévues : d'une part les compétences du conseil général sont augmentées, d'autre part et c'est là la modification essentielle, **le président du conseil général devient l'organe exécutif du département**. Il prépare et exécute les délibérations du conseil général. Il est ordonnateur des dépenses et prescrit l'exécution des recettes. Il devient le chef des services du département (v. aussi loi constitutionnelle du 28 mars 2003 p. 106).

2. À l'échelon communal

a) Les tentatives de solution de regroupement à l'échelon communal sont anciennes et nombreuses : création de conférences intercommunales, de commissions syndicales, de syndicats de communes et plus récemment de districts urbains et de communautés urbaines. La loi du 16 juillet 1971 prévoyait des fusions et regroupements semi-autoritaires de communes.

b) La loi du 16 juillet 1971 relative aux fusions et regroupements de communes avait une importance tout à fait particulière. Pour la première fois cette loi prévoit une **fusion semi-autoritaire des communes.** Cette loi n'a eu qu'un succès très relatif.

c) Le rapport Guichard 1976 et l'ancien projet de loi sur les collectivités locales prévoyaient des modifications en ce qui concerne la région et le département mais les principales modifications portaient sur la commune.

d) Le gouvernement de la gauche, arrivé au pouvoir en mai-juin 1981, a complètement abandonné le projet de l'ancienne majorité. **Mais la loi du 2 mars 1982 et celle du 22 juillet 1982** ont profondément modifié l'organisation communale. Certes, il n'est pas prévu de regroupement des communes, mais les droits et libertés des communes sont largement étendus. Il faut souligner essentiellement trois points : **la tutelle administrative est remplacée par un simple contrôle** *a posteriori*, qui ne se trouve plus essentiellement dans la main du représentant de l'État mais surtout dans celle du tribunal administratif. **Les possibilités d'intervention de la commune en matière industrielle et financière sont largement accrues. La tutelle financière qui pesait sur les communes est largement atténuée** (v. détails, *infra*, p. 126 et s.).

e) La loi du 6 février 1992 prévoit de nouvelles formes de **regroupements communaux et de coopération locale** : les communautés de communes et les communautés de ville. La loi du 3 février 1992 relative aux conditions d'exercice des mandats locaux complète ce dispositif (v. p. 152 et s. ; v. aussi loi constitutionnelle du 28 mars 2003 p. 105).

Conclusion : la loi du 2 mars 1982 et les autres lois intervenues réalisent un véritable bouleversement des structures locales. Certes les structures géographiques ne sont pas modifiées mais la quasi-suppression des tutelles, la promotion des présidents des conseils généraux et régionaux, la transformation de la région en collectivité locale font apparaître une véritable décentralisation et à cet égard le nouveau régime institué en 1982 constitue la modification la plus importante depuis 1871 et 1884.

Il faut aussi souligner l'importante **loi du 4 février 1995 sur l'aménagement du territoire**, et que l'on retrouvera à plusieurs reprises. Elle prévoit en particulier la création de « **pays** », sorte de communautés locales d'intérêts économiques et sociaux permettant un projet commun de développement. Si ces « pays » peuvent chevaucher des circonscriptions administratives existantes, il ne s'agit pas de créer une circonscription nouvelle (250 « pays » ont été recensés fin 1997). La loi prévoit aussi des « bassins de vie » dont les « pays » et des réseaux de villes constitueraient des sous-ensembles. Si les commissions départementales de coopération intercommunale sont chargées de faire des propositions, pour le moment, ces nouvelles notions restent assez floues. **La loi du 4 février 1995 a été complétée et modifiée par l'importante loi du 25 juin 1999 d'orientation pour l'aménagement et le développement durable du territoire.** Selon l'art. 1er, « la politique nationale d'aménagement et de développement durable du territoire concourt à l'unité de la nation, aux solidarités entre citoyens et à l'intégration des populations ». Elle se situe aussi dans le cadre européen. Le développement des « pays » et des chartes de pays est favorisé. On tente d'harmoniser les projets relatifs aux « pays » et aux « communautés d'agglomération » nouvellement créées (v. p. 154 et s.).

Enfin, l'ensemble des textes relatifs aux collectivités locales, a été regroupé au sein d'un **Code général des collectivités territoriales** (loi 21 févr. 1996).

3. La loi constitutionnelle du 28 mars 2003 et les premières lois de mise en œuvre

Cette nouvelle loi constitutionnelle est particulièrement importante. L'art. 1er de la Constitution sur le caractère indivisible de la République est complétée par les termes « **son organisation est décentralisée** ».

La loi prévoit notamment :

a) Les collectivités territoriales ont vocation à **prendre les décisions pour l'ensemble des compétences qui peuvent le mieux être mises en œuvre à leur échelon.**

b) Les collectivités territoriales disposent à l'avenir non seulement d'une liberté d'administration par leurs conseils élus mais aussi d'un **pouvoir réglementaire**.

c) Les collectivités territoriales (ou leurs groupements) peuvent à titre expérimental **déroger** aux dispositions législatives ou réglementaires qui régissent l'exercice de leurs compétences. Toutefois cette possibilité ne peut porter sur les conditions essentielles d'exercice d'une liberté publique ou d'un droit constitutionnel éventuellement garanti.

La loi du 2 août 2003 est relative à l'expérimentation par les collectivités territoriales. La loi, qui autorise les collectivités territoriales à **déroger** à titre expérimental aux dispositions législatives régissant l'exercice de leurs compétences, définit l'objet de l'expérimentation, sa durée (max. 5 ans) et mentionne les dispositions auxquelles il peut être dérogé. La loi précise la nature juridique et les caractéristiques des col-

lectivités territoriales autorisées à participer à l'expérimentation. Elle fixe les délais dans lesquels les collectivités territoriales peuvent demander à participer à l'expérimentation. Les actes à caractère général et impersonnel doivent être transmis aux préfets.
Cette loi met aussi en œuvre la possibilité pour les collectivités territoriales à déroger à titre expérimental aux dispositions réglementaires régissant leurs compétences. L'autorisation est donnée par le gouvernement.

d) Les électeurs de chaque collectivité territoriale peuvent, par l'exercice du **droit de pétition** demander l'inscription à l'ordre du jour de l'assemblée délibérante de cette collectivité d'une question relevant de sa compétence.

e) La loi constitutionnelle prévoit des **référendums locaux** de nature très diverse : référendum décisionnel portant sur le projet de délibération ou d'acte d'une collectivité territoriale soumis à la demande de celle-ci aux électeurs (art. 72-1, al. 2) ; référendum consultatif concernant une collectivité territoriale à statut particulier (Corse) ou les limites des collectivités territoriales (art. 72-1, al. 3) ; référendum décisionnel concernant le changement de statut pour les collectivités territoriales d'outre-mer (art. 72-4, al. 1er et 73, al. 7).
Ces référendums sont, par leur portée et leur régime juridique, tout à fait différents des référendums nationaux (v. p. 152).
Ce texte a été en partie mis en œuvre par la **loi organique du 1er août 2003** relative au référendum local (v. p. 152 et s.) qui prévoit que l'Assemblée délibérante d'une collectivité territoriale peut soumettre à référendum local tout projet de délibération tendant à régler une affaire de la compétence de cette collectivité. L'exécutif d'une collectivité territoriale peut seul proposer à l'Assemblée délibérante de cette collectivité de soumettre au référendum local tout projet d'acte relevant des attributions qu'il exerce au nom de la collectivité.
Des modalités de transmission et de contrôle sont prévues. Les maires organisent le scrutin. La loi prévoit certains délais limites s'il y a d'autres élections et réglemente dans le détail l'information des électeurs, la campagne électorale, les opérations de vote.
Des référendums d'un autre type ont eu lieu en 2003 en Corse (6 juillet 2003), à la Martinique, à la Guadeloupe (v. ci-dessus). Dans ces trois régions, les modifications proposées ont été rejetées.

f) Les collectivités territoriales bénéficient de **ressources** dont elles disposent librement (dans les conditions fixées par la loi). Elles peuvent recevoir tout ou en partie des impositions de toutes natures. Les recettes fiscales et les autres ressources propres des collectivités territoriales représentent pour chaque collectivité une part déterminante de l'ensemble de leurs ressources. Les transferts de compétence de l'État aux collectivités territoriales s'accompagnent de transferts de ressources équivalents.

g) En matière constitutionnelle, il est prévu que les projets de loi ayant pour principal objet l'organisation des collectivités territoriales sont **soumis en premier lieu au Sénat.**

h) Si la loi continue à exclure la tutelle d'une collectivité territoriale sur une autre, elle prévoit cependant, pour des opérations données, une collectivité **« chef de file »**.

i) De très nombreuses dispositions de la loi sont consacrées aux **collectivités d'outre-mer.**
La réforme constitutionnelle est essentielle, les premières lois d'application ont vu le jour.

4. La loi du 16 décembre 2010 (réforme Sarkozy-Fillon).

Cette réforme qui ne sera applicable qu'en 2014, est tout à fait fondamentale et nous y reviendrons au fur et à mesure de nos développements. Elle devrait constituer, aux yeux des auteurs de la loi, une phase de « simplification » et de « remise en ordre ». Elle constitue en tout cas, un renversement de la politique de « décentralisation ». Quatre mesures sont essentielles :

a) Abandon de la clause de compétence générale pour les départements et régions.
À partir du 1er janvier 2015, ces collectivités, contrairement à ce qui était le principe jusqu'alors, ne devraient plus s'occuper que de leur « domaine de compétence » que la loi leur attribue (ou attribuera).
Il existe certaines exceptions pour maintenir des compétences partagées (tourisme, culture, sport). Exceptionnellement les collectivités pourront se saisir de « tout objet d'intérêt » (départemental ou régional). Les financements sont modifiés.

b) Le conseiller territorial (élu à double casquette).
Les conseillers généraux et généraux sont supprimés au profit du « conseiller territorial ». Celui-ci, élu comme les anciens conseillers généraux au scrutin uninominal à deux tours, après redécoupage des cantons, siégera dans les deux conseils, le Conseil général du département et le Conseil régional de la région (on y reviendra p. 135).

c) Les fusions des collectivités facilitées.
La loi donne des outils pour regrouper plusieurs régions ou plusieurs départements mais il faut l'accord des électeurs.
De nouvelles possibilités de « commune nouvelle » sont aussi prévues.
Le décret du 28 janvier 2011, est relatif à la composition et au fonctionnement de la Commission départementale de la coopération intercommunale (CDCI).

d) Intercommunalité : développement rapide.
D'ici 2013 la carte intercommunale devra être achevée. L'élection des conseillers communautaires se fera au suffrage universel.
Par ailleurs deux systèmes de coopération intercommunale nouveaux sont créés :
– la **métropole**, pour les très grandes agglomérations. Nouvel EPCI, ses compétences sont très étendues (v. p. 159).
– le **pôle métropolitain** regroupe des EPCI formant un ensemble d'au moins 300 000 habitants pour exercer certaines compétences (v. p. 159).
En ce qui concerne la répartition des compétences, la loi du 16 décembre 2009 ne l'a pas encore déterminée. La loi prévoit théoriquement la suppression de la « clause de compétence générale » pour les régions et les départements. Les Conseil généraux et régionaux régleront respectivement les affaires du département et de la région dans les domaines que la loi leur attribue. Mais, et cela est important, et limite l'abandon de la clause de compétence générale les conseils régionaux et départementaux pourront se saisir par « délibération spécialement motivée, de tout objet d'intérêt départemental (ou régional) qui n'a pas fait l'objet d'une attribution de compétence par la loi ».

La loi prévoit également que les « compétences attribuées par la loi aux différentes collectivités territoriales, le sont à titre exclusif ». Cela vaut pour toutes les collectivités territoriales. Toute intervention dans un domaine déjà attribué à une autre catégorie de collectivités publiques est en principe exclue.

Il faut cependant souligner que l'article 75 de la loi prévoit la conclusion de « schémas d'organisation des compétences et de mutualisation des services » entre les départements et les régions afin de mieux coordonner leurs actions respectives (développement économique, formation professionnelle, infrastructures etc.).

Bien des clarifications restent à apporter. En effet il ressort des débats parlementaires et rapports qu'il « existe huit pistes pour clarifier les compétences entre les collectivités » (v. article M.C.M., *AJDA* 2011, p. 245). On voit que la simplicité ne règne pas.

§ 2 - Les difficultés de l'appareil administratif

Si l'appareil administratif mis en place par Bonaparte a pu faire face aux problèmes qui se posaient à lui avant 1914, on peut dire que depuis cette époque les structures administratives sont en crise. Des efforts de rénovation ont été tentés.

A. L'inadaptation de l'appareil administratif

Le développement des interventions étatiques a accru considérablement le nombre des fonctionnaires qui sont très fréquemment de **simples agents de gestion**. L'administration ne fait pas seulement des actes de puissance publique, mais procède à de multiples opérations industrielles et commerciales. **Les particuliers** participent de plus en plus à l'activité administrative, soit parce que l'administration les consulte, soit parce qu'elle leur confère directement la gestion de l'activité (ordres professionnels, comités d'organisation, etc.).

Le cloisonnement des administrations traditionnelles, le caractère trop contraignant des règles administratives et surtout des règles en matière de finances publiques entraînent l'administration à créer des organismes échappant à ces sujétions. L'administration crée et met ainsi en place des organes para-administratifs sous les formes les plus diverses (associations, sociétés d'économie mixte) dès que l'administration se trouve en face d'une difficulté. Cette gestion publique, dissimulée, véritable **démembrement** de l'administration, a été fortement critiquée par la Cour des comptes.

Le développement des interventions administratives conjugué avec l'effacement relatif du Parlement, tendra à l'instauration d'une sorte de **pouvoir administratif** se substituant aux organes politiques. La technicité des questions posées renforce la position de l'administration en face des organes élus (surtout locaux), mal renseignés et mal équipés. Dans le domaine économique en particulier, le contrôle du juge devient difficile et inefficace.

L'appareil administratif perd son unité et se **complique à l'extrême**. Chaque administration tend à être indépendante des autres alors que justement la planification, l'aménagement du territoire, etc. requièrent une action globale. De plus, l'administration a de plus en plus tendance à se considérer comme un but en soi et est de moins en moins au « service du public ».

Le développement de la **corruption** n'est certes pas un phénomène nouveau mais a pris une plus grande ampleur ces dernières décennies. Les causes en sont diverses (importance de la concurrence pour emporter les marchés, atténuation du sens des responsabilités, décentralisation). Si la corruption est un phénomène grave qu'il faut combattre avec vigueur, il faut souligner toutefois que l'immense majorité des élus et des fonctionnaires font leur travail avec la plus grande honnêteté.

B. Les tentatives de rénovation

La réforme administrative a été la préoccupation constante des gouvernements depuis 1945 (création d'un ministère chargé de la réforme administrative, de nombreuses commissions…). Certaines réformes ont abouti, au moins partiellement, par exemple la création de structures régionales, les nouvelles compétences attribuées au préfet.

À côté des administrations traditionnelles qui couvrent tout le territoire, et tous les domaines d'action, mais qui ont l'inconvénient d'être fractionnées et de rendre longues et difficiles des actions globales, on a créé, dans certains cas, **des administrations de mission**, chargées de réaliser, en un lieu donné, un programme défini sur une certaine période (ex : aménagement du littoral Languedoc-Roussillon).

On assiste à un développement d'administrations qui se bornent uniquement à procéder à des **études** (Insee, Direction de la Prévision au ministère des Finances) au profit d'autres administrations.

Traditionnellement, l'administration est dominée par l'idée d'intérêt général et de service public, négligeant les préoccupations de rendement économique ou de coût de service. Cette conception est en train d'évoluer. **L'efficacité des services, vue sous l'angle de leur rentabilité**, devient l'un des grands thèmes de l'administration à l'heure actuelle. Des distinctions devront, certes, être faites selon les services dont il s'agit. La notion de rendement peut, elle-même, prendre divers aspects. Mais, en tout état de cause, il sera nécessaire d'arriver à une juste conciliation entre la recherche du rendement et la mission de service public qui incombe à l'administration et que certains réformateurs et certaines administrations ont trop tendance à oublier.

De nombreuses lois ont été prises depuis 1990 pour lutter contre la fraude et la corruption.

§ 3 - Les rapports de l'administration et du public

Traditionnellement l'administration française donne des ordres aux particuliers, elle se trouve en face du public dans une situation de supériorité.

L'administration travaille souvent dans le secret, ne communiquant pas les documents, ne fournissant pas les motifs de ses décisions. Les procédures administratives, les formalités demandées aux particuliers sont souvent complexes et obscures pour les intéressés. L'accueil du public se fait souvent dans des locaux peu accueillants par des fonctionnaires peu amènes. Le public n'a guère le moyen de se défendre, l'administration semble toute puissante ; la procédure administrative non contentieuse, peu réglementée, ne favorise guère le public. Les particuliers n'ont que le moyen de saisir le juge administratif, mais ces recours ne résolvent pas tous les problèmes : le juge ne contrôle que la légalité des actes et son action est, du fait de la durée des instances, souvent inefficace.

Depuis de nombreuses années, les gouvernements ont cherché à améliorer les relations entre administration et public. Du point de vue matériel, la réception du public se fait dans de meilleures conditions, les locaux ont été modernisés, des guichets de renseignements ont été créés, certains documents (carte grise, permis de conduire, etc.) sont délivrés très rapidement, l'informatisation de l'administration permet de travailler dans de meilleures conditions. Les fonctionnaires ont été incités à mieux accueillir le public. Des centaines de mesures de simplification administrative ont été prises.

Sur un autre plan, la création d'organismes indépendants chargés de protéger le public, la soumission de l'administration à de nouvelles règles plus contraignantes, ont aussi modifié les rapports administration-public :

– la création du **médiateur** (loi 3 janv. 1973) cherche à améliorer la situation du public face à l'administration (aujourd'hui « Défenseur des droits »).

– la loi du 6 janvier 1978 relative à **l'informatique, aux fichiers et aux libertés**, cherche à se prémunir contre les dangers que fait courir l'informatique à la protection de la vie privée. En effet, l'informatisation des fichiers a multiplié les possibilités d'indiscrétion et de nocivité. La loi prend donc une série de mesures protectrices et crée une **Commission informatique et libertés** disposant de larges pouvoirs ;

– le « secret administratif » est battu en brèche par la loi du 17 juillet 1978 qui fait **de la communicabilité des documents administratifs** la règle, et du secret, l'exception. La mise en œuvre de cette loi fondamentale est assurée par une **Commission d'accès aux documents administratifs** (CE, 19 mai 1983, *Bertin*), la publicité des circulaires est organisée ;

– **la loi du 11 juillet 1979** (v. détails p. 53, 54 et s.) consacre dans de nombreuses hypothèses, l'obligation de « **motiver** » les actes administratifs ;

– divers textes ont cherché à améliorer l'exécution des décisions prises par les juridictions administratives : possibilité en cas d'inexécution par l'administration de saisir la « section du rapport » du Conseil d'État, possibilité donnée au médiateur, en cas d'inexécution d'un jugement, d'enjoindre à l'administration de s'y conformer. **La loi du 16 juillet 1980** et le **décret du 12 mai 1981** prévoient, en cas d'inexécution d'une décision de justice, la possibilité pour le Conseil d'État de condamner l'administration à une « astreinte ». Si l'administration est condamnée au paiement d'une somme d'argent l'ordonnancement de la somme est obligatoire dans les quatre mois (v. p. 294). **La loi du 8 février 1995** va bien plus loin en prévoyant que le juge peut immédiatement donner des « injonctions » à l'administration éventuellement sous peine d'astreinte (v. p. 292 et s.). Il faut y ajouter le référé-suspension et le référé-liberté (loi du 30 juin 2000, v. p. 262, 264 et s.) ;

– **le décret du 28 novembre 1983** « concernant les relations entre l'administration et les usagers » prévoyait de nombreuses mesures étudiées par ailleurs : opposabilité des circulaires, indication des délais de recours, obligation d'accuser réception des demandes, obligation de régularisation en cas d'illégalité d'un acte réglementaire, respect de certaines procédures contradictoires, fonctionnement des organismes collégiaux, transmission des demandes adressées à des autorités incompétentes. Ce texte a été remplacé par d'autres textes ;

– **la loi du 12 avril 2000 « relative aux droits des citoyens dans leurs relations avec l'administration »** prévoit de nombreuses mesures. En ce qui concerne la transparence, la loi précise le droit à l'information, les relations avec les fonctionnaires, les documents administratifs communicables, etc. Les dispositions relatives aux relations des « citoyens avec les administrations » réforment le système des astreintes (v. p. 292), l'obligation d'adresser un accusé de réception des demandes (v. p. 52 et 67), les règles du « silence » de l'administration (v. p. 67, 202 et s.), les règles du droit de la défense, les règles relatives au « médiateur » ;

– **la loi du 27 février 2002** sur la **démocratie de proximité**, qui contient de nouvelles dispositions relatives aux collectivités locales, toute une série de mesures relatives à la participation des habitants à la vie locale, etc. (v. *infra,* p. 152 et s.) ;

– **la loi du 2 juillet 2003 autorise le gouvernement à modifier par ordonnances nombre de procédures et de démarches administratives.** Les modifications ont porté ou porteront sur des éléments aussi divers que le vote électronique, la simplification de nombreuses mesures fiscales, l'information des usagers par la création d'un numéro d'appel unique, la gratuité d'accès à la justice administrative, la création d'un « titre emploi-entreprise », etc. La Commission pour les simplifications administratives (COSA) est remplacée par un conseil d'orientation de la simplification administrative composée en majorité d'élus. V. réforme Raffarin p. 130 et s.

De nombreux textes ont prévu de multiples mesures de **simplification administrative.**

Titre 2

L'ADMINISTRATION D'ÉTAT

Idées générales : importance considérable de l'administration d'État en France : elle constitue l'**élément essentiel de la structure et de l'armature administrative**. Cette organisation est dominée par le gouvernement qui a, à sa disposition, l'administration proprement dite. Aussi tous les services administratifs sont-ils rattachés à un ministère et tous les agents relèvent-ils d'un chef hiérarchique, le ministre. Les services administratifs sont, soit des services administratifs centraux placés auprès du **ministre** et qui sont pour la plupart spécialisés dans une tâche bien définie, et préparent les décisions ministérielles, soit des organes d'exécution répartis sur l'ensemble du territoire (services extérieurs ou déconcentrés), dont certains tout au moins (préfet du département) ont un rôle d'administration générale et ne se limitent pas à l'exécution d'une tâche technique. Le décret du 9 mai 1997 précise que les « administrations civiles de l'État se composent d'une part d'administrations centrales et de services à compétence nationale, d'autre part de services déconcentrés ».

Tous ces services relèvent d'une personne morale unique, l'État, les différentes administrations et ministères n'ayant aucune personnalité propre.

Chapitre 1 › L'ADMINISTRATION CENTRALE

Notion : *elle se caractérise par l'existence d'un pouvoir exécutif central dont les organes sont, en même temps, les organes politiques et dont le statut relève du droit constitutionnel, et de collaborateurs de ces autorités, chargés de préparer et d'exécuter les décisions.*

Section 1 › LES AUTORITÉS ADMINISTRATIVES CENTRALES

§ 1 - Le président de la République

Il est assez délicat de déterminer exactement les compétences du président de la République dans la Constitution actuelle : dans la Constitution de 1875 le président de la République était le chef de l'administration mais ses pouvoirs étaient passés, peu à peu, au président du Conseil. La Constitution de 1946 institutionnalise ce transfert de compétences ; celle de 1958 revient en arrière **partageant les compétences administratives entre le président de la République et le Premier ministre.** Cette répartition des compétences n'est toutefois pas très claire. Il existe, aujourd'hui, un véritable bicéphalisme administratif à la tête de l'État.

A. Compétence en période normale

Il signe tous les **décrets délibérés en Conseil des ministres** même si l'intervention des ministres n'est pas obligatoire (CE, Ass., 10 sept. 1992, *M. Meyet, AJDA* 1992, p. 643) ainsi que les ordonnances. Il peut prendre certains autres décrets.

Il nomme **aux emplois civils et militaires** (art. 13-2 Const.). En réalité, la plupart des fonctionnaires sont nommés par le Premier ministre, la Constitution prévoyant la possibilité d'une délégation, réalisée partiellement par la loi organique du 28 novembre 1959. Toutefois, la nomination à certains hauts emplois reste réservée au président de la République.

Si la plupart des actes du président de la République doivent être contresignés, **un certain nombre échappe au contreseing** (art. 19 Const.).

B. Compétence en période exceptionnelle

En cas d'application de l'art. 16 de la Constitution, le président de la République exerce un pouvoir étendu qui lui permet de prendre « **les mesures exigées par les circonstances** » au moyen **de décisions**. La décision du président de la République de recourir à l'art. 16 constitue un **acte de gouvernement** : les décisions prises en application de l'art. 16 constituent des actes législatifs insusceptibles de recours devant le juge administratif lorsqu'elles portent sur la « matière législative » (CE, 2 mars 962, *Rubin de Servens, op. cit., D.* 1962. 109).

La loi constitutionnelle 23 juillet 2008, a un peu assoupli la mise en œuvre de l'article 16. Après trente jours d'exercice de pouvoirs exceptionnels, le Conseil constitutionnel peut être saisi par les présidents des deux Assemblées, soixante députés ou sénateurs afin de déterminer si les conditions de l'article 16 demeurent réunies. Il se prononce dans les plus brefs délais par un avis public. Le Conseil constitutionnel procède de plein-droit au terme de soixante jours d'exercice des pouvoirs exceptionnels.

§ 2 - Le Premier ministre

Très larges attributions du Premier ministre :

– article 20-2 de la Constitution : le gouvernement dispose de l'administration et de la force armée ;

– article 21 de la Constitution : le Premier ministre **dirige l'action du gouvernement** ;

– article 21 de la Constitution : le Premier ministre **assure l'exécution des lois**. Il exerce le pouvoir réglementaire, sauf en ce qui concerne les décrets délibérés en Conseil des ministres et les ordonnances ;

– sous réserve des pouvoirs du président de la République, le Premier ministre nomme aux emplois civils et militaires ;

– les actes du Premier ministre sont contresignés par les ministres chargés de leur exécution.

§ 3 - Les ministres

A. Caractères généraux

Tous les services relatifs à une matière déterminée relèvent du même ministère et sont placés sous l'autorité d'un ministre.

Les ministres ont à la fois un rôle politique et un rôle administratif.

Le nombre des départements ministériels s'est constamment accru, en fonction de l'extension du rôle de l'État.

B. Les attributions des ministres

1. Organisation de leur département ministériel

Le ministre, chef de service, décide de toutes les mesures d'organisation intérieure de son service (CE, 7 févr. 1936, *Jamart*, p. 172).

2. Direction de leur département ministériel

– Exerce le pouvoir hiérarchique à l'égard de tous les agents rattachés à son département ;

– Nomme à certains emplois dans la mesure où ce pouvoir lui est délégué ;

– **Représente l'État** en ce qui concerne les attributions du département ministériel : signature des contrats passés par l'État, représentation de l'État devant les tribunaux ;

– Gère les finances du département ministériel.

3. Décisions administratives dans les affaires relevant du département ministériel

a) Si le ministre n'a **pas, en principe, de pouvoir réglementaire**, il arrive toutefois que la loi lui confère un tel pouvoir dans certaines matières (min. des Travaux publics à la police des chemins de fer). De plus, le ministre prépare les décrets et les contresigne : le pouvoir réglementaire reste donc largement d'inspiration ministérielle. Il faut remarquer que cette absence de principe de pouvoir réglementaire des ministres est souvent critiquée aujourd'hui. En particulier, en matière économique, l'absence de pouvoir réglementaire accroît finalement l'arbitraire de l'administration qui ne peut se fixer d'avance des règles générales mais est obligée de décider au coup par coup (CE, 23 mai 1969, *Sté Distillerie Brabant et Cie*, p. 264). Aussi le juge admet-il aujourd'hui la possibilité pour les ministres de prendre des directives définissant des orientations générales sans mettre en cause son pouvoir d'appréciation (CE, 11 déc. 1970, *Crédit Foncier de France*, p. 750) (v. p. 58 et s.).

b) Les décisions individuelles relèvent du ministre dans la mesure toutefois où la loi n'a pas conféré ce pouvoir aux agents subordonnés déconcentrés (préfets, sous-préfets).

Les décisions des ministres constituent des arrêtés ministériels, ou des circulaires ministérielles, si plusieurs ministres interviennent, l'arrêté est interministériel.

Section 2 › LES COLLABORATEURS DES AUTORITÉS CENTRALES

Distinction à faire entre les collaborateurs directs, les bureaux, les conseils.

§ 1 - Les collaborateurs directs

A. Les secrétaires d'État

Ils constituent des sortes de semi-ministres, chargés de seconder les ministres ; leur nombre et leurs attributions sont très variables. Ils font partie du gouvernement sans participer à toutes ses réunions.

B. Les directions rattachées au Premier ministre

Est rattaché directement au Premier ministre, un ensemble de services très divers, dont la mission déborde le cadre d'un seul département ministériel : direction générale de l'Administration et de la Fonction publique. Certains services sont parfois dirigés par un ministre délégué ou un secrétaire d'État délégué.

C. Le cabinet ministériel

Il s'agit de collaborateurs attachés au ministre, ils apparaissent et disparaissent avec lui.

Le cabinet est composé généralement d'un directeur de cabinet, d'un chef de cabinet, d'attachés, de conseillers techniques, de chargés de mission. La composition est variable.

Son rôle est difficile à déterminer : intermédiaire entre les ministres et les Bureaux. Paul Morand : « Souple passerelle qui relie l'administration à la politique ».

§ 2 - Les bureaux

A. Les services du Premier ministre

Le **secrétariat général du gouvernement**, auquel sont rattachés divers services (documentation, *JO*, etc.), prépare les décrets, les délibérations du gouvernement et suit leur exécution.

B. Les bureaux des ministres

Ils constituent les **éléments stables et permanents** du ministère ; formés de fonctionnaires chargés de préparer le travail administratif, de préparer les décisions, de veiller à leur exécution.

Les bureaux sont divisés en directions, dirigés par des directeurs et des directeurs généraux. Les directions, qui se regroupent parfois sous l'autorité d'un Secrétaire général, sont elles-mêmes divisées en bureaux.

Les bureaux sont composés d'administrateurs civils, d'attachés, d'administration centrale et de secrétaires d'administration.

§ 3 - Les organes consultatifs

Ces organes sont chargés de donner un avis avant toute décision, **avis que l'administration n'est pas tenue de suivre.** Ils permettent de connaître l'avis des techniciens en la matière, et dans certains cas, à des intérêts professionnels de s'exprimer.

Leur statut est variable : dénommés conseils, commissions, comités, etc., ils sont, soit provisoires, soit permanents, se réunissent de façon périodique ou sur convocation, sont rattachés, soit au Premier ministre, soit à un ou plusieurs ministères.

Leur nombre est très élevé. Si l'on met à part les cas très particuliers que constituent le Conseil économique, social, et environnemental et même le Conseil d'État et la Cour des comptes qui tous deux ont des fonctions consultatives outre leurs attributions contentieuses, on peut citer à titre d'exemple : les conseils supérieurs de la fonction publique (de l'État, territoriale et hospitalière), le Conseil supérieur des transports terrestres et de l'intermodalité, le Conseil supérieur de la Défense nationale, etc.

§ 4 - Les corps d'inspection

Certains agents de l'administration centrale sont chargés d'inspecter les services extérieurs des ministères (inspecteurs généraux de l'Enseignement secondaire, inspecteurs des Finances, etc.)

À remarquer que de nombreux agents portent le titre d'inspecteur sans être des agents d'inspection (ex. : inspecteurs des contributions).

Section 3 › LES AUTORITÉS ADMINISTRATIVES INDÉPENDANTES

Depuis une trentaine d'années sont apparues, à côté des administrations traditionnelles de l'État, des institutions nouvelles dénommées « autorités administratives indépendantes ». Elles modifient profondément le paysage administratif et même juridictionnel français.

§ 1 - La multiplication des autorités administratives indépendantes

Si le **Défenseur des droits** était considéré comme une autorité administrative indépendante, le terme même est apparu avec la création de la **Commission nationale de l'informatique et de la liberté (CNIL)** en 1978. Elle contrôle le traitement des informations nominatives par l'administration. Le texte a été amendé par la loi du 12 avril 2000.

La Commission d'accès aux documents administratifs (CADA) a été créée par la loi du 17 juillet 1978 pour contrôler quels documents l'administration doit communiquer ou peut refuser de communiquer aux particuliers (v. aussi loi du 12 avr. 2000).

En matière audiovisuelle, il y a eu une succession d'organismes à noms divers. L'organisme actuel, le **Conseil supérieur de l'audiovisuel** (créé par une loi du 17 janv. 1989), contrôle les chaînes de radio et de télévision.

La **Commission nationale des comptes de campagne et des financements politiques** a été créée par la loi du 15 janvier 1990.

Il faut y ajouter aussi la **Commission consultative du secret de la défense nationale** (loi du 8 juill. 1998).

Les autorités administratives indépendantes sont particulièrement nombreuses en matière économique. Il s'agit de faire respecter les règles de la concurrence et de la transparence. On citera en particulier comme possédant des pouvoirs très importants, l'**Autorité de la concurrence** (ex. Conseil de la concurrence créé par une ordonnance du 1er déc. 1986), le **Comité de la réglementation bancaire** (loi de 1984) et l'**Autorité de régulation des télécommunications** (ART, loi 26 juill. 1996), la **Commission nationale du débat public**, créée en 1995, etc. Il faut ajouter en particulier l'**Autorité des marchés financiers** créée en novembre 2003 par la fusion entre la COB et le Conseil des marchés financiers ; la **Haute autorité contre les discriminations et pour l'égalité** (Halde, loi 30 déc. 2004, supprimée, v. p. 49) ; la création par la loi du 5 avril 2006 d'une **Agence française de lutte contre le dopage** regroupant divers organismes.

Il existe aujourd'hui de nombreuses autorités administratives indépendantes et cette liste est loin d'être exhaustive.

§ 2 - Organisation et pouvoirs des autorités administratives indépendantes

La place de ces organisations sort du cadre du droit commun de l'administration française. Dans la mesure où il faut assurer leur indépendance, les textes les créant ont adopté des solutions variées en ce qui concerne en particulier la durée du mandat, le non-renouvellement des personnes nommées, la diversité de leurs membres.

Leurs pouvoirs sont extrêmement variés et parfois très importants. Ainsi, le CSA dispose-t-il d'un certain pouvoir réglementaire ; nombreux sont les organismes ayant un pouvoir de décision et surtout de sanction (p. ex. l'Autorité de la concurrence, l'ART, etc.). Ces organismes peuvent aussi être chargés de donner des avis. Dans certaines hypothèses – et c'est le cas de l'ART –, ils ont le pouvoir de régler des différends d'ordre économique lorsque les acteurs ne parviennent pas à s'entendre.

§ 3 - Le contrôle des autorités administratives indépendantes

Échappant à la tutelle ou au contrôle des organismes traditionnels de l'administration, il faut cependant faire assurer par d'autres organes un contrôle de leur activité. Si, en principe, ce contrôle est assuré directement par la juridiction administrative et le Conseil d'État, il n'en va pas toujours ainsi.

En effet – et surtout en matière économique –, il a paru plus simple et plus efficace de soumettre certains organes au contrôle, spécifique en l'espèce, du juge judiciaire. Il en va ainsi des décisions prises par l'AMF et surtout de l'Autorité de la concurrence dont les décisions peuvent être portées devant la Cour d'appel de Paris. Quant aux décisions de l'ART, le contentieux se partage, selon le cas, entre l'ordre administratif et l'ordre judiciaire (CE, S., 26 juin 1998, *Sté AXS Télécom, Sté Ent. Télécom France*, *AJDA* 1998, p. 636 ; CA Paris, 28 avr. 1998).

Lorsque le juge administratif est compétent, son contrôle est relativement marqué. On citera à titre d'exemple : contrôle des sanctions administratives prononcées par l'ancienne commission de contrôle des assurances à propos des textes applicables dans le temps (CE, S., 17 nov. 2006, *Sté CNP Assurances*, *RFDA* 2007, p. 195). Par ailleurs, et cette décision est importante, saisie de sanctions prononcées par l'Autorité des marchés financiers, la Section du contentieux a fait prévaloir, notamment sur le fondement de l'art. 6/1 de la Convention européenne des droits de l'homme, la défense des justiciables poursuivis (CE, S., *M. Parent*, *AJDA* 2006, p. 80).

Chapitre 2 › LES AGENTS LOCAUX DE L'ADMINISTRATION D'ÉTAT

Idée générale : *les services extérieurs ou déconcentrés, par opposition aux services centraux localisés à Paris, sont disséminés sur tout le territoire.*

- ***Liaisons verticales :*** *les services sont organisés de façon hiérarchique ; il existe à la fois une hiérarchie des différentes circonscriptions administratives et une hiérarchie des agents.*
- ***Liaisons horizontales :*** *pour éviter que les différents services dans une circonscription territoriale ne dépendent que de leur ministre, ce qui peut entraîner un manque de coordination, on a créé des agents qui exercent leur surveillance sur tous les services de la circonscription administrative : le préfet, dans le département, le sous-préfet, dans l'arrondissement. Il faut faire une place à part aux préfets de région.*
- ***La déconcentration :*** *depuis 1964, de nombreuses mesures de déconcentration ont été prises. La loi du 6 février 1992 et le décret du 1er juillet 1992 reconnaissent une compétence de droit commun à l'administration de l'État organisée dans le cadre des circonscriptions de région et de département, l'administration centrale ne devant plus qu'avoir une compétence d'attribution.*

Section 1 › LE PRÉFET

Idée générale et évolution : le plus important des organes déconcentrés de l'administration centrale, le préfet, est le représentant de l'État dans le département. Crée par la loi du 28 pluviôse de l'an VIII (« Le préfet sera seul chargé de l'administration »), l'institution n'a pas subi de transformations fondamentales depuis cette époque (Const. 1958 : dans les départements, le délégué du gouvernement à la charge des intérêts nationaux, du contrôle administratif et du respect des lois). Toutefois, des modifications survenues peu à peu sont à signaler : en premier lieu le département est devenu aussi une collectivité territoriale décentralisée dont le préfet constituait l'organe exécutif, en second lieu, **les pouvoirs de certains préfets s'étendent à plusieurs départements (préfet de région)** sans faire disparaître le préfet du département. Depuis la loi du 2 mars 1982 (décr. 10 mai 1982) préfets départementaux et régionaux ne constituent plus les organes exécutifs respectifs du département et de la région, fonctions désormais dévolues aux présidents des conseils général et régional.

Précision : le préfet du département où se situe le chef-lieu de la région s'appelle aujourd'hui le « préfet de région ». Son statut ne comporte aucune particularité, il n'a aucun pouvoir hiérarchique sur les préfets des départements. Dans le cadre de la région (v. p. 136 et s.) il a un rôle analogue de celui des préfets dans les départements. La loi du 6 février 1992 lui reconnaît un pouvoir d'orientation sur les préfets des départements dans le domaine de la mise en œuvre des politiques nationales et communautaires concernant le développement économique et social et l'aménagement du territoire. Le décret du 29 avril 2004 précise et renforce les pouvoirs des préfets de région.

Le décret du 16 février 2010, confère enfin au préfet de région « une autorité » sur les préfets de département. Il bénéficie d'un certain pouvoir d'instruction et d'évocation (v. « La réforme de l'administration territoriale », dossier *AJDA* 2010, p. 819 et s. ; p. 130). Il s'agit d'une véritable montée en puissance des préfets de région.

§ 1 - Statut

Idée générale : la situation du préfet est traditionnellement marquée par sa soumission complète au pouvoir central : toutefois, il existe, depuis quelques années, un statut des préfets qui, tout en considérant le préfet comme un agent à la discrétion du gouvernement, lui accorde cependant certaines garanties de carrière.

A. Nomination et avancement

1. Nomination

L'évolution récente a partiellement limité les possibilités de choix du gouvernement. Les préfets nommés par décret du président de la République en Conseil des ministres, sont choisis dans la proportion de 4/5 parmi les sous-préfets ou les administrateurs civils. Les sous-préfets sont eux-mêmes essentiellement choisis parmi les administrateurs civils ou autres fonctionnaires issus de l'ENA.

2. Avancement

Classe unique divisée en sept échelons de traitement et une hors classe : pour l'avancement d'échelon on combine l'avancement au choix et à l'ancienneté.
De nombreux textes, en particulier le décret du 16 février 2009, ont largement assoupli les règles de nomination et d'avancement des préfets.

B. Obligations et discipline

- Agent du gouvernement, il a une obligation de loyalisme envers celui-ci.
- Subordonné hiérarchique de tous les ministres, il peut recevoir les instructions de chacun d'eux.
- Discipline :

– les préfets ne peuvent se syndiquer ;
– ils peuvent toujours être mutés d'office ou mis en disponibilité ;
– en matière disciplinaire, ils bénéficient du droit de la défense (CE, 5 juill. 2000, *M.D., D.* 2000, J., p. 687).

C. Avantages de carrière

- Leur traitement est relativement important.
- Avantages matériels : logement, automobile, frais de représentation, etc.

§ 2 - Attributions

A. Rôle politique

Ce rôle existe de façon traditionnelle en dehors de tout texte ; il assure une sorte de mission d'information générale du gouvernement. En revanche, il oriente moins qu'autrefois l'opinion publique dans le sens de la politique gouvernementale.

B. Rôle administratif

1. Le préfet représente l'État

Cela était déjà prévu par le décret du 14 mars 1964. Le préfet, dépositaire dans le département de l'autorité de l'État, veille à l'exécution des lois, des règlements et des décisions gouvernementales. Il est le délégué du gouvernement et le représentant direct de chacun des ministres. La loi du 2 mars 1982 prévoit que le représentant de l'État est seul habilité à s'exprimer au nom de l'État devant le conseil général, qu'il a la charge des intérêts nationaux, du respect des lois, de l'ordre public et qu'il exerce, sous réserve des dispositions de la même loi, les compétences qui précédemment étaient dévolues au préfet du département. Il est dépositaire de l'autorité de l'État dans le département. Délégué du gouvernement, il est le représentant direct du Premier ministre et de chacun des ministres.

Le préfet :

– assure la représentation juridique de l'État dans les relations conventionnelles comme en matière juridictionnelle ; il est ordonnateur des dépenses ;

– représente l'État à l'extérieur et est présent à la majorité des cérémonies officielles ;

– a un rôle d'information. Il informe le gouvernement mais aussi les populations de la politique menée par le gouvernement ;

– est compétent en matière de police générale. Certes ses pouvoirs de tutelle sur les arrêtés de police du maire sont fortement réduits et le président du conseil général reçoit certains pouvoirs de police. Mais il n'en reste pas moins que le préfet conserve l'essentiel des pouvoirs de police générale (v. p. 174 et s.) ;

– lorsqu'il déclenche le plan Orsec, il concentre l'ensemble des moyens ;

– nomme à certains emplois ;

– exerce de nombreuses compétences dans des matières administratives spécialisées (expropriation, conflits, suspension du permis de conduire, etc.) ainsi qu'en matière économique (décr. 13 nov. 1970) ;

– a certaines attributions en matière de défense nationale.

L'important décret du 29 avril 2004 précise et amplifie les pouvoirs du préfet. V. aussi décret 10 janvier 2010.

2. La direction des services déconcentrés de l'État

D'après **la loi du 2 mars 1982** le préfet « dirige les services de l'État dans le département sous réserve des exceptions limitativement énumérées par un décret en Conseil d'État ». L'art. 6 du décret du 10 mai 1982 dispose qu'il dirige, sous l'autorité de chacun des ministres concernés, les services extérieurs des administrations civiles de l'État dans le département et qu'il a autorité directe sur les chefs de service, les délégués ou correspondants de ces administrations, quelles que soient la nature et la durée des fonctions qu'ils exercent.

Ce texte a donc confirmé et même largement renforcé l'autorité du préfet sur les services extérieurs de l'État par rapport aux dispositions déjà fort importantes du décret du 14 mars 1964.

Alors que la réforme de 1964 parlait d'un pouvoir de « coordination », la loi de 1982 prévoit la **direction** des services extérieurs. Aujourd'hui le préfet est véritablement le chef des services extérieurs.

Il a seul qualité pour recevoir délégation des ministres chargés des administrations civiles de l'État et les pouvoirs de décision nouvellement instaurés au niveau du département dans le cadre des compétences de l'État. Il peut toutefois déléguer sa signature. Il est l'unique ordonnateur secondaire.

Le préfet dispose du pouvoir de proposition de notation sur les chefs de service départementaux des administrations civiles de l'État. Il est consulté préalablement à toute nomination ou mutation les concernant. Il est destinataire de toutes les instructions, circulaires, notes de service et correspondances émanant des administrations centrales et régionales de l'État ainsi que des services soumis à son autorité.

Les textes de 1982 élargissent aussi les pouvoirs économiques du préfet.

Tous les organismes de mission qui échappaient à la coordination préfectorale seront supprimés dans un certain délai. Il en est de même des commissions administratives.

Le préfet est tenu informé, au titre du contrôle administratif, de l'action des collectivités territoriales et des établissements publics de l'État.

La loi du 6 février 1992 va plus loin. Elle confie aux administrations centrales, les **seules** missions qui présentent un caractère national ou dont l'exécution, en vertu de la loi, ne peut être déléguée à un échelon territorial.

Cette déconcentration renforcée profite largement au préfet.

Le décret du 1er juillet 1992 porte « charte de la déconcentration », v. aussi décret 29 avril 2004.

Les services de l'État ont fait l'objet d'une importante restructuration. Depuis le **1er janvier 2010**, ils comprennent selon l'importance de la population, deux ou trois structures interministérielles : la Direction départementale de la cohésion sociale, la Direction départementale de la protection des populations, la Direction départementale des territoires.

Dans certains départements, il existe des préfets pour la sécurité et la défense, placés auprès du préfet du département ; il y aussi parfois des préfets délégués pour l'égalité des chances.

3. Le contrôle administratif des collectivités territoriales

Le préfet, jusqu'à la loi du 2 mars 1982, exerçait un important contrôle de tutelle sur les collectivités locales et les établissements publics qui ne dépassent pas le cadre départemental. La loi du 2 mars 1982 a fortement réduit le contrôle : le préfet n'exerce plus qu'un contrôle administratif par l'intermédiaire du tribunal administratif et de la chambre régionale des comptes (sur les détails v. ci-après p. 126 et s.).

Section 2 › LES AUXILIAIRES DU PRÉFET

§ 1 - Le cabinet

Le cabinet, dirigé par un chef de cabinet, parfois un directeur de cabinet, s'occupe des affaires à incidence politique ou présentant un caractère spécial ou confidentiel.

§ 2 - Les bureaux

Même rôle de préparation et d'exécution des décisions envers le préfet que les bureaux de l'administration centrale envers les ministres. Bureaux dirigés par le **secrétaire général de la préfecture**, auxiliaire le plus immédiat du préfet qui peut lui déléguer de nombreux pouvoirs. Le personnel des bureaux est hiérarchisé (attachés de préfecture, secrétaires d'administration).

§ 3 - Les sous-préfets

Statut : v. *supra*, Statut du préfet.

Fonctions : c'est dans le cadre des sous-préfets que sont recrutés les chefs de cabinet, le secrétaire-général ; ils exercent aussi certaines missions particulières (p. ex. chargé des affaires économiques, etc.).

Les sous-préfets sont des administrateurs à la tête de chaque arrondissement. Selon l'art. 5 du décret du 1er juillet 1992 « L'arrondissement est le cadre territorial de l'animation du développement local et de l'action administrative locale de l'État ».

Les sous-préfets, agents directs du gouvernement et du préfet aident celui-ci dans son travail d'animation et d'information. Avant la loi du 2 mars 1982, ils étaient tuteurs de communes et jouaient, par ailleurs, un rôle de conseiller auprès des maires. Le préfet peut leur déléguer certaines attributions.

Le décret du 29 avril 2004 précise le rôle du sous-préfet. Sous l'autorité du préfet, il :

– veille au respect des lois et règlements et du maintien de l'ordre public ;
– anime et coordonne, dans l'arrondissement, l'action des services de l'État ;
– participe au contrôle administratif et au conseil des collectivités territoriales.

Titre 3

LES COLLECTIVITÉS TERRITORIALES

Introduction : le statut constitutionnel des collectivités territoriales. Les collectivités locales faisant partie des structures même du territoire de la République française, elles ont, tout comme l'État, un statut constitutionnel.

– **L'existence** même des collectivités territoriales est prévue par la Constitution dans son art. 72, al. 1er. Il s'agit des communes, des départements, des territoires d'outre-mer (et aussi des régions). Il en résulte qu'elles ne peuvent être supprimées que par une loi ayant force constitutionnelle. La création de toute nouvelle collectivité relève de la loi.

– **La libre administration** des collectivités territoriales est prévue par la Constitution. « Ces collectivités s'administrent librement par des conseils élus et dans les conditions prévues par la loi » (art. 72, al. 2).

Il en résulte que c'est au législateur de déterminer le statut de ces collectivités tout en respectant la libre administration par des conseils élus.

Ces principes ont fait l'objet d'une importante jurisprudence de la part du Conseil constitutionnel et du Conseil d'État. Ces jurisprudences consacrant d'une part, une interprétation extensive du domaine du législateur, d'autre part le fait que le législateur ne peut porter lui-même atteinte au principe de la libre administration des collectivités territoriales (ex. : caractère inconstitutionnel d'une mesure ayant pour objet ou effet de priver les autorités locales de leur liberté en matière de création et suppression d'emplois publics et de gestion du personnel : Cons. const., 19 et 20 janv. 1984) ; la loi ne peut prévoir que le déféré du préfet contre un acte d'une autorité locale, intervenu dans certaines matières (urbanisme, marchés publics) entraîne automatiquement la suspension de ces actes : Cons. const., 20 janv. 1993).

Le principe de la libre administration des collectivités territoriales a donc fait l'objet d'assez nombreuses décisions. C'est ainsi que saisi de la constitutionnalité des différentes dispositions législatives transférant des charges de l'État aux collectivités territoriales, le Conseil constitutionnel a, dans le cadre nouveau des « questions prioritaires de constitutionnalité », pu préciser la portée des principes de libre administration et d'autonomie financière des collectivités des articles 72 et 72-2 de la Constitution (CE, 22 sept. 2010, *Commune de Besançon et autres*, *AJDA* 2011, p. 218).

Ainsi, le principe de la libre administration des collectivités territoriales comporte des compétences minimales (gestion du personnel, organisation interne des assemblées délibérantes, etc.) ; le principe de l'interdiction de toute tutelle d'une collectivité territoriale sur une autre ; une certaine autonomie financière et un certain pouvoir réglementaire local.

Il ne s'agit ici que d'une analyse rapide qui ne peut être développée dans le cadre de cet ouvrage.
En 2006, la France a ratifié (tardivement) la Charte européenne de l'autonomie locale adoptée en 1985. Cette Charte définit l'autonomie locale comme étant « le droit et la capacité effective pour les collectivités locales de régler et de gérer dans le cadre de la loi, sous leur propre responsabilité et au profit de leur population une part importante des affaires publiques » (art. 3).
– La loi du 21 février 1996 a créé un **Code général des collectivités territoriales** (partie législative) regroupant les divers textes.

Chapitre 1 › LES NOUVEAUX RAPPORTS ENTRE L'ÉTAT ET LES COLLECTIVITÉS TERRITORIALES

Tutelle, contrôle, répartition des compétences... les rapports entre l'État et les collectivités territoriales n'ont cessé d'évoluer ces dernières années, dans un système de répartition très complexe.

Section 1 › LE CONTRÔLE DE L'ÉTAT SUR LES COLLECTIVITÉS TERRITORIALES

La loi du 2 mars 1982 ainsi que celle du 22 juillet 1982 ont supprimé la « tutelle » qui pesait sur les actes des collectivités locales. Mais il subsiste un « contrôle » très différent du contrôle hiérarchique ou de tutelle classique. Les actes des autorités locales deviennent exécutoires de plein-droit. Il n'y a plus de contrôle *a priori* mais seulement un contrôle *a posteriori*. Le contrôle ne porte que **sur la légalité de l'acte**, il est exercé, après mise en mouvement par le représentant de l'État, par une autorité juridictionnelle, le tribunal administratif, et, dans une mesure plus limitée, par les nouvelles chambres régionales des comptes. Le contrôle autrefois divers s'applique maintenant de manière à peu près uniforme à toutes les collectivités locales et les décisions prises par les divers organes. C'est donc le contrôle sur les actes qui a été essentiellement modifié.

§ 1 - Les contrôles administratifs

- **Les délibérations, arrêtés, actes et contrats des diverses autorités locales sont exécutoires de plein droit après publication ou notification**. Toutefois, les plus importants de ces actes (loi du 22 juill. 1982 ; loi du 13 août 2004) restent soumis à un contrôle *a posteriori* (délibérations des assemblées et décisions des organes auxquelles elles ont délégué une partie de leur compétence, décisions prises en matière de police, les décisions réglementaires, les délibérations les plus importantes relatives aux agents locaux, les principaux contrats).

  Les actes les plus importants doivent être **transmis au représentant de l'État ou à son délégué et deviennent exécutoires à ce moment**. Le représentant de l'État en apprécie la légalité. S'il estime l'acte légal, il doit, lorsque l'autorité locale lui en fait la demande, l'informer de ne pas saisir le tribunal administratif. S'il croit que la décision est illégale, il en saisit le tribunal administratif **(déféré préfectoral)** dans un délai de deux mois. Il doit en informer l'autorité qui a pris l'acte. Il peut assortir son recours d'une demande de **sursis à exécution**. Le représentant de l'État peut saisir le tribunal administratif de sa propre initiative, ou sur demande d'un administré.

  Lorsque le sursis est demandé, il suffit que l'un des moyens invoqués soit sérieux. Le tribunal devra alors prononcer le sursis. Si l'acte est de nature à compromettre l'exercice d'une liberté publique ou individuelle, le président du tribunal statuera seul dans les 48 heures.

Le tribunal peut accueillir ou rejeter le recours ; le représentant de l'État peut faire appel au Conseil d'État contre le jugement refusant le sursis ou celui qui rejette la demande d'annulation. L'appel d'une demande de sursis portant sur un acte de nature à compromettre une liberté doit être formé dans les quinze jours, le président de la section du contentieux du Conseil d'État statue dans les 48 heures.
En matière d'urbanisme, de marchés, de délégation de service public, le préfet, lorsqu'il demande le sursis à exécution, peut même pour un certain délai, suspendre l'acte provisoirement (loi 4 févr. 1995).
Il faut enfin signaler qu'en matière de police administrative, subsiste le pouvoir de substitution du préfet après mise en demeure non suivie d'effet.

• Enfin les tutelles **techniques** ont aussi été réduites. Déjà le rapport Guichard avait mis en évidence l'importance de la tutelle technique. Un allégement de cette tutelle est donc prévu.

• Le contrôle reste numériquement très limité. En 2006, sur près de 6,5 millions d'actes transmis, moins de 200 000 (3 %) ont fait l'objet de lettres d'observation. Moins de 2 000 actes ont été déférés aux tribunaux administratifs (0,022 % des actes) ; plus de 500 ont fait l'objet d'un désistement. D'ailleurs, les carences de l'État dans l'exercice du contrôle de légalité ne peuvent engager sa responsabilité que pour faute lourde (CE, 6 oct. 2000, *Min. Intérieur, RFDA* 2001, p. 153) (v. p. 208 et s.).

§ 2 - Les contrôles financiers

La tutelle financière a été considérablement allégée mais elle n'a pas été supprimée. Ce contrôle est exercé par trois organes, les préfets, les chambres régionales des comptes (loi 10 juill. 1982) nouvellement créées dans chaque région et les comptables des collectivités locales nommés après information de l'autorité locale.
Le contrôle assez complexe porte sur l'élaboration du budget et son exécution (les règles ont été légèrement modifiées par la loi du 19 août 1986) et le contrôle renforcé par la loi du 6 février 1992 et le Code des collectivités territoriales (loi 21 févr. 1996) :
– si le budget n'est pas voté avant le 31 mars, le représentant de l'État saisit la chambre régionale qui émet un avis. Éventuellement, le représentant de l'État règle lui-même le budget ;
– si le budget n'est pas voté en équilibre, la chambre, saisie par le représentant de l'État, propose des mesures de redressement. En cas de refus de les adopter, le représentant de l'État a un pouvoir de substitution ;
– si une dépense « obligatoire » pour la collectivité locale ne figure pas au budget, la chambre régionale adresse « une mise en demeure ». Si elle reste sans effet, le préfet procède d'office ;
– si l'arrêté de compte de l'exercice précédent fait apparaître un certain déficit (variable selon les collectivités), la chambre régionale propose des mesures de redressement. Là encore, si la collectivité n'y procède pas, le préfet se substitue à la collectivité défaillante.
La chambre régionale n'émet donc que des propositions.
La loi du 6 février 1992 a toutefois renforcé sur certains points l'efficacité du contrôle sur les budgets. On retiendra en particulier trois points :

– l'exécutif local et le préfet pourront désormais demander à la chambre régionale des comptes de procéder à une enquête sur la gestion d'une collectivité locale ;

– en cas de défaut d'adoption d'un compte administratif par une commune, son plus proche budget sera automatiquement soumis par le préfet à la chambre régionale des comptes ;

– les maires, présidents de conseils généraux et régionaux devront tenir une comptabilité des engagements de dépenses.

Par ailleurs, la chambre régionale des comptes juge dans son ressort, l'ensemble des comptes des comptables publics des collectivités territoriales ; toutefois, la loi du 5 janvier 1988 rend aux trésoriers-payeurs-généraux l'apurement des comptes des petites communes (en principe de moins de 2 000 habitants) ;

– en matière d'exécution des dépenses ; si une dépense n'est pas mandatée, le représentant de l'État, sans l'intervention de la chambre régionale, peut y procéder d'office ;

– le comptable doit exercer sur les ordres de paiement un contrôle de légalité. Mais l'ordonnateur (p. ex. le maire) peut lui adresser un ordre de réquisition.

Conclusion : le contrôle de légalité, qui a fait l'objet de très multiples réformes, reste toutefois limité, étant donné le nombre d'actes à contrôler.

Les textes ont certes réduit le nombre d'actes soumis au contrôle de légalité. Des stratégies de contrôle ont été élaborées. Il y a modernisation du mode de traitement par dématérialisation et télétransmission des actes. On a créé des pôles de contrôles spécialisés. Mais il n'en reste néanmoins que les pratiques préfectorales restent très hétérogènes. D'autres solutions de contrôle sont-elles possibles ? (v. « Contrôle de légalité : un réel renouveau », C. Branquart, *AJDA* 2011, p. 198 et s.).

Section 2 › LA NOUVELLE RÉPARTITION DES COMPÉTENCES

À côté de leurs compétences traditionnelles (v. détails, *infra*), les lois des 7 janvier 1983 et 22 juillet 1983 ont transféré aux différentes collectivités locales de nouvelles compétences. Quelques modifications ont été apportées par les lois des 25 janvier 1985, 9 janvier 1986, 19 août 1986.

Il faudra évidemment y ajouter la loi constitutionnelle du 28 mars 2003, et les lois qui ont vu ou verront le jour en application de cette loi.

De nouvelles fonctions sont assignées aux différentes collectivités locales. Parfois il s'agit de la création de véritables blocs de compétence. En même temps qu'elles transfèrent les compétences les lois prévoient pour l'avenir le transfert des ressources financières, des services et des transferts de biens.

Les lois de répartition de compétences sont très complexes. On se bornera à relever quelques éléments dominants :

§ 1 - Les domaines réservés en priorité à l'action locale

• Le secteur **sanitaire et social**, autrefois très complexe en ce qui concerne la répartition des compétences est devenu tout au moins en ce qui concerne les prestations d'aide sociale l'apanage du département : aide sociale à l'enfance, aux familles, aux personnes âgées ou handicapées, aide médicale hospitalière et à domicile. Le département intervient aussi en matière de protection maternelle et infantile.

• En ce qui concerne l'**enseignement**, les communes se voient confier les écoles, les départements agissent à l'échelon du collège, la région est compétente pour les lycées. Seuls les bâtiments relèvent des collectivités territoriales, la compétence pédagogique est aux mains de l'État.

• L'**urbanisme** est largement décentralisé au profit des communes qui fixent les schémas directeurs, les plans d'occupation des sols ; le maire délivre en principe le permis de construire.

• Pour les **transports**, la région doit établir le plan régional des services réguliers des transports routiers. Elle est le principal interlocuteur de la SNCF. Les départements sont chargés des services de transport réguliers ou à la demande, des transports non-urbains (transports scolaires). Les communes interviennent dans le cadre des périmètres des transports urbains.
Il y a ainsi certaines compétences réservées en priorité à l'action locale mais l'État garde malgré tout toujours de larges compétences.

§ 2 - Les compétences partagées

Très souvent le rôle de l'État reste prépondérant.

• **L'action économique** : de nombreux textes prévoient que la conduite de la politique économique et sociale est de la responsabilité de l'État. Les collectivités et surtout la région y participent mais leur action est encadrée.
Les collectivités territoriales peuvent intervenir sous respect de la liberté du commerce et de l'industrie et du principe de l'égalité des citoyens devant la loi. Selon la loi du 2 mars 1982 (modifiée à plusieurs reprises) :
– les collectivités territoriales peuvent intervenir lorsque leur intervention a pour objet d'accorder des **aides** dans les conditions prévues par la loi approuvant le plan ;
– lorsque la protection des intérêts économiques et sociaux de la population l'exige, les collectivités peuvent accorder des aides à des **entreprises en difficulté** pour la mise en œuvre de mesures de redressement prévues par une convention passée avec celle-ci. Les collectivités peuvent passer des conventions avec d'autres collectivités territoriales concernées. Mais ces possibilités ont été jugées dangereuses pour les finances communales et ont été supprimées pour les communes ;
– lorsque l'intervention de la collectivité a pour but d'assurer le maintien des services nécessaires à la satisfaction des besoins de la population en **milieu rural** et que l'initiative privée est défaillante, une aide est possible ;
– sont toutefois exclues, sauf autorisation par décret en Conseil d'État, toutes participations dans le capital d'une société commerciale et tout autre organisme à but lucratif n'ayant pas pour objet d'exploiter des services de la collectivité ou des activités d'intérêt général dans les conditions prévues par le Code des collectivités territoriales. La loi du 7 juillet 1983 a précisé le statut des sociétés d'économie mixte locales.

• **Les équipements d'infrastructure et de logement** : si les communes interviennent largement en matière de voirie, d'adduction d'eau, d'égouts, d'électricité, de gaz d'éclairage, le département assure l'entretien des voies départementales et aide les communes rurales. Les communes interviennent aussi en matière de logements sociaux, surtout avec la loi de 1990 qui prévoit le droit au logement.
Mais l'État reste largement compétent et répartit les aides financières.

• **La planification et l'aménagement du territoire** : l'État a les compétences de base, mais les régions donnent leur avis sur le plan national et élaborent des plans régionaux. Les communes peuvent élaborer des chartes intercommunales de développement et d'aménagement. Quant à l'aménagement du territoire (loi du 4 févr. 1995 et loi du 25 juin 1999) si l'État élabore le schéma national, les modalités de coopération avec les collectivités locales sont nombreuses.

• **La politique culturelle** reste fondamentalement dans la main de l'État, mais les communes interviennent largement.

Conclusion : les relations financières entre l'État et les collectivités territoriales sont complexes. Signalons simplement l'existence de la « **dotation globale de fonctionnement** » et la « **dotation globale d'équipement** » au profit des collectivités territoriales (surtout des communes).

• La loi du 27 février 2002, relative à la « démocratie de proximité », modifie, en les renforçant, les compétences des collectivités territoriales **en matière d'aides directes, de ports maritimes et d'aérodromes.** Certaines compétences sont instituées à titre « expérimental ».

§ 3 - La réforme Raffarin

La loi constitutionnelle du 28 mars 2003 a été complétée par une série de lois organiques, de lois ordinaires et de décrets : loi organique du 1er août 2003 relative à l'expérimentation par les collectivités territoriales, loi du 1er août 2003 relative au référendum local, loi organique du 29 juillet 2004 relative à l'autonomie financière des collectivités territoriales et surtout la loi du 13 août 2004 sur les libertés et responsabilités locales.
L'idée générale est de donner plus de souplesse au cadre institutionnel, avant de transférer aux collectivités territoriales plus de compétences. La philosophie s'inscrit dans le cadre de la « subsidiarité » qui domine aussi l'Union européenne.
Ainsi, en application de la réforme constitutionnelle du 28 mars 2003, la loi du 13 août 2004 procède à de nombreux transferts de compétence de l'État aux collectivités territoriales. Cette loi, très longue et très complexe, ne peut être analysée que très brièvement dans le cadre de cet ouvrage.

• **Développement économique, formation professionnelle**
Le développement économique, qui faisait déjà partie des compétences de la région, est encore accentué au profit de celle-ci. La loi supprime la distinction entre aides directes et indirectes. Le régime des interventions économiques des collectivités territoriales est profondément modifié.
La formation professionnelle, qui d'une certaine manière, est liée au développement économique, devient l'une des compétences principales de la région.

• **Grands équipements, ports, aérodromes**

La propriété, l'aménagement, la gestion des aéroports et des ports maritimes de commerce sont transférés, sauf exception, aux collectivités locales et, en particulier mais pas uniquement, aux régions.

• **Solidarité, santé**

Le rôle du département en tant que pivot de l'action sanitaire et sociale est accru. Le département, chef de file de l'aide et de l'action sociale, procède à une planification départementale, coordonne l'action gérontologique ; il est compétent pour les aides aux personnes en situation précaire. Mais la région participe à la formation sociale et sanitaire, et aux décisions concernant l'équipement sanitaire. Les régions pourront siéger au sein des agences régionales d'hospitalisation.

• **Culture, tourisme**

Le patrimoine culturel peut être partiellement décentralisé. Il s'agit essentiellement des monuments historiques. De nombreuses compétences en matière de tourisme sont transférées à la région.

• **Voirie**

La mesure essentielle consiste à transférer aux départements 15 000 à 20 000 km de routes nationales.

• **Lycées, collèges**

Des textes sont prévus pour les lycées et collèges afin de leur donner plus d'autonomie et d'associer davantage les parents.

• **Personnels**

Le développement des compétences territoriales, les expérimentations, les délégations de compétence entraîneront la mise à la disposition ou le transfert définitif de personnels d'État aux collectivités territoriales (en particulier le personnel de service des lycées et collèges). En principe les fonctionnaires touchés auront le choix entre intégration dans la fonction publique territoriale ou un détachement sans limitation de durée.

• **Autres mesures :**

– *La loi prévoit la possibilité de recourir à des expérimentations*

La loi met en œuvre certains types d'expérimentations prévues par la loi portant révision constitutionnelle du 28 mars 2003. Il faudra distinguer les transferts définitifs et les transferts à titre expérimental.

– *Développement des procédures contractuelles*

Le système de la « contractualisation » est fortement développé. Il n'est pas un transfert qui ne soit accompagné d'un mécanisme conventionnel.

– *Le transfert de compétence est progressif*

L'entrée en vigueur des différentes mesures a été progressive entre 2005 et 2008.

– *Le système de l'intercommunalité est modernisé*

Les mesures sont diverses : transformation plus aisée des établissements publics de coopération intercommunale (EPCI) à fiscalité propre en un autre type d'établissement public, procédure de fusion pour permettre le regroupement de plusieurs EPCI, simplification de la modification du nombre et de la répartition des sièges, autorisation du transfert des pouvoirs de police du maire aux présidents d'EPCI à fiscalité propre, possibilité pour les communes de verser des fonds de concours aux EPCI, relations conventionnelles entre EPCI et communes-membres.

– *Le contrôle de légalité est légèrement modifié*
Confronté à l'échec du système général du contrôle, quelques modifications sont apportées : tentative de polarisation sur les actes locaux « sensibles », clause générale (insérée dans la loi) de communication sur demande du préfet, etc.
– *Il faut ajouter la loi organique du 29 juillet 2004 relative à l'autonomie financière des collectivités territoriales.*
Les mesures sont diverses : les recettes propres des collectivités territoriales représentent « pour chaque catégorie de collectivités, une part déterminante de l'ensemble de leurs ressources ». Par ailleurs les transferts de compétence doivent être accompagnés de transferts de ressources équivalents (p. ex. transfert d'une part du produit de la taxe intérieure sur la consommation des produits pétroliers – TIPP).
De nombreuses questions restent posées : les transferts de ressources sont-ils suffisants ? L'autonomie des collectivités territoriales prévue par la Constitution (art. 72, al. 3) est-elle suffisamment respectée ?
Les lois à venir vont modifier ces répartitions de compétence. En principe la « clause générale de compétence » attribuée aux régions et aux départements serait supprimée (v. p. 107, loi du 16 décembre 2010).

Chapitre 2 › LA RÉGION

Historique : *textes essentiels : décrets du 14 mars 1964 ; loi du 5 juillet 1972 ; décrets du 5 septembre 1973 et du 22 novembre 1974.*

- *En 1982, la région quitte le statut étriqué de l'établissement public pour revêtir l'habit plus ample de* ***la collectivité territoriale.*** *La réforme est donc considérable. Il n'en reste pas moins que si la mission de la région est élargie, elle ne change pas de nature : c'est surtout une instance de coordination, de programmation et d'organisation du développement et la région ne peut agir que dans le cadre « du respect de l'intégralité de l'autonomie et des attributions des départements et des communes » qui demeurent les deux échelons administratifs de gestion. Toutefois, depuis les dernières réformes, la région exerce aussi davantage de compétences de gestion.*
- ***L'élection au suffrage universel*** *direct est de nature à porter très loin les effets de la réforme. Représentativité et pouvoir sont réconciliés au profit du nouveau conseil qui a toute latitude pour affirmer sa prééminence.*
- *La loi du 6 janvier 1986 applique au conseil régional et à son président de nombreux textes repris de la loi relative au département (conseil général et président du conseil général).*
- *La loi du 6 février 1992 dispose que le nom et les limites territoriales des régions sont fixés par la loi après consultation des conseils généraux et régionaux intéressés.*
- *La région reste aussi le cadre d'une administration de l'État.*

Section 1 › LES ORGANES DE LA RÉGION

En ce qui concerne l'administration d'État dans la région, le décret du 14 mars 1964 prévoit qu'elle est exercée essentiellement par le préfet de région qui est chargé de la région. La loi du 2 mars 1982 et le décret du 10 mai 1982 font **du commissaire de la République de la région (préfet) le seul représentant de l'État dans la région.**
D'après la loi du 2 mars 1982, le conseil régional par ses délibérations, le président du conseil régional par l'instruction des affaires et l'exécution des délibérations, le comité économique et social par ses avis concourent à l'administration de la région. Ainsi le président du conseil régional devient, à l'instar du président du conseil général, l'exécutif de la collectivité.

§ 1 - Le conseil régional

Il comprenait, avant mars 1986, 50 % de parlementaires (tous les députés et sénateurs élus dans la région), 30 % de représentants des collectivités locales (dont 50 % de maires choisis par les conseillers généraux), 20 % de représentants des agglomérations désignés selon les cas par les conseils municipaux ou les conseils des communautés urbaines.

• **La loi du 10 juillet 1985**, prévoit que les conseillers régionaux sont élus pour six ans. Les conseils régionaux se renouvellent intégralement. Les conseillers sont élus dans chaque département, au scrutin de liste, à la représentation proportionnelle à la plus forte moyenne. Les élections qui ont eu lieu le 16 mars 1986 et en mars 1992 ont donné la majorité dans la plupart des régions à la coalition RPR-UDF. Les élections du 15 mars 1998 ont démontré le **caractère totalement inadéquat du mode scrutin**. Alors que la gauche avait la majorité relative dans onze régions environ, le vote Front national en faveur de candidats RPR-UDF à la présidence des régions a introduit de graves dysfonctionnements dans le système. Finalement la gauche dirigeait environ huit régions.

• Le gouvernement Raffarin a fait voter une nouvelle du **11 avril 2003** qui s'est appliquée au scrutin régional des 21 et 28 mars 2004 :
– la durée du mandat est maintenue à six ans ;
– le scrutin comporte deux tours dans le cadre de la circonscription régionale ;
– le seuil pour accéder au second tour est fixé à 10 % **des exprimés**. Le seuil qui permet de fusionner pour accéder au second tour est de 5 % des exprimés ;
– il faut avoir obtenu au moins 5 % pour être admis à la répartition des sièges ;
– la circonscription régionale est divisée en sections départementales, qui comptent un nombre de candidats correspondant au nombre de sièges, augmenté de deux, afin de pourvoir à d'éventuelles vacances ;
– répartition des sièges : une prime majoritaire équivalant à un **quart des sièges est attribuée à la liste arrivée en tête (avec regroupement départemental)**. Les autres sièges attribués à chaque liste sont répartis entre les sections départementales à la proportionnelle selon la règle de la plus forte moyenne. Ils sont attribués aux candidats dans l'ordre de présentation sur chaque section départementale. Le remplacement d'un élu démissionnaire s'effectue au sein des sections départementales. L'alternance homme-femme doit être strictement respectée par les listes.

Aux élections des 21 et 28 mars 2004, la gauche a remporté la majorité dans la totalité des régions, à l'exception de l'Alsace et de la Corse. **Aux élections régionales de 2010, elle a remporté la totalité des régions sauf l'Alsace.**

Il faut souligner que la prochaine élection au conseil régional aura lieu en **2014** et se fera selon les nouvelles modalités d'élection des **« conseillers territoriaux »** (v. Conclusion ci-après).

D'après la loi du 6 janvier 1986, le conseil régional élit le président après chaque renouvellement total. Il est élu à la majorité absolue aux deux premiers tours, à la majorité relative au troisième tour. Depuis la loi du 6 février 1992 les membres de la « **commission permanente** » qui remplace l'ancien « bureau » sont désignés au scrutin proportionnel à la plus forte moyenne, assurant ainsi une représentation des minorités. Toutefois il subsiste à l'intérieur de la « commission permanente » un bureau dont les membres sont élus au scrutin uninominal. Le bureau comprend le président du conseil régional et les vice-présidents. Le conseil régional se réunit au moins une fois par trimestre. Il établit son règlement intérieur. La loi du 31 janvier 2007 a introduit la parité hommes-femmes dans les exécutifs.

Par accord du président du conseil régional et du représentant de l'État, celui-ci est entendu par le conseil régional. Lorsque le fonctionnement d'un conseil régional se révèle impossible, le gouvernement peut en prononcer la dissolution par décret motivé pris en Conseil des ministres. Le gouvernement doit en rendre compte au Parlement dans les plus brefs délais.

• **La compétence du conseil régional :** en ce qui concerne les affaires relevant de la région, collectivité locale, c'est le conseil régional qui a le pouvoir délibérant. Les délibérations sont exécutoires de plein-droit. À l'égard des affaires de l'État dans la région, le conseil régional a un rôle consultatif.

La loi du 19 janvier 1999 modifie encore le vote du budget. Si le budget est rejeté avant le 20 mars, le président communique dans un délai de dix jours un nouveau projet sur la base du projet initial, éventuellement modifié par des amendements soutenus au cours de la discussion. Ce projet et les délibérations relatives aux taux sont considérés comme adoptés à moins qu'une motion de renvoi présentée par la majorité absolue des membres ne soit adoptée par cette même majorité. Cette motion comporte un projet de budget. Si, après quelques procédures assez complexes, cette motion est adoptée, c'est ce nouveau projet qui deviendra le budget.

Conclusion : le conseiller territorial.

La loi du 16 décembre 2010, procède à une réforme révolutionnaire d'élection des conseillers régionaux et généraux à partir de 2010.

Les conseillers territoriaux formeront à la fois les conseils régionaux et généraux. Il s'agira donc des mêmes personnes. Sont supprimés 3 903 conseillers généraux et 1 757 conseillers régionaux remplacés par 3 471 conseillers territoriaux. Un nouveau découpage des circonscriptions « cantonales » a été prévu (annulé par le Conseil constitutionnel pour la Meuse, le Cantal, la Haute-Garonne, l'Aude, la Mayenne et le Rhône-Alpes).

Les « conseillers territoriaux » **sont élus au scrutin uninominal à deux tours.** Un seuil de 12,5 % est fixé pour se maintenir au second tour (et non de 10 % comme aujourd'hui).

La détermination du nombre de conseillers territoriaux envoyés par chaque département n'a pas pu se faire sur le seul critère démographique. Les petits départements n'auraient eu que quelques représentants. Le seuil minimum a été fixé à 15 conseillers territoriaux par département. Certains conseils régionaux seront pléthoriques (308 en Île-de-France, 296 en Rhône-Alpes, 255 en Midi-Pyrénées).

Certaines assemblées départementales seront très réduites : 15 conseillers en Lozère, Territoire de Belfort, Alpes de Haute-Provence, Hautes-Alpes).

Il est très difficile de prévoir les conséquences de cette réforme, qui limitera probablement de façon considérable la parité hommes-femmes qui existait dans les conseil régionaux.

§ 2 - Le président du conseil régional

La loi du 2 mars 1982 a transféré le pouvoir exécutif du préfet au président du conseil régional. Ainsi il prépare et exécute le budget, ordonnance les dépenses, gère le patrimoine régional, a un pouvoir hiérarchique sur les services, convoque l'Assemblée en session, etc.

Le président du conseil régional a en principe les moyens de sa politique. Il peut demander à son conseil régional la création de services régionaux dont il sera le chef et pourra recruter de nouveaux agents. Les services extérieurs de l'État sont en tant que de besoin mis à sa disposition. Certains services ont été transférés à la région. Le président peut adresser au comptable un ordre de réquisition.

§ 3 - Le conseil économique, social et environnemental

C'est la loi du 6 février 1992 qui a transformé les anciens comités en conseils et a créé des sections. Il comprend des représentants des organismes et activités à caractère économique, social, professionnel, éducatif, scientifique, culturel et sportif de la région.

Les attributions du conseil sont purement consultatives. Mais sa compétence est cependant amoindrie. L'avis du conseil n'est plus obligatoirement requis que pour le plan national, le plan régional et les orientations générales du projet du budget. Cependant, le président du conseil régional peut le solliciter pour des avis et des études. Le conseil peut aussi émettre spontanément des avis sur les questions entrant dans les compétences de la région.

§ 4 - Le préfet de région

• Représentant de l'État dans la région, sa situation est la même que celle du préfet du département. Il est le délégué du gouvernement et il dirige sous l'autorité du gouvernement les services des administrations civiles de l'État dans la région.

• Ainsi, chargé de l'administration de l'État dans la région, il dispose d'importants pouvoirs. Il est assisté de certains organes consultatifs :

– un secrétaire général, des chargés de mission, des chefs de service. Depuis la loi du 6 février 1992, il a un pouvoir d'orientation sur les préfets pour la mise en œuvre des politiques nationales et communautaires relatives au développement économique et social et l'aménagement du territoire. Il anime et coordonne la politique culturelle, celle de la ville, de l'espace rural et de l'environnement dans la région (renforcé en 2010).

– **la conférence administrative régionale** (CAR) est composée des préfets des départements, du secrétaire général du préfet de région, du trésorier-payeur général de la région et éventuellement d'autres représentants des ministres intéressés. Le rôle de la CAR se limite à la connaissance des affaires d'État dans la région.

La loi du 6 février 1992 accentue le caractère de « circonscription territoriale de la région » dirigée par le préfet.

Section 2 › ATTRIBUTIONS ET RESSOURCES

§ 1 - La région, collectivité locale

• **La région n'a pas de compétence générale,** mais seulement dans le respect des attributions des départements et des communes, des compétences définies par les textes. La région avait surtout des attributions économiques et sociales, mais elle peut intervenir désormais aussi en faveur du développement culturel. La formule (loi 2 mars 1982, loi du 6 janv. 1986) « le conseil régional règle par ses délibérations les affaires de la région » ne correspond pas tout à fait à la réalité.

• D'après la loi de 1972, la région a certaines compétences qui lui sont dévolues de plein droit (études concernant le développement régional, propositions tendant à coordonner et à rationaliser le choix des investissements à réaliser par les collectivités publiques, participation volontaire au financement d'équipements, réalisation d'équipements collectifs avec accord et pour le compte de collectivités locales, de groupements de collectivités locales et de l'État). D'autres compétences sont facultatives, réalisées soit par accords interrégionaux, soit par transfert de l'État ou des collectivités locales à condition qu'il ne s'agisse pas de compétences de gestion.

• La loi de 1982 a considérablement étendu les modes d'action des régions. Le conseil régional a « compétence pour promouvoir le développement économique, social, sanitaire, culturel et scientifique de la région et l'aménagement de son territoire, et pour assurer la préservation de son identité ». La région peut engager de sa propre initiative ses ressources financières. Ceci s'applique aux très larges pouvoirs d'intervention économique que la loi accorde désormais à la région comme aux autres collectivités territoriales (v. p. 128 et s.). Les régions peuvent accorder des **aides** à des entreprises (v. p. 128 et s.). La région a aussi des attributions nouvelles qui lui sont spécifiques : elle peut accorder des aides financières pour les investissements des entreprises concourant au développement régional et à l'emploi ; elle peut participer au capital des sociétés de développement régional ; des sociétés de financement interrégionales ou propres à chaque région et des dépenses de fonctionnement liées à des opérations d'intérêt régional direct. De plus, le conseil régional ne sera pas seulement consulté, comme auparavant, sur l'élaboration du plan national, mais il aura la responsabilité de l'élaboration et de la mise en œuvre d'un plan régional. La région peut créer des possibilités de **formations permanentes**.

• La région possède un certain nombre de ressources : ressources obligatoires transférées par l'État aux régions (taxes sur les permis de conduire), ressources facultatives instituées par le conseil régional sous forme de taxes additionnelles à des impôts d'État ou des impôts locaux. Il faut y ajouter des subventions de l'État des fonds de concours.

Mais les ressources financières des collectivités régionales sont et seront modifiées. Par ailleurs, la loi du 6 février 1992 crée un « fonds de péréquation », correction des déséquilibres régionaux pour amorcer la mise en œuvre d'une péréquation financière entre les régions.

• Sur la meilleure information des élus et des habitants v. Commune, loi du 6 février 1990, p. 152 et s.

• V. aussi **les transferts de compétence** (lois des 7 janv., 22 juill., 29 déc. 1983, p. 128 et s., loi 13 août 2004).

Les lois du 4 février 1995 et du 25 juin 1999 confirment le rôle de la région en matière d'aménagement et de développement du territoire. D'après la loi du 25 juin 1999 sur l'aménagement du territoire et le développement durable du territoire, le « schéma régional d'aménagement et de développement du territoire fixe les orientations

fondamentales à moyen terme du développement durable du territoire régional ». Les régions passent de plus en plus de contrats avec la SNCF (institutions des trains express régionaux). Elles s'intéressent aux universités et les subventionnent.
V. aussi loi constitutionnelle du 28 mars 2003 et ses applications.

§ 2 - La région, circonscription de l'administration d'État

La région, circonscription de l'administration d'État, joue un rôle important en matière économique. Le préfet est chargé de la **mise en œuvre de la politique gouvernementale en matière d'action économique, sociale et d'aménagement du territoire**. Le préfet est chargé, pour le compte de l'État, de rassembler les informations et de préparer les propositions utiles à l'élaboration du plan national. Il suit l'exécution du plan national dans la région. Il conclut au nom de l'État, les conventions passées entre l'État et la région pour l'élaboration et l'exécution du plan.
Les autorisations de programme relatives aux investissements d'intérêt régional et celles relatives aux investissements d'intérêt départemental sont déléguées par le ministre au préfet sous forme de dotations globales.
En dehors du domaine économique, le préfet a un rôle de direction de l'action des chefs de service régionaux de l'administration d'État ; il a qualité pour recevoir des délégations des ministres ainsi que des pouvoirs de décision nouveaux dont viendraient à être chargés les services de sa région. Il est l'unique ordonnateur secondaire des services extérieurs des administrations civiles de l'État. Il a la gestion du patrimoine immobilier. Il adresse des propositions de notation concernant des chefs des services extérieurs des administrations civiles de l'État dans la région. La loi du 6 février 1992 prévoit qu'en matière économique et sociale, les préfets des départements prendront des décisions conformes aux orientations fixées par le préfet de région.
La restructuration de l'ensemble des administrations régionales est la conséquence de la création de nouveaux ministères et de nouveaux services. Le rôle du préfet de région devient prépondérant.

§ 3 - La libre administration de la région (v. p. 126 et s.)

La réforme s'est appliquée aussi immédiatement à la région parisienne qui ne bénéficie plus que d'un statut particulier très limité (v. p. 162 et s.). Mais la réforme concernant le conseiller territorial ne s'appliquera pas à Paris.

Section 3 › CAS PARTICULIERS : LA CORSE ET L'OUTRE-MER

§ 1 - La Corse

La loi du 2 mars 1982 portant statut particulier de la Corse a constitué les deux départements de l'île, en « région » dont le régime tient compte des spécificités de l'île. Mais cette loi apparut insuffisante dix ans plus tard, et la loi du 13 mai 1991 érige la Corse en collectivité territoriale d'un type nouveau appelée seulement « collectivité territoriale ».

L'assemblée de Corse est maintenue et est élue pour six ans. Toutefois l'élection ne se fait plus désormais à la représentation proportionnelle, mais au scrutin de liste à deux tours combinant suffrage majoritaire et représentation proportionnelle. On estime que cela permet de dégager plus facilement une majorité.
L'assemblée élit un conseil exécutif de six membres et son président, qui peuvent éventuellement être renversés. Assistés par un Conseil économique, social et culturel, l'assemblée et le conseil ont des attributions accrues concernant en particulier « l'identité culturelle de la Corse » et son développement économique.
L'assemblée doit être consultée sur les projets de loi et décrets comportant des éléments spécifiques à la Corse. De plus, le président du conseil exécutif peut adresser au Premier ministre toutes suggestions ou remarques sur l'organisation et le fonctionnement des services publics de l'État en Corse.
La loi avait prévu l'existence d'un « peuple corse » communauté historique et culturelle vivante, composante du peuple français. Le Conseil constitutionnel a annulé ces dispositions les considérant comme contraires à la Constitution. Ce statut n'a pas permis de rétablir le calme dans l'île.
La très importante loi du 22 janvier 2002 relative à la Corse, adoptée après de très nombreux débats modifie le statut de la Corse en accentuant les pouvoirs de l'Assemblée de Corse.
Ainsi :
– déjà antérieurement à la nouvelle loi, l'Assemblée Corse pouvait présenter des propositions tendant à adapter des dispositions législatives ou réglementaires. La nouvelle loi confère en plus à l'Assemblée de Corse un véritable pouvoir réglementaire : la collectivité territoriale de Corse peut demander à être habilitée par le législateur à fixer des règles adaptées aux spécificités de l'île sauf en matière de liberté individuelle et de droits fondamentaux ;
– le projet de loi avait prévu une dévolution législative expérimentale. Cette partie du projet a été annulée par le Conseil constitutionnel ;
– la Corse obtient de nouvelles attributions spécifiques : en matière d'identité culturelle, il est prévu entre autre que « la langue corse est une matière enseignée dans le cadre de l'horaire normal des écoles maternelles et élémentaires de Corse ». D'autres attributions sont prévues dans les domaines de l'aménagement et du développement, dans l'environnement et les services de proximité ;
– les moyens et les ressources de la collectivité territoriale Corse sont accrus.
Les Corses ont rejeté, le 6 juillet 2003, par référendum un nouveau statut d'autonomie conséquence de la loi constitutionnelle du 28 mars 2003 et de la loi du 10 juin 2003.

§ 2 - Les départements et régions d'outre-mer

Les lois et règlements peuvent faire l'objet dans les départements et régions d'outremer d'adaptations spécifiques. De plus, et par dérogation au principe selon lequel les lois et règlements sont applicables de plein-droit dans les départements et régions d'outre-mer, les collectivités (mais pas la Réunion) peuvent être habilitées à fixer elles-mêmes certaines règles spécifiques relevant du domaine de la loi (loi constitutionnelle du 28 mars 2003).

Les régions d'outre-mer (Martinique, Guadeloupe, Réunion, Guyane) sont constituées d'un seul département. La transformation de ce régime (fusion entre département et région) a été refusé par référendum en Martinique et à la Guadeloupe en 2003. Les deux autres départements n'ont pas été consultés.
La Martinique de la Guyane ont refusé en 2009, un statut d'autonomie, mais ont accepté la fusion département-région (collectivité locale unique) qui sera réalisée en 2011. Les statuts de la Réunion et de la Guadeloupe n'ont pas été modifiés.
Mayotte est devenu département en 2011.

§ 3 - Les collectivités d'outre-mer régies par l'art. 74 de la Constitution

Il existe des statuts spécifiques définis par une loi organique. Les adaptations sont diverses : Saint-Pierre et Miquelon (loi du 11 juin 1985), Wallis et Futuna, terres australes et antarctiques, Saint Martin et Saint-Barthélemy ont un statut de « collectivités d'outre mer » (loi organique du 21 févr. 2007).
La Polynésie française dispose de vastes compétences encore en voie d'accroissement. Elle dispose même de compétences internationales.

§ 4 - La Nouvelle-Calédonie

Après les affrontements des années 1980, le régime a été profondément modifié. Une loi référendaire du 9 novembre 1988 a conféré à la Nouvelle-Calédonie un statut d'autonomie interne. En mai 1998, un accord a fixé le statut pour les vingt ans à venir. La loi constitutionnelle de 1998 a permis le transfert progressif, mais définitif, aux institutions locales de compétences autrefois étatiques. Il est possible, contrairement à la tradition française, d'instituer un régime juridique différencié pour les « citoyens de Nouvelle-Calédonie » et pour les « autres ressortissants français ». L'accord de 1998 a été approuvé par consultation référendaire en 1998.
Le Conseil d'État a estimé que la Nouvelle-Calédonie ne pouvait être considérée comme une « collectivité territoriale » au sens de l'art. 72 de la Constitution (CE, S., 19 déc. 2006, *M. Grenelle*, *AJDA* 2007, p. 362).

Chapitre 3 › LE DÉPARTEMENT

Définition : *le département est une collectivité locale bénéficiant d'une certaine autonomie, mais constitue en même temps une circonscription administrative de l'État. La charte départementale est la loi du 10 août 1871, rénovée par la loi du 2 mars 1982. La loi du 2 mars 1982 prévoit l'allègement considérable de la tutelle et le transfert du pouvoir exécutif du préfet au président du conseil général.*

Section 1 › LE CONSEIL GÉNÉRAL

§ 1 - Composition

• Assemblée élue **pour 6 ans au suffrage universel** à raison d'un conseiller par canton (avec suppléant de sexe opposé), quelle que soit la population du canton, ce qui entraîne des inégalités de représentation considérables généralement en faveur des campagnes et au préjudice des villes. Le renouvellement a lieu par moitié tous les trois ans au suffrage majoritaire à deux tours. Le contentieux des élections appartient au tribunal administratif avec appel au Conseil d'État.

• La loi fixe les conditions d'éligibilité, les inéligibilités et les incompatibilités : minimum d'âge 21 ans, nécessité de certaines, attaches avec le département : incompatibilité des fonctions de conseiller général avec certaines fonctions publiques : préfet, fonctionnaire de police, etc.

• Les fonctions de conseiller général sont gratuites ; il existe certaines indemnités : les fonctions ne confèrent aucune immunité juridique. Le conseiller général peut et doit participer aux travaux du conseil général.

• Les fonctions peuvent prendre fin de différentes manières :
– fin du mandat ;
– décès ou survenance d'une incapacité ;
– dissolution du conseil général (exceptionnel) ;
– démission volontaire d'un conseiller.

La dernière élection de conseillers généraux a eu lieu en mars 2011. Ils ne sont élus que pour trois ans. **En 2014 il y aura renouvellement intégral des conseils généraux et régionaux par l'élection des « conseillers territoriaux » élus au département et à la région. Le bouleversement est considérable.**

L'élection des conseillers territoriaux a été largement exposée p. 134, 135.

Certains départements (Lozère, Territoire de Belfort, Alpes de Haute-Provence, Hautes-Alpes auront des « Conseils généraux » formés de 15 conseillers territoriaux).

§ 2 - Fonctionnement

A. Réunions

Le conseil général n'est pas une assemblée permanente, il ne peut siéger que pendant les sessions prévues par la loi. Depuis la nouvelle loi du 2 mars 1982, il se réunit

au moins une fois par trimestre. Il peut également être réuni à la demande du bureau ou du tiers des membres du conseil général.
Le président doit adresser aux conseillers généraux un rapport sur chacune des affaires qui doivent lui être soumises.
Chaque année, le président rend compte au conseil général dans son rapport spécial, de la situation du département.
Dans un délai de deux mois précédant l'examen du budget, un débat a lieu au conseil général sur les orientations budgétaires.

B. Séances

Le Conseil vote son règlement, élit son bureau et son président, prend les délibérations dans les matières de sa compétence.
Les séances sont publiques.
Lors de la réunion de droit suivant chaque renouvellement triennal, le quorum est la présence des 2/3 des conseillers. Pour les autres réunions, la majorité absolue des conseillers doit être présente. Faute de quorum, une réunion se tient trois jours plus tard quel que soit le nombre de présents. Les délibérations sont prises à la majorité des suffrages exprimés.

§ 3 - Attributions

• **Il gère les affaires départementales.** Selon l'art. 23 de la loi du 2 mars 1982, le conseil général règle par ses délibérations les affaires du département :
– gestion des services publics, dont la création est, soit obligatoire, soit facultative ;
– gestion des biens du département ;
– délibère sur les marchés passés par le département (la passation incombant au président) ;
– il vote le budget du département, où l'on distingue un budget primitif et un budget supplémentaire, une section ordinaire et une section extraordinaire.

• En dehors de la gestion des affaires départementales, **le conseil général peut donner des avis au gouvernement**, formuler des vœux sur des objets d'intérêt général ; il participe au contrôle de la gestion communale (section électorale, tutelle en matière de foires, etc.). Depuis le décret du 13 janvier 1970, le conseil général est associé par voie consultative, à la préparation des programmes d'équipement collectif en vue de l'élaboration du Plan national de développement.

• La loi du 2 mars 1982 a étendu les compétences départementales en matière économique. Elle reproduit à l'identique les textes relatifs aux communes. Le département à la possibilité d'accorder des aides dans les conditions prévues par la loi approuvant le plan. Il peut également intervenir de manière plus accentuée et autonome pour aider les entreprises en difficulté et pour assurer le maintien des services nécessaires à la satisfaction des besoins de la population en milieu rural, si l'initiative privée est défaillante. Ces règles ont été plusieurs fois modifiées.

• Il faut tenir compte aussi des lois sur la répartition des compétences des 7 janvier et 27 juillet 1983 de la loi constitutionnelle du 28 mars 2003 et des textes d'application.

§ 4 - Contrôle

A. Contrôle sur les personnes

La loi du 2 mars 1982 a modifié le contrôle exercé sur les personnes :
- **disparition de la démission d'office d'un conseiller**, sauf quelques rares hypothèses ;
- **dissolution du conseil général** par décret motivé ; le gouvernement doit en rendre compte au Parlement dans les plus brefs délais.

B. Contrôle sur les actes

Depuis 1926, les délibérations du conseil général étaient exécutoires par elles-mêmes sans approbation préalable sauf hypothèses particulières prévues par la loi. La tutelle consistait essentiellement dans une possibilité d'annulation pour illégalité, soit par décret en Conseil d'État sur demande du préfet, soit directement par le préfet. Il existait aussi dans certaines hypothèses un pouvoir de substitution. **Les nouvelles lois ont complètement bouleversé ce système** (v. p. 126 et s.).
La commission départementale : créée en 1871 pour donner un organe de suppléance au conseil général et exercer un contrôle sur le préfet, elle disparaît.

Conclusion : la loi du 6 février 1992 prévoit une meilleure information des élus et des citoyens (v. p. 151 et s.).

Section 2 › LE PRÉSIDENT DU CONSEIL GÉNÉRAL

Il est élu à chaque renouvellement triennal à la majorité absolue. Au 3e tour, la majorité simple suffit.
Le transfert du pouvoir exécutif du préfet au président du conseil général constitue la modification majeure apportée par la loi aux institutions départementales. Le président du conseil général exerce toutes les attributions exercées antérieurement par le préfet en cette qualité :
- il devient **l'organe exécutif de droit commun.** Il prépare et exécute les délibérations du conseil général. Il est l'ordonnateur des services du département et prescrit l'exécution des recettes. Il est le chef des services du département ;
- il peut donner des délégations de signature, au bénéfice des chefs de service du département. Il peut donner des délégations de compétence au bénéfice des vice-présidents et autres membres du conseil général ;
- il gère le domaine du département et à ce titre exerce les pouvoirs de police afférents à cette gestion. Mais le représentant de l'État a éventuellement un pouvoir de substitution ;
- il peut réquisitionner le comptable départemental. Mais le président du conseil général devient alors responsable.

La commission départementale qui existait autrefois a été remplacée par le « **bureau** » et depuis la loi du 6 février 1992 par la « **commission permanente** », élue au scrutin proportionnel à la plus forte moyenne permettant une représentation des minorités. Cette commission travaillera en étroite collaboration avec le président du conseil général et peut recevoir délégation de certaines attributions du conseil général. Mais

à l'intérieur de la commission permanente, les vice-présidents sont élus au scrutin uninominal et forment un « bureau » (loi du 27 févr. 2002 sur la « démocratie de proximité » : la commission permanente comprend le président du conseil général, quatre à quinze vice-présidents à condition que le nombre ne soit pas supérieur à 30 % de l'effectif du conseil et éventuellement un ou plusieurs autres membres).
Le département ayant besoin de services, il peut être créé des **services distincts.** Généralement, ils résultent de transferts de services de l'État. Dès 1982, une convention établie à partir d'une convention type et signée par le président du conseil général et le préfet a déterminé les services ou agents transférés immédiatement ou à terme. Dans les années qui ont suivi, il y eut ensuite transferts concernant les services extérieurs de l'État pour leurs parties qui accomplissent des tâches entrant dans la compétence du département. Ainsi la DDASS (direction départementale des affaires sanitaires et sociales) a été largement transférée, au printemps 1985, au département. Le partage de la DDE (direction départementale de l'équipement) a été plus difficile à régler. Par ailleurs, les services extérieurs de l'État dès lors qu'ils ne sont pas transférés, sont mis en tant que de besoin à la disposition du président du conseil général.
Les actes du président du conseil général sont exécutoires de plein droit. En ce qui concerne le contrôle, il est le même que celui pesant sur les actes du conseil général (v. p. 126 et s.).
La fonction de président du conseil général est incompatible avec celle de président du conseil régional (loi 30 déc. 1985).

Section 3 › LE PRÉFET

Le préfet perd tous les pouvoirs en ce qui concerne la collectivité départementale. Il n'assiste plus aux délibérations du conseil général. Par accord avec le président du conseil général, il est entendu par le conseil général. En outre, sur demande du Premier ministre, le représentant de l'État dans le département, est entendu par le conseil général.
Il y a échange réciproque des informations entre le préfet et le président du conseil général.
La refonte des services étatiques dans le département s'est effectuée lentement depuis 2007. Les nouvelles directions ont des champs d'action plus vastes et plus transversaux que par le passé. On distingue les départements qui ont plus de 400 000 habitants et ceux qui ont moins d'habitants

Chapitre 4 › LA COMMUNE

La charte municipale est la ***loi du 5 avril 1884*** *intégrée aujourd'hui dans le Code des communes. La loi du 2 mars 1982 a rénové cette charte.*

Notion : *la commune, comme le département, est à la fois une circonscription de l'État pour la gestion des services généraux et une collectivité locale pour la gestion des intérêts locaux.*

Organisation : *les communes françaises connaissent toutes la même structure administrative : une autorité délibérante, le Conseil municipal, une autorité exécutive, le maire.*
Certaines communes ont des « sections de communes » qui possèdent des biens et droits distincts de ceux de la commune. Ces sections ont alors la personnalité morale pour la gestion de ces biens. Le régime a été transformé par la loi du 9 janvier 1985.
Paris, Lyon, Marseille sont soumis à un régime spécial *(v. p. 161 et s.)**.*

Section 1 › LE CONSEIL MUNICIPAL

§ 1 - Composition

A. Nombre

Le nombre des membres du Conseil municipal varie, avec l'importance de la commune (de 9 à 69 membres).

B. Éligibilité

Pour être élu, il faut avoir 18 ans et être inscrit sur la liste électorale de la commune ou y payer des contributions directes. Mais les 3/4 des conseillers doivent être domiciliés dans la commune.
– **Cas d'inéligibilité** : il existe des inéligibilités absolues (p. ex. personnes privées de leurs droits électoraux) et des inéligibilités relatives à une commune (p. ex., les préfets ne peuvent être candidats dans une commune de leur ressort territorial).
– **Cas d'incompatibilité** : p. ex., les préfets doivent choisir entre leur fonction préfectorale et leur mandat.

C. Élection

• Depuis 1831, les conseillers municipaux sont élus. Mais les modes de scrutin ont varié. Ils diffèrent aujourd'hui selon l'importance des communes.
Jusqu'à la nouvelle loi qui est entrée en application pour les élections municipales de 1983, la loi prévoyait :
– dans les communes de moins de 30 000 habitants (Ord. 4 févr. 1959), élection au scrutin de liste majoritaire à deux tours, avec possibilité de listes incomplètes au-dessous de 2 500 habitants et panachage (la nouvelle loi du 19 nov. 1982 a

maintenu le système ancien dans les communes de moins de 3 500 habitants) ; de 2 509 à 3 499 habitants : listes complètes avec possibilité de panachage et de rayer un nom ; même système dans les villes de moins de 2 500 habitants, avec possibilité de listes incomplètes ;
– dans les communes de plus de 30 000 habitants, la réforme du 27 juin 1964 avait voulu une structure homogène des Conseils municipaux. Abandonnant complètement le système de la représentation proportionnelle qui existait avant 1964 dans les communes de plus de 120 000 habitants, la loi avant 1982 prévoyait un scrutin de liste majoritaire à deux tours, sans panachage ni vote préférentiel, ni modification de liste entre les deux tours. Le système aboutissait à donner tous les sièges à une seule liste.

• **La nouvelle loi du 19 novembre 1982 a été appliquée pour la première fois aux élections municipales de 1983.** Cette réforme permet de représenter les minorités dans les villes de plus de 3 500 habitants ; il s'agit aussi de dégager une majorité réelle, condition indispensable à la gestion de la commune, de donner une plus grande unité au mode de scrutin. Il est désormais le même pour toutes les communes de plus **de 3 500 habitants**, la distinction entre communes de plus et de moins de trente mille habitants étant supprimée.

Les conseillers municipaux sont désormais élus au **scrutin de liste à deux tours selon un système mixte** : un scrutin de type majoritaire, permettant à la liste arrivée en tête d'obtenir la majorité des sièges ; un scrutin de type proportionnel, permettant la représentation des autres listes.

Au premier tour, la liste ayant obtenu la majorité absolue des suffrages exprimés obtiendra la moitié des sièges au Conseil municipal. Le reste sera réparti suivant le système de la représentation proportionnelle à la plus forte moyenne entre toutes les listes ayant obtenu au moins 5 % des suffrages exprimés.

Si aucune liste n'atteint la majorité absolue au premier tour, un second tour est organisé auquel pourront participer les listes ayant obtenu au premier tour au moins 10 % des suffrages exprimés. Toutefois les responsables des listes du second tour pourront réaliser des regroupements sur les listes du second tour et présenter sur ces listes des candidats ayant figuré sur une liste qui n'a pas obtenu 10 % au premier tour (mais au moins 5 %).

Les règles de répartition des sièges au second tour sont les mêmes qu'au premier tour, la liste arrivée en tête obtenant automatiquement la moitié des sièges.

Le statut et donc le système électoral applicables à Paris, Marseille et Lyon ont fait l'objet d'une loi particulière (v. p. 161 et s.).

Il faut tenir compte aujourd'hui des nouvelles dispositions sur la « **parité hommes-femmes** ». La nouvelle loi du 31 janvier 2007 prévoit la parité homme-femme stricte : un homme-une femme.

L'éligibilité est abaissée à dix-huit ans et nul ne peut être élu maire s'il n'a pas 21 ans révolus.

D. Contestations

Elles sont de la compétence du tribunal administratif, sauf appel devant le Conseil d'État. Les élections entraînent toujours de nombreux contentieux.

C. Renouvellement

Il a lieu tous les six ans au mois de mars pour toute la France. Il y a aussi élection d'un nouveau conseil en cas de dissolution par le pouvoir central. En cas de décès ou de démission d'un conseiller, dans les communes de plus de 3 500 habitants, le remplacement est assuré par le prochain de la liste. On recourt à des élections partielles lorsque le Conseil a perdu 1/3 des membres ou lorsqu'il y a nécessité de l'élection d'un maire.

§ 2 - Fonctionnement

• **Réunions** : l'Assemblée n'est pas permanente. Avant 1971, le Conseil municipal tenait des sessions obligatoires en février, août, mai et novembre. Depuis la loi du 31 décembre 1970, le Conseil municipal a seulement pour obligation de se réunir au moins une fois par trimestre. Des réunions supplémentaires peuvent avoir lieu sur convocation du préfet, du maire ou à la demande de la moitié des conseillers.

• **Séances :** les séances sont présidées par le maire. Elles sont en principe publiques. Un quorum de majorité absolue est exigé ; après nouvelle convocation, le Conseil peut délibérer quel que soit le nombre de présents. Les délibérations constituent de véritables décisions administratives.

§ 3 - Attributions

Idée générale : elle résulte du Code général des collectivités territoriales : « Le Conseil municipal règle par ses délibérations les affaires de la commune » (art. L. 2121-29). Ainsi :

– le Conseil municipal n'est compétent que pour les affaires d'incidence locale (principe de la **spécialité**) ;

– le **maire** possède bien certaines compétences propres, mais cette compétence n'est qu'une **compétence d'attribution** ;

– si le Conseil municipal bénéficie d'une clause générale de compétence, c'est l'État qui, dans la pratique, procède à la répartition des affaires communales et générales. Souvent, l'État se réserve, pour des raisons pratiques, des matières traditionnellement communales. Inversement, il inflige souvent aux communes des charges dans des matières qui seraient plutôt d'intérêt général.

A. Création des services publics communaux

1. Services obligatoires et services facultatifs

– Certains services sont **obligatoires**, la commune **doit donc les créer** (écoles élémentaires, pompes funèbres, état civil, etc.).

– D'autres sont **facultatifs :** en principe la commune a toute liberté pour créer des services qui doivent faciliter la vie communale. Toutefois, les communes ne peuvent concurrencer les services de l'État, ni subventionner aucun culte.

2. Le respect du principe de spécialité

De façon plus générale, la commune est tenue par le principe de la spécialité :

• **Principe de la spécialité territoriale** : la commune ne peut créer que des services d'intérêt local.

• **Principe de la spécialité matérielle** : avant l'intervention de la loi du 2 mars 1982, les principes étaient les suivants : le Conseil municipal est tenu de respecter le principe de la liberté du commerce et de l'industrie. Ce problème est connu sous le nom de **« socialisme municipal »**. Malgré l'intervention en 1926 et en 1955 de textes qui semblaient accroître les possibilités d'intervention des communes, le Conseil d'État soumet les initiatives économiques des communes aux conditions suivantes :

– sont licites en tout état de cause et sans qu'elles répondent à d'autres conditions, **les interventions qui par nature concernent l'intérêt général**, qui correspondent à la mission même des collectivités publiques (p. ex. en matière d'hygiène ou de santé, la création de bains-douches, de lavoirs et même de piscines, CE, 23 juin 1972, *Sté la Plage de la Forêt*, p. 477) ;

– en dehors de ces domaines, les interventions ne sont possibles que si **un besoin de la population l'exige** (ce qui exclut les activités de luxe) **et que l'initiative privée ait été défaillante ou insuffisante** (CE, 30 mai 1930. *Ch. syndicale du Commerce de détail de Nevers*, p. 583). Toutefois le Conseil d'État est de moins en moins sévère en ce qui concerne le contenu de ces restrictions (il a admis p. ex. la création d'un cabinet dentaire ou la création d'un service juridique gratuit). **Mais, en aucun cas, la recherche du profit ne doit être le seul mobile de l'intervention en matière économique ;**

– **la loi du 2 mars 1982** a assoupli et précisé l'interventionnisme municipal en matière économique.

Des décisions du Conseil d'État ont précisé la jurisprudence. Dans l'intéressant arrêt CE, Ass., 31 mai 2006, *Ordre des avocats au barreau de Paris* (*AJDA* 2006, p. 1595, Chron. Landais et Lenica), le juge précise que « les personnes publiques qui entendent, indépendamment de leurs missions, prendre en charge une activité économique (…) ne peuvent légalement le faire que dans le respect tant de la liberté du commerce et de l'industrie que du droit de la concurrence (et) qu'à cet égard pour intervenir sur un marché elles doivent non seulement agir dans les limites de leurs compétences, mais également justifier d'un intérêt public, lequel peut résulter notamment de la carence de l'initiative privée » : la création d'une mission d'appui pour les contrats de partenariat public-privé est légale). Autre exemple : CAA Nancy, 14 juin 2007, *SAEM Reims* (*AJDA* 2007, p. 1933) : légalité, dans certaines hypothèses, des opérations d'organisation et de vente de séjours touristiques par une société d'économie mixte en complément de son activité principale, mais il faut un intérêt public suffisant et qu'elle ne fausse pas la concurrence.

L'intérêt local est assez difficile à définir. Ainsi la légalité d'une subvention octroyée à une association de solidarité internationale hors de tout cadre conventionnel est subordonnée à son intérêt local en France (soutien de technologie à l'étranger mais aussi promotion en Île-de-France, intérêt local ; CAA Paris 1er déc. 2009, *Région Île-de-France*, *AJDA* 2010, p. 329).

Il faut souligner la création des « **Sociétés publiques locales** » par la loi du 28 mai 2010. Il s'agit d'un nouvel outil d'intervention. La SPL se veut un instrument combinant, pour la gestion des services publics locaux, le contrôle public et la souplesse des outils privés. Il s'agit surtout de se conformer à la jurisprudence européenne. Soumise au régime juridique des sociétés d'économie mixte locales, elle s'en distingue par son actionnariat purement privé. Son champ d'intervention regroupe celui des collectivités actionnaires (v. *AJDA* 2010, article S. Nicinski) il s'agit moins de développer l'interventionnisme économique et social des collectivités territoriales, que de modifier les structures d'intervention.

B. Vote du budget communal

Il se présente de la même façon que le budget départemental ; une section de fonctionnement, une section d'investissement.

C. Attributions diverses

– **Détermination des règles applicables** au personnel communal dans la mesure où celles-ci ne sont pas fixées par le statut du personnel communal (loi du 29 avril 1952, loi du 13 juillet 1972, loi du 13 juillet 1983, loi du 26 janvier 1984). Mais les pouvoirs des conseils municipaux en cette matière avaient de plus en plus tendance à diminuer. La loi du 30 juillet 1987 accentue nettement cette tendance.

– Administration **des biens de la commune** : biens du domaine public, du domaine privé, biens communaux, biens des sections de communes.

– Décisions relatives aux procès à intenter, aux emprunts à lancer.

– Désignation des membres des Conseils d'administration des établissements publics d'assistance…

– Rôle au sein de la commune considérée comme une circonscription administrative de l'État : renseignements donnés à l'autorité administrative, vœux sur les intérêts locaux, avis en diverses matières.

D. Textes

V. lois sur la répartition des compétences des 7 janvier, 22 juillet, 29 décembre 1983 (v. p. 128 et s.), réformes Raffarin.

§ 4 - Contrôle

A. Contrôle sur les organes

– Le Conseil municipal peut être dissous par décret motivé pris en Conseil des ministres, surtout en cas de désaccord mettant en péril la gestion de la commune. Le décret désigne une commission, **délégation spéciale** de 3 à 7 membres en attendant les élections qui ont lieu dans les 2 mois ;

– Les conseillers municipaux peuvent être déclarés démissionnaires d'office par le tribunal administratif s'ils refusent de remplir une des fonctions dévolues par la loi.

B. Contrôle sur les actes

Avant la loi du 2 mars 1982 ainsi que celle du 22 juillet 1982 (et circulaire de la même date) le préfet et le sous-préfet exerçaient un contrôle sévère de **tutelle** sur les actes des Conseils municipaux. L'allègement de la tutelle consacrée par ces deux lois est considérable (v. p. 126 et s.).

Section 2 › LA MUNICIPALITÉ

§ 1 - Le maire

A. Désignation

Le maire est élu par le Conseil municipal à sa première séance. La majorité absolue est nécessaire aux deux premiers tours, la majorité relative au troisième. Tous les conseillers sont éligibles ; la loi prévoit certains rares cas d'incompatibilité et d'inéligibilité.

B. Statut

La durée du mandat est celle du Conseil municipal, sauf possibilité de démissionner, ou cas de suspension d'un mois par le ministre de l'Intérieur, ou de révocation par décret.

Si les fonctions sont en principe gratuites, il existe aujourd'hui un régime d'indemnités de fonctions, de frais de mission et de transport.

C. Attributions

• Le maire est un **agent de la commune**, collectivité décentralisée ; à ce titre :

– il **prépare les décisions du Conseil municipal**, préside ses séances, **exécute** ses délibérations : ainsi, il passe les contrats approuvés par le Conseil, ordonnance les dépenses, représente la commune en justice... ;

– il a un **pouvoir propre** : il représente la commune en justice, il est chef hiérarchique du personnel communal, il peut effectuer les actes conservatoires nécessaires à l'administration du domaine de la commune ; mais surtout, **il est chargé de la police municipale** qui vise à assurer le bon ordre, la sécurité, la salubrité publique (v. p. 175 et s.) ;

– depuis la loi du 31 décembre 1970, le maire peut recevoir délégation du Conseil municipal de certaines attributions de celui-ci : affectation de propriétés communales utilisées par les services municipaux, fixation des tarifs de droit de voirie, réalisation des emprunts, etc.

• Le maire est un **agent de l'État** dans la commune ; à ce titre :

– il est chargé de la publication et de l'exécution des lois et des règlements, des mesures de sûreté générale ; il collabore à la révision des listes électorales ; il délivre le permis de construire au nom de l'État, etc. ;

– il a des attributions d'ordre judiciaire : officier de police judiciaire, officier d'état civil, il célèbre les mariages et dirige le service public de l'état civil.

D. Moyens d'action

Le maire agit surtout par voie d'arrêtés municipaux qui ont un caractère individuel ou réglementaire.

E. Contrôle

• sur les personnes (v. statut) ;

• sur les actes :

– comme agent du pouvoir central, le maire est **soumis** au contrôle hiérarchique exercé par les autorités centrales (pouvoir d'annulation, d'instruction, etc.) ;
– comme agent de la commune, la tutelle qui existait avant la loi du 2 mars 1982 est remplacée par le contrôle qui existe aujourd'hui sur les actes des autorités communales.

§ 2 - Les adjoints

Élus par le Conseil municipal parmi ses membres, ils exercent leurs fonctions comme le maire pendant toute la durée du Conseil. La loi du 31 janvier 2007 prévoit la parité homme-femme entre les adjoints.
Les conseils municipaux déterminent librement le nombre des adjoints au maire sans que ce nombre puisse excéder 30 % de l'effectif légal du Conseil municipal.
Leur statut se rapproche de celui du maire : ils peuvent démissionner, être suspendus ou révoqués de leurs fonctions.
Ils n'ont aucune attribution propre, et agissent, soit par délégation du maire, soit en cas d'empêchement du maire.

Section 3 › INFORMATION ET PARTICIPATION DES CITOYENS ET DES ÉLUS

Loi du 6 février 1992, loi du 27 février 2002, loi organique du 1er août 2003. La plupart de ces mesures nouvelles s'appliquent aussi aux régions et aux départements.

§ 1 - Les droits des élus

La loi a renforcé, en particulier dans les communes, l'information et la participation des élus, surtout ceux de l'opposition (CE, S., 23 avr. 1997, *Ville de Caen c/ M. Paysant, RFDA* 1997, p. 662). La convocation des conseillers municipaux devra mentionner l'ordre du jour de la séance et dans les communes d'au moins 3 500 habitants, un rapport explicatif sur les affaires leur sera adressé. Au cours des séances du Conseil municipal, un régime de questions orales est institué. Un règlement intérieur sera dressé. Les conseillers minoritaires pourront bénéficier d'un local.
La loi du 27 février 2002 relative à la « **démocratie de proximité** » améliore encore les droits des élus au sein des assemblées locales : créations éventuelles de « missions d'information et d'évaluation » (dans les communes de plus de 50 000 habitants, dans les départements et régions) à la demande d'un certain nombre d'élus, réglementation des bulletins d'information diffusés par les collectivités.

§ 2 - Information et participation des citoyens

La loi du 6 février 1992 prévoit une meilleure information des citoyens. Dans les communes de plus de 3 500 habitants, l'examen du budget devra être précédé d'un débat au Conseil municipal sur des orientations budgétaires. Les documents budgétaires et des documents explicatifs devront être fournis à toute personne qui le demande. La publication des délibérations à caractère réglementaire sera assurée dans un recueil des actes administratifs.

Des **référendums** sont prévus. Selon l'art. 72/1 de la Constitution (loi const. du 28 mars 2003) « lorsqu'il est envisagé de créer une collectivité territoriale dotée d'un statut particulier ou de modifier son organisation, il peut être décidé par la loi de **consulter** les électeurs inscrits dans les collectivités territoriales ». La modification des limites des collectivités territoriales peut également donner lieu à la consultation des électeurs.

Il y a deux autres possibilités importantes **de consultation des électeurs** (loi org. 1er août 2003, v. aussi loi 13 août 2004, décret 6 déc. 2005) :

– Les électeurs d'une collectivité territoriale peuvent être consultés sur les décisions que les autorités de cette collectivité envisagent de prendre pour régler les affaires de la compétence de celle-ci. Sous certaines conditions de participation et de majorité, ce référendum peut être décisionnel.

– Dans une commune un cinquième des électeurs inscrits sur les listes électorales et dans les autres collectivités, un dixième des électeurs peuvent demander à ce que soit inscrite à l'ordre du jour de l'assemblée de la collectivité l'organisation d'un référendum. Dans l'année, un électeur ne peut signer qu'une demande de consultation. L'Assemblée territoriale arrête le principe et les modalités d'organisation de la consultation.

La loi du 27 février 2002 relative à la « démocratie de proximité », prévoit la création de « quartiers » et de « conseils de quartier ». Ils peuvent être consultés par le maire et ils peuvent faire des propositions au maire. Ces conseils sont obligatoires dans les villes de plus de 80 000 habitants.

La participation du public à l'élaboration des projets d'aménagements ou d'équipements ayant une incidence importante sur l'environnement ou l'aménagement du territoire est renforcée par la « Commission nationale du débat public ».

Section 4 › LA SITUATION DES ÉLUS LOCAUX (RÉGIME APPLICABLE AUSSI AUX ÉLUS DES DÉPARTEMENTS ET DES RÉGIONS)

Jusqu'à la loi du 3 février 1992, la situation professionnelle, matérielle et financière des élus locaux n'avait fait l'objet d'aucune loi générale. Des textes épars avaient réglé, généralement de façon peu satisfaisante, les problèmes tels que les indemnités de fonction, les retraites ou les disponibilités de temps accordés aux élus.

La loi du 3 février 1992, par des dispositions complexes, cherche à régler ces problèmes. La loi tend d'abord à démocratiser l'accès aux mandats locaux par diverses mesures : assurer une meilleure disponibilité en temps, un renforcement de la disponibilité dans l'activité professionnelle, instauration d'un droit à la formation et l'amélioration des droits à pension de retraite.

Il fallait aussi assurer la transparence des modalités d'indemnisation. La loi prévoit quatre séries de mesures : fixation des barèmes indemnitaires des élus locaux, limitation du cumul des indemnités, fiscalisation des indemnités de fonction, l'encadrement des voyages d'études.

La loi du 27 février 2002 relative à la « démocratie de proximité » renforce la formation des élus en début et en cours de mandat, et modifie les règles d'indemnisation des élus.

Il faut y ajouter la protection des élus locaux : les collectivités sont responsables sans faute des accidents subis par les élus locaux dans l'exercice de leurs fonctions. Les collectivités doivent protéger les élus et les membres de leur famille des préjudices résultant d'attaques ou menaces.

Chapitre 5 › LA COLLABORATION ENTRE COLLECTIVITÉS LOCALES

La loi du 2 mars 1982 s'applique en principe aux établissements publics territoriaux. Mais la centralisation demeure assez forte.
Le système de collaboration entre collectivités locales et surtout « l'intercommunalité » a été complètement renouvelé par la **loi du 16 décembre 2010** *(applicable en 2014).*
Mais il faut souligner ici la future élection des conseillers communautaires au suffrage universel direct, ainsi que la création de « métropoles » et de pôle métropolitains (v. Section 5. La loi du 16 décembre 2010).

Section 1 › LA COLLABORATION ENTRE RÉGIONS

La loi du 6 février 1992 permet la création d'ententes interrégionales, établissements publics, constitués sur demandes concordantes des régions par décret en Conseil d'État.
Ces ententes seront constituées entre deux, trois ou quatre régions limitrophes, une région ne pouvant appartenir qu'à une seule entente. Il s'agit d'une formule de coopération souple. Les compétences seront celles que les régions membres décideront de lui attribuer.

Section 2 › LA COLLABORATION ENTRE DÉPARTEMENTS

• **Les conférences interdépartementales** de la loi de 1871 composées des commissions départementales ou des commissions spécialement désignées à cet effet, peuvent discuter des questions d'intérêt commun, mais n'ont aucun pouvoir de décision.

• **Les ententes interdépartementales** (loi 9 janv. 1930), qui peuvent être constituées même entre départements non limitrophes, sont des établissements publics gérés par un conseil d'administration et un bureau, les départements intéressés y étant représentés. Le décret du 10 juin 1983 a fixé le nouveau statut des institutions interdépartementales.

Section 3 › LA COLLABORATION ENTRE COMMUNES

Les groupements intercommunaux permettent aux communes ayant des moyens financiers insuffisants, de créer des services communs ; ils constituent aussi un remède au nombre abusif de communes en France. **La loi du 16 juillet 1971** a donné une impulsion nouvelle aux fusions et regroupements de communes.
La loi du 6 février 1992 a institué à l'échelon départemental, une commission de coopération intercommunale qui peut formuler toutes propositions tendant à renforcer la coopération intercommunale. Elle est chargée d'élaborer un schéma de coopération

intercommunal, document à valeur indicative, comportant éventuellement des propositions de créations.

La collaboration entre communes est arrivée à une nouvelle phase avec la loi du 12 juillet 1999. Les différentes formes traditionnelles de collaboration entre communes sont souvent peu adaptées. La loi du 12 juillet 1999 prévoit à terme la modification de certaines structures (communautés urbaines), la disparition de certaines autres (districts, communautés de villes) et la création d'une nouvelle catégorie de coopération intercommunale : la « **communauté d'agglomération** ».

Il existe à l'heure actuelle environ 2 600 établissements de coopération intercommunale. 95 % des communes regroupant 90 % de la population font partie de structures intercommunales à fiscalité propre dans 2 588 communautés (v. Duru, *AJDA* 2007, p. 1852).

La Cour des comptes, dans un rapport de 2005 qui ne remet pas en cause l'intercommunalité, a montré certaines dérives. Les communes considèrent souvent les subsides liés à l'intercommunalité comme des subventions complémentaires pour elles-mêmes. Les communes les plus riches se regroupent, en excluant les villes moins favorisées. Les découpages se font souvent par accointances politiques ou égoïsmes communaux. Les élus ont laissé subsister un « enchevêtrement de syndicats de tous types » et un foisonnement de nouveaux « syndicats mixtes ».

Les impôts communaux au lieu de baisser, ont augmenté.

Mais les structures intercommunales financent tout de même, en grande partie, les transports publics, les ramassages des déchets, les grands équipements sportifs et, depuis 2004, les programmes d'urbanisme.

La loi du 13 août 2004, relative aux libertés et aux responsabilités locales, ouvre la possibilité de fusionner des groupements intercommunaux. Les maires avaient, jusqu'en août 2006, la possibilité de définir par écrit les compétences qui ressortent de l'intérêt communautaire et celles qui relèvent de la commune.

Sur l'intercommunalité dans la réforme du 16 décembre 2010, v. *infra* p. 159.

§ 1 - Conférences intercommunales et commissions syndicales de la loi de 1884

Les premières sont l'équivalent des conférences interdépartementales, les secondes gèrent les biens indivis.

§ 2 - Les syndicats de communes

Prévu dès 1890 le régime des syndicats a été modifié à plusieurs reprises depuis 1959. Il existe aujourd'hui des **syndicats à vocation unique** (10 789) ou des **syndicats à vocation multiple** (1 395).

Les syndicats sont créés à l'initiative des communes par décision du préfet. Il suffit d'ailleurs que les conseils municipaux se soient prononcés à la majorité qualifiée (deux tiers des communes regroupant la moitié de la population ou l'inverse et en tout cas avis favorable de la commune comprenant plus du quart des habitants). Sous certaines conditions bien définies de nouvelles communes peuvent s'y joindre, d'autres s'en retirer.

Établissements publics dotés d'organes propres (comité élu, bureau élu, président) d'un patrimoine propre, le syndicat est constitué pour une durée déterminée ou sans fixation de terme.

Les communes fixent dans la décision institutrice les compétences du syndicat. Certaines vocations seront obligatoires, d'autres facultatives. Les délibérations ont la même valeur que celles du Conseil municipal.

Il existe aujourd'hui environ 13 500 syndicats intercommunaux. Ce nombre de syndicats intercommunaux va probablement se réduire.

§ 3 - Les communautés urbaines

Créées par la loi du 31 décembre 1966, modifiée à plusieurs reprises, les communautés urbaines doivent répondre aux besoins des grandes agglomérations. Quatre communautés urbaines (Bordeaux, Lille, Strasbourg, Lyon) ont été créées par la loi. D'autres peuvent être créées volontairement s'il y a plus de 500 000 habitants en respectant des critères et règles assez complexes.

Ont ainsi été créées les communautés urbaines de Dunkerque, Nancy, Brest, Montceau-les-Mines, Cherbourg, Le Mans, Le Creusot. Le retrait ou la dissolution sont difficiles.

Établissements publics dotés d'organes propres (conseil de communauté, président) leurs attributions recouvrent obligatoirement la politique urbaine, le développement économique, l'aménagement, les locaux scolaires, les services d'incendie et de secours, les transports urbains, les lycées et collèges, l'eau et l'assainissement. Des transferts facultatifs sont aussi possibles.

La loi du 12 juillet 1999 précise que la communauté urbaine est conçue pour regrouper plusieurs communes d'un seul tenant et sans enclave qui forment à la date de sa création un ensemble de plus de 500 000 habitants (ex. : Marseille, Nantes). Les communautés urbaines déjà créées continuent d'exister de plein droit. Il existe aujourd'hui 14 communautés urbaines.

Les communautés urbaines nouvellement créées sont substituées de plein-droit aux communes membres pour l'application de dispositions relatives à la taxe professionnelle.

Sur l'implication de la réforme de 2010 sur les communautés urbaines, v. *infra* p. 107, 132.

§ 4 - Les communautés de communes

Créées par la loi du 6 février 1992, il s'agit d'une nouvelle formule de coopération pour élaborer des projets communs de développement et d'aménagement de l'espace (2 409 en 2011).

Elles sont créées par arrêté préfectoral sur demande des deux tiers au moins des communes intéressées représentant plus de la moitié de la population totale ou la moitié des conseils municipaux des communes représentant les deux tiers de la population. La création ne pourra intervenir sans l'accord des communes dont la population est supérieure au quart de la population totale des communes intéressées.

La communauté des communes exerce à titre obligatoire deux types de compétence, l'aménagement de l'espace et les actions de développement économique intéressant l'ensemble de la communauté. Elle doit choisir au moins un autre bloc de compétence parmi une série de quatre qui est inscrite dans la loi.

Des dispositions financières et fiscales favorables sont prises en faveur des communautés de communes.

Les communautés de communes, qui en principe devaient se limiter aux petites communes, ont aussi connu un succès considérable pour les grandes agglomérations. Au 1er janvier 2006 il existait près de 2 400 communautés de communes.

§ 5 - La communauté d'agglomération

C'est la grande nouveauté de la loi du 12 juillet 1999. Il s'agit d'un établissement public de coopération intercommunale regroupant plusieurs communes, formant, à la date de sa création, un ensemble de plus de 50 000 habitants d'un seul tenant et sans enclave, autour d'une ou plusieurs villes d'un centre de plus de 15 000 habitants. Ce seuil de 15 000 habitants ne s'applique pas lorsque la communauté comprend le chef-lieu du département.

Cette communauté exerce, de plein droit, les compétences antérieurement dévolues aux communes membres en matière de développement économique, d'aménagement de l'espace (en particulier création et réalisation de zones d'aménagement concertées, organisation des transports urbains), ainsi qu'en matière d'« équilibre social de l'habitat sur le territoire », de dispositifs de développement urbains. Elle doit exercer au moins trois compétences entre cinq : voiries et parcs de stationnement ; assainissement ; eau ; environnement ; équipements culturels et sportifs. Les syndicats de communes inclus entièrement dans le périmètre de la communauté d'agglomérations et dont l'objet est identique, disparaissent.

La loi du 12 juillet 1999 ne prévoit pas de représentation directe des électeurs au sein de l'organe délibérant, malgré certains projets en ce sens. Le conseil est donc composé de délégués des conseils des communes. Le nombre et la répartition des sièges se font après accord amiable ou décision à la majorité qualifiée.

La taxe professionnelle devient une ressource propre de l'agglomération. Pour inciter ces communautés à se constituer, le législateur a prévu des incitations financières. Les communautés d'agglomération ont connu un grand succès (181 en 2010).

§ 6 - Les fusions de communes

Si le législateur n'avait pas prévu jusqu'à la loi du 16 juillet 1971 de fusion systématique de communes (600 fusions), il leur permettait de le faire et avait même prévu des mesures (en particulier financières) pour inciter les communes à fusionner (loi du 9 juill. 1966). Il y a eu quelques fusions, mais elles sont restées rares.

La loi du 16 juillet 1971 renforce considérablement les mesures prises en matière de fusions de communes. Chaque commune peut demander le statut de commune « associée ». Elle conserve alors des organes propres : maire délégué, commission consultative. Elle est érigée en « section électorale » (sur le pouvoir d'appréciation du préfet CE, 20 oct. 2010, *Commune de Dunkerque*, *AJDA* 2010, p. 686).

§ 7 - Le problème des « villes nouvelles »

Le phénomène de l'urbanisation a eu pour conséquence la création de **« villes nouvelles »,** par exemple Marne-la-Vallée, L'Isle-d'Abeau, Évry. La loi du 10 juillet 1970 les a soumises à un régime juridique particulier. Les formules de gestion ont été très complexes. Aujourd'hui, il subsiste le « **syndicat d'agglomération nouvelle** » et la création **éventuelle** d'une « **communauté d'agglomération nouvelle** » dont le Conseil d'administration est composé d'élus désignés au **suffrage universel**. Il y a là une nette volonté de démocratisation.

Section 4 › LA COLLABORATION ENTRE COLLECTIVITÉS DIFFÉRENTES

• Cette collaboration, extrêmement importante, n'englobe pas toujours seulement des collectivités locales, mais peut aussi associer des établissements publics tels que les chambres de commerce.

• Dès 1935, on a prévu la création d'associations mixtes en vue de l'exploitation des services par concession.

• Un décret du 20 mai 1955 a prévu la création de **syndicats mixtes** (3 194 en 2011) : établissements publics qui doivent être autorisés par le ministre de l'Intérieur, ils peuvent se constituer entre collectivités et établissements publics très divers (départements, communes, districts, syndicats et chambres de métiers). Leur groupement se fait en vue d'une œuvre ou d'un service déterminé par voie d'exploitation directe ou simple participation financière.

• Depuis la loi du 2 mars 1982, le département, les communes, les établissements publics intercommunaux peuvent créer un établissement public dénommé **agence départementale**. Cette agence est chargée d'apporter aux collectivités territoriales et aux établissements publics intercommunaux du département qui la demandent, une assistance d'ordre technique, juridique ou financière.

• La loi du 6 février 1992 a prévu certaines possibilités de coopération entre collectivités françaises et étrangères. Cette collaboration est strictement encadrée (v. aussi loi 4 févr. 1995).

Conclusion : idées générales sur les moyens d'action des collectivités locales.
Malgré quelques éléments de décentralisation, la centralisation reste forte pour les raisons suivantes :
– si la tutelle est devenue apparemment moins sévère, il ne faut pas négliger les conséquences de l'accroissement de la **complexité technique des problèmes** qui ont pour effet d'augmenter les pouvoirs de l'État : ex. opérations immobilières, d'expropriation… ;
– la multiplication de l'interventionnisme de l'État en général **a réduit les compétences des collectivités locales :** création de services publics nationaux, nationalisation de certaines entreprises (électricité). Étatisation de services publics locaux (police). De même, l'établissement de plans régionaux, l'aménagement du territoire peuvent aboutir à une décentralisation nouvelle, mais, pour le moment, ont plutôt pour effet de réduire l'autonomie des collectivités locales existantes ;
– **les moyens financiers** des collectivités locales sont limités : les collectivités locales ont des ressources insuffisantes ; l'obligation de demander des subventions à l'État augmente leur dépendance envers celui-ci. Le régime financier des collectivités locales est actuellement en cours de modification ;
– il faut remarquer toutefois que la loi du 2 mars 1982 et celles qui ont suivi apportent d'importantes réformes de décentralisation.

Section 5 › LA LOI DU 16 DÉCEMBRE 2010 ET LES TRANSFORMATIONS À VENIR

Dans la loi du 16 décembre 2010, applicable en 2014, 62 des 90 articles sont consacrés à l'intercommunalité. Plusieurs dispositions essentielles retiendront notre attention.

§ 1 - Achèvement et rationalisation de la carte

La loi ressuscite les schémas départementaux de coopération intercommunale (SDCI) pour leur donner une force inédite.

Élaborés par les préfets des départements avant fin 2011, ces schémas seront coproduits par la commission départementale de coopération intercommunale. Ces prescriptions seront déterminantes pour les projets de fusion de communautés, de leur création et d'extension ; l'avenir des syndicats intercommunaux sera déterminé.

Les pouvoirs des préfets sont renforcés toutefois sous l'autorité de la CDCI.

En revanche, les transferts de compétence des regroupements existants ne sont que peu modifiés.

§ 2 - Encouragement à la mutualisation des moyens et personnels

La loi impose à toutes les communautés la réalisation de « schémas de mutualisation de services ». Les communautés devront dialoguer avec les « communes membres ». Il faudra surtout tenir compte de la refonte de la fiscalité locale.

§ 3 - Élection directe des élus communautaires

Dans les communes dont les conseillers municipaux sont élus au scrutin de liste, la désignation à partir de 2014 des représentants de la commune au sein de l'organe délibérant de la communauté résulte du classement ; sont élus les « hauts de la liste ». Dans les communes plus petites (il reste des éléments à déterminer) les représentants au sein de l'intercommunalité seront toujours désignés par les conseils municipaux (en principe 500 habitants).

Les règles de représentation, très complexes, sont modifiées.

§ 4 - Création des « métropoles » et de « pôles métropolitains »

• Il s'agit plus ou moins de transformer les « communautés urbaines » à condition d'avoir 500 000 habitants en ce qui concerne les « **métropoles** ».

La présence d'une métropole sur un territoire peut engendrer une répartition des compétences spécifiques différente de celle ou il n'y a pas de métropole. Ces métropoles exerceront éventuellement deux types de compétence : les compétences obligatoires en lieu et place des autres collectivités territoriales, et des compétences facultatives transférées par le département, la région et aussi l'État.

• Les « **pôles métropolitains** », nouvelle structure qui a vocation à regrouper des établissements publics de coopération intercommunale à fiscalité propre formant

un ensemble d'au moins 300 000 habitants. Les compétences seront à peu près identiques à celles des métropoles.
Ainsi certains départements, régions et même l'État pourront être dépossédés d'une partie de leur compétence par ces nouvelles institutions.

Chapitre 6 › PARIS, LYON, MARSEILLE

Idée générale : *Paris a toujours été soumis à un statut spécial en raison de son importance politique, économique et démographique. Le statut lui-même a varié et des réformes très récentes ont bouleversé l'administration parisienne, mais la réforme régionale réalisée par la loi du 5 juillet 1972 n'était pas applicable à Paris.*

La loi du 31 décembre 1982 a doté Paris, Lyon, Marseille d'une organisation et d'un régime électoral similaires.

Introduction › LES RAISONS DU STATUT SPÉCIAL DE PARIS

§ 1 - Raisons traditionnelles

– Paris est le siège des pouvoirs publics et a connu souvent des révolutions.
– Paris a une population considérable.
– Paris est profondément uni à sa région.

§ 2 - Raisons nouvelles

– Constatation d'une sous-administration de la région parisienne.
– Nécessité d'adapter l'aménagement du territoire à l'espace parisien.

Section 1 › LE STATUT DE PARIS AVANT 1983

§ 1 - Les statuts anciens

Avant 1968 on distinguait **la ville de Paris**, administrée par un Conseil municipal, des maires d'arrondissements (qui n'ont que des tâches de représentants du pouvoir central et sont nommés), le préfet de la Seine et le préfet de police, **et le département de la Seine** administré par un conseil général et les deux préfets. La ville de Paris n'avait pas de maire.

Un autre statut fut institué par une série de textes : lois des 2 août 1961 et 10 juillet 1964, décrets des 10 août 1966 et 10 mai 1969.

– « La ville de Paris est une collectivité territoriale **à statut particulier** ayant des compétences de nature communale et départementale ». Paris est divisée en 20 arrondissements.

– Le « Conseil de Paris » exerce les anciennes attributions du conseil municipal et du conseil général. La liste des attributions est limitative.

– Survivance du préfet de police, le préfet de la Seine devenant le préfet de Paris.

– Survivance des dispositions anciennes dans la mesure où elles ne sont pas abolies par la loi nouvelle.

§ 2 - Le statut de 1975

La loi du 31 décembre 1975 portant réforme du régime administratif de la ville de Paris entrée en application en mars 1977, a profondément modifié le statut de Paris et reste largement valable aujourd'hui. Le but essentiel est de rapprocher l'administration de Paris de celle des collectivités territoriales de droit commun. Le Code des communes est donc applicable sous réserve de certaines dispositions particulières :

– La ville de Paris est supprimée au profit de la commune et du département qui recouvrent le même territoire.

– La commune de Paris est gérée par un Conseil appelé Conseil de Paris et exerçant la double fonction de conseil municipal et de conseil général.

– Paris a désormais une municipalité comprenant un maire et des adjoints ; le maire est élu pour six ans par le conseil municipal.

– Le Conseil municipal et le maire exercent en principe les mêmes pouvoirs que les organismes similaires en dehors de Paris. Mais les compétences des organes municipaux, en particulier celles du maire, sont limitées par la survivance du préfet de police qui exerce ses pouvoirs de police traditionnels.

– Le département de Paris est géré par le Conseil de Paris qui exerce en l'espèce les attributions normalement dévolues au conseil général. Le préfet de Paris était jusqu'en 1982 l'organe d'exécution.

La loi du 2 mars 1982 est applicable à Paris.

Section 2 › LE STATUT ACTUEL DE PARIS, LYON, MARSEILLE (LOIS DU 31 DÉCEMBRE 1982)

§ 1 - Introduction

La loi du 2 mars 1982 transpose à Paris le nouveau régime des actes administratifs et budgétaires des communes sous réserve des pouvoirs du préfet de police. Paris reste à la fois commune et département.

Deux lois du 31 décembre 1982, relatives, l'une à l'organisation administrative de Paris, Lyon et Marseille, la seconde réglant le système électoral dans ces trois villes ont apporté au droit antérieur d'importantes modifications.

§ 2 - Le système électoral

Paris, Marseille, Lyon sont divisés respectivement en 20, 16 et 9 arrondissements. À Paris et Lyon chaque arrondissement correspond à un secteur électoral ; à Marseille, la loi du 9 juillet 1987 regroupe les arrondissements de Marseille deux par deux ; il y a donc huit secteurs électoraux. Le Conseil de Paris compte 163 membres, ceux de Marseille et de Lyon respectivement 101 et 73. Les secteurs électoraux permettent la désignation des conseillers municipaux et des conseillers d'arrondissement. Chaque conseil d'arrondissement comprend un tiers de conseillers municipaux et deux tiers de conseillers d'arrondissement élus dans le secteur.

Dans les trois villes le système électoral de chaque secteur électoral est celui de la loi du 19 novembre 1982 (v. p. 145 et s.).
La dissolution du Conseil municipal entraîne celle des conseils d'arrondissement…

§ 3 - Les arrondissements

Les arrondissements constituent une structure administrative déconcentrée pour rapprocher l'administration municipale des habitants.

A. Attributions des conseils d'arrondissement

• C'est un centre et un relais d'information : droit de poser des questions, avis pour les décisions dont l'exécution concerne l'arrondissement.

• Le conseil d'arrondissement gère les équipements collectifs de proximité à finalité sociale ou récréative (p. ex. crèches, clubs de jeunes, etc.). Des modalités diverses sont prévues.

• L'arrondissement, son conseil, ses délégués constituent une structure d'accueil et de contact avec les habitants et les associations.

• **La loi du 27 février 2002** sur la démocratie de proximité renforce sensiblement les compétences des conseils d'arrondissement : consultation par le maire de la commune, avis divers donnés par les maires d'arrondissement, etc.

B. Fonctionnement des conseils d'arrondissement

Ce sont les mêmes règles que celles qui s'appliquent au fonctionnement des Conseils municipaux. Il existe quelques particularités quant au contrôle des délibérations par le préfet et le maire.

C. Maires et adjoints d'arrondissement

Le maire d'arrondissement est élu par le conseil d'arrondissement en son sein parmi les membres du Conseil municipal. Les maires exercent des attributions au nom de l'État (état civil, etc.) et au nom de la commune (ex. : présidence de la caisse des écoles).

D. La décentralisation financière

L'arrondissement a une certaine autonomie financière, les mécanismes sont complexes.

Conclusion : la loi du 23 décembre 1986 prévoit certaines particularités et adaptations du statut administratif de la ville de Paris.
En matière budgétaire, la ville de Paris bénéficie en ce qui concerne le fonctionnement de son conseil, de certains privilèges (p. ex. apurement et contrôle de ces comptes par une commission de vérification désignée au sein du Conseil de Paris et non la chambre régionale des comptes).
Pour développer son rayonnement international, la ville de Paris peut conclure des conventions avec des personnes de droit public étrangères (sauf des États).

Les compétences respectives en matière d'ordre public entre le préfet de police et le maire sont redéfinies ; les pouvoirs du maire sont renforcés.

La région Île-de-France a eu très longtemps une organisation particulière. La loi 2 mars 1982 a rapproché considérablement le régime de l'Île-de-France de celui des autres régions. Il subsiste certaines particularités surtout en ce qui concerne les compétences exercées.

L'importante **loi du 3 juin 2010**, relative au « **Grand Paris** » illustre le retour de l'État aménageur dans la région parisienne malgré la décentralisation. La loi étatique établit elle-même le nouveau parti d'aménagement préparé au sommet de l'État et les moyens de le mettre en œuvre. On va tenter d'imposer le projet dans l'espace francilien. On crée les instruments d'une planification dérogatoire. Les différents établissements existants (SDRIF, EPAD, etc.) devront y être adaptés. Il y aura deux établissements publics de base placés sous le contrôle de l'État « la Société du Grand Paris » ainsi que « l'établissement public Paris-Saclay » (EPPS). On renforce l'autorité du préfet région (v. art. G. Marcou, *AJDA* 2010, p. 1868 et s.).

La loi du 16 décembre 2010 relative aux conseillers territoriaux ne s'applique pas à Paris.

Titre 4
L'ÉTABLISSEMENT PUBLIC

Définition : l'établissement public est une personne morale de droit public chargée d'exercer à la place de l'État, du département ou de la commune, mais sous leur contrôle, une des activités de ces collectivités locales.

Chapitre 1 › L'ÉTABLISSEMENT PUBLIC CLASSIQUE

Catégories : *il existe des établissements publics nationaux, créés et contrôlés par l'État (universités), des établissements publics départementaux (hospices...), des établissements publics communaux (syndicats intercommunaux, centres communaux d'action sociale...).*

Section 1 › DISTINCTION ENTRE L'ÉTABLISSEMENT PUBLIC ET L'ÉTABLISSEMENT D'UTILITÉ PUBLIQUE

L'établissement public est une personne morale de droit public. Les établissements d'utilité publique sont des organismes privés (associations, fondations) auxquels on a octroyé la « reconnaissance d'utilité publique » (ex. : chambres des notaires, centres techniques industriels). Ces organismes restent des personnes morales de droit privé. Il faut rechercher le critère de la distinction :

• Il n'y a aucune difficulté lorsque le législateur a qualifié lui-même l'organe, ce qui n'est pas toujours le cas.

• En l'absence de texte, le juge déterminera le caractère de l'établissement, mais la jurisprudence actuelle se fonde sur des critères très variés :
– **l'origine de l'établissement** : si l'établissement a été créé par l'administration, c'est un établissement public, et inversement, lorsqu'il a été créé par l'initiative privée ;
– **utilisation de prérogatives de puissance publique** (p. ex. pouvoir de taxation, T. confl., 9 déc. 1899, *Assoc. syndicale du Canal de Gignac*, p. 731) ;
– **nature de l'activité déployée :** p. ex. but de service public poursuivi ;
– **degré de contrôle exercé par les autorités, moyens matériels, statut du personnel, etc.**
Aucun des critères n'est suffisant en lui-même et l'ensemble de la jurisprudence est incertain (T. confl., 20 nov. 1961, *Centre régional Eugène Marquis*, p. 879).

Section 2 › RÉGIME JURIDIQUE

§ 1 - Caractères généraux

Certains établissements publics n'existent qu'à un seul exemplaire (Caisse des dépôts et consignation) et il existe des catégories d'établissements publics (Ex : chambres de commerce).

L'établissement public classique est soumis au droit administratif.

Tout établissement public relève d'une personne territoriale État, collectivité territoriale. Ce rattachement détermine l'autorité de tutelle.

Une place spéciale doit être réservée aux établissements publics à caractère scientifique et culturel de la loi du 12 novembre 1968 en particulier les universités qui bénéficient d'une plus grande autonomie (surtout depuis la loi sur l'Enseignement supérieur de 1984).

Pour les établissements publics industriels et commerciaux, v. p. 169 et s.

§ 2 - Création et suppression

Avant 1958, l'établissement public ne pouvait être créé que par une loi. Depuis 1958, **l'intervention du législateur n'est nécessaire que pour la création de catégories d'établissements publics** (art. 34 Const.). Cette création inclut la détermination des règles essentielles appelées à régir la catégorie (Cons. const., 27 nov. 1959).
La suppression est soumise aux mêmes règles que la création.

§ 3 - Organisation

Il n'y a pas de règles uniformes comme pour les collectivités locales ; toutefois on trouve en général une Assemblée délibérative et un agent exécutif :
– l'Assemblée a une composition variable (des fonctionnaires, des membres du personnel, des usagers...). Leur désignation est elle aussi variable : **nomination, nomination sur présentation, élection** ;
– l'agent exécutif peut avoir un statut variable, il peut être nommé (p. ex. proviseur de lycée), **désigné sur présentation** ou élu (ex. : président d'université).

§ 4 - Fonctionnement

• **Règle de la spécialité :** l'établissement public ne peut sortir de son domaine d'activité propre.

• **Indépendance administrative et financière :** l'établissement public a des organes propres ayant un pouvoir de décision ; l'établissement public a un patrimoine propre, il a un budget spécial distinct de celui des collectivités locales territoriales.
Tout établissement public dispose d'un patrimoine propre ce qui lui permet de recevoir (sous certaines conditions) des dons et legs.
Le Conseil d'État admet aujourd'hui que l'établissement public dispose d'un domaine public (CE, 21 mars 1984, *Mansuy, RD publ.* 1984.1059, note Y. Gaudemet).
L'organe délibérant vote le budget. Les ressources sont très variables et sont souvent constituées essentiellement de subventions de l'État.

• **Contrôle de tutelle :** il est exercé par les collectivités territoriales, très variable, et déterminé par les textes créant ces établissements. On emploie les procédés classiques de la tutelle. La tutelle sera évidemment particulièrement étroite en matière financière et budgétaire. Mais la loi du 2 mars 1982 s'applique en principe aux établissements publics des collectivités locales.

Conclusion : ce régime s'applique aux établissements publics administratifs. Cette catégorie comprend ceux qui ne sont pas industriels et commerciaux (par ex. services sociaux comme l'Assistance publique des hôpitaux Paris) services culturels (ex. Réunion des musées nationaux), services financiers (Caisse des dépôts et consignations).

Chapitre 2 › LA CRISE DE LA THÉORIE JURIDIQUE DE L'ÉTABLISSEMENT PUBLIC

Problématique : *il existe à l'heure actuelle une crise de la notion et du régime juridique de l'établissement public qui n'est d'ailleurs qu'un aspect particulier de la crise du service public.*

Section 1 › L'ÉTABLISSEMENT PUBLIC AVANT LA CRISE

• Il correspondait à une série de buts précis : **attirer les libéralités (hôpitaux, assistance), donner une certaine indépendance** à des services administratifs particuliers (université, faculté…), **permettre une participation** corporative des usagers à la gestion ou à la désignation des dirigeants (chambres de commerce, chambres de métiers…).

• Il correspondait à des options relativement claires :

– c'était la **seule personne morale de droit public** à côté des personnes morales territoriales ;

– l'établissement public **était soumis au droit public** même si les règles variaient suivant les catégories d'établissements dont il s'agit ;

– l'établissement public **gérait un service public** : c'était une sorte de service public ayant la personnalité juridique, sauf quelques rares exceptions (T. confl., 9 déc. 1899, *Canal de Gignac*, p. 731).

Section 2 › FACTEURS DE LA CRISE

§ 1 - De nouveaux organismes

L'établissement public **n'est plus la seule personne publique** à côté des collectivités territoriales :

– Apparition des **comités d'organisation professionnelle** sous le régime de Vichy (CE, 21 juill. 1942, *Monpeurt*, p. 239) ainsi que des **ordres professionnels** (CE, 2 avr. 1943, *Bouguen* p. 275). Ces organes dont la nature juridique restait indéterminée, ne sont pas des établissements publics. C'est seulement dans un arrêt de 1984 que le Conseil d'État a considéré les organismes professionnels comme des organismes privés (CE, 7 déc. 1984, *Centre d'études marines avancées* : caractère privé de l'Institut français des pétroles, p. 413).

– Apparition **d'entreprises nationalisées**, et dont certaines seulement sont ou étaient des établissements publics (Électricité et Gaz de France, Houillères) mais les autres prennent les formes juridiques les plus diverses : cas de la Régie Renault, des banques, des assurances…

– Apparition de regroupements de collectivités territoriales qui ne sont ni des collectivités territoriales, ni des établissements publics : ensemble urbain (loi 10 juill. 1970).

§ 2 - Des services très différents

L'établissement public a **servi de couverture à toute une série de services très différents :**

Avant 1914, il y avait une certaine unité : l'établissement public correspondant à un service public administratif.

– Certains **services publics industriels et commerciaux**, à qui l'on voulait donner une indépendance financière, ont été créés sous forme d'établissement public, auxquels on a donné très souvent le nom « d'offices » (Office de l'azote, des céréales).

– Certaines **entreprises nationalisées** ont été créées sous forme d'établissements publics : Électricité de France, Gaz de France (établissements publics industriels et commerciaux), etc.

Plus récemment, on a recouvert du manteau juridique de l'établissement public certains regroupements de collectivités territoriales que l'on ne voulait pas constituer en collectivités territoriales nouvelles : syndicats de communes, communautés d'agglomération, communautés urbaines, etc.

En particulier, la loi du 5 juillet 1972 avait constitué la région en établissement public.

Section 3 › ÉLÉMENTS DE LA CRISE

§ 1 - Crise de la notion et de la définition

• L'établissement public **ne gère plus obligatoirement un service public** : p. ex. entreprise minière et chimique.

• L'établissement public ne se distingue plus toujours des collectivités territoriales par son caractère de spécialité puisque des regroupements de collectivités territoriales se font sous forme d'établissement publics.

• L'établissement public **n'est plus la seule personne morale de droit public** à côté des collectivités territoriales.

• La définition de l'établissement public par rapport aux personnes morales de droit privé est souvent malaisée.

• À l'intérieur de la notion d'établissement public, la qualification « d'établissement public à caractère industriel et commercial » donnée par le législateur ne suffit pas à caractériser la mission des organismes qui peuvent fort bien faire des opérations de caractère « administratif » (T. confl., 24 juin 1968, *Sté Distilleries bretonnes*, p. 801). Le nombre même d'établissements publics tend à se réduire par la transformation de nombreux « Epic » en sociétés (Gaz de France, EDF, Aéroports de Paris).

§ 2 - Crise du régime juridique

• Si autrefois l'établissement public était soumis au droit public il n'en va plus toujours ainsi :

– **les services publics industriels et commerciaux**, dont certains sont des établissements publics, **sont largement soumis au droit privé**. La détermination du caractère

« administratif » ou « industriel et commercial » d'un établissement public reste souvent délicate (CE, 20 oct. 2000, *Mme T., ADJA*, 2001, p. 394 ; l'Établissement français du sang créé par la loi du 1er juillet 1998 a un caractère administratif) ;
– certaines entreprises nationalisées sont très largement soumises au droit privé tout en constituant des établissements publics.

• Par ailleurs, certaines catégories nouvelles d'établissements publics tels les établissements publics à caractère scientifique et culturel (ex. : université, loi d'orientation du 12 nov. 1968) tout en restant soumis au droit administratif, ont un régime juridique très différent des établissements publics traditionnels (universités : autonomie statutaire, structure à « participation »). Il en va de même de la loi du 20 janvier 1984 sur l'enseignement supérieur. Voir aussi la loi du 10 août 2007 sur la liberté et la responsabilité universitaires.

Conclusion : un rapport du Conseil d'État (1971) relatif à la réforme des établissements publics montrait déjà les incertitudes de cette notion. La réforme proposée consistait à « rendre partiellement inutile le recours aux établissements publics en déconcentrant et en modernisant l'administration, mais quand toute réflexion faite, la création d'un établissement public est décidée, en tirer pleinement les conséquences ». Un rapport du Conseil d'État de 1985 estimait que « l'établissement public conserve une réalité spécifique découlant de son intégration dans l'appareil administratif de l'État et dans l'orbite du droit public ».
En ce qui concerne les entreprises publiques, v. détails p. 183 et s.

Troisième partie

L'ACTION DE L'ADMINISTRATION

Police et service public constituent les modalités fondamentales de l'action administrative. La police administrative consiste essentiellement dans les mesures juridiques prises pour assurer l'ordre public. Ces mesures sont prises par des autorités de police (ex : préfet, maire) et exécutés par des personnels de police.

La notion de service public, on l'a vu dans l'Introduction, constitue la base de l'activité administrative. Il s'agit d'une activité assumée directement ou indirectement par une collectivité publique en vue de donner satisfaction à un besoin d'intérêt général. Mais la définition du service public, le droit applicable, sa place dans la construction européenne rendent ses contours assez flous.

Lorsque l'administration crée un dommage elle engage sa responsabilité et doit indemniser les victimes. Il faut faire la distinction entre la faute personnelle du fonctionnaire et celle de l'administration. La responsabilité de l'administration peut être engagée sur la notion de faute ou celle de « risque ».

Titre 1

LES MODALITÉS DE L'ACTION ADMINISTRATIVE

Il existe deux modalités principales de l'action administrative : la police administrative et le service public.

La police administrative, dans la main des autorités administratives (p. ex. le Premier ministre, le préfet, le maire), c'est la possibilité pour ces autorités de prendre des mesures pour garantir l'ordre public. La police administrative peut imposer, dans une certaine mesure, des limites aux libertés et droits.

Le service public, on l'a vu dans l'Introduction, constitue, ou a constitué, l'une des notions clefs du droit administratif français. Il s'agit soit de l'obligation, soit de la possibilité pour une collectivité publique d'assumer une activité pour satisfaire les besoins d'intérêt général. Mais l'étude de la notion, de son utilité, de son régime juridique est particulièrement complexe et discutée.

Chapitre 1 › LA POLICE ADMINISTRATIVE

Définition : *la police administrative, qui constitue une des tâches essentielles de l'action administrative,* ***impose des limitations aux droits et libertés des citoyens en vue d'assurer l'ordre public dans le cadre des lois.***
Cette notion d'ordre public se définit essentiellement par son caractère ***matériel*** *: éviter les désordres visibles. L'ordre dans les esprits et les mœurs ne relève pas de la police. Mais l'immoralité peut être un objet de la police administrative surtout si elle peut provoquer des troubles « vu les circonstances locales » (CE, 18 déc. 1959,* Sté des films Lutétia, *p. 693). Dans deux arrêts, le Conseil d'État, a inclus « la dignité humaine » dans la notion d'ordre public (CE, 28 oct. 1995,* Cne de Morsang-sur-Orge, Ville d'Aix-en-Provence, AJDA *1995, p. 942).*

Section 1 › NOTION

§ 1 - Police administrative et police judiciaire

La police administrative agit par voie préventive ; elle s'efforce d'éviter que naissent les atteintes à l'ordre, à la sécurité, à la salubrité publiques.
La police judiciaire a un rôle répressif : elle recherche les auteurs d'infractions déjà commises.
En pratique, la distinction est souvent délicate, car les autorités et les personnels sont souvent identiques ; le préfet était à la fois autorité de police administrative et autorité de police judiciaire ; un agent de police judiciaire peut exercer à la fois des fonctions de police administrative et de police judiciaire. La distinction est cependant importante, car les organes de la police judiciaire relèvent du procureur de la République, les organes de la police administrative, de l'autorité administrative. De plus, la compétence et le droit applicables sont distincts dans les deux cas, la police judiciaire échappant au contrôle du juge administratif.
(À propos de saisies de journaux, v. CE, 24 juin 1960, *Frampar*, p. 412 : le préfet ne pouvait utiliser ses pouvoirs de police judiciaire dans un but de police administrative).

§ 2 - Police administrative générale et spéciale

La police administrative générale est celle qui **est exercée d'une manière indifférenciée** à l'égard de n'importe quel genre d'activité des particuliers. C'est une police générale de l'ordre public.
La police administrative spéciale **concerne telle ou telle activité particulière** : p. ex. police des chemins de fer, des établissements insalubres, des immeubles menaçant ruine, police de la chasse.
La distinction entre police générale et police spéciale est parfois subtile (en ce qui concerne les immeubles menaçant ruine, CE, 31 mars 2006, *AJDA* 2006, p. 1680).

§ 3 - Police et service public

La police réglemente des activités extérieures, alors que le service public constitue une prise en mains par l'administration (généralement) d'une activité.
La police utilise des injonctions, le service public des prestations.
La distinction est tout de même délicate dans certains cas, d'autant plus que la police en elle-même constitue un service public aussi bien au point de vue organique qu'au point de vue matériel.

Section 2 › AUTORITÉS ET PERSONNEL DE POLICE

Distinction : les autorités prennent des décisions juridiques, le personnel ne peut qu'exécuter les mesures prises.

§ 1 - Autorités de police

A. Le Premier ministre

Il exerce un pouvoir de police général sur tout le territoire. Le principe a été posé par l'arrêt *Labonne* (CE, 8 août 1919, p. 737) à propos du président de la République de la Troisième République dont les pouvoirs ont été transférés au Premier ministre. Pour l'interdiction de fumer dans les lieux publics, CE, 19 mars 2007, *RFDA* 2007, p. 648.
Les ministres n'ont pas de pouvoir de police générale ; ils n'ont que les pouvoirs de police spéciale que la loi leur accorde (p. ex. le ministre des Travaux publics à la police des chemins de fer).
Le ministre de l'Intérieur dispose d'un pouvoir de réglementation étendu pour homologuer les circuits de vitesse (CE. S., 1er juill. 2005, *Abgrall*, *AJDA* 2005, p. 16199, etc.).

B. Le préfet

Il exerce, en vertu du Code des collectivités territoriales, un pouvoir de police générale, soit en assurant l'uniformité des mesures prises pour le maintien de l'ordre public dans toutes les communes du département ou un groupe de communes, soit en se substituant au maire d'une commune après mise en demeure restée sans effet, soit enfin en exerçant directement la police de la tranquillité dans les communes où la police a été « étatisée ». Il exerce certaines polices spéciales dans le cadre du département (pêche, forêts…).
Des préfets délégués pour la police peuvent être nommés auprès des préfets dans certains départements (décr. 29 sept. 1972). Leurs attributions comprennent aussi bien l'exercice du pouvoir de police proprement dit que l'autorité sur les services de police. De tels préfets (préfets adjoints pour la sécurité) ont d'abord été nommés dans le Rhône, le Nord et les Bouches-du-Rhône, puis dans d'autres départements.

C. Le président du conseil général

Depuis la loi du 2 mars 1982, **le président du conseil général** exerce les pouvoirs de police en ce qui concerne la circulation sur le domaine départemental.

D. Le maire

Il exerce le **pouvoir de police générale** dans le cadre de la commune. Cette police se subdivise en police municipale proprement dite et en police rurale. Il s'agit là d'un des **pouvoirs essentiels du maire** qu'il exerce seul, sans intervention du conseil municipal.

Le maire exerce cette compétence au nom de la commune, au moyen d'arrêtés réglementaires ou individuels. Il peut engager la responsabilité de la commune (les maires ne peuvent pas recourir de façon systématique à des arrêtés « anti-coupures d'eau »). **Le préfet peut se substituer à lui,** sous certaines conditions (v. *supra*).

Les présidents des établissements publics de coopération intercommunale peuvent éventuellement détenir certains pouvoirs de police après accord des maires (mise en œuvre délicate).

§ 2 - Personnel de police

Le personnel de police, très varié, en civil ou en uniforme, relève de différents ministères (Intérieur, Défense nationale).

§ 3 - Problème de la police d'État

La police a souvent été étatisée, aussi bien du point de vue du pouvoir de police (le préfet exerce la police générale de la tranquillité dans les grandes agglomérations) que du point de vue du personnel qui est devenu un personnel d'État. Mais le maire, même dans ces communes, a gardé ses autres attributions de police et le personnel de la police d'État lui est subordonné.

La loi du 7 janvier 1983 permet aux communes qui le décident, lorsqu'elles remplissent certaines conditions de passer sous le régime de la police d'État.

Le préfet exerce alors la répression des atteintes à la tranquillité publique et le maintien de l'ordre dans les grands rassemblements.

D'après la loi du 21 janvier 1995, le régime de la police d'État peut être institué dans une commune en fonction de ses besoins en matière de sécurité. Ces besoins s'apprécient au regard de la population permanente et saisonnière, de la situation de la commune dans un ensemble urbain et des caractéristiques de la délinquance.

Les pouvoirs du maire pour le maintien de l'ordre public sont alors très restreints (CE, 28 avr. 1989, *Cne de Mongéron*, req. 74018).

À côté de la police traditionnelle, les communes ont tendance à se doter de forces de police **municipales**. D'après les nouveaux textes, « sans préjudice de la compétence générale de la police nationale et de la gendarmerie nationale, les agents de police municipale exécutent, dans la limite de leurs attributions et sous son autorité, les tâches relevant de la compétence du maire que celui-ci leur confie en matière de prévention et de surveillance du bon ordre, de la tranquillité, de la sécurité et de la salubrité publiques ».

« La privatisation » du pouvoir police, en principe exclue, survient toutefois quelquefois dans la pratique (p. ex. pouvoir quasi policier des fédérations sportives ; v. E. Lemaire, *RFDA* 2009, p. 767 et CE, 20 oct. 2008, *Féd frçse de football, RFDA* 2009, p. 767).

Section 3 › CONCOURS DE DIVERSES POLICES

• **Concours de polices générales :** p. ex. celle du maire et du Premier ministre. La police générale supérieure domine, mais le maire peut la compléter (si vitesse circulation fixée à 50, peut la fixer à 40, non à 60).

• **Concours de polices générales et de polices spéciales :** la police générale peut compléter la police spéciale, non pas la contredire (p. ex. possibilité d'interdiction dans une commune d'un film autorisé par le ministre, mais non l'inverse).
De plus en plus, certaines polices spéciales (p. ex. celle de l'affichage) doivent tenir compte des règles de la « concurrence » (CE, S., nov. 2000, *Sté L et...*, *RFDA* 2001, p. 253).

• **Concours de deux polices spéciales :** même principe.

Section 4 › LIMITES DU POUVOIR DE POLICE

Si certaines mesures prises par la police administrative d'État ne sont soumises qu'à un contrôle réduit du juge, en revanche, en matière de police municipale, le juge administratif a constamment tenté de concilier la réglementation de police nécessaire au maintien de l'ordre et le respect des libertés individuelles. Le juge judiciaire est amené à intervenir lorsque le particulier, accusé d'avoir enfreint au règlement de police, soulève l'exception d'illégalité.

§ 1 - Contrôle du but

Le but visé par la police ne peut être que le maintien de l'ordre, de la tranquillité, de la salubrité (ex. : une mesure de police ne peut avoir pour unique but de protéger les finances de la commune).

§ 2 - Contrôle des motifs et des moyens

• Une mesure de police n'est légale que si, dans les circonstances de l'espèce, il y a une menace réelle de désordre.

• La police ne doit pas empêcher complètement l'exercice d'une liberté (ex. : pas d'interdiction générale de circulation et stationnement).

• L'étendue du pouvoir de police varie selon la liberté dont il s'agit, liberté sanctionnée par les textes (ex. : liberté de réunion) ou simple tolérance.

• L'importance de la mesure doit être adaptée à la gravité de la menace de trouble. Le juge tiendra aussi compte des moyens qu'avait l'administration de faire face à la menace de désordre.

• Il existe de nombreux arrêts importants en cette matière (outre CE, 19 févr. 1909, *Abbé Olivier*, p. 181, *GAJA*, 18e éd., n° 19 ; CE, S., 18 déc. 1959, *Sté Lutétia*, p. 583, *GAJA*, 18e éd., n° 76) :
– Dans l'affaire *Benjamin* (19 mai 1933, p. 541, *GAJA*, 18e éd., n° 45), il s'agissait de René Benjamin qui devait donner à Nevers deux conférences littéraires sur Sacha

Guitry. Les instituteurs syndiqués firent savoir au maire qu'ils s'opposeraient à la tenue de cette réunion par un homme qui avait sali dans ses écrits le personnel enseignant. Après diverses tribulations, le maire de Nevers interdit la réunion. Saisi par le sieur Benjamin, le Conseil d'État annula la décision du maire. Selon la Haute Juridiction, il incombe au maire de concilier les mesures nécessaires au maintien de l'ordre public avec le respect de la liberté de réunion. En l'espèce, si la venue du sieur Benjamin était de nature à troubler l'ordre public, ce trouble ne présentait pas un degré de gravité suffisant tel qu'il n'ait pu, sans interdire la conférence, maintenir l'ordre en édictant d'autres mesures de police.

– Dans l'affaire *Action française* (8 avr. 1935, p. 1226, *GAJA*, 18e éd., n° 47), le préfet de police de Paris avait fait saisir le 7 février 1934, le journal *Action française* dans le département de la Seine. La société ayant engagé une procédure devant les tribunaux judiciaires, le préfet éleva le conflit. Le Tribunal des conflits rejeta l'arrêté de conflit, estimant que la violation du droit par le préfet était tellement grave qu'on était en présence d'une « voie de fait » donnant compétence à l'autorité judiciaire (v. p. 245 et s.).

– Dans l'affaire *Frampar* (24 juin 1960, p. 412, *GAJA*, 18e éd., n° 77), il s'agissait du préfet d'Alger qui avait fait saisir en 1956 et 1957 pendant quelques jours des éditions entières de *France-Soir*, du *Monde* et de *Paris-Presse*. La société Frampar attaqua ces saisies devant le Conseil d'État. Le ministre fit valoir que le préfet avait effectué ces saisies en vertu des pouvoirs de police judiciaire que lui conférait l'ancien art. 30 du Code de procédure pénale. Or, aucune poursuite n'avait été engagée ; la saisie avait, contrairement à ce que permet la saisie judiciaire, portée sur des éditions entières. Pour le Conseil d'État il y a détournement de procédure, une procédure judiciaire a été utilisée dans un but de police administrative. Le juge administratif est compétent et il estime que le préfet a commis un excès de pouvoir.

– Dans l'affaire du « lancer de nain » le Conseil d'État a considérablement étendu la notion d'ordre public, accroissant les pouvoirs du maire (CE, Ass., 27 oct. 1995, *Cne de Morsang-sur-Orge* et *Ville d'Aix-en-Provence, AJDA* 1995, p. 492, *GAJA*, 18e éd., n° 96). Les maires de ces communes avaient interdit l'attraction « lancer de nains » consistant à faire lancer un nain par des spectateurs. Le Conseil d'État à qui il était demandé d'annuler cette interdiction, estime qu'il appartient à l'autorité investie du pouvoir de police municipale de prendre toute mesure pour prévenir une atteinte à l'ordre public ; le respect de la dignité humaine fait partie de l'ordre public, même s'il n'y a pas de circonstances locales particulières. En l'espèce, l'utilisation comme un projectile d'une personne affectée d'un handicap physique, constitue un spectacle qui, par son objet même, porte atteinte à la dignité humaine. Le maire pouvait donc légalement interdire ce spectacle. Cette décision ne peut qu'être approuvée.

– Le juge exerce aussi un contrôle complet sur la plupart des mesures prises en matière de « police spéciale ». En matière de police spéciale du ministre en matière de cinéma, le Conseil d'État a jugé (CE, S., 30 juin 2000, *Assoc. Promouvoir, M. et Mme Mazaudier et autres, AJDA* 2000, p. 674) que le film *Baise-moi* qui n'avait été interdit qu'aux mineurs de seize ans, contenait de telles scènes de violence et de sexe non-simulées, que comme il n'existait plus de possibilités d'interdiction à des mineurs de dix-huit ans, la décision ministérielle accordant le visa d'exploitation devait être annulée.

– Le Conseil d'État a jugé (ord. réf., 5 janv. 2007, *Min. Intérieur, AJDA* 2007, p. 601) que l'interdiction par le préfet de distribution d'une « soupe contenant du porc » n'est pas illégale, car une telle mesure est la seule en l'espèce de nature à prévenir les atteintes à l'ordre public.

– En revanche est illégale l'interdiction d'accès aux locaux de l'Université de Lyon de Bruno Gollnisch. Les menaces de manifestation suite aux propos de M. Gollnisch sont insuffisantes pour justifier l'interdiction d'accès (mais une mesure de suspension ultérieure est légale : CE, 26 oct. 2005, *M. Gollnisch, AJDA* 2006, p. 505).

On peut souligner aussi qu'un spectacle de Dieudonné (interdit par le maire) a été sauvé *in extremis* en référé par la jurisprudence *Benjamin* (CE, 26 févr. 2010, *AJDA* 2010, p. 1104, conciliation possible des libertés publiques et des atteintes à l'ordre public ; idem TA Lille 3 juin 2010, *AJDA* 2010, p. 1536).

Les rave parties, free parties, teknivals sont devenus des « cauchemars » pour les maires. Mais l'encadrement en a été confié à l'État et c'est le préfet qui prend les mesures adéquates. Les textes réglementaires sont difficiles à interpréter. En plus des atteintes à l'ordre public il peut y avoir atteinte à l'« environnement ». Il est arrivé, et cela est grave, qu'un préfet ne respecte pas la décision juridictionnelle suspendant l'arrêté d'interdiction du même préfet. Cette désobéissance de l'autorité administrative à l'autorité juridictionnelle est évidemment sanctionnée à nouveau par le juge (concl. Olson sur CE, 17 janv. 2007, *Min. de l'Intérieur c/ Commune de Vannes, AJDA* 2007, p. 484 ; v. aussi article « Rave-parties, free parties, teknivals, cauchemar du maire » par D. Bordier, *AJDA* 2010, p. 185 et s.).

On peut peut-être aussi classer sous le régime de « police » certaines décisions relatives à l'acquisition de la nationalité française. Parmi les conditions, figure « l'assimilation à la communauté française ». Le Conseil d'État juge qu'une femme par sa pratique radicale d'une certaine religion, se place en situation d'inassimilation par apport à l'ensemble national français, en récusant en particulier le principe d'égalité des sexes (CE, 27 juin 2008, *Mme Faiza X, D.* 2009.345).

Chapitre 2 > LE SERVICE PUBLIC

Définition : *activité assumée par une collectivité publique en vue de donner satisfaction à un besoin d'intérêt général. Cette activité obéit donc à un régime juridique basé sur des principes fondamentaux s'appliquant à tous les services publics. Divers modes de gestion sont possibles.*

Problème : *le principal défi du service public réside aujourd'hui dans sa place et son avenir dans la construction européenne.*
V. l'important dossier « service public » dans RFDA 2008, p. 1 et s., colloque de l'Université de Franche-Comté ; v. aussi « Le service public, unité et diversité », AJDA juin 1997, n° spécial.

Section 1 > LA NOTION DE SERVICE PUBLIC ET SON UTILITÉ

§ 1 - La notion de service public

La notion de service public constitue certainement l'une des notions les plus délicates à analyser en droit public français. On sait que toute l'école du service public se réfère uniquement à cette notion. Pour Duguit, le droit administratif est le droit des services publics ; l'État lui-même constitue seulement un ensemble de services publics.

De façon plus générale, on peut définir le service public **comme une activité assumée par une collectivité publique en vue de donner satisfaction à un besoin d'intérêt général.**

A. Définition matérielle et définition organique

Le terme du service public peut avoir un sens organique et un sens matériel. Au sens organique, le service public implique une organisation, un appareil administratif. Au sens matériel, le service public désigne une activité, une mission ayant un caractère d'intérêt général.

Les deux notions se recouvrent souvent, mais pas toujours : en effet, de plus en plus, on trouve des organismes privés gérant des services publics au sens matériel du terme (CE, 13 mai 1938, *Caisse Primaire « Aide et Protection »*, p. 417).

L'élément matériel, la mission de service public occupent aujourd'hui la place fondamentale dans la conception du service public (CE, *Monpeurt*, 31 juill. 1942 ; *Bouguen*, 2 avr. 1943) (*op. cit.*).

Dans l'affaire *Monpeurt*, il s'agissait d'un comité d'organisation professionnelle créé par Vichy qui avait pris une décision en matière de verre, décision qui fut attaquée par une entreprise.

Le Conseil d'État constate que les comités d'organisation professionnelle ne constituent pas des établissements publics, mais sans prendre position sur la question de savoir s'il s'agit d'organismes privés ou publics. Peu importe, ils sont chargés de l'exécution d'un service public au point de vue matériel ; ils bénéficient de prérogatives de puissance publique et les décisions qu'ils sont amenés à prendre dans la sphère de ces attributions, constituent des actes administratifs susceptibles de recours pour excès de pouvoir.

B. Le critère du service public

On est en présence d'un service public lorsque l'activité présente un caractère suffisant d'intérêt général pour que les gouvernants aient voulu en faire un service public.

1. L'intérêt général

Il n'y a pas service public sans intérêt général. Mais la notion d'intérêt général est très contingente et peut, à la limite se confondre avec la satisfaction des besoins légitimes (même la boulangerie, le ramonage des cheminées qui ne constituent pourtant pas des activités de service public). Ainsi toute activité d'intérêt général ne constitue pas un service public.

2. La volonté des gouvernants

Il n'y a service public que si l'activité d'intérêt général est prise en mains par les gouvernants qui décident de l'assumer ou de le faire assumer car autrement le besoin à l'origine de cette activité serait mal satisfait.

a) Contre cette théorie on a avancé deux thèses, la **thèse du service public par nature** et la **thèse du service public virtuel** :

– il faut rejeter la théorie selon laquelle **certaines activités par leur nature**, constitueraient des services publics (théorie des services publics par nature ; T. confl., 22 janv. 1921, *Société commerciale de l'Ouest africain*, p. 91, concl. Matter). Tout dépend en fait des conceptions politiques, des époques ;

– **la théorie du service public virtuel** consiste à dire que si une activité présente un caractère suffisamment clair d'intérêt général, elle peut constituer de ce fait un service public, même si elle n'est pas érigée par les gouvernants expressément en service public. Il est vrai que l'administration impose parfois des sortes d'obligations de service public à des entreprises qui ne gèrent pas réellement une activité de service public créée par les gouvernants (CE, 5 mai 1944, *Cie maritime de l'Afrique orientale*, p. 129, concl. Chenot). Mais cette théorie, dangereuse pour les libertés publiques, est d'application très rare.

b) Comment reconnaître l'intention des gouvernants ?

L'intention des gouvernants est déterminante. Mais la volonté des gouvernants n'est pas toujours très claire, le juge est obligé d'en faire la recherche, en se fondant sur certains indices, ce qui lui confère finalement un grand pouvoir de détermination du service public. Aussi le juge considère-t-il comme révélateurs :

– **l'existence de prérogatives de puissance publique** (pouvoir d'imposer des contrôles, le fait de détenir un monopole, etc. ; CE, 13 janv. 1961, *Magnier*, p. 33) ;

– **des clauses et règles dérogeant au droit privé** ;

– **la création du service et le contrôle de la marche du service.** La notion reste très contingente et variable, le juge combinant plusieurs indices.

Le Conseil a rendu d'importants arrêts en matière de définition du service public. Tout d'abord, dans une affaire (CE, S., 22 févr. 2007, *Association des personnels relevant des établissements pour inadaptés*, *AJDA* 2007, p. 793, Chron. Lenica et

Boucher) le juge a été saisi de la question de savoir si une association gérant un centre d'aide par le travail doit être regardée comme un organisme chargé d'une mission de service public pour l'application des dispositions d'accès aux documents administratifs. Le Conseil d'État tranche très nettement : l'octroi de prérogatives de puissance publique n'est pas une condition nécessaire d'une telle qualification (toutefois en l'espèce il apporte, tenant compte de la volonté du législateur, une réponse négative à la question posée).

Dans un autre arrêt il a estimé qu'une société d'économie mixte, qui n'est pas dotée de prérogatives de puissance publique et qui a une mission d'intérêt général en vue d'assurer l'exploitation cinématographique, n'a pas de mission de service public en l'absence de toute obligation imposée par la ville et de contrats d'objectifs (CE, 5 oct. 2007, *Sté UGC Ciné-Cité*, *AJDA* 2007, p. 2260).

Conclusion : la notion de service public est malaisée à définir. Le problème se pose essentiellement dans des matières telles que le tourisme, les loisirs, le spectacle, le sport. Le juge a admis que dans certaines hypothèses, l'exploitation d'une plage, d'une piscine, d'un terrain de camping, la création d'un téléski, l'organisation de représentations théâtrales peuvent constituer des services publics, ainsi que de nombreuses mesures prises par la Ligue nationale de football (ex. CE, 25 avr. 2001, *Assoc. sport. Nancy-Lorraine*, *RFDA* 2001, p. 73). Il en va de même des opérations de dépannage, de remorquage et d'évacuation des véhicules sur le réseau autoroutier, telle que définies par le préfet dans un cahier des charges approuvé par le préfet (CE, 22 mars 2000, *RFDA* 2001, p. 353-358).

En revanche, le juge a refusé le caractère de service public, dans certaines circonstances précises à l'organisation par une commune d'une course de chevaux (CE, 3 oct. 1953, *Bossuyt*, p. 466) ou aux mesures prises dans le domaine de l'environnement pour préserver le gros gibier (CE, 20 juill. 1971, *Bolusset*, p. 547) aux sociétés de course et au PMU (CE, 25 sept. 1996, *Bellanger*, v. article Gentot, *AJDA* juin 1997, n° spécial, p. 30), à la société La Française des jeux (CE, 27 oct. 1999, *RD publ.* 1999, p. 1855). Par ailleurs lorsque l'organisme gérant est lui-même un organisme public il y a une sorte de présomption de caractère de service public de l'activité gérée. Mais, on le sait, un organisme public peut fort bien gérer une activité de caractère privé et un organisme privé avoir une activité de service public.

Dans l'arrêt *Commune d'Aix en Provence* du 6 avril 2007, le Conseil d'État estime que le festival d'Aix qui est mis en œuvre par une société privée et qui reçoit des subventions de la Ville d'Aix-en-Provence peut être considéré **comme une mise en œuvre d'un service public administratif géré par une société privée.** La notion de service public est donc élargie. « Lorsqu'une personne privée exerce sous sa responsabilité et sans qu'une personne publique en détermine le contenu, une activité dont elle a pris l'initiative elle ne peut en tout état de cause être considérée comme bénéficiant de la part d'une personne publique de la dévolution d'une mission de service public ; que son activité peut cependant se voir reconnaître un caractère de service public (alors qu'elle n'a fait l'objet d'aucun contrat de délégation de service public) en raison de l'intérêt général qui s'y attache et de l'importance qu'elle revêt aux yeux de l'administration qui exerce un droit de regard sur son organisation ».

Inversement en ce qui concerne l'exploitation d'un cinéma (CE, 5 oct. 2007, *Sté UGS Ciné-cité*) le juge estime que l'absence de contrôle d'objectifs qui lui auraient été fixés fait obstacle à la qualification de service public d'une activité dont il reconnaît pourtant le caractère d'intérêt général. L'incertitude des critères subsiste.

Il semble qu'il y ait atténuation de l'effort de systématisation et la jurisprudence reste maîtresse des qualifications cas par cas (L. Janicot, « L'identification du service public géré par une personne privée », *RFDA* 2008, p. 67).

§ 2 - Le lien entre la notion et le régime juridique

Très longtemps, le service public avait une définition claire. Celle-ci entraînait comme conséquence juridique l'application du droit public. Certains auteurs (Jèze) ont inversé la question et ont estimé que l'on ne pouvait appeler services publics que des activités soumises au droit public. Le régime juridique est non seulement la conséquence, mais un élément de la définition.

M. Chenot, à une certaine époque, est allé encore plus loin : pour lui non seulement le régime exorbitant est la condition pour qu'il y ait service public mais le régime exorbitant **est** le service public. L'expression service public n'est ni une institution, ni une activité soumise à un certain régime juridique : le service public est un ensemble de règles. On a appelé cette conception, la « **conception existentialiste** » du service public.

En réalité, la jurisprudence n'a pas admis ces théories : on parle aujourd'hui de « service public » sans que cette notion soit liée à un régime juridique exorbitant. Ainsi les services publics industriels et commerciaux sont très largement soumis au droit privé (v. p. 183 et s.) ainsi que certains services publics sociaux (T. confl., 22 janv. 1955, *Naliato*, p. 141).

§ 3 - L'utilité de la notion

Certains auteurs ont affirmé que la notion de service public n'avait plus d'utilité, que l'emploi de cette notion correspondait à un pur verbalisme. En réalité, si la notion est moins importante qu'autrefois, elle garde toutefois aujourd'hui une grande utilité. La jurisprudence fait en tout cas très fréquemment appel à cette notion.

Tout d'abord, un certain nombre de **principes** sont applicables à tous les services publics, quels qu'ils soient : le principe de continuité et d'adaptation, le principe de neutralité, le principe d'égalité de traitement (v. p. 186 et s.).

La notion de service public permet de justifier l'application du droit administratif par l'intermédiaire de **notions techniques**. En effet, la notion de service public permet de caractériser le contrat administratif (v. p. 77 et s.). Or, le contrat administratif est soumis au droit administratif et relève du juge administratif. Il en va de même de l'agent public, des travaux publics et du domaine public.

Si la notion de service public ne permet plus de déterminer à elle seule la soumission au droit administratif – et ne constitue donc plus une condition suffisante à l'application de ce droit – elle constitue en revanche une condition nécessaire à l'application du droit administratif.

Section 2 › RÉGIME JURIDIQUE

§ 1 - Création et suppression

Avant 1958, la création et la suppression des services publics relevaient du législateur. Aujourd'hui la compétence, en matière de création ou de suppression, **est dans la main du gouvernement** à moins qu'elles n'entraînent une atteinte aux libertés fondamentales. Dans les collectivités locales, la décision est prise par l'autorité délibérante qui ne peut agir que dans les limites légales.

§ 2 - Organisation

À toute époque, l'organisation intérieure des services publics, ainsi que leurs conditions de fonctionnement, relevaient du pouvoir exécutif. À côté du gouvernement, les ministres ont compétence pour organiser leurs services. L'organisation des services publics est obligatoire lorsque la loi en a décidé la création et dans le cas des services publics obligatoires imposés aux collectivités locales.

§ 3 - Diversité du droit applicable

A. Les services publics administratifs

Ils sont soumis au droit administratif, à moins de recourir à des procédés de gestion privée. L'usager se trouve dans une solution légale et réglementaire.

Il y a application du droit public : les autorités administratives peuvent employer des procédés de droit public à moins de recourir **à des procédés de gestion privée**. Les agents sont normalement des agents publics, les deniers sont des deniers publics, les contrats sont administratifs lorsqu'ils obéissent aux règles générales des contrats administratifs. L'expropriation et la réquisition peuvent avoir lieu au profit de ces services, le contentieux est administratif. Mais les règles sont moins nettes lorsque le service est géré par une personne morale de droit privé.

L'usager du service public administratif est dans une **situation légale et réglementaire** ; il en va de même du candidat usager. L'administration peut, à tout moment, modifier unilatéralement la situation de l'usager ; mais l'usager a droit à l'application des principes fondamentaux applicables aux services publics. Il peut se défendre par le moyen du recours pour excès de pouvoir ou demander la mise en jeu de la responsabilité de l'administration.

B. Services publics industriels et commerciaux

1. Notion

La définition même du service public industriel et commercial est assez imprécise : la jurisprudence s'attache à une série d'indices : **nature de l'activité exercée**, fonctionnement **dans les mêmes conditions que les entreprises industrielles ou commerciales ordinaires** (T. confl., 22 janv. 1921, *Sté Ouest africain*, p. 91), et plus généralement **l'intention des pouvoirs publics.**

La répartition de la soumission au droit public et au droit privé est très variable et diffère selon les services. En ce qui concerne les services publics gérés par des **personnes publiques**, on peut affirmer qu'en principe **le fonctionnement du service relève du droit privé** (ex. rapport avec les usagers, la mise en jeu de la responsabilité), **l'organisation relevant plutôt du droit public**. L'application dans le détail se révèle assez complexe :

– en ce qui concerne **le personnel**, celui-ci d'après une jurisprudence traditionnelle (CE, 26 janv. 1923, *de Robert Lafreygère*, p. 67), a le statut de salarié soumis au **droit privé**, exception faite du directeur général et du comptable public (CE, 8 mars 1957, *Jatenques de Labeau*, p. 158) ;

– le service public industriel et commercial peut passer soit des **contrats** soumis au droit administratif, soit des contrats soumis au droit privé (selon les critères qui ont été exposés p. 72 et s.). Toutefois, les contrats conclus par les services publics industriels et commerciaux avec **leurs usagers**, sont **toujours des contrats de droit privé** (T. confl., 17 déc. 1962, *Dame Bertrand*, p. 831). Ainsi les différents contrats d'abonnement au gaz, à l'eau, à l'électricité, au téléphone, sont des contrats de droit privé ;

– les actions **en responsabilité** pour les dommages causés aux tiers ou aux usagers relèvent toujours du droit privé (T. confl., 11 juill. 1933, *Melinette*, p. 1237) ;

– **l'usager** d'un service public industriel et commercial est dans une situation de droit privé (toutefois l'administration peut modifier unilatéralement le tarif d'abonnement). Ses réclamations concernant le fonctionnement du service doivent se faire devant le juge judiciaire (cas de l'usager d'EDF, Cass. 1re civ., 20 juin 2006, *AJDA* 2006, p. 2237). Il ne peut donc recourir au recours pour excès de pouvoir à moins de s'adresser à l'autorité de tutelle (ou concédante s'il s'agit d'une concession de service public : CE, 21 déc. 1906, *Synd. Croix de Seguey-Tivoli*, p. 962) ;

– le service public industriel et commercial peut posséder des prérogatives de puissance publique, être assujetti à des contrôles : le droit public sera évidemment applicable ici (à propos d'un règlement applicable à Air France : T. confl., 15 janv. 1968, *Époux Barbier*, p. 789 en l'espèce, le service est même géré par un organisme privé). Mais la jurisprudence *Barbier* a été entamée par une décision du Tribunal des conflits qui estime que les litiges relatifs à la légalité ou à l'application des accords collectifs relatifs aux conditions d'emploi et de travail relèvent du juge judiciaire. Il y a toutefois réserve de l'hypothèse de l'organisation du service public (T. confl., 15 déc. 2008, *Voisin c/ RATP*, *RFDA* 2009, p. 383).

2. Cas particulier des entreprises publiques

Définition : elle est malaisée. Le noyau central était formé par les entreprises nationalisées : Houillères, usines Renault, banques, transports aériens, gaz et électricité, assurances, certaines grandes entreprises industrielles. Dans ce cas, l'opération a consisté à transférer à l'État, par voie d'autorité, la propriété des entreprises éliminant les propriétaires et la direction capitalistes.

Évolution :

• Les premières nationalisations ont eu lieu à partir de 1936 (industries de fabrication d'armement et surtout la construction aéronautique, la SNCF). De nombreuses entreprises ont été nationalisées après la Seconde Guerre mondiale : Banque de France, grandes banques de dépôt, grandes compagnies d'assurances, électricité, gaz, charbonnages, la compagnie Air France, la compagnie des Messageries

maritimes, Renault, Gnome-Rhône. Un troisième train de nationalisations a vu le jour en 1982, portant essentiellement sur le secteur industriel et le secteur bancaire :
– Dans le secteur industriel, il y a nationalisation directe de cinq sociétés industrielles : Compagnie générale d'électricité, Compagnie de Saint-Gobain, Pechiney-Ugine-Kuhlmann, Rhône-Poulenc SA, Thomson-Brandt. Des accords sont aussi intervenus avec les sociétés Dassault et Matra, Cie Honeywell-Bull, ITT France, Roussel-Uclaf. La sidérurgie est quasiment nationalisée. Ainsi on assiste à un renforcement considérable de l'État, entrepreneur industriel.
– Dans le secteur bancaire, on assiste à la nationalisation de la plupart des banques. La quasi-totalité du secteur crédit en dehors du secteur mutualiste passe dans les mains de l'État.

L'idée fondamentale du **régime juridique** des entreprises publiques est **leur soumission très large au droit privé et leur assimilation aux entreprises privées similaires**. Certaines entreprises ne sont même pas des services publics (Régie Renault) d'autres sont des services publics, certaines étant même constituées sous la forme d'établissement public (Électricité de France). La loi du 26 juillet 1983 est relative à la « démocratisation du secteur public ».

• Depuis les élections de mars 1986, la tendance est à la « **dénationalisation** » ou à la « **privatisation** » des entreprises du secteur public. **La loi du 2 juillet 1986** prévoit la privatisation progressive de 65 sociétés. Il s'agit non seulement de toutes les entreprises nationalisées en 1982 mais de l'ensemble du système bancaire et des assurances. En revanche, Renault, EDF, la SNCF, les Charbonnages, Air France, etc. restaient exclus de la « privatisation ». Il faut y ajouter la privatisation de TF1. Le gouvernement Chirac a procédé à un certain nombre de « privatisations » entre 1986 et 1988 (p. ex. Saint-Gobain, la CGE, Paribas, Société générale, Suez, etc.). Les privatisations furent arrêtées en mai 1988, mais celles déjà effectuées n'ont pas été remises en cause. Après le retour au pouvoir de la coalition RPR-UDF en 1993, une nouvelle vague de privatisations a été programmée par la loi du 19 juillet 1993. La BNP, Rhône-Poulenc, Elf-Aquitaine, UAP, la Seita, Usinor ont été privatisés, Renault partiellement. De retour au pouvoir, la gauche a privatisé partiellement France Télécom (oct. 1997), Thomson et Air France. Il y a eu aussi privatisation partielle ou totale du CIC, du GAN, du Crédit foncier, du Crédit lyonnais, de l'Aérospatiale, de GDF et d'EDF.

Ont été aussi privatisées plus récemment parfois totalement des sociétés d'économie mixte d'autoroutes (CE, S., 27 sept. 2006, *Bayrou et autres, AJDA* 2006, p. 2056). Mais le service public autoroutier demeure un service public administratif et les litiges avec les usagers relèvent du droit administratif (T. confl., 20 nov. 2006, *Sté EGTKL/ESCOTA, AJDA* 2007, p. 849).

La tendance actuelle, dans le cadre du droit européen, est à la privatisation.

C. Services publics sociaux

Il s'agit ici des différents services publics dont le but est **d'intérêt social** et dont le plus important est la Sécurité sociale. Mais la détermination exacte reste souvent malaisée.

Le régime juridique est très variable : les services traditionnels tels que l'assistance publique sont soumis au droit public. Dans les services nouveaux, il faut tenir compte de différentes jurisprudences : jurisprudence relative aux organismes privés gérant des services publics (CE, *Caisse Primaire*, 13 mai 1938, *D.* 1939.3.65), jurisprudence relative aux rapports de droit privé et de droit public (CE, 5 févr. 1954, *El Hamidia*, p. 77), jurisprudence relative aux services publics fonctionnant dans les mêmes conditions que les entreprises privées similaires (T. confl., 22 janv. 1955, *Naliato*, p. 694). Mais cette dernière jurisprudence semble avoir perdu tout intérêt (T. confl., 4 juill. 1983, *Gambini*, p. 540). V. dossier *AJDA* 2008, p. 176 et s.

§ 4 - Principes fondamentaux

Certains principes fondamentaux s'appliquent à **tous les services publics**, quelle que soit leur nature.

A. Principe de continuité

Le service public doit fonctionner sans interruption de façon continue. Cela explique certaines théories comme celle de l'inaliénabilité du domaine public, de l'imprévision, la réglementation du droit de grève dans les services publics.

La continuité du service public, motif d'intérêt général, justifie à lui seul une prolongation d'une délégation de service public (CE, 8 juin 2005, *M. Tomaselli*, *AJDA* 2005, p. 1686).

Mais le principe de continuité n'impose pas la mise en place d'un service minimum à la RATP (CE, 8 mars 2006, *Onesto et autres*, *RFDA* 2006, p. 1236, concl. Keller).

B. Principe d'adaptation du service public

Si les exigences de l'intérêt général nécessitent des changements, le service public doit pouvoir être adapté à ces changements. Celà explique p. ex. les règles relatives à la modification unilatérale des contrats, l'application immédiate aux usagers d'un service public industriel et commercial d'une modification des tarifs.

Il faut peut-être ajouter aujourd'hui que le service public doit être « transparent ».

C. Principe d'égalité devant le service public

Aussi bien devant les charges que le service public impose que devant les avantages qu'il procure, tous les citoyens sont égaux. L'aménagement pratique du service doit se faire de façon telle que l'usager y a réellement accès (CE, 25 juin 1969, *Vincent*, p. 334). Peu importe qu'il s'agisse d'un service public administratif où l'usager est dans une situation réglementaire, ou d'un service public industriel et commercial où l'usager est plutôt dans une situation contractuelle. Le principe d'égalité implique aussi **la neutralité** du service public. Ce principe doit être particulièrement respecté dans l'enseignement (p. ex. à propos du foulard islamique CE, 2 nov. 1993, *Mme Kherouaa*, p. 389 ; CE, 3 mai 2000, *Mlle Marteaux*, *AJDA* 2000, p. 673).

Lorsque ces principes sont violés, l'usager peut demander l'annulation des décisions illégales et mettre en jeu la responsabilité de l'administration (CE, 21 déc. 1906, *Synd. Croix de Seguey-Tivoli*, p. 962).

Le principe de neutralité s'oppose à ce que soient apposés sur des édifices publics et notamment des mairies des signes symbolisant la revendication d'opinions politiques, religieuses et philosophiques (CE, 27 juill. 2005, *Cne de Sainte-Anne*, *AJDA* 2006, p. 196).

D. Le principe de gratuité

Ce principe est très relatif et ne s'applique qu'aux services publics administratifs dont les prestations sont imposées à leurs usagers.
On peut ajouter que comme les activités érigées en service public sont des activités considérées par les gouvernants comme essentielles pour la collectivité, elles doivent être assurées pleinement sans se heurter à des obstacles juridiques. Elles bénéficient donc des prérogatives de puissance publique (décision unilatérale, droit d'expropriation, etc.). Toutefois, tous les services publics ne bénéficient pas de toutes les prérogatives de puissance publique.

Section 3 › MODES DE GESTION

Par une décision fortement motivée, la Section du contentieux fixe l'ensemble des droits et obligations des collectivités publiques lorsqu'elles remplissent elles-mêmes une mission de service public, lorsqu'elles la confient à un tiers, ou simplement lorsqu'elles reconnaissent un tel caractère à une initiative lancée par une personne privée (CE, S., 6 avr. 2007, *Cne d'Aix-en-Provence*, *AJDA* 2007, p. 1020, Chron. Lenica et Boucher à propos du festival de musique d'Aix-en-Provence).

§ 1 - La régie

• Dans ce cas, l'administration **gère elle-même le service** avec son personnel et ses biens. En fait, il s'agit des services mêmes des collectivités territoriales. Le service n'a aucune individualité.

• Il existe toutefois des variantes dans ce système :
– lorsque le procédé est employé en matière de services publics industriels et commerciaux, le service peut avoir une certaine individualité comptable ;
– dans la **régie intéressée**, la personne publique exploite le service de caractère économique par l'intermédiaire d'une personne physique ou morale. Le régisseur est simplement intéressé aux bénéfices mais ne supporte pas les pertes.

§ 2 - La concession de service public

Définition : mode de gestion d'un service public dans lequel la personne publique (concédant) charge par contrat une autre personne (concessionnaire) de faire fonctionner à ses risques et périls un service public, en lui permettant de se rémunérer sur les usagers publics.

A. Évolution

À l'origine, dans l'État libéral, la concession avait surtout servi à faire gérer par des particuliers des services tels que les chemins de fer, la distribution de gaz, de l'électricité.

On estimait que cela n'entrait pas dans les attributions de l'État, mais qu'il fallait tout de même soumettre ces services au contrôle de la puissance publique. Les nombreuses difficultés financières des concessionnaires amenèrent l'État à les soutenir par des aides financières, et l'incitèrent, en même temps d'ailleurs que le déclin du libéralisme, à modifier son optique : recours à d'autres procédés de gestion, association plus marquée entre le concessionnaire et le concédant, concession confiée à des personnes publiques (Électricité et Gaz de France) ou à des Sociétés d'économie mixte (SNCF). Le système de la concession connaît un renouveau avec le développement de l'idéologie néolibérale (p. ex., en matière d'autoroutes, des concessions ont été confiées à des personnes purement privées) (décr. 12 mai 1970).
Ex. : concession du réseau de transport électrique par l'État à la RTE (régie transport d'électricité – dernière mouture octobre 2008).

B. Le contrat de concession

Contenu : le contrat comporte :
– une **convention**, consacrant l'accord des parties ; le choix du concessionnaire se fait *intuitu personae*, sans recourir à l'adjudication ; à propos de l'attribution de la 5e chaîne (CE, 16 avr. 1986, *Cie Luxembourgeoise de Télédiffusion, RD publ.* 1986, p. 881) ;
– le **cahier des charges**, établi par l'administration, indiquant les règles d'organisation et le fonctionnement du service.

Nature juridique : considéré longtemps comme un acte intégralement contractuel. Aujourd'hui, on admet **la nature mixte** de l'acte : les clauses relatives aux dispositions financières, à la durée de la concession, sont contractuelles. Celles relatives à l'organisation et au fonctionnement du service ont un caractère réglementaire et peuvent donc être modifiées unilatéralement par l'administration.

C. Droits et obligations du concessionnaire

1. Obligations du concessionnaire

Assurer le fonctionnement du service :
– obligation de faire fonctionner lui-même le service sans pouvoir le céder à une autre personne (*intuitus personae*) ;
– obligation d'obéir aux ordres de l'administration qui pourra même modifier unilatéralement le régime du service (CE, 10 janv. 1902, *Gaz de Deville-les-Rouen*, p. 5 ; CE, 21 mars 1901, *Cie gén. fçse des Tram.*, p. 216) ;
– obligation de respecter les principes de fonctionnement du service : continuité, égalité des usagers…

En cas de non-respect, le concessionnaire pourra se voir imposer des sanctions : amendes, mise sous séquestre, déchéance.

2. Droits du concessionnaire

– le concessionnaire bénéficie généralement du monopole d'exploitation ; il peut bénéficier de **certaines prérogatives de puissance publique** : p. ex. expropriation ;
– il a droit à des avantages financiers : percevoir les redevances sur les usagers, aide financière (subventions, garanties d'intérêt), maintien de l'équilibre financier du contrat (application de la théorie du fait du prince et de l'imprévision).

D. Régime juridique

Le concessionnaire a la qualité de commerçant.

Ses litiges avec les usagers et les fournisseurs **relèvent du droit privé**, mais ses litiges avec le concédant relèvent, s'agissant d'un contrat administratif, du droit public.

Le personnel est dans une situation de droit privé, le contentieux est judiciaire.

La concession prendra fin par l'expiration du contrat, par la déchéance du concessionnaire, le rachat de la concession, la résiliation de la concession dans un but d'intérêt général (CE, 22 avr. 1988, *Sté France 5*, p. 155).

§ 3 - La délégation de service public

La délégation de service public ne constitue pas à proprement parler un nouveau mode de gestion des services publics. Mais les différentes lois anti-corruption (lois du 3 janv. 1991, 29 janv. 1993) ou relative à l'administration territoriale de la République (loi du 6 févr. 1992) rassemblent sous la dénomination des « délégations de service public » des sous-catégories préexistantes que constituent les concessions, les affermages, les contrats de gérance et autres contrats voisins.

L'ensemble de contrats portant « délégation de service public » sont soumis à certaines règles juridiques spécifiques. En ce qui concerne la **passation** de ces contrats, la loi pose le principe général d'une « procédure de publicité » permettant la présentation de plusieurs offres. C'est donc la mise en concurrence, (v. p. 81 et s.).

Les procédures de contrôle sont renforcées : transmission et contrôle de la légalité des actes locaux (v. p. 126 et s.), création d'une mission interministérielle d'enquête, sanction des manquements aux obligations de publicité et de concurrence par un contrôle juridictionnel s'opérant par voie de référé (v. p. 267).

Enfin, la durée des contrats doit être précisée. Les facultés de prolongation sont encadrées par les textes.

La notion de « délégation de service public » est actuellement en pleine évolution. La loi du 8 février 1995 ne modifie pas les principes mais cherche à améliorer la transparence.

La délégation de service public a fait l'objet d'importantes décisions du Conseil d'État. Ainsi le juge a-t-il estimé qu'une convention portant sur la collecte et le transport des déchets était un marché et non une délégation de service public car le cocontractant était en espèce rémunéré par un prix payé par la commune (CE, 15 avr. 1996, *Préfet des Bouches-du-Rhône, RFDA* 1996, p. 173). Il en est de même des contrats de gérance qui prévoient une rémunération forfaitaire du gestionnaire (CE, 7 avr. 1999, *Cne de Guilherand-Granges, RFDA* 1999, p. 517). La notion et le régime de la délégation de service public restent donc en pleine évolution.

La loi du 11 décembre 2001 (MURCEF) a tenté de donner une définition de la délégation de service public en s'inspirant largement de la jurisprudence du Conseil d'État : c'est « un contrat par lequel une personne morale de droit public confie la gestion d'un service public dont elle a la responsabilité à un délégataire public ou privé dont la rémunération est substantiellement liée aux résultats de l'exploitation du service. Le délégataire peut être chargé de construire des ouvrages ou d'acquérir des biens nécessaires au service ».

Pour le juge administratif, la question de savoir ce qui constitue ou non une délégation de service public, reste délicate.

Plus récemment le Conseil d'État a précisé que la production d'eau potable peut-être érigée en service public autonome et peut-être déléguée (CE, 28 juin 2006, *Synd. intercommunal d'alimentation en eau, AJDA* 2006, p. 1781).

Par ailleurs, le Conseil d'État s'est prononcé sur la portée de la libre négociation en matière de délégation de service public (CE, 9 août 2006, *Cie générale des eaux, AJDA* 2006, p. 2064). Enfin les nécessités de l'ordre public ne sauraient justifier une atteinte excessive de l'égalité des candidats à une délégation de service public (CE, S., 10 mars 2006, *AJDA* 2006, p. 751).

La loi Sapin qui encadre la durée des conventions de service public s'applique aux contrats signés antérieurement à la loi. Mais les contrats signés antérieurement ne sont pas annulés même si la durée est supérieure à la durée maximale ; il n'y a pas non plus une obligation pour en réduire la durée. Mais l'exécution ne peut plus avoir lieu au-delà de la durée maximale de la loi Sapin (CE, 8 avril 2009, *Cie générale des eaux, AJDA* 2009, p. 1090) (sur l'ensemble des règles s'appliquant en cas d'attribution d'une délégation de service public, v. CE, 23 déc. 2009, *Étab. pub. du musée, RFDA* 2010, p. 215).

§ 4 - L'établissement public (v. *supra*, p. 95, 165)

§ 5 - Les sociétés d'économie mixte

Définition : société anonyme dont une partie des actions appartient à une collectivité publique (ex. : Air France). La SNCF est devenue un établissement public (loi 1er janv. 1983).

A. Création

Buts : ils peuvent en fait être très variés : assurer la collaboration des personnes publiques et privées à des tâches d'intérêt général (équipement d'une région, construction d'autoroutes), contrôler une entreprise importante pour la Nation ou même s'en rendre maître.

Il est à remarquer **que les sociétés d'économie mixte gèrent parfois un service public** (ancienne SNCF, Air France) mais l'activité est souvent purement privée (ex. : dans le secteur pétrolier, Cie fçse pétroles, etc., ou simple placement financier réalisé par la puissance publique).

Modalités : la puissance publique peut soit par décision unilatérale ou par accord, prendre une participation dans une entreprise déjà existante, soit créer une société, avec des personnes privées.

B. Régime juridique

L'entreprise, qui reste **en tout état de cause selon la jurisprudence actuelle une personne privée** (société anonyme) (T. confl., 8 juill. 1963, *Sté Entreprise Peyrot*, p. 787), quelle que soit l'importance de la participation publique, est toujours soumise à un contrôle de la puissance publique.

- Ce contrôle peut être un **contrôle interne** : la collectivité publique est représentée dans les organes de la société. Lorsque la participation de la puissance publique est majoritaire, elle dirige réellement l'entreprise. Lorsqu'elle est minoritaire, l'administration bénéficie, en principe, de privilèges particuliers exorbitants du droit commun (veto, postes de direction réservés).
- Ce contrôle peut être un **contrôle externe** par des contrôleurs financiers.

§ 6 - Les ordres professionnels

Idée générale : la Révolution française avait détruit toute organisation corporative des professions. Le syndicalisme, né vers la fin du XIXe siècle, ne constituait qu'une possibilité d'association volontaire. Le régime de Vichy a voulu confier à chaque profession la gestion de ses intérêts propres, en conférant aux institutions créées des prérogatives de puissance publique. C'est ainsi que virent le jour des comités d'organisation professionnelle, pour les professions industrielles et commerciales, et les ordres professionnels, pour les professions libérales. Ces derniers, seuls, furent conservés à la Libération, mais la formule en a été étendue depuis à de nouvelles professions libérales.
Ex. d'ordres professionnels : ordre des médecins, des vétérinaires, des architectes, etc.

A. Nature juridique

Le Conseil d'État dans les arrêts *Monpeurt* (31 juill. 1942), relatif aux comités d'organisation, et *Bouguen* (2 avril 1943), relatif aux ordres professionnels, n'a pas précisé leur nature juridique. Il a simplement précisé que ces organes **n'étaient pas des établissements publics** mais que la mission confiée à ces organes (réglementation et discipline de la profession), constituait l'exercice d'un service public. Dans cette mesure, les actes des ordres professionnels relèvent du droit administratif et sont soumis au contrôle du juge administratif ; mais le fonctionnement interne de ces services, qui est étranger à leur mission de service public est soumis au droit privé et à la compétence des juges judiciaires : contrats, agents (salariés de droit commun, etc.).

B. Régime juridique

Organisation : l'adhésion est obligatoire. La structure elle-même est variable **mais toujours hiérarchisée** : organisation à l'échelon local (conseil départemental) parfois à l'échelon régional (conseil régional), à l'échelon national (Conseil national ou supérieur). Les attributions sont divisées mais les échelons supérieurs exercent toujours un contrôle sur les échelons inférieurs. L'État exerce un **contrôle de tutelle**.
Les membres des conseils de l'ordre sont élus à chaque échelon soit au suffrage direct, soit au suffrage indirect.

Fonctions : l'ordre professionnel, qui a la personnalité morale, bénéficie d'une certaine autonomie financière et technique. Il représente la profession auprès des pouvoirs publics. Il a certaines compétences propres : au moyen du Code de déontologie qu'il prépare (la décision étant prise en principe par règlement de la puissance publique), il organise la profession en fixant les règles relatives au comportement professionnel ; par ailleurs, il prononce l'inscription de nouveaux membres au tableau de l'ordre et exerce le pouvoir disciplinaire en cas de fautes contre la morale professionnelle. Le juge administratif exerce un contrôle sévère sur l'exercice de ces compétences (CE, 29 juill. 1950, *Comité de Défense des libertés professionnelles des experts-comptables*, p. 492 ; 31 janv. 1969, *Union nationale des grandes pharmacies de France*, p. 54). Le Conseil de l'Ordre est compétent pour déterminer l'équivalence des titres et diplômes dans le cadre de l'Union européenne (CE, 11 juill. 1988, *Cons. dépt. ordre médec., EDCE* 1988, p. 62). Droits de la défense devant les ordres professionnels (CE, 29 oct. 2008, *Cons. nat. ordre des médecins, AJDA* 2009, p. 388).

Conclusion : les ordres professionnels sont aujourd'hui fortement critiqués.

§ 7 - Les autres modes de gestion

Il existe à l'heure actuelle bien d'autres modes de gestion des services publics. La gestion d'un service public peut parfaitement être assurée aujourd'hui par un syndicat professionnel, une association de la loi de 1901, une fondation, des établissements privés de nature indéterminée (T. confl., 1961, *Bourguet*, p. 837, etc.).

Section 4 › CONCLUSION : L'AVENIR DU SERVICE PUBLIC

Ces dernières années, les études sur les services publics se sont multipliées. Elles montrent bien les difficultés auxquelles cette notion devra faire face.

§ 1 - L'aménagement du territoire

À l'intérieur du territoire français, la désertification progressive de nombreuses parties de ce territoire, pose le problème du maintien ou de l'accroissement des services publics dans les départements et les communes touchés. Seul le maintien, voir la multiplication des services publics dans les communes rurales – le maintien en particulier de la poste, de l'école – permettra de retenir la population. La loi du 4 février 1995 sur l'aménagement du territoire cherche à résoudre le problème à deux points de vue. Tout d'abord le législateur érige en mission de service public, la politique d'aménagement et de développement du territoire en affirmant qu'elle constitue un objectif général. Surtout, la loi fait du service public l'un des éléments majeurs d'une politique d'aménagement du territoire et même d'une « reconquête du territoire ».

La loi du 25 juin 1999 précise que l'État assure « la présence et l'organisation des services publics sur l'ensemble du territoire dans le respect de l'égal accès de tous à ces services, en vue de favoriser l'emploi, l'activité économique et la solidarité et de répondre à l'évolution des besoins des usagers… ».

La loi du 12 avril 2000 prévoit la création de « maisons de service public » en milieu urbain et rural.

§ 2 - Le problème essentiel : le devenir du service public dans la construction européenne

En effet, pour le moment, c'est la **concurrence** qui constitue la base de la construction communautaire. Elle entraîne en principe la fin de l'aide de l'État aux services publics, la fin du monopole du service public et même l'interdiction de toute position dominante. Mais la réalité est plus complexe :

1. Le traité de Rome de 1957 ne relève le terme de « service public » qu'à propos de la politique commune des transports. Selon l'art. 77, « sont compatibles avec le présent traité les aides qui correspondent au remboursement de certaines servitudes inhérentes à la notion de service public ». **Le traité d'Amsterdam du 2 octobre 1997 va plus loin** : il fait expressément référence « à la place qu'occupent les services d'intérêt économique général parmi les valeurs communes de l'Union ainsi qu'au rôle qu'ils jouent dans la promotion de la cohésion sociale et territoriale de l'Union ». Ainsi, « la Communauté et ses États membres, chacun dans les limites de leurs compétences respectives, veillent à ce que ces services fonctionnent sur la base de principes et dans des conditions qui leur permettent d'assurer leur mission ». Si ce texte n'a pas d'application pratique précise, il démontre tout de même un changement de mentalité.

2. La notion de service public ou de service d'intérêt général **sera largement dissociée de celle de monopole**. S'il y a eu une tradition française de lier **monopole et service public**, le monopole, forme d'organisation du service public (p. ex. autrefois PTT, SNCF), est loin de constituer une forme impérative d'organisation du service public. En France, elle ne constitue qu'un produit de l'histoire et il a toujours existé des services publics qui n'étaient pas organisés sous forme de monopole (concessions d'eau, traitement des déchets, etc.).

3. Les traités communautaires ne visent pas les **services publics régaliens** (armée, police, justice). La Commission européenne fait allusion aux « **services d'intérêt général** », « activités de services, marchands ou non, considérées comme d'intérêt général par les autorités publiques et soumises pour cette raison à des obligations de service public ». Mais seuls les services marchands, dénommés « **service d'intérêt économique général** » (et non p. ex. l'école, les hôpitaux) sont soumis aux règles de concurrence.

4. Ces services d'intérêt économique général sont en principe soumis à la concurrence mais peuvent en être exemptés dans la mesure où ils accomplissent des **missions d'intérêt général** (sécurité des approvisionnements, protection de l'environnement, etc.).

5. Ainsi apparaît une nouvelle notion, celle de **service universel**. C'est la notion de base qui a pour conséquence que partout doit être assuré un service de qualité à un prix abordable. Si le contenu de cette notion n'est pas simple à définir, la Commission a bien précisé qu'elle n'est pas intangible, qu'il faut tenir compte des besoins réels et des mutations technologiques. La CJCE (CJUE) dans deux décisions importantes (19 mai 1993, *Corbeau* ; 27 avr. 1994, *D'Almelo*) a estimé que la régie belge des postes ou la régie néerlandaise d'électricité sont chargées d'un service d'intérêt économique général ou de fourniture ininterrompu. L'organisme chargé du service universel pourra en contrepartie bénéficier de certains droits spéciaux et exclusifs pour assurer un équilibre économique. Dans quatre arrêts rendus le 23 octobre 1997 (*Commission c/ Pays-Bas*, etc.) la Cour a même estimé, en ce qui concerne les importations et les exportations d'électricité, que des privilèges peuvent être attribués à des organismes publics non seulement lorsque la survie même de cet organisme est en jeu, mais aussi lorsque « l'application de ces règles (de concurrence) fait échec à l'accomplissement, en droit ou en fait, des obligations qui incombent à ces entreprises ». C'est à la Commission d'apporter la preuve que le même résultat aurait pu être obtenu par d'autres mesures. Lors du sommet de Barcelone, en mars 2002, les quinze, à propos de l'électricité, ont demandé à la Commission de **se pencher sérieusement sur la rédaction d'un texte précisant les droits et les devoirs des services publics en Europe**. La Commission a été appelée à « poursuivre son examen en vue de consolider et de préciser, dans une proposition de directive-cadre, les principes relatifs aux services d'intérêt général ».

6. Au Parlement européen des discussions ont eu lieu à la demande de la France. En janvier 2004, le Parlement européen a marqué son accord pour mieux protéger les services publics, du droit de la concurrence ; toutefois il l'a fait de manière prudente. Le Parlement a rejeté le principe d'une directive-cadre mais accepte celui d'un « cadre juridique », formulation un peu floue… La commission est invitée à ne pas légiférer seule sur le financement des services publics. Le Parlement refuse que les services de l'eau et des déchets fassent l'objet de directives sectorielles de libéralisation. Il demande que les autorités locales puissent organiser elles-mêmes en régie, certains services publics. Une voie est ouverte à une évaluation des services publics. C'est un texte de compromis. En juillet 2005, la Commission de Bruxelles a assoupli les règles de financement des services publics. Elle a édicté un certain nombre de dérogations pour des services d'intérêt général, marchands ou non. En revanche elle garde la haute main sur les « aides d'État » dont pourraient bénéficier d'anciens monopoles comme EDF ou France Télécom.

7. La Constitution européenne, non-applicable, contenait des éléments sur le service public.

En ce qui concerne les services publics marchands (services d'intérêt économique général dans le jargon européen), leur rôle en matière de cohésion sociale et territoriale, érigée en objectif par l'Union, est reconnu. Le rôle des États membres en matière de définition et de financement de ces services, selon les modalités de choix et leurs propres priorités politiques est réaffirmé ; les conditions économiques et financières d'accomplissement sont garanties ; l'Union européenne peut légiférer en matière de services publics au-delà des directives sectorielles et des pleins pouvoirs reconnus à la Commission.

Pour les services publics non marchands, ils sont en principe exclus de la compétence de l'Union (hôpitaux publics, éducation, justice, etc.). Les Parlements nationaux peuvent exercer un contrôle particulièrement strict de cette subsidiarité. Les États gardent un droit de veto pour définir le mandat de l'UE dans les conventions avec l'OMC pour les services sociaux, l'éducation, la culture, l'éducation, l'audiovisuel.

8. Il y a enfin le traité de Lisbonne, applicable (v. L. Chaltiel *AJDA* 2008, p. 1575). Tout d'abord le renforcement des « services économiques d'intérêt général » (SIG) se trouve dans le protocole et non dans le traité. Ce protocole renforce et précise les

services d'intérêt général (renforcement du rôle essentiel et pouvoir discrétionnaire des autorités nationales) pour les services « économiques d'intérêt général ».
Le traité de Lisbonne est consacré aux services d'intérêt général. S'agissant des services économiques d'intérêt général on se réfère au protocole signalé. S'agissant des services non-économiques d'intérêt général il est précisé que « que les dispositions des traités ne portent en aucune manière atteinte à la compétence des États membres pour fournir, faire exécuter et organiser des services non-économiques d'intérêt général ».
Il faut aussi souligner la promotion des services sociaux.

9. L'évolution est profonde, mais le service public n'est pas mort. On séparera, on l'a vu, les différents services publics en soulignant leurs missions différenciées. En ce qui concerne le régime juridique du service public, son organisation, on séparera de plus en plus l'opérateur (p. ex. SNCF) du régulateur (l'État), on étendra aussi la gestion privée dans certains secteurs publics traditionnels (postes, télécommunications, électricité), etc. On admet la participation, la transaction. L'adaptation se fera, plus ou moins bien, secteur par secteur.

10. Faut-il abandonner la notion de service public ? Oui, estime Didier Truchet qui pense que la de notion de service d'intérêt général du droit communautaire incorpore après le traité de Lisbonne, le contenu traditionnel de la notion de service public. Non, estime Gérard Marcou, car la notion de service public reste l'expression de l'interdépendance sociale, elle correspond aussi à l'offre faite par les pouvoirs publics en fonction des besoins qu'il s'agit de satisfaire (G. Marcou, *AJDA* 2008, p. 833).

Titre 2

LES CONSÉQUENCES DOMMAGEABLES DE L'ACTIVITÉ ADMINISTRATIVE (LA RESPONSABILITÉ)

L'activité administrative peut causer des dommages aux particuliers. Il semble normal aujourd'hui que ces dommages soient réparés : en réalité, cette conception n'a pas prévalu dès l'origine. Ce n'est que peu à peu que la responsabilité de l'administration a été admise. De plus, cette responsabilité n'est pas soumise aux règles du Code civil. Enfin, il a fallu se demander qui est responsable, l'administration ou l'agent.

Chapitre 1 › CARACTÈRES GÉNÉRAUX

Objet : *la responsabilité administrative s'applique à l'État comme aux diverses collectivités ou établissements publics et implique généralement des règles distinctes du droit privé.*

Section 1 › EXTENSION DE LA RESPONSABILITÉ ADMINISTRATIVE

1. L'idée de départ est que, sauf disposition expresse, **l'État souverain est irresponsable**. Le « Roi ne peut mal faire ». À l'origine, ce système ne présentait pas d'inconvénients majeurs car les services publics sont peu nombreux et ont peu de contacts avec la masse des administrés. Quelques textes admettent la responsabilité en certaines matières, p. ex. : la loi du 28 pluviôse an VIII en matière de dommages de travaux publics.

2. La responsabilité de l'État est consacrée par **l'arrêt *Blanco*** (T. confl., 8 févr. 1873, *D.* 1873.3.20) **qui écarte en même temps l'application des règles de droit commun** et soumet la responsabilité administrative à des principes particuliers.

3. Peu à peu, élargissement de cette responsabilité administrative :

– en ce qui concerne **les collectivités**, on admet non seulement la responsabilité de l'État mais aussi celle des collectivités locales (T. confl., 29 févr. 1908, *Feutry*, p. 208), des établissements publics. En ce qui concerne les **services**, à l'origine, il n'existait pas de responsabilité de certains services (p. ex. police). Extension de la responsabilité à tous les services. En ce qui concerne les **actes**, la responsabilité s'est tellement étendue qu'il existe aujourd'hui une responsabilité de l'État législateur ou en matière de traités internationaux ;

– **fondements :** à l'origine, il n'y avait responsabilité que pour faute présentant une certaine gravité ; peu à peu atténuation du caractère de gravité de la faute requise ; on recourt aussi à d'autres fondements que la faute : risque, égalité des citoyens devant les charges publiques ;

– **règles d'indemnisation :** la sévérité du juge administratif s'est atténuée progressivement en ce qui concerne la date d'évaluation du dommage ; il admet plus largement l'action des ayants droit de la victime ; il répare le préjudice moral. Le montant des réparations devient plus important.

Section 2 › AUTONOMIE DE LA RESPONSABILITÉ ADMINISTRATIVE

Les règles de responsabilité de la puissance publique **sont généralement d'origine jurisprudentielle et par ailleurs, indépendantes** des règles du Code civil ; compétence du juge administratif.

Fondement : sur le plan du fond, le droit civil destiné à régler les rapports entre intérêts équivalents, est mal adapté aux rapports inégaux du droit administratif ; au point de vue de la compétence, la connaissance des problèmes de responsabilité administrative par le juge judiciaire pourrait porter atteinte à la séparation des pouvoirs.

Limites :

• En application des **règles générales de la répartition des compétences** de nombreuses activités administratives ont été soumises au droit privé et à la compétence judiciaire (domaine privé, voie de fait, services publics industriels et commerciaux).

• La **responsabilité personnelle de l'agent** relève du droit privé et des tribunaux judiciaires (v. p. 199 et s.).

• De nombreux litiges ont été remis par la loi au juge judiciaire et soumis au droit privé : responsabilité de l'État substituée à celle des membres de l'enseignement (v. p. 221 et s.), dommages causés par les véhicules (loi 31 déc. 1957), etc.

• Par ailleurs le développement général de certaines idées telles que celle **d'assurance** et de **socialisation du risque** a rapproché, en pratique, la responsabilité civile et la responsabilité de la puissance publique.

Section 3 › TITULAIRE DE LA RESPONSABILITÉ

Le système français actuel admet à la fois la responsabilité personnelle du fonctionnaire, la responsabilité de l'administration, de **nombreux cas de cumuls** de responsabilité et de **larges possibilités, pour l'administration de se retourner** contre le fonctionnaire. En pratique, la victime s'adressera **le plus souvent** à l'administration plus solvable, celle-ci se retournant le cas échéant contre le fonctionnaire, en tout ou en partie.

Section 4 › CHARGE DE LA PREUVE ET CAUSES D'EXONÉRATION

Dans le système du **risque**, la victime n'a à prouver que la relation de cause à effet entre l'activité incriminée et le préjudice. Dans le système de la **faute**, la victime doit aussi établir le caractère fautif de l'activité ; toutefois il existe aussi un système de « **présomption de faute** » (en particulier en matière de travaux publics) où l'auteur du fait dommageable doit prouver qu'il n'a pas commis de faute.

Quant aux **causes d'exonération,** la **faute de la victime** exonère ou atténue toujours la responsabilité de l'administration, de même d'ailleurs que la **force majeure**. Toutefois dans un important arrêt du 13 mai 1997, la CAA de Lyon a estimé que les dégâts causés au Grand Bornand par une crue après de violents orages, ne constituaient pas un cas de force majeure (*Balusson, Dr. adm.* 1997, n° 7, p. 7-9). Le fait du **tiers** ou le **cas fortuit** (impossibilité de découvrir la cause du dommage) exonéreront l'administration dans les systèmes fondés sur la faute mais non lorsque la responsabilité est fondée sur le risque.

Chapitre 2 › LE PARTAGE DE RESPONSABILITÉ ENTRE L'ADMINISTRATION ET LE FONCTIONNAIRE

Observation : *engagement parfois simultané des responsabilités de l'administration d'une part, et du fonctionnaire d'autre part.*

Qu'il s'agisse de l'administration ou de l'agent, ils peuvent se retourner l'un contre l'autre.

Section 1 › RESPONSABILITÉ PERSONNELLE DU FONCTIONNAIRE ENVERS LES ADMINISTRÉS

Idées générales : si l'administration cause un dommage à un tiers, c'est au fond toujours une personne, un fonctionnaire qui a agi et dont la responsabilité pourrait être engagée. Toutefois, la responsabilité illimitée du fonctionnaire serait à la fois **injuste**, car généralement il agit dans l'intérêt de l'administration, **trop lourde**, étant donné la disproportion possible entre la faute commise et les sommes en jeu, et **préjudiciable à l'administration**, le fonctionnaire n'osant plus agir.

§ 1 - Évolution

1. L'article 75 de la Constitution de l'an VIII, appliqué après la chute de l'Empire avec force de loi ne permettait la mise en jeu de la responsabilité du fonctionnaire qu'après autorisation du Conseil d'État qui, en pratique, ne l'accordait presque jamais, entraînant l'irresponsabilité de fait du fonctionnaire.

2. Abrogation de l'article 75 par le décret du 19 septembre 1870 : mais le Tribunal des conflits (30 juill. 1873, *Pelletier, D.* 1874.3.5) se fondant sur le principe de la séparation des autorités administratives et judiciaires, estima que l'agent ne peut être poursuivi devant les tribunaux judiciaires que pour **faute personnelle**, c'est-à-dire la faute détachable de l'exercice de ses fonctions.

3. Début de la distinction de la faute personnelle engageant la responsabilité du fonctionnaire devant les tribunaux judiciaires et l'application du droit privé et de la **faute de service** engageant la responsabilité de la puissance publique devant les tribunaux administratifs et l'application du droit public.

§ 2 - Notion de faute personnelle

A. Cas

- Cas où il n'y a **aucun lien avec le service** (accident causé par un militaire en congé) ;
- Certains cas où il y a **des liens avec le service** ; problème délicat :

– **formules doctrinales traditionnelles :** pour Laferrière, la faute personnelle est celle qui **fait apparaître le fonctionnaire avec ses faiblesses, ses passions, ses imprudences** ; pour Hauriou, la faute personnelle apparaît lorsque l'erreur ou la négligence dépassent la limite du fonctionnement médiocre du service ;
– **formules jurisprudentielles :** elles sont nuancées et empiriques : constitue une faute personnelle, la faute commise avec une intention **malveillante** (actes de violence, soustraction intentionnelle de véhicules, utilisation par un maire de termes diffamatoires dans un communiqué : CE, 2 avr. 1988, *Cne de Pointe-à-Pitre*, req. 66932) ou **particulièrement grave**, même sans intention malveillante (poltronnerie d'un commissaire de police : T. confl., 9 juill. 1953, *Dame vve Bernadas* ; vaccinations en série sans aucune précaution ; tenir des propos injurieux sur un collègue en cours d'une réunion : T. confl., 26 oct. 1981, *Préfet Bouches-du-Rhône*, p. 657). Mais ne constitue pas une faute personnelle détachable la diffusion par le directeur d'un hôpital auprès du personnel d'un rapport administratif relevant des abus et irrégularités dans le service d'un docteur (T. confl., 21 juin 1993, *RFDA* 1994, p. 182). En fait la jurisprudence se montre de plus en plus exigeante pour admettre l'existence d'une faute personnelle, et lorsqu'il n'y a pas « intention malveillante » elle a tendance à n'admettre la faute personnelle que pour les « **actes matériels d'exécution** » d'une **extrême gravité** (p. ex. plusieurs centaines de vaccinations effectuées en peu de temps sans aucune précaution, médecin refusant de se déplacer pour porter secours à une patiente au cours d'un accouchement très difficile ; Crim., 2 avr. 1992, *D.* 1992, IR, p. 207). Faute commise par un officier en pratiquant un tir à balles réelles sur des appelés en dehors de tout exercice commandé par l'autorité supérieure (CE, 17 déc. 1999, *Moine*, p. 425) ; ordre donné par un préfet de détruire des paillotes construites sans autorisation sur le domaine public (Crim., 13 oct. 2004, *Bonnet, Mazères et autres*). V. aussi p. 204 l'affaire *Papon*.
La faute d'une particulière gravité consistant dans des violences commises par des policiers dans le cadre d'une opération de police judiciaire (compétence judiciaire). Il s'agit de manquements volontaires et inexcusables à des obligations d'ordre professionnel et déontologique (faute personnelle, Crim., 14 juin 2005, *Gilles H., Erick L.*, *AJDA* 2006, p. 1058).
Faute d'un enseignant s'abstenant de toute initiative pour écarter un danger (Civ. 23 oct. 2003, *Mlle Poinsot*, *D.* 2004, p. 728, note Petit) ; critiques malveillantes d'un fonctionnaire à l'égard d'un architecte (T. confl., 17 juill. 1952, *Parey*, p. 638).
Brutalités de la police (Crim. 10 févr. 2009, *AJDA* 2009, p. 326 obs. C. Fortier, note Yazi-Roman) ; prise illégale d'intérêt par un commissaire de police (dans CE, 2 juin 2010, *Mlle Faucher*, *AJDA* 2010, p. 2165 arrêt de Cass. civ.).

B. Caractères

Il y a indépendance de la faute personnelle de certaines autres notions :
– indépendance de la **faute personnelle et de l'infraction pénale** (T. confl., 14 janv. 1935, *Thépaz*, p. 224) ; (homicide par imprudence, p. ex.) ;
– indépendance de la faute personnelle et de la faute disciplinaire ;
– indépendance de la **faute personnelle et de la voie de fait** (T. confl., 8 avr. 1935, *Action française*, p. 1126).

§ 3 - Conséquences

– Le fonctionnaire responsable est jugé par les tribunaux judiciaires qui **ne peuvent en aucun cas prononcer des condamnations contre l'administration à cette occasion**.
– En cas de doute sur le caractère personnel de la faute, l'administration élèvera le conflit : débat tranché par le Tribunal des conflits (v. aussi art. 11, loi 13 juill. 1983).

Section 2 › LE CUMUL DE RESPONSABILITÉS

Un dommage causé à un tiers peut résulter à la fois d'une faute personnelle de l'agent et d'une faute de service de l'administration : c'est le problème de la responsabilité simultanée de l'agent et de l'administration envers les tiers (ou problème de cumul).

§ 1 - Conditions du cumul

Avant 1911, il n'y avait pas de double responsabilité possible ; aujourd'hui en revanche, les possibilités de **cumul sont très largement admises :**
– **en cas de pluralité matérielle de fautes** (CE, 3 févr. 1911, *Anguet*, p. 146, accident causé à la fois par la fermeture avant l'heure réglementaire du bureau de poste et des coups portés par des agents ; CE, 28 juill. 1951, *Delville*, p. 464 : accident dû à l'ébriété du chauffeur **et** au mauvais état des freins) ;
– **en cas de faute unique** (CE, 26 juill. 1918, *Lemonnier*, p. 761 : accident provoqué par un tir forain au cours d'une fête locale, grossière absence de précautions de la part du maire). Comme l'avait déclaré le commissaire du gouvernement Léon Blum dans cette affaire : « Si la faute a été commise dans le service ou à l'occasion du service, si les moyens et les instruments de la faute ont été mis à la disposition du coupable par le service, si en un mot, le service a conditionné l'accomplissement de la faute, le juge administratif alors pourra et devra dire : la faute se détache peut-être du service, c'est affaire aux Tribunaux judiciaires d'en décider, mais le service ne se détache pas de la faute ».
Il suffit aujourd'hui que la faute personnelle ait été commise pendant le service pour entraîner la possibilité d'une mise en jeu de la responsabilité de l'administration en même temps que celle du fonctionnaire (v. affaire *Papon* p. 204 ; T. confl., 21 juin 2004, *M. Quitman*, cumul de responsabilité dans le cas d'un sous-brigadier en service tirant sur une personne sans motif).
Une commune peut être responsable d'une faute grave et personnelle du maire (CE, 2 mars 2007, *Sté Banque française*, *AJDA* 2007, p. 503 : faux certificats administratifs signés par le maire pour des travaux) ;
– **en cas de faute unique commise hors du service**, le principe est celui du **non-cumul**. Mais même ici le Conseil d'État a fait réaliser un progrès important à la théorie du cumul en admettant celui-ci, lorsque l'acte commis hors du service « **n'est pas dépourvu de tout lien avec le service** » (ex. : CE, 18 nov. 1949, *Demoiselle Mimeur*, p. 492 : militaire causant un accident avec un véhicule de l'armée en s'écartant de son itinéraire normal ; gendarme commettant de nombreux méfaits en dehors du service, tentative d'assassinat : CE, 1er mars 1989, *Min. Défense c/ Poiré*, req. 74589 ;

CE, 18 nov. 1988, *Min. Défense c/ Époux Raszewski*, p. 416 ; CE, 26 oct. 1973, *Sadoudi*, p. 603 : l'instrument (arme) qui a causé un accident a été remis à l'agent par le service) ; il en va toutefois autrement lorsque l'utilisation de l'arme a été causée par un sentiment d'hostilité personnelle (CE, 23 juin 1954, *Dame vve Litzler*, p. 376).

Les solutions se rapprochent de celles admises aujourd'hui par la Cour de cassation.

La notion de cumul reste d'application délicate : dans l'arrêt du CE, 2 juin 2010, *Mme Fauchère, M. Mille* (*AJDA* 2010, p. 2165, *op. cit.*) le juge, après avoir identifié une « chaîne d'actes fautifs » reconnaît la responsabilité de l'État née du concours de la force publique apportée à une expulsion constitutive d'une prise illégale d'intérêt.

§ 2 - Effets du cumul

• La victime, très favorisée, peut demander au juge judiciaire de condamner le fonctionnaire et au juge administratif de condamner l'administration, **chacun pour le tout**.

• **Mais il ne peut y avoir cumul d'indemnités** ; si la victime a été indemnisée par l'administration et si elle a poursuivi en même temps le fonctionnaire devant les tribunaux judiciaires, l'administration sera **subrogée** pour cette action dans les droits de la victime.

• Cette règle a uniquement pour but d'éviter le cumul d'indemnités par la victime. Mais elle ne permet pas d'une façon générale à l'administration de récupérer sur l'agent, les sommes qu'elle a été condamnée à verser. Cela pose le problème de la contribution finale.

Section 3 › LA CONTRIBUTION FINALE

Deux hypothèses :

– l'administration a été condamnée à payer et veut **se retourner** contre le fonctionnaire (ou bien, cas où un fonctionnaire a causé un **dommage direct** à l'administration ; solution juridique identique) ;

– le fonctionnaire condamné veut se retourner contre l'administration.

§ 1 - Responsabilité du fonctionnaire envers l'administration

A. Le principe d'irresponsabilité

Très longtemps, existait le principe de l'irresponsabilité du fonctionnaire envers l'administration (CE, 28 mars 1924, *Poursines*, *D.* 1924.3.49) sauf quelques exceptions législatives (responsabilité des ministres ou des autres ordonnateurs) ou jurisprudentielles (responsabilité des maires pour les dépenses ou travaux irréguliers). On trouve suffisante l'existence d'un régime disciplinaire et on craint de paralyser l'esprit d'initiative des fonctionnaires.

Le principe d'irresponsabilité se révèle toutefois plein d'inconvénients car avec le développement de la jurisprudence relative au cumul (v. *supra*), **la victime peut dans**

la plupart des hypothèses s'adresser directement à l'administration plus solvable au lieu de poursuivre le fonctionnaire, ce qui entraîne en pratique l'irresponsabilité **totale** du fonctionnaire.

B. L'arrêt *Laruelle*

Abandon du principe d'irresponsabilité par l'arrêt *Laruelle* (CE, 28 juill. 1951, p. 464) qui admet la responsabilité des auteurs de faute personnelle envers la personne publique à laquelle la faute a causé un dommage soit direct, soit indirect, du fait de l'obligation pour l'État d'indemniser la victime en vertu du principe du cumul.

Dans cette célèbre affaire *Laruelle*, un sous-officier avait causé un accident en utilisant à des fins personnelles hors service, une voiture militaire. La victime avait obtenu réparation de l'État pour « faute de service ». L'administration demande à Laruelle le remboursement de la somme à laquelle elle avait été condamnée à payer. Le juge admet que l'État se retourne contre le sieur Laruelle.

Autre exemple : un agent militaire ayant tiré pendant le service à balles réelles sur l'un de ses subordonnés, en dehors de tout exercice ordonné par l'autorité supérieure, commet une faute personnelle détachable de ses fonctions (CE, 17 déc. 1999, *Moine, JCP* 2001-II-10508).

C. L'importance respective des fautes dans la contribution finale

S'il y a deux fautes matérielles distinctes, la responsabilité est partagée **suivant l'importance respective des fautes** ; en cas de faute unique ou si la faute de service est provoquée par l'agent (Laruelle), **l'administration se retournera contre le fonctionnaire pour le tout.** Cette jurisprudence a été un peu atténuée (CE, 6 mai 1966, *Chedru*, p. 310). Mais la CAA de Paris a jugé légale la récupération par l'État auprès du responsable de la totalité des dommages-intérêts versés aux victimes d'un accident de la circulation survenu lors d'un détour non autorisé avec un véhicule de service (CAA Paris, *Min. Défense*, *AJDA* 2006, p. 1794). Mais au cas de pluralité d'auteurs, **chacun n'est responsable que pour la part correspondant à sa participation** (CE, 22 mars 1957, *Jeannier*, p. 196). En effet, la mise en jeu de la responsabilité du fonctionnaire à l'égard de la puissance publique a moins pour objet d'indemniser la puissance publique que de constituer une sorte de **sanction disciplinaire** à caractère pécuniaire à l'égard des fonctionnaires.

D. L'action récursoire de l'administration

L'administration peut émettre directement un **état exécutoire** contre le fonctionnaire ; en cas de litige, compétence de la juridiction administrative (T. confl., 26 mai 1954, *Moritz*, p. 708).

Selon une jurisprudence récente l'action récursoire peut être lancée, même quand l'indemnisation est survenue à l'issue d'une transaction et non d'une condamnation de l'administration. Ensuite le juge peut moduler, dans ce cas, l'indemnisation qu'il condamne l'agent à reverser (CE, 12 déc. 2008, *Min. Éduc. nat.*, *AJDA* 2009, p. 895, note C. Deffigier).

§ 2 - Responsabilité de l'administration envers le fonctionnaire

Dans l'hypothèse où un agent est condamné pour faute personnelle par les tribunaux judiciaires, peut-il se retourner contre l'administration ?

A. Situation de cumul faute personnelle / faute de service

Si le fonctionnaire est condamné pour faute personnelle alors qu'il y a aussi faute de service, il peut se retourner contre l'administration (CE, 28 juill. 1951, *Delville*, p. 464, [en l'espèce le chauffeur était ivre mais les freins étaient en mauvais état]) et le partage de responsabilité est possible. Compétence des tribunaux administratifs.

Mais il ne peut se retourner contre l'administration s'il n'y a pas de faute de service (CE, 4 juill. 1990, *Le Sou médical*, req. 63030, décès uniquement imputable au retard du médecin à pratiquer l'intervention chirurgicale).

Il faut y ajouter l'importante affaire *Maurice Papon*. On sait que Maurice Papon a été condamné par la cour d'assises de la Gironde, pénalement à une peine de réclusion et civilement, à des dommages intérêts de 9,4 millions de francs. L'intéressé, se retournant contre l'État devant le Conseil d'État en estimant qu'il y avait faute de service, le juge a tenu compte partiellement des demandes du requérant. Tout en précisant l'existence de la « faute personnelle » (gravité exceptionnelle des faits, caractère inexcusable) le juge estime que l'ordonnance du 9 août 1944, qui constate expressément la nullité des actes du gouvernement de Vichy, ne saurait avoir pour conséquence de créer « un régime d'irresponsabilité de la puissance publique ». En sanctionnant de nullité les actes de Vichy, le gouvernement de 1944 a nécessairement admis que les agissements de Vichy pouvaient avoir un caractère fautif. Il y a donc aussi « faute de service » et la responsabilité est partagée par moitié (CE, arrêt du 12 avr. 2002, *EDCE* 2003, p. 48).

Dans un ordre d'idée différent, le Conseil d'État estime qu'une faute très grave du fonctionnaire (atteintes sexuelles) d'un professeur contre un élève efface celle de l'administration qui a révoqué ce fonctionnaire de manière irrégulière. Cette révocation reste valable (CE, 9 févr. 2011, *M.D.*, *AJDA* 2011, p. 303).

B. Situation de faute de service mal qualifiée

Cas très particulier de l'article 11 de la loi du 13 juillet 1983 : cas où le fonctionnaire est condamné pour faute personnelle par les tribunaux judiciaires alors qu'en réalité il s'agissait d'une faute de service et que le conflit n'est pas élevé. La condamnation de l'administration est possible (cette hypothèse, très délicate, se réalise quelquefois). L'appréciation de la faute du fonctionnaire dans cette hypothèse est très délicate (v. aff. *Papon*, *op. cit.*, sur l'ensemble de la matière article de C. Guérin-Bargues, *RFDA* 2009, p. 975).

Conclusion : en fin de compte, on assiste à un dédoublement aussi bien de la faute personnelle que de la faute de service.

Dédoublement de la faute personnelle, car la faute personnelle de l'agent à l'égard de la victime – de type réparation civile – est tout à fait différente de la faute personnelle de l'agent à l'égard de l'administration – de type disciplinaire.

Dédoublement de la faute de service, car la faute de service à l'égard de la victime, pour laquelle elle constitue une garantie, est différente de la faute de service proprement dite qui peut être invoquée par l'agent pour atténuer sa responsabilité personnelle à l'égard de l'administration ou à l'égard de la victime.

Il faut aussi constater que l'on assiste depuis quelques années à un développement de la mise en cause de la **responsabilité pénale** aussi bien des fonctionnaires que des élus. Les victimes ne se contentent pas du système de la responsabilité de l'administration qui permet une indemnisation, mais cherchent aussi à faire condamner les fonctionnaires pénalement devant le juge pénal. Si la responsabilité pénale éventuelle du fonctionnaire doit évidemment être maintenue, le recours aujourd'hui exagéré à cette procédure, à cette « pénalisation » de toutes les responsabilités, constitue un grave danger non seulement pour les agents eux-mêmes mais risque d'entraîner aussi une sorte de paralysie de l'administration, les fonctionnaires n'osant plus agir.

D'ailleurs, la nouvelle loi du 10 juillet 2000 dispose que les personnes indirectement à l'origine de l'accident ne sont responsables pénalement que si elles ont commis « une faute caractérisée qui exposait autrui à un risque d'une particulière gravité qu'elles ne pouvaient ignorer ».

Chapitre 3 › LA RESPONSABILITÉ DE L'ADMINISTRATION

***Principe :** l'activité administrative peut causer des dommages aux particuliers et l'administration peut voir sa responsabilité engagée.*
En fonction du fait dommageable, cette responsabilité obéira au droit commun ou à des règles spéciales.

Section 1 › LA RESPONSABILITÉ DE DROIT COMMUN

§ 1 - Le fait dommageable

Tout fait dommageable ne sera pas réparé ; **il doit présenter certains caractères juridiques précis**. La responsabilité peut être engagée sur la base de la faute de service mais il existe à titre subsidiaire, des hypothèses de responsabilité sans faute.

A. La faute de service

1. Les catégories de fautes de service sont inépuisables

Il peut s'agir d'une opération matérielle ou d'un acte juridique, d'un mauvais fonctionnement du service, d'une inaction ou d'un retard de service, d'une illégalité ou d'une maladresse. P. ex., responsabilité de l'État pour méconnaissance de programmes scolaires obligatoires (CE, 27 janv. 1988, *Min. Éduc. nat. c/ Giraud*), promesses non tenues (CE, 3 mars 1989, *Sté Sagatom*, req. 80749), illégalité d'une décision d'un inspecteur du travail à propos d'un licenciement (CE, 9 juin 1995, *Min. Aff. soc. c/ M. Lesprit, AJDA* 1995, p. 745), autorisation d'implantation d'un camping près d'un ruisseau qui peut déborder (v. aff. *Grand Bornand*, v. p. 198) ; professeur d'université sans affectation (CE, 23 juill. 2003, *Laville St. Martin*), fonctionnaires obligés de quitter un pays en urgence, négligences de l'administration à aider à mettre en sécurité ses biens (CE, 25 avr. 2003, *Dardenne*), fonctionnement défectueux de la juridiction administrative – délais trop longs pour statuer – (CE., S., 28 juin 2002, *Garde des Sceaux c/Magiera, EDCE* 2003, p. 49).
Mais la notion de faute de service a un caractère essentiellement relatif, le juge tenant largement compte des circonstances de l'espèce.
Peu importe d'ailleurs que l'auteur de la faute puisse être identifié (faute individuelle) ou qu'il s'agisse d'une faute **anonyme** du service.
Ex. concernant la prévention des risques : constitue une faute engageant la responsabilité de l'État, « la carence de l'État à prendre les mesures de prévention des risques liés à l'exposition des travailleurs à l'amiante (CE, Ass., 3 mars 2004, 4 arrêts, *Min. Emploi, AJDA* 2004, p. 473) ; la carence du préfet de laisser se poursuivre l'exploitation d'une installation classée non conforme entraîne la responsabilité de l'État (CE, 5 juill. 2004, *M. Lescure, AJDA* 2005, p. 620) ; carence fautive de l'État dans l'obligation éducative des enfants handicapés (CAA Paris 11 juill. 2007, *Min. de la Santé et des Solidarités, AJDA* 2007, p. 2151, concl. B. Folscheid, *D.* 2008.140,

même position : CE, 8 avril 2009, *M. et Mme X., D.* 2009.1509 ; *RDSS* 2009.556, concl. Keller ; *AJDA* 2009, p. 1262 « Droit subjectif à a scolarisation des enfants handicapés »).

Ex. de responsabilité pour faute : la non scolarisation d'un enfant handicapé (CAA Paris, 11 juill. 2007, *AJDA* 2007, p. 2151) ; responsabilité pour faute de l'État à la suite de l'agression d'un enseignant dans sa classe (TA Cergy-Pontoise, 21 juin 2007, *AJDA* 2007, p. 1721). Une illégalité externe, lorsqu'elle est la cause adéquate du préjudice (absence de mise en demeure préalable) constitue une faute et donne lieu à une indemnisation intégrale (CAA Marseille, 2 juin 2006, *Sté Boléro, AJDA* 2006, p. 35).

Le Conseil d'État dans un très important d'arrêt d'Assemblée, qui a fait grand bruit (16 févr. 2009, *Mme Hofmann Glemane, RFDA* 2009, p. 316 concl. Lenica) a admis la responsabilité de l'État français du fait de la déportation de personnes victimes de persécutions antisémites. La responsabilité de l'État est indiscutable ; les dommages sont exceptionnels. Des mesures d'indemnisation ont été prises par le gouvernement ; en plus la reconnaissance solennelle du préjudice subi, du rôle joué par l'État, du souvenir laissé à jamais dans la conscience nationale, de nombreuses mesures ont été prises. En fait, on ne peut aller au-delà, on ne peut « réparer » l'irréparable. Cet arrêt, très particulier, a fait l'objet de nombreuses discussions.

Conclusion : il subsiste aujourd'hui quelques îlots d'irresponsabilité. Ex : irresponsabilité de l'État du fait des opérations militaires (action Yougoslavie, CE, 23 juill. 2010, *Sté Touax…, AJDA* 2010, p. 2269, note H. Belrhali-Bernard).

2. Mais toute faute n'engage pas par elle-même la responsabilité de l'État

Le juge distingue entre les fautes simples et les fautes lourdes. Si en principe, une faute simple suffit, il y a nécessité d'une faute qualifiée :

– lorsqu'un service est particulièrement **difficile à gérer** : certaines opérations des services de police, services fiscaux, services de lutte contre l'incendie. Toutefois l'arrêt *Bourgeois* du 27 juillet 1990, p. 242, abandonne l'exigence de la faute lourde pour certaines fautes commises par les services fiscaux (en l'espèce, il s'agissait d'erreurs dans des saisies informatisées ; idem CE, S., 29 déc. 1997, *Cne d'Arcueil, AJDA* 1998, p. 180). En matière d'incendie, il n'est pas non plus nécessaire qu'il y ait faute lourde, s'il s'agit d'un défaut du matériel (CE, 29 mai 1998, *Cne de Hammapes, RFDA* 1998, p. 658, n° 32) ;

– lorsqu'une fonction **s'avère particulièrement délicate** (ex. : exercice du pouvoir de tutelle, CE, 29 mars 1946, *Caisse départementale, S.* 1947.3.73 ; internement ou libération des aliénés par le préfet), en cas de difficulté **d'appréciation technique** (actes médicaux dans les établissements hospitaliers) du moins jusqu'à une date récente (v. *infra*).

L'exigence d'une faute simple ou d'une faute qualifiée peut d'ailleurs varier selon les **circonstances de l'espèce** et la jurisprudence n'est pas toujours très claire.

Globalement, il y a un net recul de la faute lourde (V. Eveillard, *RFDA* 2006, p. 733 et s.) qui tend à être en déclin. C'est ainsi que le Conseil d'État a abandonné la « faute lourde » pour les activités de sauvetage en mer (CE, S., 18 mars 1998, *Améon et autres, AJDA* 1998, p. 461). Il y a aussi responsabilité pour faute simple (en l'espèce) de l'administration pénitentiaire pour le suicide d'un détenu en prison (CE, 23 mai 2003, *Chabba*).

Mais la faute lourde n'a pas disparu : les carences de l'État dans l'exercice du contrôle de légalité des actes des collectivités locales, « n'engagent la responsabilité de l'État qu'en cas de faute lourde » (v. *supra,* p. 207 CE, 6 oct. 2000, *Min. Intérieur, RFDA* 2001, p. 153). Autres exemples : contrôle effectué par la commission bancaire sur les établissements de crédit : faute lourde nécessaire (CE, S., 30 nov. 2001, *Min. Éco., EDCE* 2002, p. 543) ; faute lourde commise en matière fiscale aussi bien par le service d'assiette que par le service de recouvrement de l'impôt, CE, 16 juin 1999, *M. Tripot, RFDA* 1999, p. 891.

Il faut souligner que dans une très importante jurisprudence *Gestas* (CE, 18 juin 2008, *RFDA* 2008, p. 755 et p. 1178), le Conseil d'État, revenant sur sa jurisprudence antérieure, admet pour la première fois que l'État peut être déclaré responsable lorsqu'il résulte d'une faute lourde du préjudice résultant directement du contenu d'une décision juridictionnelle quand ce contenu est entaché d'une violation manifeste d'une disposition du droit communautaire conférant des droits aux particuliers (v. la jurisprudence *Magiera-Gestas* p. 219 et s.).

Faute lourde : illégalité d'un arrêté préfectoral qui autorise « l'Enduro du Touquet », course de motos qui abîme les dunes (TA Lille, 2 mai 2007, *AJDA* 2007, p. 1541) ; absence de mise en œuvre par le préfet de son pouvoir de substitution au maire (CE, 25 juill. 2007, *Sté France Télécom, AJDA* 2007, p. 1557).

Faute lourde toujours dans le contrôle des collectivités territoriales : CE S., 18 nov. 2005, *Sté fermière de Campaloro,* p. 515 ; CE, 25 juill. 2007, *Sté France Telecom Axa Corporate, AJDA* 2007, p. 1557). Application de la jurisprudence *Campaloro* à une association syndicale autorisée (CE, 29 oct. 2010, *Min. Alimentation, AJDA* 2010, p. 2077).

Ex. de jurisprudence en matière de responsabilité pour faute simple : suicide d'un détenu (CE, 9 juill. 2007, *AJDA* 2007, p. 2094) ; responsabilité du contrôle de la navigation aérienne (CAA Versailles, 11 sept. 2007, *Consorts Cyrot, AJDA* 2007, p. 2035) ; responsabilité pour faute simple en matière de droit au logement (TA Paris 17 déc. 2010, *Mme B., AJDA* 2010, p. 690) ; mort d'un détenu à la suite d'un incendie (CE, 7 déc. 2008, *Garde des Sceaux, AJDA* 2008, p. 432) ; en matière pénitentiaire, passage très fréquent de la faute lourde à la faute simple (arrêt *Chabba, op. cit.*) mais aussi décès accidentel d'un détenu (CE, 17 déc. 2008, *Garde des Sceaux, AJDA* 2009, 432 concl. I. de Silva). Application aussi de la loi pénitentiaire du 24 novembre 2009 – conditions de détention : TA Rouen 27 mars 2008, *Donat, AJDA* 2008, 668, *D.* 2008, jp 1559, note Herzog-Evans ; CAA Douai 12 nov. 2009, *Garde des Sceaux, AJDA* 2010.42, chron J. Lepers. Faute simple aussi pour l'atteinte aux biens en matière pénitentiaire (CE, 9 juill. 2008, *M. Boussoar, AJDA* p. 2294).

Même en matière d'exécution d'opérations se rattachant aux procédures d'établissement et de recouvrement de l'impôt, le Conseil d'État vient d'admettre, dans un arrêt important, la responsabilité pour faute simple (CE S., 21 mars 2011, *M. K., AJDA* 2011, p. 589).

3. La preuve de la faute incombe en principe à la victime

Mais dans certains cas, présomption de faute qui renverse la charge de la preuve (p. ex. en matière de travaux publics lorsqu'un usager subit un dommage, c'est à l'administration de prouver qu'elle a bien entretenu l'ouvrage : théorie du **défaut d'entretien normal**). Ex. : arbre qui s'abat sur une voiture.

De même pour les pupilles de l'Assistance publique faisant l'objet d'un placement, le Conseil d'État a admis que les victimes des dommages causés par les pupilles, bénéficient d'une « présomption de faute » (CE, 19 oct. 1990, *Ingremeau*, p. 284).

Conclusion : deux exemples du caractère très nuancé de la jurisprudence.

a) La responsabilité des services de police ; jusqu'en 1905, l'activité de police n'entraînait aucune responsabilité de la puissance publique. À partir de l'arrêt *Tomaso-Grecco* (10 févr. 1905, p. 139) cette responsabilité n'est engagée qu'en cas de faute lourde. Puis, la responsabilité sera admise pour faute simple pour les mesures générales de réglementation mais non pour les activités de police intervenant dans le feu de l'action. Le Conseil d'État a ensuite abandonné l'exigence de la faute lourde à propos de la faute du maire qui avait laissé ouvrir imprudemment une piste de ski (CE, 28 avr. 1967, *Lafont*, p. 182) ; inversement, il a estimé qu'étant donné les difficultés que la police de la circulation rencontre à Paris, la responsabilité de l'administration n'est engagée que sur le fondement de la faute lourde, aussi bien pour les mesures réglementaires que les mesures d'exécution (CE, 20 oct. 1972, *Ville Paris c/ Marabout*, p. 664). L'engagement de la responsabilité des communes a lieu parfois pour les cas de carence (p. ex. carence de sécurité pour les baignades, CE, 13 mai 1983, *Lefebvre*, p. 194). L'inaction de l'État, alors qu'existait un risque de trouble grave, entraîne sa responsabilité (inaction des autorités de police pour éviter la formation de barrages dans un port, CE, 15 juin 1988, *Chargeurs Delmas-Vieljeux*, *RFDA* 1988, p. 511). Ajoutons qu'en certaines hypothèses, la responsabilité de l'administration du fait de l'activité des services de police sera mise en jeu sur le fondement du « risque » (v. p. 211 et s.).

b) La responsabilité des services publics hospitaliers ; le juge distinguait entre le fonctionnement et l'organisation du service d'une part, l'accomplissement des tâches médicales ou chirurgicales d'autre part.

• En ce qui concerne **l'organisation et le fonctionnement du service**, d'ailleurs largement entendus, une faute simple suffisait pour engager la responsabilité. Ex. : le fait d'avoir prévenu avec retard le chirurgien de l'aggravation de l'état d'un opéré ; introduction accidentelle d'un germe microbien lors d'une intervention chirurgicale (CE, 1er mars 1989, *Bailly*, req. 61409) ou la chute d'une armoire causant un traumatisme crânien (CE, 13 janv. 1988, *Centre hospitalier de la Ciotat*, *EDCE* 1988, p. 63), l'impossibilité de joindre une anesthésiste (CE, 6 mai 1988, *Centre hospitalier de Beauvais*, *EDCE* 1988, p. 63), l'introduction accidentelle d'un germe microbien dans l'organisme d'un patient (CE, S., 15 déc. 2000, *M. Castanet*, *RFDA* 2001, p. 283).

• En ce qui concerne **les actes médicaux ou chirurgicaux**, jusqu'en 1992 une faute lourde était nécessaire.

Ex. : faute lourde pour soins complémentaires inappropriés (CE, 6 mai 1988, *Assist. publ.*, *EDCE* 1989, p. 64) ; interruption de grossesse mal exécutée (CE, 27 sept. 1989, *Mme K.*, *AJDA* 1989, p. 808). Le juge distinguait d'ailleurs clairement entre les actes médicaux et de soins (v. ex. ci-dessus ; autre exemple : des injections intraveineuses constituent des actes para-médicaux ; une faute simple suffit).

Dans un important arrêt d'Assemblée du 10 avril 1992, **le juge abandonne la nécessité d'une faute lourde en cas d'actes médicaux** ; en l'espèce il s'agissait d'une césarienne avec anesthésie (CE, 10 avr. 1992, *M. et Mme V.*, *AJDA* 1992, p. 363).

Il en va de même en matière d'aide médicale (CE, S., 20 juin 1997, *Theux, RFDA* 1998, p. 82).

Le juge ordonne souvent une expertise et admet souvent des présomptions de faute ; malade entré à l'hôpital pour une intervention bénigne, en ressort avec une infirmité sans rapport avec le motif de l'entrée (CE, 9 déc. 1988, *M. Cohen, EDCE* 1988, p. 63).

Mais il n'y a ni faute, ni responsabilité si les médecins, malgré la volonté contraire du patient, ont procédé à une transfusion sanguine pour éviter le décès (CE, 26 oct. 2002, *Mme X, EDCE* 2002, p. 54).

La loi du 5 mars 2002 relative aux « droits des malades » confirme la jurisprudence du Conseil d'État mais en la limitant selon la loi, « les professionnels de santé… ainsi que tout établissement, service ou organisme dans lesquels sont réalisés des actes individuels de prévention, de diagnostic et de soins, ne sont responsables des conséquences dommageables (de ces actes) **qu'en cas de faute**. Pour les dommages résultant d'infections nosocomiales, il y a même "**présomption de faute**" ». À partir d'un certain seuil cependant, ces dommages sont pris en charge au titre de la « **solidarité nationale** » (v. p. 213).

La loi du 4 mars 2002 s'oppose ainsi à la jurisprudence de la Cour de cassation et partiellement à celle du Conseil d'État. Elle fait obstacle à ce que l'enfant né avec un handicap qui à la suite d'une faute médicale n'a pas été décelé pendant la grossesse puisse obtenir réparation de la faute (contrairement à la jurisprudence *Perruche*). Mais elle fait aussi obstacle au droit des parents d'obtenir réparation du préjudice correspondant aux charges particulières découlant du handicap de l'enfant. La jurisprudence du Conseil d'État est mise en échec sur ce point. La compensation dans ce cas relève de la seule *solidarité nationale*.

Sur l'application de cette loi dite « Anti-Perruche » : v. aussi concl. C. de Salins CE, 14 avril 2010, *Mme Lazare, RFDA* 2010, p. 696 et la décision du Conseil constitutionnel du 11 juin 2010, *Mme Viviane L.* (Loi dite Anti-Perruche, *RFDA* 2010, p. 701).

Nouveaux arrêts :

– CE, 27 janv. 2010, *Hospices civils de Lyon* (*RFDA* 2010, p. 432) : transplantation cardiaque ayant entraîné une hépatite C. Pas de faute du fait de l'urgence. Mais absence d'information dont la preuve n'est pas rapportée. Mais faute de n'avoir pas effectué un second test. Donc responsabilité du CHU de Besançon (prélèvement) et non de celui de Lyon (opération) d'insuffisance de tests de dépistage.

– TA Nîmes 2 juin 2009, *Patrick R. et Isabelle. S (D.* 2010, p. 419, concl. Riffaud, *AJDA* 2009, p. 2474) : engagement de la responsabilité d'un hôpital du fait d'un acharnement thérapeutique ayant entraîné la survie d'un nouveau né.

Nouveau problème posé : la réparation de la **perte de chance** dans le champ de la responsabilité hospitalière (réparation éventuelle du dommage non d'après le préjudice corporel réellement subi mais à une fraction de ce dommage en fonction de l'ampleur de la chance perdue : pronostic aléatoire pour un glaucome ; CE S., 21 déc. 2007, *Centre hospitalier de Vienne, RFDA* 2008, p. 348 et s. concl. Olson).

En matière de transfusion sanguine, entraînant une séropositivité, la Cour administrative d'appel de Paris avait estimé que l'État ne pouvait être condamné que pour faute lourde commise dans le contrôle des établissements hospitaliers et l'édiction de la réglementation sur la qualité du sang transfusé. Le Conseil d'État admet une responsabilité pour **faute simple** dans la carence des autorités administratives d'interdire des produits éventuellement dangereux (CE, Ass., 9 avr. 1993, *Nguyen, Jouan, Consorts Pavan, RFDA* 1993, p. 600 ; *idem* CE, Ass., 26 mai 1995, *Consorts Nguyen, Jouan, Consorts Pavan, AJDA* 1995, p. 508).

B. La responsabilité sans faute

Si la responsabilité pour faute constitue le droit commun de la responsabilité, il existe dans certains cas une responsabilité sans faute. **Cette théorie, quoique subsidiaire, a vu multiplier ses applications.**

1. Responsabilité fondée sur le risque créé

a) Travaux publics : on distingue les **dommages permanents** causés par l'existence d'un ouvrage (ex. : dépréciation d'un immeuble situé près d'une autoroute) des **dommages accidentels** (ex. : accident dû à un défaut de signalisation d'un chantier). La responsabilité sans faute pourra éventuellement être engagée si la victime est un **tiers** et non un usager et si le dommage a un caractère anormal (ex. : propriétaires dont les vergers ont gelé à la suite de la construction d'un ouvrage hydro-électrique, piéton marchant sur la voie publique et blessé par la chute d'un ouvrage de l'EDF, tant que cet ouvrage n'est pas incorporé à la voie). Si normalement, la perte définitive de clientèle (p. ex., à la suite d'une construction d'une autoroute, pour les garages situés le long de la route) n'entraîne pas de responsabilité, il en va exceptionnellement autrement lorsqu'un pharmacien a vu son chiffre d'affaires s'effondrer, suite à la fermeture d'habitations à loyer modéré, ouvrages publics (CE, 31 mars 1995, *Lavaud, RFDA* 1995, p. 638). De même, l'abandon d'un important projet de travaux publics (liaison Rhin-Rhône) peut entraîner la responsabilité sans faute (CE, 15 nov. 2000, *Cne de Morschwiller, AJDA* 2002, pl., p. 207). Le Conseil d'État vient aussi de recourir à la notion de « garde » des ouvrages publics pour engager la responsabilité sans faute des personnes publiques maîtres d'ouvrage du fait de dommages accidentels consécutifs à des inondations et subis par des tiers (CE, 3 mai 2006, 2 espèces, *Min. Écologie* et *Cne de Bollène, Sté France Télécom, AJDA* 2007, p. 204).
Responsabilité sans faute d'une commune pour absence d'ouvrage adapté (pluies fortes prévisibles ; pas de canalisations : CE, 13 nov. 2009, *AJDA* 2010, p. 1440 note Lapouble).

b) Dommages causés par les choses dangereuses : jurisprudence inaugurée par l'arrêt *Regnault-Desroziers* (CE, 28 mars 1919, p. 329, explosion d'un dépôt de grenades engage la responsabilité en dehors de toute faute). Étendue largement en particulier à l'utilisation **d'armes dangereuses par la police** (CE, 24 juin 1949, *Lecomte et Daramy*, p. 307) ; mais la notion d'armes dangereuses est limitée aux armes à feu, et de toute façon, la jurisprudence ne s'applique qu'aux personnes étrangères à l'opération de police (CE, 27 juill. 1951, *Dame Aubergé et Dumont*, p. 447).

c) Dommages causés par les activités dangereuses : communication d'un incendie aux immeubles voisins au cours d'une opération de destruction (CE, 24 déc. 1926, *Walter*, p. 154), dommages causés par des mineurs délinquants évadés d'une maison d'éducation surveillée employant des méthodes nouvelles de rééducation (CE, 13 févr. 1956, *Min. Justice c/ C. Thouzellier*, p. 49) ou confiés à une institution privée de rééducation (CE, 19 déc. 1969, *Ets. Delannoy*, p. 596 ; v. aussi CE, S., 5 déc. 1997,

Garde des Sceaux c/ M. Pelle, RFDA 1998, p. 569 et s.). Il en va de même pour les dommages causés par des détenus bénéficiaires de permission de sortie (CE, 2 déc. 1981, *Garde des Sceaux c/ Theys, D.* 1982, p. 550) ou de personnes bénéficiant de mesures de libération conditionnelle et de semi-liberté (CE, 29 avr. 1987, *Garde des Sceaux c/ Banque populaire de la région économique de Strasbourg, D.* 1988, SC 60) ; de même responsabilité sans faute pour les dommages causés par des évadés d'un hôpital psychiatrique employant la méthode des sorties d'essais (CE, 13 juill. 1967, *Département de la Moselle*, p. 341).

La responsabilité sans faute de la commune a été admise en matière de police des inondations (CE, S., 25 juill. 2007, *M. Leberger, AJDA* 2007, p. 1559).

d) Problèmes de « garde » : dans une importante décision du 11 février 2005, *GIE Axa Courtafe*, le Conseil d'État (CE. S., *RFDA* 2005, concl. Denys, note Bon *AJDA* 2005, p. 663) a jugé « que la décision par laquelle le juge des enfants confie la garde d'un mineur a transféré à la personne qui en est chargée la responsabilité d'organiser, diriger et contrôler la vie du mineur ; qu'en raison des pouvoirs dont l'État se trouve ainsi investi lorsque le mineur a été confié à un service ou établissement qui relève de son autorité, sa responsabilité est engagée, même sans faute, pour les dommages causés aux tiers par ce mineur ». On retrouve ici la responsabilité fondée sur la « garde » de l'art. 1384 du Code civil (v. aussi, CE, S., 1er févr. 2006, *AJDA* 2006, p. 285).

La Cour de cassation a adopté des solutions comparables pour la responsabilité d'une association recevant des handicapés mentaux bénéficiant d'une totale liberté de circulation dans la journée (Ass. plén., 29 mars 1991, *Centres éducatifs du Limousin, D.* 1991, p. 324).

Cette importante jurisprudence a été étendue. Peut être engagée la responsabilité sans faute lorsqu'a été confiée à une personne publique ou privée la garde d'un mineur délinquant. Mais les victimes conservent la possibilité de rechercher la responsabilité sans faute de l'État au titre du risque spécial créé par les méthodes libérales du traitement pénal réservé aux mineurs délinquants par l'ordonnance du 2 février 1945 (CE, 1er févr. 2006, *Garde des Sceaux c/ MAIF, AJDA* 2006, p. 586, Chron. Landais et Lenica). La jurisprudence *Thouzellier* (*op. cit.*) est ainsi dépassée (confirmation CE, 26 janv. 2007, *Min. Justice, AJDA* 2007, p. 1950, v. aussi CE, 26 juill. 2007, *Garde des Sceaux, AJDA* 2007, p. 101).

Cette notion de « garde » a été étendue et parfois critiquée. Ainsi les dommages causés par un mineur faisant l'objet d'une mesure d'assistance éducative sont à la charge de la personne publique qui a la responsabilité d'organiser, de diriger et contrôler la vie du mineur pendant sa prise en charge (CE, 26 mai 2008, *Dépt. des Côtes d'Armor, AJDA* 2008, p. 2081 note F.-X. Fort). La jurisprudence sur la garde a été précisée (v. p. ex. CE, 13 févr. 2009, *Dépt. de Meurthe et Moselle, AJDA* 2009, p. 286 ; autre ex. CE, 17 déc. 2008, *Garde des Sceaux, AJDA* 2009, p. 661 : responsabilité de l'État même si le mineur ne se trouvait pas au moment des faits sous la surveillance effective de l'établissement qui en a la garde, concl. I. de Siva ; v. aussi CE, 26 juill. 2007, *Garde des Sceaux, Gaz. Pal.* 2008, 324-325, p. 19 ; CE, 13 nov. 2009, *Garde des Sceaux, AJDA* 2009, p. 2144).

En revanche, il n'y a pas de responsabilité sans faute en cas de préjudice causé à des tiers par un ancien détenu ayant bénéficié, en application de mesures de grâce collective ou de réduction de peine, d'une libération avant le terme (CE, 15 févr. 2006, *Min. Justice, RFDA* 2006, p. 615 et 619).

e) Dommages causés dans le domaine médical : pour le Conseil d'État, il y a aussi responsabilité sans faute pour le dommage causé à un enfant à naître du fait que sa mère, institutrice, est exposée en permanence aux dangers de la contagion en cas d'épidémie de rubéole (CE, 6 nov. 1968, *Dame Saulze*, p. 550).

De même dans le domaine de l'activité médicale, on a vu apparaître trois hypothèses limitées mais importantes, de responsabilité sans faute. Tout d'abord, la Cour administrative d'appel de Lyon dans un arrêt *Gomez* du 21 décembre 1990 (*Rec.*, p. 498) a admis une responsabilité pour risque, si la mise en œuvre d'une thérapeutique nouvelle, dont les suites possibles n'étaient pas entièrement connues, entraîne un dommage exceptionnel et anormalement grave (en l'espèce emploi de la méthode de Lucques pour redresser la colonne vertébrale). Dans un important arrêt *Bianchi* du 9 avril 1993 (*RFDA* 1993, p. 573, concl. Dael), le Conseil d'État a jugé qu'il peut y avoir responsabilité sans faute si un acte médical nécessaire présente un risque dont l'existence est connue mais dont la réalisation est exceptionnelle et que le particulier ne semble pas y être particulièrement exposé (en l'espèce arthériographie vertébrale entraînant une tétraplégie). La jurisprudence *Bianchi* a été étendue par un important arrêt : CE, S., 3 nov. 1997, *Hôpital Joseph Imbert d'Arles* (*AJDA* 1997, p. 1086). Le juge a admis une responsabilité sans faute en matière d'anesthésie (pratiquée évidemment très fréquemment même si les accidents sont rares) qui avait été faite pour une circoncision rituelle alors que « le patient n'était pas malade ».

La jurisprudence *Bianchi* a été précisée (CE, 19 mars 2010, *Consorts Ancey*, *AJDA* 2010, p. 586). La responsabilité peut être engagée à la suite de la réalisation d'un risque commun à une large catégorie d'actes médicaux (cancer-radiothérapie, puis reconstruction de la mandibule. Seconde intervention nécessaire entraînant une hémiplégie massive).

La loi du 4 mars 2002 relative aux « droits des malades » ne reprend que partiellement la jurisprudence du Conseil d'État. Certes, un accident médical, une affection iatrogène ou une infection nosocomiale ouvrent droit à réparation au titre de la solidarité nationale, lorsqu'ils sont directement imputables à des actes de prévention, de diagnostic et de soins « et qu'ils ont eu pour le patient des conséquences anormales au regard de son état de santé comme de l'évolution prévisible de celui-ci et présentant un caractère de gravité » (ce qui rejoint l'arrêt *Bianchi*). Mais le droit à réparation n'est ouvert qu'à partir d'un taux d'incapacité déterminé par décret (et non plus dans les conditions du droit commun) et la réparation est prise en charge par un Office national.

Par une décision du 19 mai≈2004 (CE, Ass., *Caisse régionale d'assurance-maladie*, *EDCE* 2005, p. 35), le Conseil d'État a jugé qu'un patient qui n'avait pas été informé par son médecin des risques connus de décès ou d'invalidité auxquels il s'expose en acceptant un acte médical, puisse recherche la responsabilité pour faute de l'hôpital.

Le Conseil d'État a également jugé que lorsqu'une contamination au virus du sida survient à la suite d'une transfusion sanguine alors que le centre de transfusion qui a fourni le sang dépend de l'administration (en l'espèce l'assistance publique de Paris), celle-ci est soumise à une responsabilité sans faute (CE, Ass., 26 mai 1995, *Cts NG ; idem Aff. M. J., AJDA* 1995, p. 577). En revanche si le sang provient d'un centre privé, la compétence est judiciaire (CE, Ass., 26 mai 1995, *Cts P., AJDA idem.*)

Problème de la responsabilité en cas de défectuosité d'un appareil. Responsabilité de l'hôpital ou du producteur d'appareil. Question transmise à la CJUE (CE, 4 oct. 2010, *CHU de Besançon*, *AJDA* 2010, p. 1908).

f) Dommages causés aux agents publics et collaborateurs occasionnels (CE, 21 juin 1895, *Cames*, p. 509) ; admission de la responsabilité sans faute ; si l'intervention du législateur (1898, loi sur les accidents du travail) a partiellement tari cette jurisprudence, elle a encore une utilité pour les personnes qui ne sont pas soumises aux lois d'indemnisation forfaitaire, en particulier les collaborateurs occasionnels du service (CE, 21 nov. 1946, *St-Priest-la-Plaine*, p. 279), même purement bénévoles.

La jurisprudence a élargi de façon considérable cette responsabilité de la puissance publique à l'égard des collaborateurs bénévoles. C'est ainsi qu'elle a admis (CE, 25 sept. 1970, *Cne de Batz*, p. 540) la responsabilité de la commune à l'égard de la veuve d'un médecin qui s'était noyé en portant secours à une personne en difficulté dans la mer, et à l'égard d'une personne qui s'était blessée en se portant au secours d'une autre personne tombée dans un trou dans un jardin et qui avait appelé au secours (CE, 9 oct. 1970, *Gaillard*, p. 565). Un pompier qui participe au montage d'un bûcher pour la Saint-Jean est un collaborateur occasionnel du service public (CE, 24 janv. 200, *Suva*, *AJDA* 2007, p. 607). Mais le participant à un jeu dans le cadre d'une fête locale organisée par la commune n'est pas un collaborateur occasionnel (CE, 10 févr. 1984, *Pascal Launey*, p. 65).

La décision *Chevillard* du 12 octobre 2009 (CE S., Chron. gén. jp, p. 2170) élargit de façon importante la notion de collaborateur bénévole. Un navire français se trouvant dans le Golfe de Guinée demande l'évacuation d'urgence d'un marin atteint d'un traumatisme crânien. Les États territorialement compétents en l'espèce sont démunis de matériel. La demande d'aide est lancée auprès du Centre régional situé dans le Morbihan qui contacte de nombreuses structures publiques et privées. Seule la société Elf-Gabon répond et envoie un hélicoptère affrété auprès d'une société privée qui recrutait elle-même des pilotes auprès d'une autre société privée. L'un d'eux a accepté de conduire la mission de sauvetage et y perd la vie. Les ayants droit ont demandé une indemnisation à l'État français refusé par les juges du fond. Pour le Conseil d'État, la société privée a collaboré à une mission de service public de secours en mer, il y a donc indemnisation (v. aussi note F. Lemaire, *RFDA* 2010, p. 410).

2. Responsabilité fondée sur l'égalité des citoyens devant les charges publiques

Jouera dans certains cas pour les actes juridiques :

a) Responsabilité du fait de textes généraux : c'est le problème classique de la responsabilité de l'État dans l'exercice de sa **fonction législative** : on peut concevoir une responsabilité du fait des lois sans que cela implique une appréciation de la loi de la part du juge. Admise pour la première fois en 1938 (CE, 14 janv. 1938, *La Fleurette*, p. 25) **mais les applications sont rares car les conditions sont très sévères** : le législateur ne doit pas avoir exclu, même implicitement, l'indemnisation ; le préjudice doit être spécial au requérant, il doit être anormalement grave, l'activité ne doit pas être immorale, la mesure doit avoir été prise seulement dans l'intérêt collectif de la catégorie sociale ou économique et non dans l'intérêt général (applications : CE, 21 janv. 1944, *Caucheteux et Desmonts*, p. 22 ; 1er déc. 1961, *Lacombe*,

p. 674 ; 25 janv. 1963, *Bovero*, p. 53). Application de la responsabilité du fait des lois : dommage grave et spécial subi par les pisciculteurs du fait de la protection des grands cormorans (CE, S., 30 juill. 2003, *Assoc. pour le dév. de l'aquaculture Centre, GAJA*, 17e éd., p. 315). V. aussi CE, 2 nov. 2005, *Sté coop. Ax'ion* (*AJDA* 2006, p. 142). Dans la mesure où le juge contrôle aujourd'hui la conformité de la loi à un traité international, il est même probable que l'on débouchera en cette matière à une responsabilité pour faute (v. CJCE, affaire *Francovich*). Mais dans **une décision d'une importance fondamentale** (CE, Ass., 8 févr. 2007, *Gardedieu, AJDA* 2007, p. 585, Chron. Lenica et Boucher), le Conseil d'État s'est lancé dans une autre voie. Sans s'appuyer sur la notion de « faute » et rejoignant plutôt la jurisprudence *La Fleurette*, l'Assemblée du contentieux juge solennellement que la responsabilité de l'État du fait des lois est susceptible d'être engagée en raison de l'obligation qui lui incombe d'assurer le respect des conventions internationales par les autorités publiques aux fins de réparer l'ensemble des préjudices qui résultent de l'intervention d'une loi adoptée en méconnaissance des engagements internationaux de la France. Il y a tout de même des différences avec la jurisprudence *La Fleurette* : d'une part les conditions de spécialité et de gravité du préjudice ne sont plus exigées. De plus, il ne semble pas que la loi puisse écarter la réparation.

Il n'y aura pas réparation lorsque le législateur n'a pas méconnu de stipulations conventionnelles (CAA Paris, 4 avr. 2007, *Abolivier, AJDA* 2007, p. 1085).

Problème aussi de la responsabilité du fait des **règlements légaux** ; contrairement à la loi, l'auteur ne peut s'exonérer lui-même, mais pour le reste, la jurisprudence est identique à la responsabilité du fait des lois (CE, 22 févr. 1962, *Cirque de Gavarnie, RD publ.* 1963, p. 1019).

V. aussi responsabilité sans faute du fait d'une mesure d'interdiction de circulation des poids lourds entraînant une obligation de déménagement de l'entreprise (CE, 4 oct. 2010, *Commune de Saint Sylvain d'Anjou, AJDA* 2010, p. 1909).

b) Responsabilité du fait de mesures individuelles :

• **Mesures d'ordre économique et social imposées dans l'intérêt général** (CE, 28 oct. 1949, *Sté du Cap Janet*, p. 450 ; *Bovero*, 1963, *op. cit.*) ; inexécution de décisions de justice (particulier qui n'a pas obtenu le concours de la force publique alors que ce refus d'intervention n'était pas fautif : CE, 30 nov. 1923, *Couitéas, op. cit.* ; CE, 3 juin 1938, *Sté des cartonneries St-Charles, D.* 1938.3.65). Mais le Conseil d'État tient compte de différents critères pour déterminer si le fait de ne pas recourir à la force publique pour lever des barrages routiers engage la responsabilité de l'État (CE, 27 juin 2005, *SA Vergers Europe, AJDA* 2005, p. 2078).

• Les arrêts en matière de **concours de la force publique** sont importants et assez nombreux. En principe seul le bénéficiaire d'une ordonnance d'expulsion peut obtenir le concours de la force publique et engager la responsabilité sans faute de l'État. Mais dans certains cas ces droits peuvent être transmis (CE, 2 sept. 2009, *Sté Sibail Immobilier, AJDA* 2010, p. 344 ; v. aussi *Époux Huard*, 2e espèce).

• **Défaut d'application d'une réglementation** (CE, 7 mai 1972, *Min. Éco c/ Sastre*, p. 334) refus d'évacuation d'un port occupé par des grévistes (CE, 11 juin 1984, *Port autonome de Marseille, AJDA* 1984, p. 706). Particulier qui n'a pas obtenu que le préfet saisisse les tribunaux judiciaires pour faire sanctionner l'implantation de constructions illégales (CE, 20 mars 1974, *Navarra, op. cit.*). Renonciation par l'EDF à un projet d'expropriation pour cause d'utilité publique, projet qui avait entraîné l'arrêt de certains travaux par le propriétaire du terrain en cause (CE, 23 déc. 1970, *EDF c/ Farsat*, p. 790). Responsabilité de l'État français à l'égard d'une entreprise de la CEE victime d'une mesure restrictive à l'exportation prise dans un but d'intérêt général (CE, 23 mars 1984, *Min. Comm. ext. c/ Sté Alivar*, p. 128). Possibilité d'indemnisation lorsque ces mesures **causent un préjudice spécial et d'une certaine gravité** (pharmacien qui a perdu sa clientèle par suite de la fermeture de dix tours HLM : CE, S., 31 mars 1995, *Lavaud, AJDA* 1995, p. 384).

Nouvelles décisions : Dédommagement d'une entreprise dont l'exploitation a été interrompue – même si la mesure n'était pas illégale (CE, 31 août 2009, *Commune de Crégols, Revue juridique de l'économie publique* 2010, n° 3 p. 35, concl. C. de Salins) ; important arrêt *op. cit.* responsabilité sans faute de l'État du fait des difficultés d'accès aux juridictions d'une avocate handicapée (CE Ass., 22 oct. 2010, *Mme Bleitrach, AJDA* 2010, p. 2021).

Conclusion : la détermination de la personne responsable est parfois très complexe (CE, 21 nov. 2008, *Min. Intérieur, RDSS* 2009, p. 16 ; concl. A. Courrèges sur la personne responsable du dysfonctionnement d'un centre d'hébergement ; enchevêtrement des compétences, fonctions, textes).

Autre ex : contamination transfusionnelle consécutive à une agression et recours subrogatoire contre l'Établissement français du sang (CE, 30 mars 2009, *Étab. frçais du sang, AJDA* 2009, p. 1161).

V. Assurance, responsabilité et santé, Association française du droit de la santé, Colloque hors série 2010, 151 p. ; *RDSS* hors série 2010, 11 p., p. 204.

c) Responsabilité du fait des actes de gouvernement : en principe, exclusion de toute responsabilité par le Conseil d'État qui refuse d'examiner l'acte ; toutefois depuis 1966 (CE, 30 mars 1966, *Cie générale d'énergie radio électrique*, p. 257) s'inspirant des règles de la responsabilité du fait des lois, le juge admet le principe d'une indemnisation pour le dommage causé par une convention internationale, dans la mesure où elle produit des effets dans l'ordre juridique interne et ne met pas en jeu les relations internationales (CE, 29 oct. 1976, *Aff. étrangères c/ Dame Burgat, Sieur Letourneur et Dame Loiseau*, p. 452 ; CE, 25 mars 1988, *Sapvin, RFDA* 1988, p. 572).

Le Conseil d'État a jugé qu'un accord entre la France et la Côte-d'Ivoire modifiant l'accord de coopération, et qui avait eu pour effet de priver les requérants (pilotes licenciés d'Air Afrique) d'une chance réelle et sérieuse d'obtenir des juridictions françaises, l'indemnisation de la résiliation abusive de leur contrat de travail, a pu engager la responsabilité de l'État français (*EDCE* 2005, p. 37).

De façon plus générale le Conseil d'État admet aujourd'hui que le silence du législateur n'exclut pas une indemnisation (suppression d'installations de coopératives agricoles, CE, 2 nov. 2005, *Sté coop. agricole Ax'ion, AJDA* 2006, p. 145).

Nouveau cas de mise en jeu de la responsabilité du fait des traités : salarié ne pouvant être réputé d'avoir par avance accepté le risque résultant de méconnaissance par son employeur des conditions du travail ; employeur bénéficiant de l'immunité diplomatique (CE, 11 févr. 2011, *Mme Susilawati, AJDA* 2011, p. 306).

§ 2 - La détermination des responsabilités

A. L'imputabilité

1. Nécessité d'un lien minimum entre l'administration et le dommage

Lien minimum entre l'administration et le personnel ou le matériel qui ont causé le dommage (CE, 21 oct. 1949, *Mutuelle du Mans, D.* 1950.1.162) pour que la responsabilité de la puissance publique puisse être mise en cause ; par exemple lien étroit entre l'État et les centres de transfusion sanguine ; responsabilité de l'État en cas de faute (CE, Ass., 9 avr. 1993, *N. G., RFDA* 1993, p. 600).
Responsabilité du département à l'égard d'une famille d'accueil (CE, 23 juill. 2003, *Calon, AJDA* 2003, p. 2329) dont l'enfant a causé un dommage. Il y a responsabilité sans faute à l'égard d'un chirurgien contaminé par le virus du sida dans un hôpital public même si l'État n'est pas son employeur (CE, 10 oct. 2003, *Consorts Cohen, RFDA* 2003, p. 1266). Responsabilité éventuelle de l'État du dysfonctionnement des juridictions disciplinaires universitaires (CE, S., 27 févr. 2004, *Popin, AJDA* 2004, p. 470).
Par cette décision importante le juge a mis en avant le fait que la justice est rendue de façon **indivisible** au nom de l'État et qu'il n'appartenait qu'à celui-ci de répondre des dommages pouvant résulter, pour les justiciables, des fautes commises par les juridictions administratives (v. *EDCE* 2005, p. 35).
La région est responsable des dommages survenus suite à des travaux dans un lycée (CE, 19 févr. 2007, *M. B., AJDA* 2007, p. 1766).
Lorsque l'État et la commune conviennent par un contrat de confier à un service départemental l'étude et la réalisation d'études et de travaux, la responsabilité de l'État peut être engagée pour ce louage de services même si cette mission s'exécute sous l'autorité du maire (CE. S., 12 mai 2004, *Cne de la Ferté Million, EDCE* 2005, p. 36).

2. Nécessité de préciser le responsable

Définir avec précision **laquelle des personnes morales de droit public est responsable** (État, département, communes, établissement public). Nombreuses difficultés : ex. agent (maire) exerçant des fonctions pour plusieurs collectivités. À quel moment engage-t-il la responsabilité de la commune et à quel moment engage-t-il la responsabilité de l'État ?
Diverses fautes et personnes responsables peuvent être impliquées dans un dommage. La victime peut demander la condamnation de l'une des personnes ou des différentes personnes conjointement (CE, 2 juill. 2010, *M. Mandranges, RFDA* 2010, p. 1081).
Il faut tenir compte aussi de l'important problème, qui ne peut être développé ici, du recours des caisses de sécurité sociale (p. ex. CE, 4 juin 2004, *M. Lagier et consorts Guignon, AJDA* 2007, p. 1800). Enfin, toujours en matière médicale, le juge tient compte aujourd'hui de la « perte de chances » d'éviter ce dommage. Cette jurisprudence probabiliste est évidemment complexe (CE, S., 21 déc. 2007, *Centre hospitalier de Vienne, AJDA* 2007, p. 135).

B. La causalité

1. Nécessité d'un lien de causalité directe

Entre l'activité du service public et le dommage ; jurisprudence délicate et variable, par exemple lien de causalité directe entre des permissions de sortie, la création d'une association criminelle et des vols commis deux mois plus tard (CE, 29 avr. 1987, *Banque popul.*, p. 158) ; de même, lien de causalité directe : un malade renverse volontairement son sang sur la main d'une infirmière, qui transmet sans le savoir une séropositivité à son mari au cours de relations sexuelles ; responsabilité de l'hôpital (TA Paris, 20 déc. 1989, *RFDA* 1989, p. 557) ; de même, le fait pour un Centre hospitalier de ne pas informer les parents après une amniocentèse que l'enfant pouvait être trisomique et la trisomie qui s'est révélée à la naissance (CE, S., 14 févr. 1997, *Centre hospitalier régional de Nice, RD publ.* 1997, p. 1156).

2. Les cas d'irresponsabilité

L'administration n'est pas responsable des dommages dont la cause lui est étrangère : **force majeure, faute de la victime**. Le fait du tiers exonère l'administration de la responsabilité dans le cas de la responsabilité pour faute. Mais le détail de la jurisprudence est complexe. Le « cas fortuit » se distingue de la force majeure. Événement imprévisible et irrésistible, il n'est pourtant pas étranger au défendeur (p. ex. rupture du barrage de Malpasset ; CE, 28 mai 1971, *Dépt du Var* ; CE, 11 déc. 1991). La responsabilité pour faute survit.

L'annulation d'un concert en raison de l'état de santé du chanteur, n'est pas un cas de force majeure (à propos d'une résiliation d'un contrat ; CE, 3 mars 2010, Commune de Garges-les-Gonesses, *AJDA* 2010, p. 1104).

§ 3 - La réparation du préjudice

A. Le préjudice n'est réparable que s'il présente certains caractères

Il doit être certain, direct ; il doit porter atteinte sinon à un droit, du moins à un intérêt légitime juridiquement protégé (CE, 28 juill. 1951, *Berenger*, p. 473). Mais le Conseil d'État a assoupli sa jurisprudence et admet p. ex. le droit à réparation de la concubine (CE, 3 mars 1978, *Dame Müesser*, p. 116). En revanche le juge n'admet pas la réparation lorsque la victime se trouve au moment du dommage de son fait dans une situation illégitime. N'ont pas droit à une réparation, les exploitants d'un établissement de danse qui n'avaient pas respecté les règles de sécurité du public et dans l'incendie duquel près de 150 victimes devaient trouver la mort (CE, 7 mars 1980, *Sarl Cinq-Sept*, p. 129). C'est l'application de la règle « *nemo auditur propriam suam turpitudinem allegans* ». N'est pas indemnisé non plus le risque accepté : acquéreurs de logements qui ne pouvaient ignorer le voisinage de voies de circulation bruyantes (CAA Paris, 9 juill. 1991, *Synd. des Copropriétaires, RD publ.* 1991, p. 1433). En matière médicale, l'enfant trisomique ne peut invoquer le préjudice d'être « né » après un manque d'information des parents suivant une amniocentèse, mais les parents, eux subissent un préjudice (CE, S., 14 févr. 1997, *Centre hospitalier de Nice, op. cit.*). On sait que dans l'arrêt *Perruche*, la Cour de cassation avait adopté une position différente, prévoyant l'indemnisation même de l'enfant né handicapé. La nouvelle loi de mars 2002 met aussi partiellement fin à la jurisprudence du Conseil d'État.

En matière de responsabilité sans faute, le préjudice doit être « **spécial** ». (Ex. : la dévaluation du franc CFA n'a pas un caractère spécial et n'entraîne pas la responsabilité à l'égard d'une personne déterminée : CE, 23 mars 2003, *Santinacci, RFDA* 2003, p. 648.)

B. Le préjudice peut être matériel ou moral

Si la réparation du préjudice matériel va de soi, la réparation du préjudice moral était longtemps limitée ; le juge admettait la réparation du préjudice causé par une défiguration, l'atteinte à la réputation, une souffrance physique, des troubles dans les conditions d'existence, mais refusait l'indemnisation de la simple « douleur morale ». Revirement de jurisprudence : CE, 24 nov. 1961, *Letisserand*, p. 661. **La douleur morale devient un préjudice indemnisable**. Mais les indemnités accordées dans ce cas restent d'un montant faible. Toutefois, le juge combine fréquemment des troubles dans les conditions d'existence et la douleur morale (p. ex. mort d'un fils ; CE, 13 mai 1989, *Lefebvre*, p. 194).

C. Les techniques de la réparation

La réparation a toujours lieu en argent. L'indemnité est accordée sous la forme soit d'un capital, soit d'une rente. L'évaluation se fait en principe à la date du jour du dommage : mais le juge tiendra compte de la hausse des prix si la victime n'est pas responsable du retard apporté à la réparation (CE, 21 mars 1947, *Cie gén. des eaux et Dame vve Aubry, D.* 1947.1.225). De plus le juge n'accorde jamais plus que ce qui lui est demandé. Fréquemment le juge ne fixe pas lui-même l'indemnité mais renvoie la victime devant l'administration. Un recours ultérieur est alors possible.

Les indemnités allouées aujourd'hui par le Conseil d'État se rapprochent de celles allouées par la Cour de cassation : lorsque la victime du dommage décède avant d'avoir elle-même introduit une action en réparation, son droit, entre dans son patrimoine, est transmis à ses héritiers (CE., S., 29 mars 2000, *PO Assistance Publique, RFDA* 2000, p. 710).

Section 2 › LES LÉGISLATIONS SPÉCIALES

À côté de la responsabilité de droit commun, il existe des régimes législatifs particuliers développés par la jurisprudence :

– **en matière de responsabilité du fait de l'activité juridictionnelle**, il existe une série de textes importants : **la loi du 2 juin 1895** prévoit l'indemnisation d'un condamné dont l'innocence a été reconnue. **La loi du 17 juillet 1970**, prévoit des possibilités d'indemnisation en cas de détention provisoire ayant causé un préjudice anormal et spécialement grave. **La loi du 5 juillet 1972** prévoit que l'État est tenu de réparer le dommage causé par le fonctionnement défectueux du service de la justice judiciaire en cas de faute lourde du service et dans certaines conditions pour faute personnelle. Si ce texte s'applique à l'ensemble des actes de procédure précédant le jugement, son application aux décisions ayant force de chose jugée s'avère assez difficile. Ajoutons qu'en ce qui concerne la police judiciaire, la Cour de cassation admettait déjà l'application des principes du droit public (Cass., 23 nov. 1956, *Giry*, *D.* 1957.34). Dans toutes ces actions, la compétence est judiciaire. Le Conseil d'État a transposé les principes de la loi de 1972, à la juridiction administrative (CE, 29 déc. 1978, *Darmont*, p. 542).

Extension : dans l'arrêt *Magiera* (CE, Ass., 28 juin 2002) la Haute Juridiction a même estimé qu'il y a faute entraînant responsabilité lorsque les juridictions administratives n'ont pas statué dans un délai « raisonnable » (décision *Magiera* et la très importante décision *Gestas op. cit.* p. 208). V. aussi CE, 19 oct. 2007, *M. Blin*, *AJDA* 200988 p. 597 ; CE, 26 mai 2010, *M. Mafille*, *AJDA* 2010, p. 1054. La décision *Ville de Brest* apporte des précisions et aménagements au dispositif de réparation en cas de délai excessif de jugement mis en place par la jurisprudence *Magiera* et *Gestas*. Il existe une particularité de ce régime au sein du droit de la responsabilité administrative (CE, 17 juill. 2009, *Ville de Brest*, *AJDA* 2009, Chron. jp S.J Liéber et D. Botteghi). Dans l'arrêt *Mafille* du 26 mai 2010, *AJDA* 2010, p. 1784, le Conseil d'État sanctionne aussi, et cela est très important, le manquement au droit à un « délai raisonnable d'exécution des décisions de justice ». La jurisprudence *Magiera* et *Gestas* est ainsi précisée.
En cas de dualité de juridiction le Tribunal des conflits (30 juin 2008, *Époux Bernardet*) estime que le juge qui doit apprécier la durée de la procédure est celui compétent au fond (Chron. gén. jp E. Geffeay et S.J. Liéber, *AJDA* 2008, p. 1588).
Cette jurisprudence s'applique aussi aux juridictions financières (CE, 22 janv. 2007, *Forzy*, *AJDA* 2007, p. 1036). Le décret du 28 juillet 2005 attribue au Conseil d'État compétence en premier et dernier ressort pour statuer sur cette matière (application : CE, 25 janv. 2006, *SARL Potchou et autres*, *RFDA* 2006, p. 299, concl. Struillou).
La CJCE dans un arrêt *Köbler* (30 sept. 2003), admet même la responsabilité des États pour « mauvais fonctionnement du service de la justice lorsqu'une juridiction statuant en dernier ressort a violé le droit communautaire ». Il semble que pour le moment cette jurisprudence soit limitée au champ d'application du droit communautaire. Sur la responsabilité du fait d'une durée excessive de jugement et la jurisprudence européenne (CE, 6 mars 2009, *M. et Mme Le Helloco*, *RFDA* 2009, p. 546 concl. R. Keller).
La loi du 24 septembre 2009 (de la sécurité) prévoit que « même en en l'absence de faute, l'État est tenu de réparer le dommage résultant du décès d'une personne détenue causé par des violences commises au sein d'un établissement pénitentiaire par une autre personne détenue ».

– **certains textes prévoient l'irresponsabilité** des services (irresponsabilité des services des PTT pour les transmissions de correspondances lorsqu'elles ne sont pas recommandées), d'autres, une responsabilité étendue, ou une substitution de responsabilité.

§ 1 - Régimes d'extension de responsabilité

Cas : dommages de guerre, expropriation, réquisition, nationalisation, pensions d'invalidité des fonctionnaires, indemnisation des dommages résultant d'attentats en relation avec les événements d'Algérie, **responsabilité des communes pour les dommages causés par les émeutes**, accidents d'origine nucléaire, accidents causés par les **vaccinations obligatoires, par l'amiante**. Indemnisation des dommages corporels résultant d'une infraction pénale, indemnisation des victimes d'actes de terrorisme. Il faut aussi signaler l'importante **loi du 31 décembre 1991 qui prévoit l'indemnisation par l'État des hémophiles et transfusés contaminés par le virus du sida** quelle que soit la date de contamination.

Autres régimes d'extension législative de responsabilité : l'importante loi du 5 janvier 2010 relative à la reconnaissance et à l'indemnisation des victimes d'essais nucléaires français (*AJDA* 2010, p. 676, comm J.-M. Pontier, nombreux commentaires).

Remarque : étude de la responsabilité des communes pour les dommages causés par les émeutes (art. L. 133 Code des communes) : elle est engagée pour les crimes et délits commis à force ouverte par un attroupement quel qu'en soit le motif. Cette responsabilité est engagée sur le fondement du « risque social » ; la charge finale est répartie entre l'État et la commune, la part de celle-ci se situant entre 20 et 80 %. Compétence judiciaire pour toutes les actions. La loi du 7 janvier 1983 prévoit que ce sera désormais « **l'État** » qui sera civilement responsable. La compétence restait judiciaire (T. confl., 13 févr. 1984, *Préfet de la Seine-Maritime*, p. 445). La loi du 9 janvier 1986 remet la compétence au **juge administratif**. L'État pourra éventuellement se retourner contre la commune. Dans son avis d'Assemblée du 6 avril 1990 (*Sté Cofiroute*, p. 95), le Conseil d'État a largement étendu la notion de préjudice indemnisable.

Ex. : Le blocage d'une route engage la responsabilité sans faute de l'État (CE, 30 juin 1999, *M. Foucher, RFDA* 1999, p. 895). La notion d'attroupement est très large (CE, 13 déc. 2002, *Comp. d'assur. des Lloys, EDCE* 2003, p. 49 : groupes de jeunes manifestant violemment devant une discothèque). Responsabilité sans faute de l'État pour les dommages causés lors d'une émeute de détenus (CAA Bordeaux, 10 juill. 2007, *M. Dornbusch, AJDA* 2007, p. 1999).

« La préméditation » peut être un critère déterminant pour rejeter la qualification d'attroupement (CE, 26 mars 2004, *Sté BV, AJDA* 2004, p. 2349).

Cette loi pourrait-elle jouer pour les dégâts causés par les violences urbaines d'octobre-novembre 2005 ?

Ce problème a été très discuté (v. article N. Albert, *AJDA* 2006, p. 739 et s.).

§ 2 - Régimes de substitution de responsabilité

A. Cas de dommages causés par des véhicules

Loi 31 déc. 1957 : la responsabilité de la personne morale de droit public est substituée à celle de son agent, la compétence est judiciaire et application du Code civil ; la jurisprudence a donné un très large champ d'application à cette loi : la notion de véhicule a été interprétée de façon très large : tout ce qui peut « véhiculer » (brouette, aéronef, radeau, etc.) constitue un véhicule ; peu importe que le véhicule soit en marche ou non ; il en est de même des engins utilisés par les Ponts et Chaussées : goudronneuse, cylindre. La jurisprudence n'est pas non plus attachée à la notion de « choc » (des projections de boue peuvent être des dommages « causés par un véhicule »). De même la notion de travail public généralement très attractive fait place ici à la notion encore plus attractive de la loi de 1957. Il y a cependant des limites à l'application de la loi de 1957, p. ex. lorsque la faute alléguée n'est pas celle du véhicule mais d'un agent réglant la circulation ou accident causé par une drague qui, par elle-même, ne peut se déplacer.

B. Membres de l'enseignement public

En cas de dommages soit causés par les élèves, soit subis par les élèves placés sous leur surveillance, une présomption de responsabilité pesait autrefois sur les instituteurs. Les lois des 20 juillet 1899 et 5 juillet 1937 ont fondamentalement transformé ce système : en cas de dommages dus à un défaut de surveillance des élèves par le maître pendant ou même en dehors du travail scolaire, la responsabilité de l'État est substituée à celle de l'instituteur, même en cas de faute personnelle. La compétence est judiciaire, application du Code civil même si le défaut de surveillance constitue une faute de service (T. confl., 31 mars 1950, *Dlle Gavillet*, p. 658). Il n'en serait autrement que si le dommage avait une cause autre que le défaut de surveillance. Il y a responsabilité de l'État même lorsque l'élève au cours d'une classe de neige sous la responsabilité d'un instituteur se trouve sous la surveillance d'un moniteur de la commune (T. confl., 15 févr. 1999, *M. et Mme Martinez, RFDA* 1999, p. 1109).

Quatrième partie

LA JURIDICTION ADMINISTRATIVE ET LE CONTENTIEUX ADMINISTRATIF

Le contentieux administratif a une importance particulière dans l'étude du droit administratif, où les textes, quoiqu'en augmentation, sont moins nombreux et précis qu'en droit privé si bien que la jurisprudence a largement remplacé l'absence ou l'imprécision des textes. La grande juridiction c'est le Conseil d'État, assisté par les tribunaux administratifs et les cours administratives d'appel.

Il est nécessaire de bien distinguer le contentieux administratif du contentieux judiciaire, puis d'analyser la procédure contentieuse administrative, à la fois complexe et audacieuse, de faire ressortir la particularité des audiences devant le juge administratif, surtout devant le Conseil d'État.

Le droit administratif connaît, comme le droit privé, des voies de recours, l'appel et la cassation.

Il existe un recours très spécifique au droit administratif français, le recours pour excès de pouvoir, par lequel le requérant demande au juge d'annuler une décision de l'administration.

Chapitre préliminaire › GÉNÉRALITÉS

Il existe à l'heure actuelle en France ***un ordre de juridictions administratives entièrement indépendantes des juridictions judiciaires.*** *L'explication de cette dualité de juridictions est d'ordre historique. Une fois créé, le juge administratif créa un droit administratif spécial. Ce n'est pas l'existence d'un droit administratif spécial qui a créé le juge administratif, mais le juge administratif qui a créé le droit administratif :* ***l'organe a créé la fonction.***

Section 1 › NAISSANCE ET ÉVOLUTION DE LA JURIDICTION ADMINISTRATIVE

§ 1 - Ancien Régime

Il existait des juridictions statuant en matière administrative (Cour des aides, Cour des monnaies) mais elles ne constituaient pas un véritable ordre juridictionnel. D'ailleurs, le roi pouvait se saisir de toute affaire ce qui rendait impossible toute existence de deux ordres juridictionnels différents.

§ 2 - La Révolution

Le régime révolutionnaire va interdire aux tribunaux judiciaires de se mêler d'affaires administratives.
Les révolutionnaires sont **hostiles aux tribunaux judiciaires**, les Parlements vers la fin de l'Ancien Régime s'étant opposés aux tentatives de réforme. Les révolutionnaires veulent briser la puissance des magistrats judiciaires.
Ils ont **une conception particulière de la séparation des pouvoirs**, interprétée comme une séparation des autorités. Chaque autorité a compétence dans sa sphère d'attribution, elle est compétente pour la totalité des actes entrant dans sa sphère d'attributions. Ainsi le pouvoir exécutif sera compétent pour **tout ce qui concerne les actes administratifs**, leur élaboration, leur exécution, **leur jugement**.
Mise en œuvre de ces idées : différents textes dont le plus connu est la loi des 16-24 août 1790, art. 13 : **« Les fonctions judiciaires sont distinctes et demeureront toujours séparées des fonctions administratives ».** Mais la loi ne dit pas comment les litiges seront résolus à l'intérieur de la fonction administrative. En fait, **l'administration se juge elle-même :** le roi, les ministres, les administrateurs de département exercent le pouvoir juridictionnel. Il y a confusion du pouvoir hiérarchique et du pouvoir juridictionnel.

§ 3 - Consulat et Empire

Création à l'intérieur de l'administration **d'organes spécialisés dans le jugement**.

- Création des Conseils de préfecture par la loi du 28 pluviôse an VIII. Stricte compétence d'attribution, peu étendue, et manque d'indépendance de ces Conseils de préfecture.

- Création de la Cour des comptes en 1807.
- Surtout, la Constitution du 22 frimaire an VIII crée le **Conseil d'État.** Double rôle :

– **conseiller juridique du gouvernement** dans la préparation des lois, décrets et codes ;

– **services contentieux centralisant les plaintes des citoyens** et donnant aussi en ces matières un avis au chef de l'État. Un décret de 1806 créé à l'intérieur du Conseil d'État une **Commission du contentieux** spécialisée dans l'examen des requêtes contentieuses. Ce sont là les premières garanties d'une procédure impartiale. Mais en droit, le Conseil d'État ne prend pas la décision lui-même, elle est prise par le chef de l'État : c'est le **système de la justice retenue**. En pratique le chef de l'État suivait toujours les avis du Conseil d'État.

§ 4 - Restauration et monarchie de Juillet

Effacement du Conseil d'État assez mal vu de ces deux régimes. Il va se consacrer de plus en plus à ses fonctions de juge administratif.

Importantes améliorations de procédure surtout après 1830 : le comité du contentieux est renforcé et les fonctionnaires sont exclus de l'Assemblée générale statuant au contentieux.

§ 5 - Deuxième République et Second Empire

La IIe République consacre le caractère de juridiction du Conseil d'État et lui confère même la justice déléguée.

Mais le Second Empire abroge ces dispositions et le Conseil d'État prend la place qu'il avait tenue sous le Consulat et le Premier Empire.

§ 6 - La justice administrative depuis 1872

La loi du 24 mai 1872 confère de façon définitive **la justice déléguée** au Conseil d'État. Il ne propose pas de solutions au chef de l'État, il est lui-même un juge administratif prenant des décisions exécutoires « Au nom du peuple français ».

Pendant un certain temps, on a soutenu que les ministres devaient être considérés, comme ils l'étaient en fait, sous la Restauration, comme des juges de droit commun en matière administrative, le Conseil d'État n'étant qu'un juge d'appel : abandon de cette théorie par les arrêts *Ville de Cannes* (1882) et *Cadot* (13 déc. 1889, p. 1148), le Conseil d'État s'affirmant compétent pour connaître directement des affaires contentieuses.

À l'intérieur de la juridiction administrative, la distinction de l'administrateur et du juge constitue davantage une directive de politique administrative générale qu'un principe absolu. Même à l'intérieur du Conseil d'État, la séparation de l'administrateur et du juge est loin d'être absolue : elle s'applique en fait de façon très variable et très souple.

Enfin de **nouvelles difficultés** sont apparues qui n'ont rien à voir directement avec le principe de deux ordres de juridictions séparées :

- Il existe aujourd'hui de **nombreuses difficultés de détermination** de la compétence de la juridiction administrative par rapport à la juridiction judiciaire. Autrement dit, la mise en œuvre des principes que nous avons dégagés est très délicate.

- Difficultés à l'intérieur de la juridiction administrative : le Conseil d'État a été surchargé de requêtes. Des réformes diverses ont alors accru la compétence des conseils de préfecture (1926, 1934, 1938). Ces réformes partielles furent insuffisantes. En 1953, les conseils de préfecture ont été transformés **en tribunaux administratifs** et sont devenus **les juges de droit commun** du contentieux administratif, le Conseil d'État devenant un juge d'appel et ne gardant en première (et à la fois dernière) instance, qu'une compétence d'attribution.

- Malgré les réformes intervenues, le Conseil d'État et les tribunaux administratifs étaient et restent surchargés de requêtes.

- Cette surcharge du Conseil d'État a entraîné une importante réforme du contentieux administratif par la loi du 31 décembre 1987 qui crée les « **cours administratives d'appel** » qui deviennent juges d'appel (sauf exceptions) des décisions des tribunaux administratifs.

- Le Conseil d'État juge aujourd'hui environ 10 000 affaires par an. Le stock des dossiers en instance est (en 2010) de 7 300 (chiffre en baisse).

Section 2 › APPRÉCIATION DE LA DUALITÉ DES JURIDICTIONS ADMINISTRATIVE ET JUDICIAIRE

Idée générale : à l'origine, on craignait surtout l'empiétement des tribunaux judiciaires sur les fonctions administratives. Cette crainte a disparu. La dualité a aujourd'hui **une utilité technique, elle n'a plus d'utilité politique.** Mais elle n'est pas non plus exempte de critiques.
De toute façon, comme on l'a vu, le Conseil constitutionnel a reconnu que l'indépendance des juridictions administratives constituait un principe fondamental des lois de la République.

§ 1 - Utilité de la dualité

- **Existence d'un droit spécial**, le droit administratif, élaboré par les tribunaux administratifs. Ce droit permet à l'administration de mieux fonctionner. Il est bon que ce droit soit mis en application par un juge spécialisé qui connaît bien l'administration, d'autant plus que c'est lui qui a créé ce droit. Aujourd'hui, les tribunaux judiciaires sont incompétents pour juger l'administration non par crainte d'un empiétement sur les fonctions administratives mais parce que l'on veut **que le procès soit jugé sur la base des règles du droit administratif.**

- **Les tribunaux administratifs qui connaissent mieux les nécessités de l'action administrative**, ont souvent mieux tenu compte de l'intérêt des particuliers que ne l'ont fait les juridictions judiciaires. Lorsque pour la même affaire, il existe deux actions, l'une devant le juge administratif, l'autre devant le juge judiciaire, l'action devant le juge administratif a souvent été plus rentable pour le particulier.

§ 2 - Inconvénients de la dualité

• **Problème de la répartition des compétences :** se fait en général suivant les règles de fond applicables au procès. En réalité, les règles de détermination de compétence sont souvent d'une complexité inouïe, le requérant ne sachant pas à qui s'adresser.

• **Incohérences et contradictions** entre les jurisprudences des tribunaux judiciaires et administratifs :
– difficultés à propos **de problèmes d'interprétation, de renvois**, etc. ;
– lorsqu'ils sont saisis du même cas, il **y a parfois des jugements contradictoires** ;
– **contradictions quant au fond même de la jurisprudence**, et qui ne se justifient pas par les nécessités de l'action administrative ; p. ex. en matière de responsabilité, le juge administratif a longtemps accordé des montants moins importants que le juge civil.

Conclusion : tout cela ne condamne pas le système mais implique plutôt une rectification de certains de ses éléments, et surtout nécessité d'une simplification des critères de répartition des compétences. D'ailleurs le Tribunal des conflits ne juge qu'une cinquantaine d'affaires par an.

Titre 1

LES DIFFÉRENTES JURIDICTIONS ADMINISTRATIVES

Idée générale : le Conseil d'État se situe au sommet de l'ordre administratif. Les autres juridictions relèvent du Conseil d'État soit par la voie de l'appel (certaines décisions des tribunaux administratifs) soit par la voie de la cassation (cours administratives d'appel, Cour des comptes, juridictions professionnelles, etc.).

Chapitre 1 › LE CONSEIL D'ÉTAT

Juridiction suprême de l'ordre administratif, le Conseil d'État dispose d'une organisation et d'attributions spécifiques.

Section 1 › L'ORGANISATION DU CONSEIL D'ÉTAT

Elle date surtout de l'ordonnance du 31 juillet 1945, des décrets du 30 juillet 1963 et du décret du 6 mars 2008 qui tente de séparer un peu plus les formations administratives des formations contentieuses.

§ 1 - Le personnel du Conseil d'État

A. Composition

– auditeurs de seconde classe venus de l'ENA ;
– auditeurs de première classe pris parmi les précédents ;
– maîtres des requêtes pris à raison de 3/4 parmi les auditeurs, 1/4 au tour extérieur ;
– conseillers d'État en service ordinaire pris à raison de 2/3 parmi les maîtres des requêtes, 1/3 au tour extérieur ;
– conseillers en service extraordinaire ;
– 7 présidents de section ;
– le vice-président du Conseil d'État ;
– le président du Conseil d'État, qui est le Premier ministre, le Garde des Sceaux étant son suppléant. Cette présidence est de pure forme.

B. Garanties de carrière

– pas d'inamovibilité mais indépendance traditionnelle ;
– possibilité d'exercer pour un certain temps des fonctions hors du Conseil d'État ;
– intervention de commissions consultatives pour la discipline, l'avancement a lieu en fait à l'ancienneté.

§ 2 - Les formations du Conseil d'État

A. Les formations administratives

Il existe 5 sections consultatives. Quatre d'entre elles sont traditionnelles : **Finances**, **Intérieur**, **Travaux publics, Sociale**. La **Section de l'Administration** a été créée par le décret du 6 mars 2008. La **Section du Rapport et des Études**, créée en 1985 tient une place à part.
Pour les affaires importantes, compétence de l'**Assemblée générale ordinaire** ou plus rarement de l'**Assemblée générale plénière**. Il existe aussi une **Commission permanente**.

Le décret du 6 mars 2008 a apporté diverses modifications dans la composition des assemblées et dans les réunions des sections administratives.

B. Les formations contentieuses

– Les **10 sous-sections** qui constituent des formations d'instruction et qui jugent seules (décr. 10 janv. 1980) à deux ou à trois.

– La **section du contentieux** est formée par un président, trois présidents-adjoints, des conseillers d'État, tous les maîtres des requêtes et auditeurs.

En formation de jugement proprement dite, sa composition est plus réduite. Elle juge certaines affaires délicates.

– L'**Assemblée plénière du contentieux**, formée de 17 membres, qui juge les affaires très importantes.

À tous les niveaux, des membres des sections administratives faisaient partie des organes de jugement mais le nouveau décret du 6 mars 2008 a fortement réduit cette interprétation.

En 2010, le Conseil d'État a enregistré 9 374 affaires et rendu 9 942 décisions. Le délai moyen de jugement est de 10 mois et 11 jours.

Le décret du 10 février 2010, prévoit la possibilité de réunir dans une même formation trois ou quatre sous-sections. La formation des sous-sections réunies est précisée.

Section 2 › LES ATTRIBUTIONS DU CONSEIL D'ÉTAT

§ 1 - Attributions administratives

– Le Conseil d'État donne des avis sur demande. La consultation peut être obligatoire (projets de loi, décrets en Conseil d'État, etc.) ou facultative. **L'avis ne s'impose pas au gouvernement** (sauf cas exceptionnels).

Les avis sont en principe secrets mais de plus en plus d'avis sont rendus publics et intéressent directement le droit administratif et le contentieux administratif (v. *Les Grands avis du Conseil d'État*, Dalloz, 2008).

– Il peut donner des avis de sa propre initiative.

La loi du 15 juin 2009, a mis en œuvre une procédure de consultation du Conseil d'État sur « les propositions » de loi des parlementaires à l'initiative du président de l'Assemblée. Mais cette consultation reste facultative et non-publique.

§ 2 - Attributions contentieuses et diverses

- Attributions contentieuses (v. ci-après).
- Attributions diverses.

– Depuis 1963, il existe un rapport annuel au gouvernement préparé par la section du rapport.

– Mission permanente d'inspection des juridictions administratives.

Chapitre 2 › LES JURIDICTIONS SUBORDONNÉES AU CONSEIL D'ÉTAT

Évolution : *créées il y a une vingtaine d'années pour soulager le Conseil d'État surchargé, les cours administratives d'appel ne sont pas parvenues à enrayer totalement cette tendance.*

Section 1 › LES COURS ADMINISTRATIVES D'APPEL

V. l'important dossier « Chronique d'une réforme réussie » sur les CAA, *AJDA* 2008, p. 1227.

Loi du 31 décembre 1987, décrets des 15 février, 9 mai, 2 septembre 1988.

La surcharge du Conseil d'État, en particulier en tant que juge d'appel des décisions des tribunaux administratifs, a amené le gouvernement et le Parlement à créer des cours administratives d'appel. Elles font office de cour d'appel de droit commun à l'égard des décisions rendues par les tribunaux administratifs. La loi est entrée en application le 1er janvier 1989. Des cours ont d'abord été créées à Paris, Nancy, Lyon, Nantes et Bordeaux puis à Marseille, Douai et Versailles.

Les cours administratives comportent des « chambres » dont le nombre a été fixé par décret. Un décret du 9 mai 1988 a déterminé en détail la procédure devant les cours. Elle mélange la procédure applicable devant le Conseil d'État à celle applicable devant les tribunaux administratifs. Aujourd'hui, s'applique le Code de la justice administrative.

Le secrétaire général du Conseil d'État assure la gestion des membres des cours. Le ministre de l'Intérieur, qui jusqu'alors, assurait la gestion des membres des tribunaux administratifs, a perdu cette attribution. Chaque cour est présidée par un conseiller d'État en service ordinaire. Lorsqu'un membre des corps des tribunaux administratifs et des chambres administratives d'appel exerce ces fonctions, il est nommé conseiller d'État. Le corps des personnels des tribunaux administratifs devient le corps unique des « tribunaux administratifs et des chambres administratives d'appel ».

Comme pour les tribunaux administratifs, le décret du 10 février 2010 a modifié la composition et la dénomination des formations. On distingue désormais la « chambre » unité organique et la « formation de jugement » qui est une notion fonctionnelle. Les formations peuvent consister dans un, trois (ou cinq pour les CAA) juges.

La question essentielle est celle de la compétence des cours administratives d'appel. La cour connaît en principe de **tous les appels formés contre les jugements** des tribunaux administratifs. Toutefois le Conseil d'État restait compétent en appel, des décisions rendues par les TA en ce qui concerne les recours en appréciation de légalité (toujours valable), le contentieux des élections municipales et cantonales (toujours valable), et surtout des **recours pour excès de pouvoir formés contre les actes réglementaires** (aboli, la loi du 8 février 1995 transférant cette dernière compétence aux cours administratives d'appel).

Les arrêts des cours peuvent faire l'objet d'un **recours en cassation** devant le Conseil d'État. Le recours en cassation est modifié : il fait l'objet d'une procédure préalable d'admission. Si le pourvoi est admis et qu'il y a cassation, le Conseil d'État peut soit renvoyer l'affaire devant la même juridiction, soit devant une autre juridiction, soit régler l'affaire lui-même.

En 2010, les CAA ont enregistré 27 400 affaires et traité près de 28 000 affaires. Les affaires en stock sont supérieures à 27 000 et le délai moyen de jugement est de 14 mois.

Conclusion : il est à remarquer que cette transformation fondamentale de l'organisation des juridictions administratives ne soulage pas les tribunaux administratifs surchargés et ne soulagera le Conseil d'État que si les recours en cassation ne sont pas trop nombreux.

Section 2 › LES TRIBUNAUX ADMINISTRATIFS

Les tribunaux administratifs, juges de droit commun en matière administrative, relèvent du Conseil d'État ou des cours administratives d'appel par la voie de l'appel.

Créées par la loi du 28 pluviôse an VIII, les attributions des conseils de préfecture sont restées longtemps très réduites, leur recrutement critiquable. Les réformes de 1926, 1934, 1938 ont un peu accru leur compétence et amélioré le recrutement. Le décret du 30 septembre 1953 a transformé les conseils de préfecture en **tribunaux administratifs** devenus juges de droit commun en matière administrative ; des textes récents ont amélioré à nouveau le recrutement.

Il existe aujourd'hui, en France métropolitaine **29 tribunaux administratifs** dont le ressort s'étend à un groupe de départements. Un certain nombre d'entre eux, dont la liste est fixée par décret, comportent deux ou plusieurs chambres ; ils sont dirigés par un président hors-classe et un ou plusieurs vice-présidents.

Les tribunaux administratifs peuvent se réunir en différentes formations, précisées par le décret du 10 février 2010 (p. ex. aussi « formation plénière » ou formation plénière restreinte).

Le personnel est hiérarchisé. Les conseillers de 2e classe sont recrutés à la sortie de l'ENA à raison de 3 sur 4. Les autres postes sont pourvus essentiellement par avancement. Un certain nombre de textes ont prévu des recrutements spéciaux.

Le tribunal administratif de Paris bénéficie d'une organisation particulière.

L'importante loi du 6 janvier 1986 garantit l'indépendance des membres des tribunaux administratifs et des CAA : nomination et promotion par décret du président de la République, pas d'affectation nouvelle sans leur consentement, création d'un Conseil supérieur des tribunaux administratifs présidé par le vice-président du Conseil d'État, faisant des propositions en matière d'avancement et de mesures disciplinaires ; création d'un secrétaire général des tribunaux administratifs.

Les textes relatifs au statut des membres des TA s'appliquent aujourd'hui au corps unique des membres des tribunaux administratifs et des cours administratives d'appel.

En 2010 les TA ont enregistré 175 300 affaires nouvelles. Ils ont traité près de 190 000 affaires dont 10 500 référés. Le stock d'affaires était de 173 000.

Section 3 › LES AUTRES JURIDICTIONS ADMINISTRATIVES

De nombreuses juridictions administratives spécialisées relèvent du Conseil d'État par la voie du recours en cassation.

• Des juridictions permanentes, soit anciennes (Cour des comptes), **soit plus récentes** (Cour de discipline budgétaire, 1948, Conseil supérieur de l'Éducation nationale, 1946) surtout en matière professionnelle ou sociale (juridictions des ordres professionnels, la Commission bancaire, la Commission centrale d'Aide sociale, etc.) :

– **La Cour des comptes** assiste le Parlement et le gouvernement dans l'exécution de la loi de finances. Elle a des attributions administratives et juridictionnelles. En tant que juridiction, la Cour des comptes ne juge pas les personnes mais elle juge les comptes de tous les comptables. **Les chambres régionales des comptes** créées par les lois des 2 mars et 10 juillet 1982 ont des attributions consultatives en matière budgétaire. Elles jugent les comptes des comptables des collectivités locales avec possibilité d'appel devant la Cour des comptes.

– **La Cour de discipline budgétaire** est chargée de réprimer les fautes de gestion commises au détriment de l'administration. Mais un certain nombre de personnes échappent au contrôle de la Cour (membres du gouvernement).

L'activité de la Cour a jusqu'à présent été assez réduite.

• Des commissions administratives juridictionnelles qui disparaissent lorsqu'elles ont rempli leur mission : Commission en matière de marchés de guerre, d'épuration…

Il faut tenir compte en particulier de l'existence de la **Cour nationale du droit d'asile** (ex. Commission des recours des réfugiés) devant laquelle les recours sont importants et très nombreux. La Commission a enregistré 22 000 recours en 2008 (+ 10 % en 2009, et 25 000 décisions rendues cette année là).

Titre 2

LA DÉLIMITATION DU CONTENTIEUX ADMINISTRATIF

Il n'est pas aisé de délimiter le contentieux administratif. Certains litiges échappent à la fois à la compétence du juge judiciaire et à celle du juge administratif. Lorsqu'un acte est soumis au juge, il faut savoir quel juge, soit le juge administratif, soit le juge judiciaire, est compétent. Pour qu'un acte relève du contentieux administratif, il faut qu'il s'agisse d'une activité administrative. Mais même dans ce cas, certains litiges échappent en partie au juge administratif (p. ex. certains aspects du service public de la justice). Au-delà, il faut rechercher des critères de répartition de compétence extrêmement subtils et dont on ne donnera que les grandes lignes. Une juridiction spéciale, le Tribunal des conflits, est chargé de résoudre les difficultés de compétence entre l'ordre judiciaire et l'ordre administratif.

Chapitre 1 › LITIGES ÉCHAPPANT À LA COMPÉTENCE DES JUGES ADMINISTRATIF ET JUDICIAIRE

Certains actes échappent au contrôle des juges administratifs : il s'agit des actes émanant des autorités étrangères, des actes du pouvoir législatif et des actes de gouvernement.

Section 1 › ACTES DES AUTORITÉS ÉTRANGÈRES

Le juge français ne contrôle pas les actes :
– **d'une autorité française agissant exceptionnellement pour le compte d'un État étranger**
Ex. prés. Rép. française agissant en qualité de co-prince des vallées d'Andorre ;
– **d'une autorité étrangère établie en France**
Ex. forces allemandes ou alliées en France pendant ou après la guerre.

Section 2 › ACTES RELEVANT DU POUVOIR LÉGISLATIF

§ 1 - Actes législatifs proprement dits

• **Pas de contrôle** des lois référendaires, de tous les textes sous forme législative votés par le Parlement même s'ils interviennent en dehors des matières de l'art. 34. Const., des ordonnances de l'art. 38 après ratification, des actes de caractère législatif en période de confusion des pouvoirs (CE, 2 mars 1962, *Rubin de Servens,* p. 143, *op. cit.*). Décision du président de la République en application de l'art. 16 et portant sur la matière législative) ; v. cependant l'évolution introduite par la **question prioritaire de constitutionnalité**, p. 71.

• **Contrôle en revanche** les ordonnances non ratifiées ou avant ratification (CE, Ass., 3 juill. 1998, *Synd. des médecins de l'Ain et autres, RFDA* 1998, p. 942 et s. ; *idem, Synd. des médecins d'Aix*), les décisions intervenues sur délégation de pouvoir par la loi référendaire (CE, 19 oct. 1962, *Canal*, p. 511).

§ 2 - Actes parlementaires

Principes : les actes juridiques et matériels dans le cadre des Assemblées parlementaires **échappent à tout contrôle.**

Exception : la loi organique du 17 novembre 1958 prévoit la responsabilité de l'État pour les dommages causés par les services des Assemblées parlementaires ainsi que la compétence du juge administratif pour les litiges individuels des agents.
De plus, par une importante décision (CE, 5 mars 1999, *Président de l'Assemblée nationale, AJDA* 1999, p. 401), le Conseil d'État, opérant un important revirement

de jurisprudence, a admis la compétence de la juridiction administrative pour les **marchés** passés par les Assemblées parlementaires lorsque ces contrats ont le caractère de contrats de droit public.

Section 3 › LES ACTES DE GOUVERNEMENT

L'existence d'actes de gouvernement échappant au contrôle du juge est contraire au principe de légalité. Avec l'extension progressive de ce principe, la notion d'acte de gouvernement s'est restreinte.

§ 1 - Historique

Du temps de la justice retenue, **le mobile politique** constituait le critère de l'acte de gouvernement. Les actes politiques échappaient au contrôle du juge (affaire *Laffitte*, 1822 ; affaire du *Duc d'Aumale*, 1867).

Ce critère fut abandonné par l'arrêt *Prince Napoléon* (19 févr. 1871, p. 155).

On eut recours à des **critères très empiriques**, simple liste, autrefois très large (activité consulaire, décrets d'extradition) aujourd'hui très restreinte.

§ 2 - Situation actuelle

Aujourd'hui, la liste déjà restreinte des actes de gouvernement, se rétrécit d'année en année.

A. Rapports du gouvernement et du Parlement

Le juge se refuse à contrôler :

– les actes relatifs aux élections parlementaires : le contentieux des élections législatives appartient au Conseil constitutionnel. Le juge administratif se déclarait incompétent, par extension, à l'égard de toutes les mesures préliminaires aux élections (ex. : refus d'enregistrer une candidature). En cette matière sa jurisprudence a d'abord été modifiée et le juge administratif a exercé un très large contrôle sur les actes préparatoires aux élections législatives (CE, 12 mars 1993, *Un. nat. des écolog.*, *RFDA* 1993, p. 632). Mais après diverses décisions du Conseil constitutionnel, le Conseil d'État a fait marche arrière (CE, Ass., 1er sept. 2000, *Hauchemaille, Meyet*, *RFDA* 2000, p. 988) ;

– les actes de collaboration entre le gouvernement et le Parlement ex. : initiative gouvernementale en matière législative, décret de convocation et de clôture des sessions, travail des Assemblées parlementaires ;

– la décision du président de la République de recourir à l'art. 16 (CE, 1962, *Rubin de Servens, op. cit.*) ou la décision de nommer un membre du Conseil constitutionnel (CE, 9 avr. 1999, *Mme Ba, RFDA* 1999, p. 703) ;

– la décision du Conseil constitutionnel relative au régime de ses archives ne constitue pas un acte qui relève du juge administratif (CE, 25 oct. 2002, *Brouant*, *EDCE* 2003, p. 31), ni les décisions du Conseil constitutionnel sur les publications de son site internet (CE, 9 nov. 2005, *M. Moitry, AJDA* 2006, p. 147) ;

– la décision relative à la pension d'un député (Maurice Papon) constitue un acte parlementaire (CE, Ass., *Maurice Papon, AJDA* 2003, p. 1603).

En revanche, dans une importante décision (CE Ass., 7 nov. 2008, *Cté national des interprofessionnels, AJDA* 2008, p. 2384, Chron. jp Geffray et Liéber) le juge estime que le refus de notifier auprès de la Commission européenne une disposition législative instaurant un mécanisme pouvant être constitutif d'une aide d'État n'est pas un acte de gouvernement.

Mais le juge administratif ne peut se prononcer sur une sanction contre un député (CE, Ord. 28 mars 2011, *Gremetz, AJDA* 2011, p. 648). V. actes détachables p. 238.

B. Relations internationales

Le juge ne contrôle pas :

1. Les actes relatifs aux **traités internationaux** (négociation, conclusion, application, interprétation).

Constitue un acte de gouvernement le choix du mode de conclusion d'un traité ou d'un accord (CE, Ass., 18 déc. 1998, *SARL du Parc d'activités de Blotzheim, RFDA* 1999, p. 278).

En revanche, le juge peut accueillir des recours fondés sur la méconnaissance du traité par l'exécutif. Depuis l'arrêt *Nicolo* du 20 octobre 1989 (*op. cit.*) il peut même contrôler la conformité d'une loi française à un traité même si la loi est postérieure au traité. Enfin, si jusqu'en 1990 le Conseil d'État estimait que **l'interprétation** du traité relevait du gouvernement, cette jurisprudence a été abandonnée par l'important arrêt *GISTI* du 29 juin 1990 (*AJDA* 1990, p. 621). Le juge peut lui-même interpréter le traité.

En ce qui concerne le respect des conditions de **réciprocité d'exécution** des traités, le Conseil d'État a estimé qu'en cas de doute il devait saisir à titre préjudiciel le ministre des Affaires étrangères (CE, Ass., 9 avr. 1999, *Mme Chevrol*, p. 115). Mais la Cour européenne a estimé que ce renvoi est contraire à l'art. 6 de la Convention européenne des droits de l'homme (CEDH, 13 févr. 2003, *Chevrol, D.* 2003, p. 931).

En effet dans un important arrêt d'Assemblée (CE Ass., 9 juill. 2010, *Mme Cheriet Benseghi* et aussi *Féd. nat..., AJDA* 2010, p. 1635, Chron. gén. jp S.J. Lieber et D. Botteghi) le Conseil se décide à contrôler lui-même la condition d'application réciproque d'un traité prévue à l'article 55 de la Constitution, sans renvoyer son appréciation au ministre des Affaires étrangères. Il refuse d'exercer un contrôle de la constitutionnalité des traités. Il maintient par ailleurs sa tradition du silence sur la question de l'intérêt à agir des parlementaires.

En matière communautaire (p. ex. traité de Rome), l'interprétation doit en principe être demandée à la CJCE (CJUE) (CE, 10 juill. 1970, *Synacomex, AJDA* 1970, p. 500).

2. Les actes relatifs à la conduite **de la guerre et les faits de guerre**. On a déjà signalé plus haut l'irresponsabilité de l'État du fait des opérations militaires (CE, 23 juill. 2010, *Sté Touax, AJDA* 2010, p. 2269).

3. De façon générale, les actes de **politique internationale et de rapports internationaux** (p. ex. actes de représentant diplomatique français dans l'exercice de sa fonction diplomatique) décret instituant une zone de sécurité dans les eaux internationales durant les essais nucléaires français (CE, 11 juill. 1975, *Paris Bollardière, AJDA* 1975, p. 460). La décision du président de la République française relative à la reprise des essais nucléaires (CE, Ass., 29 sept. 1995, *Association Greenpeace-France, AJDA* 1995, p. 749). Les mesures prises par le gouvernement en relation avec la guerre en Irak ne sont pas détachables des relations internationales (CE, 10 avr. 2003, *Comité contre la guerre*).

Toutefois, dans toutes ces hypothèses, le juge redevient compétent si l'acte **est détachable** de ces rapports, c'est-à-dire si la décision prise par l'autorité française **peut être jugée sans que cela ait des implications législatives dans l'ordre international** (CE, 30 mai 1952, *Dame Kirkwood*, p. 291, décision d'extradition prise par le gouvernement français à la suite d'un accord diplomatique) ou l'autorisation donnée à une société étrangère d'installer un émetteur sur le territoire français (CE, 17 déc. 1982, *Sté Radio Monte-Carlo, D.* 1983, IR, p. 209). La notion d'acte détachable s'amplifie sans cesse ; exemple : lettre par laquelle le ministre fait connaître le site pour l'implantation d'un équipement européen (Synchotron) (CE, 8 janv. 1988, *Min. du Plan, RFDA* 1988, p. 152). Les décisions prises par les autorités françaises en matière d'extradition (CE, Ass., 15 oct. 1993, *Royaume-Uni, AJDA* 1993, p. 848 ; CE, 14 déc. 1994, *Gouvernement suisse, AJDA* 1995, p. 56). Ne constitue pas un acte de gouvernement la fermeture d'un poste diplomatique (CE, 19 oct. 2005, *AJDA* 2005, p. 2349).

Constitue un acte détachable des relations Parlement-gouvernement un décret chargeant un parlementaire d'une mission temporaire (CE, 25 sept. 1998, *Mégret, RFDA* 1998, p. 1269).

Le Conseil d'État contrôle les décrets de ratification mettant en œuvre des « accords en forme simplifiée » (CE Ass., 9 juill. 2009, *Féd. nat. Libre pensée*, accord France et Saint-Siège sur la reconnaissance de diplômes, *RFDA* 2010, p. 980 et s. concl. Keller).

§ 3 - Régime juridique

L'acte de gouvernement bénéficie en principe d'**une immunité juridictionnelle** : ni action en annulation, ni action en indemnité.

Toutefois le Conseil d'État a admis la possibilité d'une action en responsabilité en ce qui concerne les préjudices nés de traités, de conventions (CE, 30 mars 1966, *Cie générale d'énergie radio-électrique, op. cit.* ; CE, 29 oct. 1976, *Min. Aff. étrangères c/ Dame Burgat, Sieur Letourneur et Dame Loiseau, op. cit.*) (v. p. 216 et s.). La théorie des actes de gouvernement tend donc à se confiner dans le cadre du contentieux de la légalité. Autre ex : CE, 29 déc. 2004, *Almayrac, AJDA* 2005, p. 427.

Mais même en ce domaine, les arrêts *Nicolo* et *GISTI* marquent un recul de cette notion.

La Cour européenne des droits de l'homme admet l'existence d'actes de gouvernement. L'art. 6-1 de la Convention n'est pas violé. Cette décision a été critiquée (v. Moea Vansy, « Actes de gouvernement et droit au juge… », CEDH, 14 déc. 2006, *Marcovic c/ Italie, RFDA* 2008, p. 728).

§ 4 - Justification

• Pour certains auteurs, **l'acte de gouvernement n'existe pas** ; l'incompétence s'explique par ce caractère mixte de l'acte où intervient, outre le gouvernement, le Parlement ou l'État étranger ;

• d'autres font appel à **l'idée de « fonction gouvernementale »**.

Chapitre 2 › LA RÉPARTITION DES COMPÉTENCES ENTRE LE JUGE ADMINISTRATIF ET LE JUGE JUDICIAIRE

Plan :

• *Le juge administratif n'est compétent que s'il s'agit d'une activité administrative.*

• *Elle doit se présenter d'une certaine façon : recherche du critère général de répartition des compétences :*

– par exception, certains domaines sont réservés aux tribunaux judiciaires ;

– les règles sont différentes lorsque le juge qui est compétent sur l'objet principal du litige doit résoudre auparavant une question accessoire qui normalement n'est pas de sa compétence.

Section 1 › LE DOMAINE DE LA COMPÉTENCE ADMINISTRATIVE

Les importantes transformations qui ont affecté la vie de l'administration française depuis un siècle et demi, ont profondément marqué le domaine de la compétence respective des deux ordres de juridiction et ont fait de ce problème l'un des plus complexes du droit administratif (pour évolution, v. Introduction, *supra*).

La détermination de la compétence administrative ne peut se faire que par une série d'approches successives.

§ 1 - Nécessité d'une activité administrative

Le juge administratif est incompétent si le litige s'élève entre particuliers, ou lorsqu'il met en jeu le fonctionnement du service public de la justice.

A. Les litiges entre particuliers

Le juge administratif ne peut connaître de litiges entre personnes privées. Mais dans la mesure où les personnes privées participent à l'activité administrative, où ils gèrent un service public, certains de leurs litiges peuvent relever du droit administratif et de la compétence du juge administratif (CE, 13 janv. 1961, *Magnier*, p. 33 ; CE, 22 nov. 1974, *Féd. industr. fçse articles de sport*, p. 537).

Il en va de même en matière de **travaux publics**, même lorsque le litige existe entre la victime et un entrepreneur privé.

B. Litiges relatifs au service public de la justice

Le juge administratif est incompétent pour connaître des litiges relatifs à la justice judiciaire, **mais dans la mesure seulement où son action pourrait porter atteinte à l'indépendance du juge judiciaire.**

1. Litiges relatifs à l'administration du service judiciaire

Le juge administratif est en principe **compétent** lorsque la mesure relève du pouvoir exécutif :
– organisation générale du service public judiciaire (T. confl., 27 nov. 1952, *Préfet de la Guyane*, p. 462) ;
– actes relatifs à la carrière et à la discipline des magistrats. Toutefois il n'y a pas compétence lorsque les mesures émanent de l'autorité judiciaire elle-même (p. ex. décision établissant le roulement des magistrats).
Il faut souligner que le Conseil d'État s'est reconnu une large compétence en ce qui concerne les décisions prises par le **Conseil supérieur de la magistrature** (CE, 17 avr. 1953, *Falco et Vidaillac*, p. 175 ; 12 juill. 1969, *L'Étang*, p. 388).

2. Litiges relatifs à la mission judiciaire

Le juge administratif est en principe **incompétent** pour en connaître :
– actes relatifs à la saisine de la juridiction, actes de procédure, actes d'instruction.
Le juge administratif est incompétent en matière de **police judiciaire** mais il est compétent en matière de police administrative. Dans la pratique la distinction est très délicate. La police judiciaire a un aspect **répressif** et la police administrative un aspect **préventif**. Mais l'application pratique est loin d'être aisée.
Constituent des opérations de police judiciaire : le fait d'ouvrir le feu contre le conducteur qui a forcé le barrage pour un contrôle d'identité (T. confl., 5 déc. 1977, *Dlle Motsch*, p. 671), le litige relatif à la mort d'une personne au cours d'une opération de police accomplie par des inspecteurs de police tentant d'appréhender un malfaiteur (CE, 10 mai 1950, *Braud, S.* 1952.III.13).
Constituent des opérations de police administrative : une opération intervenue en dehors de tout ordre à l'autorité judiciaire (T. confl., 7 juin 1953, *Cons. Novalek*, p. 636) litiges suite à la carence des services de police lors d'une opération de transferts de fonds (T. confl., 12 juin 1978, *Le Profil, D.* 1978, p. 636).
– l'instance judiciaire proprement dite (jugements ou actes liés à l'instance judiciaire) ;
– mesures d'exécution des jugements, accorder ou révoquer une libération conditionnelle (CE, 4 nov. 1994, *Korber, AJDA* 1995, p. 923), à moins qu'il ne s'agisse d'actes administratifs **détachables** (ex. : concours de la force publique…), pouvoir disciplinaire dans les prisons (T. confl., 4 juill. 1983, *Caillol*, p. 541) ; mais la loi sur la **présomption d'innocence** du 15 juin 2001, a considérablement accru la compétence judiciaire en ces matières ;
De même, le Conseil d'État s'est reconnu une certaine compétence pour contrôler, en examinant un décret d'extradition, la régularité de l'avis émis par la chambre d'accusation (p. ex. CE, 15 oct. 1993, 2 affaires : *Royaume-Uni, Mme Joy-Davis-Aylor, RFDA* 1993, p. 116) ;
– en matière d'**internement d'office** dans un établissement psychiatrique, le juge judiciaire apprécie la nécessité de la mesure, le juge administratif contrôle la régularité externe de la décision (T. confl., 27 nov. 1995, *Préfet de Paris, D.* 1996, Jur. 285.286). A été jugé que la décision par laquelle le préfet met fin à une hospitalisation d'office constitue une mesure de police administrative, de la compétence du juge administratif (T. confl., 26 juin 2006, *Président du Conseil de Paris, RFDA* 2006, p. 1079).

Le Tribunal des conflits estime que la juridiction administrative est compétente pour examiner si le Conseil national des barreaux (des avocats) dispose d'un pouvoir réglementaire en matière de déontologie (T. confl., 8 juin 2001, *Ordre des avocats, AJDA* 2001, p. 847).

§ 2 - Les critères généraux de répartition des compétences

A. Les problèmes

La jurisprudence est **empirique**, difficile à interpréter, les luttes doctrinales sont sévères. Si l'on s'en tient aux critères traditionnels, on constate **qu'aucun d'eux n'est suffisant par lui-même** (puissance publique, service public, bloc de compétence). La solution la plus simple serait de dire, comme l'ont fait certains auteurs, que c'est le droit applicable qui détermine la compétence. L'application du droit privé entraînerait la compétence judiciaire, l'application du droit public, la compétence administrative. Si ce principe général est exact, il constitue un critère insuffisant dans la mesure où souvent le problème de la compétence se pose parce que l'on ignore le droit applicable au litige. Cette idée a toutefois son utilité en prouvant qu'il est impossible de faire appel aujourd'hui à un critère unique et qu'il y a autant de critères que de problèmes à résoudre.

B. Insuffisance du critère unique

1. Le service public

a) Utilité de la notion (Laubadère) :

– si l'existence d'un service public n'est pas une condition suffisante, c'est en principe une **condition nécessaire** à la compétence administrative ;

– elle sert à définir **les notions techniques du droit administratif** : contrats administratifs (CE, 20 avr. 1956, *Epoux Bertin, op. cit.*) ; domaine public (CE, 19 oct. 1956, *Sté Le Béton*, p. 375) ; agent public (CE, 10 mars 1959, *Lauthier*, p. 198) ; travaux publics (CE, 28 mars 1955, *Effimieff*, p. 617 ; 20 avr. 1956, *Grimouard, op. cit.*) qui entraînent la compétence administrative ;

– le juge se réfère **souvent directement** à la notion de service public pour appliquer le droit administratif (CE, 13 mai 1938, *Caisse primaire Aide et Protection* ; CE, 31 juill. 1942, *Monpeurt* ; CE, 22 nov. 1974, *Féd. des industries françaises d'articles de sport*).

b) Insuffisances :

• La notion est **incertaine** : faut-il considérer le service public au point de vue organique ou comme une activité ? Si cette seconde thèse prévaut, il faut encore déterminer ce qu'est une telle activité, la détermination des activités de service public variant selon les époques.

• Son application est **insuffisante**.

Le Conseil d'État se réfère aussi, en même temps qu'à la notion de service public, à la notion de prérogative de puissance publique (11 nov. 1978, *ADASEA*, p. 368). On a toujours admis la possibilité d'une gestion privée à l'intérieur des services publics et échappant au régime administratif (p. ex. cas de certains contrats).

Des catégories entières de services publics ont été soumises au droit privé, ou du moins essentiellement au droit privé : services publics industriels et commerciaux ; la compétence judiciaire s'étend aux litiges entre les services et usagers, aux actions en responsabilité intentées par les tiers ou les usagers, aux litiges concernant les employés subalternes.

La question s'est posée aussi d'une certaine façon pour les services publics sociaux.

2. Gestion publique et gestion privée

Certains auteurs revenant à la notion traditionnelle de puissance publique analysée de façon plus moderne, rejettent la notion de service public et estiment que la distinction de la gestion publique et de la gestion privée constitue le critère principal de la répartition des compétences.

a) Utilité de la notion :
– explique les contrats de droit privé de l'administration ;
– permet de faire la distinction de base entre services publics administratifs et services industriels et commerciaux.

b) Insuffisances :
– le juge ne s'y réfère que dans certains cas ;
– même dans ces cas, la détermination de la compétence se fait encore à l'aide d'autres éléments (p. ex. en matière de contrats, recours aux clauses exorbitantes du droit commun mais recours aussi à l'idée de participation du cocontractant à l'exécution du service).

3. Objet de l'acte litigieux

Dans certains cas, on a considéré qu'il suffisait de considérer l'objet de l'acte pour déterminer la compétence. En présence de rapports de droit public, le droit public est applicable et inversement. On fait abstraction de l'organe qui a pris l'acte, des moyens employés, des fins visées. La préoccupation était de constituer **des blocs de compétence** (ex. : Sécurité sociale, compétence judiciaire) fondés sur la nature juridique des rapports litigieux : critère appliqué quelquefois, guère étendu (CE, 5 févr. 1954, *El Hamidia*, p. 77). Le Tribunal des conflits a d'ailleurs abandonné le « bloc de compétences » du domaine public routier, dont les litiges étaient entièrement confiés au juge judiciaire (T. confl., 20 févr. 2006, *Cne d'Ormesson, AJDA* 2006, p. 1364).

C. La pluralité de critères

Rivero : l'espoir d'un critère unique est une illusion, le critère du droit administratif n'existe pas.

La répartition des compétences se fait suivant le droit applicable, droit public ou droit privé. Certes, on rejoint ici la distinction gestion publique-gestion privée, mais comprise de façon très générale.

Souvent cette distinction ne fait que reculer le problème car comment savoir à quel moment il faut appliquer le droit public ou le droit privé. Mais il y a là tout de même certaines directives générales à condition d'appliquer des méthodes différentes selon les matières.

1. Actes juridiques de l'administration

Il s'agit d'un acte de volonté dont il faut rechercher les effets :
– s'agit-il d'une décision exécutoire, c'est une prérogative de puissance publique qui est utilisée essentiellement par des autorités administratives, elle relève en principe de la compétence administrative à moins qu'elle ne se rattache à une activité judiciaire (maire agissant en tant qu'officier de police judiciaire) à la gestion du domaine privé, à une situation individuelle relevant du droit privé (jurisprudence *El Hamidia*) ; à l'inverse d'ailleurs, il se peut que des organismes privés prennent des décisions ayant un caractère administratif (jurisprudence *Monpeurt, Magnier, Époux Barbier*) ; la participation au service public prévaut ici sur le caractère privé de la personne qui prend la décision ;
– s'agit-il d'un contrat, la distinction se fait selon le caractère administratif ou privé du contrat, lui-même déterminé par la participation directe à l'exécution du service ou par l'existence de clauses exorbitantes du droit commun.

2. Activités matérielles de l'administration

Il est nécessaire de rattacher ces actes à leur contexte juridique général : s'agit-il d'un service administratif, la compétence est en principe administrative ; s'agit-il d'un service public industriel et commercial, la compétence est en principe judiciaire. Quant aux services publics sociaux, différents critères s'appliquent (v. *supra*, p. 185).

3. Choses utilisées par l'administration

La compétence dépend de la nature du service qui l'utilise ou de son appartenance au domaine public ou privé.

§ 3 - Les domaines réservés aux tribunaux judiciaires

Dans certains cas, **les tribunaux judiciaires sont compétents alors que l'application normale des critères aurait laissé la connaissance de ces litiges aux tribunaux administratifs**. Ces exceptions résultent soit de la loi, soit de la tradition.

A. Extension de la compétence judiciaire par la loi

Exemple : en matière de responsabilité publique : loi de 1937, responsabilité encourue par l'État par substitution à celle des membres de l'enseignement public (v. p. 221). Loi du 31 décembre 1957, réparation des dommages de toute nature causés par un véhicule d'une personne morale de droit public. Loi du 9 septembre 1986 créant un fonds de garantie des victimes des actes de terrorisme et d'autres infractions (v. p. 221 et s.). Loi du 31 décembre 1991 qui a mis en place un fonds d'indemnisation pour les personnes atteintes de sida post-transfusionnel. Les décisions des commissions d'indemnisation sont susceptibles d'être portées devant la Cour d'appel de Paris.
En matière d'impôts indirects (lois datant de la Révolution) ; loi du 6 juillet 1987, compétence de la Cour d'appel de Paris pour connaître des recours contre les décisions du Conseil de la concurrence (aujourd'hui Autorité de la concurrence) ; loi du 2 août 1989, compétence de la Cour d'appel de Paris pour statuer sur les recours

contre les décisions de la Commission des opérations de bourse (aujourd'hui Autorité des marchés financiers) ; loi du 12 juillet 1996, compétence de la Cour d'appel de Paris pour statuer sur les recours exercés contre les décisions prises par l'Autorité de régulation des télécommunications, etc.

B. Extensions traditionnelles de la compétence judiciaire

Les tribunaux judiciaires sont les gardiens de **l'état des personnes, des libertés individuelles, de la propriété privée**.

1. L'état des personnes

Les litiges relatifs à l'état des personnes et à la nationalité relèvent de la compétence judiciaire à moins qu'il ne s'agisse d'une décision administrative détachable (p. ex. contentieux des actes administratifs prononçant une naturalisation).

2. Liberté individuelle et propriété privée

Aux termes du Code de procédure pénale, les tribunaux judiciaires sont toujours exclusivement compétents dans les cas de **violation de la liberté individuelle ou du domicile** (art. 136 C. pr. pén.). La portée de ce texte a toutefois été réduite par l'interprétation qu'en a donnée la jurisprudence. En dehors de cette attribution particulière de compétence, la compétence judiciaire se fonde essentiellement sur deux théories : théorie de l'emprise, théorie de la voie de fait.

a) La liberté individuelle

L'art. 66 de la Constitution énonce que le respect du principe selon lequel « nul ne peut être arbitrairement détenu » est assuré par l'autorité judiciaire, « gardienne de la liberté individuelle ». Le Conseil constitutionnel estime que l'art. 66 « confie à l'autorité judiciaire la sauvegarde de la liberté individuelle sous tous ses aspects et notamment celui de l'inviolabilité du domicile ».
Aussi, selon l'art. 136 du Code de procédure pénale, le conflit ne peut jamais être élevé en ces matières, même dans toute instance civile, que l'action soit dirigée contre la collectivité publique ou contre ses agents. L'application de ce texte est très délicate (CE, 9 juill. 1965, *Voskvesensky*, p. 419).

b) Théorie de l'emprise

L'emprise est la prise de possession par l'administration d'une propriété immobilière.

Champ d'application :

– il faut qu'il y ait **dépossession**, prise de possession par l'administration ; mais la notion de dépossession est très large : captage d'une source, circulation de camions sur une allée privée ;

– il faut qu'il y ait une dépossession de la **propriété immobilière** considérée longtemps comme un élément fondamental de la richesse (p. ex. captage d'une source) ;

– il n'y a compétence judiciaire que si la dépossession est **irrégulière** (CE, 1961, *Werquin*, p. 118). Il arrive en effet assez fréquemment que l'emprise soit légale : dans ce cas la compétence est administrative (T. confl., 30 juin 1949, *Nogier*, *D.* 1949.394).

Régime juridique :
– les tribunaux judiciaires sont **incompétents pour connaître du caractère légal ou illégal de l'emprise**, pour prononcer des expulsions ; l'appréciation de la régularité de la dépossession appartient aux tribunaux administratifs ;
– les tribunaux judiciaires ne sont compétents que pour **déterminer la réparation pécuniaire** du préjudice subi (T. confl., 30 juin 1949, *Nogier, D.* 1949.394). Mais en matière d'indemnité, la compétence judiciaire est très vaste ; les tribunaux judiciaires peuvent rembourser l'ensemble des préjudices.

c) Théorie de la voie de fait

On dit qu'il y a voie de fait lorsque **l'administration**, au cours d'une activité matérielle, **porte atteinte à une liberté publique ou à un droit de propriété immobilière ou mobilière par une irrégularité particulièrement manifeste.**
La théorie de la voie de fait s'inspire de l'idée qu'un acte administratif irrégulier ne perd pas son caractère administratif ; mais il en va autrement lorsque l'administration sort du cadre même de ses attributions ; l'illégalité est alors tellement grave que l'acte est réellement **dénaturé** et qu'il perd son caractère d'acte administratif. Il n'est plus nécessaire alors de respecter le principe de la séparation des pouvoirs.

Champ d'application :
– il faut une atteinte à un **droit de propriété mobilière, immobilière ou à une liberté publique fondamentale** (T. confl., 8 avr. 1935, *Action française*, p. 1226, atteinte à la liberté de la presse) à cet égard, la notion de voie de fait est donc plus large que celle d'emprise ;
– il faut qu'il s'agisse d'une **opération administrative matérielle**. L'acte juridique non exécuté ne peut pas constituer une voie de fait ;
– il faut une **irrégularité particulièrement grave.** Cette irrégularité peut se trouver tout d'abord dans l'acte juridique lui-même, indépendamment des conditions de son exécution, pourvu que celui-ci ait eu lieu. Pour qu'un tel acte puisse être à l'origine d'une voie de fait, il faut qu'il soit « **manifestement insusceptible de se rattacher à l'exercice d'un pouvoir appartenant à l'administration** » (CE, 18 nov. 1949, *Carlier*, p. 490 : saisie de plaques photographiques sur un particulier photographiant une cathédrale). L'irrégularité peut provenir aussi des conditions même de l'exécution matérielle. Ex. : recours à l'exécution forcée lorsque les conditions ne sont pas réunies (T. confl., 27 nov. 1952, *Flavigny*, p. 643) ; p. ex. recours à l'exécution forcée malgré l'existence de sanctions pénales.
Toutefois, les actes réunissant ces conditions peuvent perdre leur caractère de voie de fait en cas d'urgence et devenir des mesures simplement illégales (T. confl., 27 mars 1952, *Dame de la Murette, D.* 1954.291 ; à rattacher à la théorie des circonstances exceptionnelles).

Effets : les pouvoirs du juge judiciaire sont bien plus larges ici qu'en matière d'emprise :
– il procède à la **constatation des faits** ;
– il peut faire **cesser la voie de fait** en adressant des injonctions à l'administration. Il s'agit là d'un pouvoir considérable conféré au juge judiciaire, bien plus large que les pouvoirs traditionnels du juge administratif. Le juge judiciaire pourra prononcer

l'expulsion de l'administration (T. confl., 17 mars 1949, *Sté Rivoli-Sébastopol*, p. 594), condamner l'administration à des astreintes, exiger l'interruption des travaux ;
– il peut **condamner l'administration** à la réparation des dommages causés par la voie de fait ;
– toutefois, le juge administratif peut lui aussi apprécier le caractère de « voie de fait de l'acte » (T. confl., 27 juin 1966, *Guigon, D.* 1988, p. 7).
Cette compétence des tribunaux judiciaires en matière de propriété privée et de libertés individuelles est fortement critiquée à l'heure actuelle ; au lieu de mieux protéger les particuliers, elle complique fréquemment leur action.
Malgré les attaques doctrinales qu'elle a subies, la théorie de la voie de fait est toujours très vivante (CE, 10 oct. 1969, *Muselier*, p. 432). Ainsi le Tribunal des conflits et la Cour de cassation ont estimé que le refus de renouvellement ou le retrait de passeport pour raisons fiscales peuvent constituer une voie de fait (T. confl., 9 juin 1986, *Préfet Alsace c/ Cour d'appel Colmar, AJDA* 1986, p. 456). Le Conseil d'État a suivi cette jurisprudence (CE, 8 avr. 1987, *Min. Intérieur c/ Peltier, AJDA* 1987, p. 362). Constitue une voie de fait l'arrêté municipal interdisant la circulation d'engins dans le seul but d'empêcher le déroulement de travaux électriques (CE, 3 juill. 1998, *Cne de Bruguière, RFDA* 1998, p. 1062). On assiste cependant depuis quelques années, à un emploi abusif par les tribunaux judiciaires de la notion de voie de fait, sanctionné par le Tribunal des conflits. **Ainsi ne constituent pas une voie de fait**, une mesure de rétrogradation d'un club de football par la Fédération française de football (T. confl., 13 janv. 1992, *Préf. Rég. Aquitaine, AJDA* 1990, n° 79) ; la mutation d'un inspecteur dans l'intérêt du service (T. confl., 4 juill. 1991, *Gaudino, AJDA* 1991, p. 736) ; une expulsion d'un étranger en urgence absolue (T. confl., 25 avr. 1994, *Dulangi, AJDA* 1994, p. 556) ou une rétention administrative prolongée (T. confl., 20 juin 1995, *Madaci et Youbi, AJDA* 1995, p. 496). Le Tribunal des conflits a finalement estimé que les mesures prises à l'égard des étrangers leur imposant une consignation à bord d'un navire et leur interdisant de débarquer ne constituaient pas une voie de fait (T. confl., 12 mai 1997, *Préfet de Police de Paris c/ TGI Paris, AJDA* 1997, p. 635). Cette dernière décision est très controversée. Ne constitue pas une voie de fait un avis d'exécution d'office pouvant intervenir à tout moment pour libérer le domaine public maritime, mais sans qu'il y ait menace précise d'exécution à jour fixé (T. confl., 5 juill. 1999, *Préfet du Calvados, AJDA* 1999, p. 844). Ne constitue pas une voie de fait le refus de la police de laisser une ressortissante algérienne embarquer pour son pays d'origine en laissant ses enfants en France en situation irrégulière (T. confl., 17 avr. 2000, *Préfet de la région Alpes-Côtes d'Azur, RFDA* 2000, p. 1142).
Il peut y avoir à la fois voie faute personnelle du fonctionnaire, et faute de service la seconde entraînant la première. Dans certains cas, le Tribunal des conflits fait prévaloir la voie de fait (T. confl., 15 févr. 2010, *M. Taharu*, Chron. jp, *AJDA* 2010, p. 372 et s. ; abattage d'arbres sur la propriété d'un particulier sur instigation personnelle du directeur du centre pénitentiaire pour dégager la vue de son logement). Les conséquences peuvent être complexes.
Si la liberté d'administration des collectivités territoriales constitue bien une liberté fondamentale, une atteinte à cette liberté peut constituer une voie de fait ; il n'en va pas ainsi dans l'espèce (inexécution par le préfet d'un arrêté de réquisition d'un immeuble du domaine privé de l'État, T. confl., 19 nov. 2007, *Préfet du Val-de-Marne, AJDA* 2007, p. 2231).

Constitue une voie de fait la construction sur un terrain appartenant à la personne publique mais loué à un tiers (Civ 3e 20 févr. 2008, *GAEC Dolbois frères*, *AJDA* 2008, p. 1164).

La loi du 30 juin 2001 créant le **référé-suspension et le référé-liberté** aura pour conséquence de restreindre l'application de la notion de voie de fait par les tribunaux judiciaires (v. p. 262, 264 et s.). Toutefois la voie de fait ne disparaît pas : le Tribunal des conflits a jugé (T. confl., 19 nov. 2001, *Préfet de Police/TGI Paris, AJDA* 2002, p. 234) que la confiscation d'un passeport à une personne suspectée de falsifier son identité et son placement en zone d'attente constituent une voie de fait dès lors qu'aucun acte de procédure pénale n'a été dressé et que n'a pas été opposé à l'intéressé un refus d'entrée sur le territoire national. En s'abstenant de restituer le passeport à la personne, l'administration a commis une voie de fait.

§ 4 - Compétence des juridictions pour connaître des questions accessoires

• Les questions de droit privé qui se posent de façon accessoire à l'occasion d'un litige de droit administratif, ne sont jamais de la compétence du juge administratif, qui doit renvoyer au juge judiciaire (ex. : état des personnes).

• Les questions de droit public qui se posent de façon accessoire à l'occasion d'un litige de droit privé, sont parfois de la compétence du juge judiciaire (question préalable) ; **plus souvent, il doit renvoyer au juge administratif (question préjudicielle)**.

Celui-ci juge que le juge administratif doit répondre de la façon la plus claire à la question qui lui est posée en apportant au juge judiciaire un éclairage utile (CE, 27 oct. 2009, *SCI Vector, AJDA* 2009, 2032).

A. La compétence des juridictions civiles

1. Interprétation des actes administratifs

Selon une jurisprudence constante, les juridictions civiles ne peuvent interpréter que **les règlements**, pas les actes individuels (T. confl., 16 juin 1923, *Septfonds*, p. 498). On reproche aujourd'hui à a Cour de cassation de ne pas respecter la jurisprudence *Septfonds* car elle estime que l'exception « d'inconventionnalité » est différente de l'exception d'illégalité. Cette jurisprudence, contraire à celle du Tribunal des conflits est souvent critiquée (X. Dupré de Boulois, *RFDA* 2008, p. 499 ; B. Seiller, *RD publ.* 2008, p. 1641).

Ex. : le litige portant sur le sens et la portée d'une clause contractuelle d'indexation qui permet aux parties de réactualiser des tarifs dont la fixation incombe à la commune, suscite une difficulté sérieuse qui échappe à la compétence du juge judiciaire (Cass. 1re civ., 14 nov. 2006, *Cne de Bondy, AJDA* 2006, p. 141).

2. Appréciation de la légalité des actes administratifs

Il est admis aujourd'hui que le juge civil est **incompétent** pour apprécier la légalité des actes administratifs, qu'ils soient réglementaires ou individuels. Cette solution est souvent critiquée.

Toutefois, il est admis que le juge judiciaire peut apprécier la légalité des actes réglementaires (mais non individuels) portant atteinte à la liberté individuelle ou au droit de propriété (T. confl., 30 oct. 1947, *Barinstein*, p. 511).

B. La compétence des juridictions répressives

(T. confl., 5 juill. 1951, *Avranches et Desmarets*, p. 638)

1. Interprétation des actes administratifs

Tout comme le juge civil, le juge répressif ne pouvait interpréter que les règlements, mais non les actes individuels.

2. Appréciation de la légalité des actes administratifs

En cette matière les pouvoirs du juge pénal seront bien plus larges que ceux du juge civil. Le Tribunal des conflits permettait au juge pénal d'apprécier **la légalité des règlements administratifs mais non pas celle des actes individuels**. Mais la Cour de cassation semblait admettre la compétence des tribunaux répressifs même pour les actes individuels, tout au moins lorsqu'ils servent de fondement à la poursuite, et non comme moyens de défense.

Toutefois selon **l'art. 111-5 du Code pénal** (qui est entré en vigueur en mars 1994) « Les juridictions pénales sont compétentes pour interpréter les actes administratifs réglementaires ou individuels et pour en apprécier la légalité lorsque de cet examen dépend la solution du procès pénal qui leur est soumis ». C'est la fin de la jurisprudence *Avranches* et *Desmarets*.

Conclusion : des contradictions de fond peuvent apparaître lorsque le contrôle des tribunaux judiciaires et des tribunaux administratifs porte sur le même acte, les uns jugeant l'acte légal, les autres illégal. Il n'existe aucun moyen de résoudre ces divergences qui présentent des graves inconvénients (CE, 7 mai 1971, *Sastre*, p. 334).

Section 2 › LE MÉCANISME DE LA RÉPARTITION DES COMPÉTENCES

Problème : la complexité des règles de compétence peut être source de conflits lorsque :

– l'autorité administrative et l'autorité judiciaire se déclarent **toutes deux compétentes** ;
– lorsque les tribunaux administratifs et judiciaires se déclarent **tous deux incompétents** ;
– lorsqu'ils rendent des décisions **contradictoires sur le fond.**

Solutions :

– certaines questions peuvent être résolues à l'intérieur de chaque ordre de juridiction par le **moyen des voies de recours.**
– dans certains cas, lorsque les deux ordres de juridictions sont en conflit ou qu'il y a risque de déni de justice, le Tribunal des conflits peut ou doit être saisi.

Limites : la saisine du Tribunal des conflits présente toutefois un certain aspect politique : si l'administration estime qu'un litige porté devant le tribunal judiciaire, n'est pas de la compétence de celui-ci, elle peut le dessaisir. L'inverse n'est pas possible.

§ 1 - Composition du Tribunal des conflits

Créé en 1872. Cette juridiction a un caractère arbitral.

• Le Tribunal des conflits comprend :
– le Garde des Sceaux, président (présence rare) (p. ex. dans l'affaire des étrangers à bord d'un navire) ;
– trois conseillers d'État en service ordinaire, élus par le Conseil pour trois ans ;
– trois conseillers à la Cour de cassation, élus par la Cour pour trois ans ;
– deux membres élus par les six conseillers ;
– deux suppléants élus par les titulaires.

• Ministère public : exercé par deux commissaires du gouvernement et deux suppléants nommés pour un an par le président de la République (deux maîtres des Requêtes du Conseil d'État, deux membres du parquet de la Cour de cassation).

§ 2 - Le jugement des conflits

A. Conflit positif d'attribution

But : protection de l'administration contre les empiétements de l'autorité judiciaire.

Définition : il y a conflit positif d'attribution lorsqu'un tribunal de l'ordre judiciaire prétend connaître d'un litige alors que l'autorité administrative soutient que ce litige ne relève pas de sa compétence.

1. Conditions d'élévation du conflit

– le conflit ne peut être élevé **que devant certaines juridictions judiciaires.** Pas d'élévation du conflit devant les juridictions répressives (sauf l'action civile), devant la Cour de cassation ;
– le conflit ne peut être élevé lorsque l'instance n'est plus ouverte, lorsqu'il y a eu un jugement définitif sur le fond ou la compétence.

2. Procédure d'élévation du conflit

– seul le préfet peut élever le conflit ;
– il adresse un « **déclinatoire de compétence** » à la juridiction ;
– le tribunal doit statuer sur les conclusions d'incompétence ;
– s'il rejette le déclinatoire, il doit informer le préfet dans les cinq jours puis il doit surseoir à statuer sur le fond pendant quinze jours ;
– le préfet peut prendre un « **arrêté de conflit** » ;
– le Tribunal est alors obligé de surseoir à statuer.

3. Jugement des conflits

– le Tribunal des conflits doit statuer dans les trois mois ;
– il peut annuler l'arrêté de conflit, ce qui consacre la compétence judiciaire ;

– il peut confirmer l'arrêté de conflit. Le tribunal judiciaire est alors dessaisi. Mais il appartient au requérant de saisir éventuellement le juge administratif (7 conflits positifs en 2010).

B. Conflit négatif d'attribution

But : protéger les plaideurs contre les risques d'un déni de justice.

Définition : il y a conflit négatif d'attribution lorsque les juridictions administratives et judiciaires se sont déclarées incompétentes sur la même question.

1. Conditions

– double déclaration d'incompétence dont l'une est erronée (pas de conflit négatif si p. ex. acte de gouvernement) ;
– deux jugements rendus l'un par une juridiction administrative, l'autre par une juridiction judiciaire ;
– jugement d'incompétence de la première juridiction encore susceptible de recours, lorsque la seconde statue ; sinon, application du décret du 25 juillet 1960 (v. *infra*). Aussi les hypothèses de conflit négatif sont-elles exceptionnelles aujourd'hui.

2. Jugement

– le recours est exercé par les parties, pas de délai ;
– avocat aux Conseils obligatoire ;
– le Tribunal des conflits annule le jugement de la juridiction qui s'est déclaré incompétente à tort.

Sur les conditions d'un conflit négatif : T. confl., 19 oct. 2009, *Mme Parman c/ M. Battard*, *AJDA* 2009, p. 118 (2 conflits négatifs en 2010).

C. Les procédures de renvoi

1. But

Cette procédure, instituée en 1960, tente de remédier à certains inconvénients du conflit négatif et du conflit positif. **La nouvelle procédure permet ou oblige les juridictions elles-mêmes à saisir le Tribunal des conflits avant même qu'un conflit au sens traditionnel ne soit né.**

2. Conditions et formes

a) Renvoi facultatif : le **Conseil d'État ou la Cour de cassation peuvent** demander au Tribunal des conflits de statuer sur une difficulté de compétence qui se présente à eux (7 renvois en 2010).

b) Renvoi obligatoire : lorsque, d'une part, la juridiction de l'ordre administratif ou judiciaire estime que le litige est du ressort de l'autre ordre de juridiction et que, d'autre part, les tribunaux de l'autre ordre de juridiction se sont déjà déclarés incompétents, et que cette décision n'est plus susceptible de recours, dans ce cas, la juridiction saisie en dernier lieu, **doit surseoir à statuer, et renvoyer la difficulté de compétence au Tribunal des conflits.**

Cette procédure importante a pour effet d'éviter la naissance de la plupart des conflits négatifs (27 renvois en 2010).

D. Conflit de décisions

1. But

Protéger les plaideurs contre les risques d'un déni de justice provenant de la contrariété des décisions au fond des deux juridictions. Cette procédure a été créée par la loi du 20 avril 1932, après l'affaire *Rosay* (après un accident automobile, le tribunal civil déboute le plaignant estimant que le dommage avait été causé par le véhicule militaire ; le juge administratif déboute aussi le plaignant estimant que le dommage avait été causé par le véhicule civil).
Le Tribunal des conflits, généralement très sévère pour admettre « le conflit de décision » a assoupli sa position. Il s'est contenté, pour la première fois, pour admettre un déni de justice, d'une certaine contrariété entre une décision se prononçant sur le fond (juge administratif) et une décision d'incompétence (juge judiciaire) : T. confl., 6 juill. 2009, *Mario Bonato* (*RFDA* 2009, p. 1229).

2. Procédure

Le Tribunal des conflits est saisi par le particulier lui-même dans un délai de deux mois à compter du jour où la dernière décision sur le fond a été rendue. Il statue ici sur le fond et règle le litige souverainement.

Conclusion : le Tribunal de conflits vient de refuser de faire application d'un texte attributif de compétence en se fondant sur la Convention européenne des droits de l'homme. Il le fait au sujet de la loi qui a attribué compétence au juge administratif sur les contrats d'achat d'électricité (T. confl., 13 déc. 2010, *Sté Green Yellow et autres*, *AJDA* 2011, p. 439, concl. Guyomar).
Le Tribunal des conflits ne traite qu'une cinquantaine d'affaires par an. Le délai moyen est de 6 mois.

Titre 3

LE RECOURS DEVANT LES JURIDICTIONS ADMINISTRATIVES

Après avoir étudié la répartition des compétences à l'intérieur de la juridiction administrative, on étudiera d'abord la procédure administrative contentieuse, qui comporte depuis peu de temps des mesures d'urgence très efficaces (referé-suspension, referé-liberté). Les voies de réformation des décisions du juge administratif, sont, comme en droit privé, l'appel et le recours en cassation. Mais le contentieux administratif est dominé par un recours très ancien et très efficace, le recours pour excès pouvoir par lequel l'intéressé demande au juge d'annuler la décision prise par l'administration.

Chapitre 1 › LA RÉPARTITION DES COMPÉTENCES À L'INTÉRIEUR DE LA JURIDICTION ADMINISTRATIVE

***Historique** : on doit distinguer, à l'intérieur de l'ordre juridictionnel administratif tout comme à l'intérieur des juridictions judiciaires, deux genres de compétences :*

– les juridictions de droit commun qui connaissent en principe de tous les litiges à l'exception de ceux qui sont attribués par une disposition expresse à une autre juridiction ;

– les juridictions d'attribution qui ne sont compétentes que sur la base d'un texte formel.

Section 1 › INTRODUCTION

Il faut insister sur le **développement rapide des modes de « prévention du contentieux »** (*Rapport public du Conseil d'État* 2008). Il y a tout d'abord le développement du « recours administratif préalable » (v. p. 259). Ce recours administratif préalable, souvent imposé aujourd'hui, a des avantages (discussion de la situation entre les requérants et l'administration). Mais encore faut il qu'il soit crédible c'est-à-dire que l'on institue une véritable « procédure administrative non-contentieuse » (v. Waline *op. cit.* p. 580). Il existe des modes « **alternatifs** de règlement des litiges ».

L'arbitrage : longtemps le Conseil d'État a refusé le recours à l'arbitrage par les personnes publiques. Un groupe de travail a remis un rapport qui permettrait dans certains cas l'arbitrage. Pour le moment, il n'y a pas eu d'initiative législative.

La transaction : ce serait la possibilité de l'homologation par une juridiction administrative d'une transaction intervenue entre les parties pour mettre fin au conflit. Le Conseil d'État après des hésitations a admis la recevabilité d'une telle demande dans des cas définis largement (CE Ass., Avis 6 déc. 2002, *Synd. intercommunal*, *RFDA* 2003.291, concl. Le Chatelier, p. 302, note Pacteau). Une circulaire du 7 septembre 2009, invite les administrations à transiger. Le juge (aussi celui de cassation) peut homologuer une transaction (CE Ass., 11 juill. 2008, *Sté Krupp Hazemag*, p. 273).

La conciliation : elle est parfois instituée par les textes (pour les marchés publics). Les tribunaux administratifs peuvent aussi recourir à la conciliation.

Section 2 › ÉVOLUTION

§ 1 - Le ministre, juge de droit commun

Longtemps les recours étaient présentés directement au ministre, le Conseil d'État étant seulement juge d'appel. Cela ne valait pas toutefois pour le recours pour excès de pouvoir. La théorie du ministre-juge fut abandonnée par l'arrêt *Cadot* (CE, 13 déc. 1889, p. 1148).

§ 2 - Le Conseil d'État, juge de droit commun

Affirmée par la jurisprudence, puis par les textes, cette solution révéla des inconvénients : elle concentrait sur une seule juridiction un contentieux extrêmement lourd.

§ 3 - Les tribunaux administratifs, juges de droit commun

Réforme réalisée par décret du 30 septembre 1953 et règlement d'administration publique du 28 novembre 1953.

Section 3 › LA RÉPARTITION ACTUELLE DES COMPÉTENCES

§ 1 - Les tribunaux administratifs, juges de droit commun

– Cette compétence de droit commun est d'ordre public ; le juge doit statuer, les parties ne peuvent y déroger. Les tribunaux administratifs connaissent de toutes les exceptions de la compétence de la juridiction administrative.

– Le tribunal territorialement compétent est en principe celui dans le ressort duquel l'autorité auteur de l'acte a son siège. Toutefois pour éviter l'encombrement du Tribunal administratif de Paris, de nombreuses exceptions sont prévues (v. RAP, 28 nov. 1953).

§ 2 - Les cours administratives d'appel

Créées par la loi du 31 décembre 1987, elles sont **juges d'appel de droit commun** des décisions prises par les tribunaux administratifs. Mais la loi prévoit des exceptions (v. p. 226, 231 et s.).

§ 3 - Le Conseil d'État, juge d'attribution

A. Juge en premier et dernier ressort

La récente réforme du Code justice administrative (décret du 22 févr. 2010) a considérablement réduit la compétence en premier et dernier ressort du Conseil d'État. Plusieurs natures de litiges sur lesquelles le Conseil d'État statuait directement seront examinées par les tribunaux administratifs sous réserve d'appel. Aujourd'hui on trouve toujours, contrairement à 1953, un tribunal administratif compétent.

Nouvelle rédaction de l'article R. 311-1. Sont aujourd'hui portés directement devant le Conseil d'État :

1) les litiges portés directement contre les ordonnances du président de la République et les décrets ;

2) les litiges concernant les agents publics nommés par le président de la République, mais uniquement en ce qui concerne le recrutement et la discipline ;

3) les recours contre les actes réglementaires de ministres et autres autorités à compétence nationale et contre leurs circulaires et instructions de service ;

4) les recours dirigés contre un certain nombre (13 très exactement) d'autorités administratives indépendantes ;

5) les actions en responsabilité dirigées contre l'État pour durée excessive de procédure ;

6) les recours en interprétation et en appréciation de la légalité des actes dont le contentieux relève directement du Conseil d'État ;

7) les recours contre les décisions ministérielles prises en matière de contrôle des concentration économiques ;

8) les oppositions aux changements de nom ;

9) les protestations contre les élections au Parlement européen, conseils régionaux et certaines assemblées d'Outre mer ;

10) les élections à l'Assemblée des Français de l'étranger ;

11) les consultations organisées par certains articles de la Constitution (art. 72-4 et 73).

B. Juge d'appel

Le Conseil d'État **jugeait en appel** les décisions rendues par les juridictions qui ne statuaient pas en dernier ressort, en particulier les tribunaux administratifs. Dans cette fonction il a été remplacé depuis le 1er janvier 1989 par les cours administratives d'appel, sauf en ce qui concerne certaines matières ou type de décisions (v. p. ex. recours en appréciation de légalité, recours en matière d'élections municipales et cantonales).

C. Juge de cassation

Le Conseil d'État est juge de cassation à l'égard de toutes les juridictions administratives inférieures qui statuent en dernier ressort, (en particulier aujourd'hui les cours administratives d'appel) même si un texte ne l'a pas prévu (CE, 7 févr. 1947, *d'Aillières*, p. 50), à moins que la compétence du Conseil d'État n'ait été formellement exclue (CE, 8 juin 1951, *Dreyfus-Schmidt*, p. 320).

Conclusion : les difficultés de répartition des compétences au sein de la juridiction administrative sont assez nombreuses et les procédures de règlement des questions de compétence assez complexes. **Un décret du 22 février 1972 cherche à simplifier et à accélérer les règlements des difficultés de compétence** en instituant des procédures préventives.

Par ailleurs, pour éviter le retard qu'entraîne l'épuisement de toutes les voies de recours, la loi du 31 décembre 1987 a prévu qu'avant de statuer sur une requête soulevant une question de droit nouvelle, présentant une difficulté sérieuse et se présentant dans de nombreux litiges, le tribunal administratif ou la cour administrative d'appel peut demander un avis au Conseil d'État (v. aussi décret du 2 sept. 1988). L'ensemble de la procédure contentieuse applicable au Conseil d'État devra être respecté.

Cette très importante innovation a déjà connu de nombreuses applications (CE, 7 juill. 1989, *Sté Cofiroute, AJDA* 1989, p. 636 ; CE, 31 mars 1995, *Min. Budget c/ SARL Auto-Industrie Méric, AJDA* 1995, p. 450 ; CE, Ass., 14 avr. 1995, *Consistoire central des israélites de France et autres ; idem, M. Koen, AJDA* 1995, p. 572).

Dans l'ensemble, la jurisprudence du Conseil d'État a favorisé la procédure d'avis. Mais parfois il refuse de le donner (p. ex. une question spécifique au ressort d'un tribunal administratif).

Le tribunal ou la cour qui ont demandé l'avis ne sont juridiquement pas obligés de le suivre. Ex. d'un avis contentieux par la voie duquel le Conseil d'État délivre le mode d'emploi de la réforme du recours subrogatoire des caisses de sécurité sociale contre le tiers responsable d'un dommage corporel issue de la loi de financement de la Sécurité sociale pour 2007 (CE, 4 juin 2007, *M. Lagier et Consorts Guignon, AJDA* 2007, p. 1800, Chron. Boucher et Bourgeois-Machureau).

V. « L'avis contentieux du Conseil d'État. Remarques sur vingt années de pratique » par H. Berhali-Bernard. De 1989 à 2009, le Conseil d'État a rendu de nombreux avis contentieux. Le juge remplit une fonction de « régulation » mais c'est aussi « un vecteur de jurisprudence ».

Chapitre 2 › LA PROCÉDURE CONTENTIEUSE ADMINISTRATIVE

***Spécificité :** la présence face à face d'un particulier et d'une collectivité publique et non pas de deux particuliers va expliquer les particularités de la procédure administrative, dont les sources ne se trouvent pas uniquement dans les textes mais sont aussi largement jurisprudentielles (principes généraux de procédure).*

Section 1 › LES TRAITS ESSENTIELS DE LA PROCÉDURE

Le juge doit avant tout respecter le **principe d'impartialité**, principe traditionnel et qui a été renforcé par la Convention européenne des droits de l'homme.

Ce principe d'impartialité qui domine tout le procès doit évidemment être respecté par toutes les juridictions. Il risque d'être méconnu en particulier par les juridictions ordinales, sévèrement contrôlées par le Conseil d'État (CE, 9 juill. 2007, *Min. Éco. et Finances, AJDA* 2007, p. 1887, concl. Guyomar, à propos d'une chambre régionale de l'ordre des experts comptables).

Sur le principe d'impartialité, jurisprudence récente juge du sursis à exécution puis juge du fond : question d'impartialité en cas de cumul de fonctions (CE S., 26 nov. 2010, *Sté Paris Tennis, AJDA* 2010 p. 807).

§ 1 - La procédure est écrite

Dépôt d'un mémoire écrit avec exposé complet des prétentions par les parties. Le débat oral est relativement rare, et même lorsqu'il existe, l'avocat (pas toujours obligatoire) se borne à commenter le mémoire écrit.

§ 2 - La procédure est inquisitoriale

Elle est dirigée par le juge. Dès que la requête est introduite, le demandeur a perdu l'initiative. Le juge prescrit tous les actes ultérieurs de la procédure. Conséquences importantes sur les modes de preuve : elle incombe normalement au demandeur, c'est-à-dire généralement l'administré, mais le caractère inquisitorial permet au juge – surtout en matière de recours pour excès de pouvoir – **d'alléger le fardeau de la preuve.** L'administration doit fournir non seulement les dossiers (CE, 28 mai 1954, *Barel*, concl. Letourneur), mais le juge peut demander à l'administration les « raisons de fait et de droit » qui ont motivé la décision (CE, 1968, *Sté Maison Génestral*, p. 62). La procédure administrative est d'ailleurs généralement assez simple et peu coûteuse.

§ 3 - La procédure est contradictoire

De toutes les règles de procédure c'est la plus importante (art. L. 5 CJA). Le Conseil d'État l'impose absolument à toutes les juridictions sans exception que les textes le prévoient ou non. La juridiction ne peut statuer si les personnes directement intéressées n'ont pas été mises en cause devant elles. Les intéressés ont droit à la communication du dossier. Les personnes en cause peuvent se défendre par le moyen de mémoire ou d'observations en défense, v. *infra*.

De nombreux arrêts récents sont relatifs au respect du principe du contradictoire (CE, 5 mars 2009, *Garde des Sceaux c/ Mme Perier*, *AJDA* 2009, p. 1446).

Dans un très important arrêt (CE S., 12 oct. 2009, *Petit*, *AJDA* 2009, p. 2163) le Conseil d'État a apporté d'importantes précisions sur la régularité de la composition de la juridiction. Il met aussi en avant de nouvelles règles relatives à la procédure de récusation.

V. aussi décisions récentes, impartialité de la chambre de discipline du Conseil régional de l'ordre des pharmaciens (CE, 18 juin 2010, *M. C.*).

Dans le très important arrêt *Perreux* (CE Ass., 30 oct. 2009, *AJDA* 2009, p. 1391, *op. cit.*) l'Assemblée du contentieux inaugure le contentieux particulièrement délicat des « discriminations ». Surtout il explique longuement les règles de la preuve qui vont s'imposer au juge (au demandeur de soumettre au juge des éléments de fait faisant présumer… au défendeur de produire des éléments permettant d'établir que la décision est étrangère à toute discrimination. Puis le juge forge sa conviction).

§ 4 - Particularités du ministère d'avocat

Certains recours sont **dispensés d'avocat**, surtout **le recours pour excès de pouvoir** mais aussi en matière de pension, d'élection.

Devant le Conseil d'État, la représentation des parties est le monopole des « **avocats au Conseil d'État et à la Cour de cassation** », corporation d'officiers ministériels titulaires de leurs charges.

En tout état de cause, l'avocat joue à la fois le rôle d'avoué et celui d'avocat.

Les frais d'avocat sont en principe à la charge de la partie qui a pris l'avocat. Toutefois le décret du 2 septembre 1988 étend l'art. 700 du Code de procédure civile à la procédure administrative ainsi que la loi du 10 juillet 1991 et le décret du 19 septembre 1991 : « Dans toutes les instances le juge condamne la partie tenue aux dépens et à défaut, la partie perdante à payer à l'autre partie la somme qu'il détermine au titre des frais exposés, et non compris dans les dépens. Le juge tient compte de l'équité ou de la situation de la partie condamnée. Il peut même d'office, pour des raisons tirées des mêmes considérations, dire qu'il n'y a pas lieu à cette condamnation ».

§ 5 - Caractère non suspensif des recours

En droit privé, les voies de recours ont fréquemment un effet suspensif. En droit public, les recours (sauf quelques très rares exceptions) **n'ont pas d'effet suspensif**. Cette règle est la conséquence du bénéfice du préalable dont jouit l'administration (CE, 2 juill. 1982, *Huglo*, p. 283) mais elle présente évidemment de nombreux inconvénients.

§ 6 - Coût

En principe le coût de la procédure contentieuse administrative est peu élevé (en dehors des frais éventuels d'expertise ou d'avocat).

Section 2 › LE DÉROULEMENT DE L'INSTANCE

§ 1 - Introduction des recours

A. Qualité de requérant et représentant

Le recours doit être intenté par une personne ayant capacité pour ester en justice et qui doit avoir un intérêt personnel.
Les collectivités locales sont représentées par leurs organes exécutifs (président du conseil général, maire) dûment autorisés par les assemblées ; l'État est représenté par le ministre intéressé (quelquefois par le préfet, décr. 30 sept. 1971, etc.).

B. Décision attaquée

Le recours doit être exercé contre une décision de l'administration prenant position sur une demande : **règle de la décision préalable**.
La règle est applicable à tous les recours, sauf en **matière de travaux publics**.
En matière de recours en annulation, la décision préalable est souvent constituée par la décision attaquée elle-même. Mais la règle est particulièrement importante en matière de recours de pleine juridiction où il faut d'abord demander réparation du préjudice à l'administration, provoquer sa décision, avant de saisir le juge.
La jurisprudence est **très libérale quant à la notion de décision** : elle déclare suffisante une décision verbale, des observations du ministre en réponse au pourvoi ; l'administration peut renoncer à invoquer le bénéfice de la règle.
En cas de silence de l'administration, la demande était considérée comme rejetée après un délai de 4 mois : règle très importante dite du « **silence de l'administration** » (introduite en 1864, reprise en 1900 et décret 11 janv. 1965) équivalant à une décision implicite de rejet. La loi du 12 avril 2000 ramène ce délai à deux mois à partir du 1er novembre 2000. Dans certains cas, le silence pendant **deux mois** vaudra en revanche décision d'acceptation.
Il faut tenir compte aussi du développement, dans des cas de plus en plus nombreux, de l'obligation d'un **« recours administratif préalable »**. Dans ce cas, la décision rendue sur « recours préalable » est seule susceptible de « recours juridictionnel ». Les exemples sont nombreux : devant la commission d'accès aux documents administratifs, en matière de sanction par une instance sportive, en matière d'attribution d'une bourse, etc. Cette obligation de recours administratif préalable est particulièrement étendue pour les militaires (CE, 18 nov. 2005, *Houlbreque*, *RFDA* 2006, p. 543) et pour les fonctionnaires en général (v. questions à B. Even, *AJDA* 2007, p. 997). Sur le caractère légal d'un délai d'un mois pour le recours administratif préalable (dans certains cas) pour les étrangers (CE, 11 juill. 2007, *Union syndicale des magistrats*, *AJDA* 2007, p. 2218). V. le décret sur le contentieux du 23 décembre 2006.
Les recours administratifs préalables ont été largement développés. Un groupe de travail s'est réuni en 2008. Cette commission a proposé, non pas de généraliser

totalement le recours administratif préalable mais de le développer de façon très importante (v. Questions à Olivier Schrameck, « Le recours administratif préalable obligatoire est un investissement rentable pour l'administration », *AJDA* 2008, p. 1628).

C. Requête

• Elle doit énoncer les qualités du requérant, les conclusions (ce qui est demandé) les moyens (sur lesquels on se fonde).

• Elle doit être datée et signée.

• Les recours devant le juge administratif sont en principe peu coûteux. La loi du 30 décembre 1977 a supprimé les frais de justice. Restent surtout à la charge des requérants les frais d'expertise et d'avocat (mais celui-ci n'est pas toujours nécessaire). Il existe des possibilités d'**aide juridictionnelle**.

D. Délai

• Le délai est en principe de **deux mois**, donc très bref, pour éviter de bouleverser les situations acquises. Régime unifié par la loi du 7 juin 1956.

• Quelques délais spéciaux sont prévus par les textes ; en matière de travaux publics, il n'existe pas de délai.

1. Point de départ du délai

• Le délai court depuis le moment où la décision administrative est portée à la connaissance des intéressés par **publication ou notification**. Depuis le décret du 28 novembre 1983 (modifié), l'administration doit mentionner dans la notification, les délais et voies de recours. Autrement le délai ne court pas (v. détails p. 52 et s.).

• Le délai ne peut courir si la mesure n'a pas fait l'objet d'une publicité.

• Pour les décisions individuelles, la notification ne fait courir le délai qu'envers l'intéressé destinataire, pas envers les tiers.

• En cas de silence de l'administration, **le point de départ du délai de 2 mois est le moment où se terminent les 2 mois de silence**. Toutefois, il y a trois exceptions importantes :
– **le délai ne court pas en matière de pleine juridiction après une décision implicite de rejet.** Il recommencera à courir à partir d'une décision expresse ultérieure. La naissance d'une décision implicite de rejet pose parfois des problèmes très complexes (p. ex. en cas de recours gracieux : CE, 27 mars 2006, *M. Kaci*, *AJDA* 2006, p. 1212) ;
– le délai ne court pas après une décision implicite de rejet, si la mesure sollicitée ne peut être prise que par décision ou après avis d'organismes collégiaux ;
– depuis le décret du 28 novembre 1983 (modifié), l'administration doit accuser réception des demandes. Autrement les délais ne courent pas. L'accusé de réception doit obligatoirement contenir certaines indications précises.
Lorsqu'une partie forme un recours gracieux et l'autre un recours hiérarchique le délai ne commence à courir que lorsqu'ils ont été l'un et l'autre, rejetés (CE, 7 oct. 2009, *M. Ouahrirou*, *RFDA* 2009, p. 1290).

2. Prorogation du délai

• Demande d'aide juridictionnelle ;

• **Le recours gracieux ou hiérarchique proroge le délai** s'il est lui-même intenté dans le délai de 2 mois (CE, 12 nov. 1917 *Marchelli*, p. 42). La prorogation ne peut jouer qu'une fois et si le recours administratif est introduit devant l'autorité compétente. Il n'y a pas de cumul d'un recours gracieux et hiérarchique successivement ;

• Le recours devant **une juridiction incompétente**, l'emploi d'une procédure incorrecte, prorogent le délai si le premier recours est intenté dans le délai de 2 mois. La prorogation ne peut jouer qu'une fois. Toutefois, un recours devant un tribunal incompétent proroge le délai même s'il vient à la suite d'un recours administratif.

3. Expiration du délai

• **La demande présentée après expiration du délai est irrecevable** ; de plus, le requérant, à propos de la même requête, ne peut modifier ses conclusions ou présenter des moyens nouveaux ne reposant pas sur la même cause juridique que les moyens déjà produits (CE, 1953, *Sté Intercopie*, p. 88).

• En matière de recours pour excès de pouvoir, même après l'expiration du délai, l'illégalité **d'un acte réglementaire** peut être invoquée **par voie d'exception** (et non plus d'action) à l'occasion d'un recours contre l'acte ultérieur appliquant l'**acte réglementaire**. En revanche, l'illégalité de **l'acte individuel** ne peut plus être invoquée après l'expiration du délai du recours en annulation.

• Toujours en matière de recours pour excès de pouvoir, la survenance d'une **loi nouvelle ou des changements dans les circonstances de fait** peuvent, dans certaines hypothèses, rouvrir les délais de recours (CE, 1930, *Despujol* ; 1964, *Min. Agriculture c/ Simonnet, Synd. national des cadres des bibliothèques, op. cit.*). V. *supra*, p. 65 et s.

• En cas d'**opérations complexes**, lorsque plusieurs décisions concourent à une décision finale, les requérants peuvent attaquer soit chacune des décisions dans le délai du recours soit attaquer la décision finale en se fondant sur l'illégalité d'une décision intermédiaire, même si cette décision intermédiaire ne se trouve plus dans les délais du recours.

§ 2 - La marche de l'affaire

A. Les mesures d'urgence

1. Caractère non suspensif du recours et sursis à exécution

Le recours n'a pas d'effet suspensif, principe général applicable même sans texte. L'absence d'effet suspensif du recours peut évidemment entraîner de graves inconvénients pour le requérant. Mais le principe des actes administratifs est leur caractère exécutoire (CE, 2 juill. 1982, *Huglo*, p. 283). Il existe quelques exceptions au caractère immédiatement exécutoire de la décision (ex. : étranger faisant l'objet d'une mesure d'expulsion, caractère suspensif, pendant un bref temps, du recours fait dans les 72 heures ; demande de sursis du préfet en matière d'urbanisme, de marchés, de délégations de service public : effet automatiquement suspensif de l'acte pendant un mois).

Cependant le Conseil d'État, la cour administrative d'appel et le tribunal administratif pouvaient, dans certains cas, ordonner le sursis à exécution. Il existait aussi des possibilités de référés traditionnels.

La jurisprudence du Conseil d'État en matière de sursis à exécution était traditionnellement sévère encore que dans la pratique, elle s'était assouplie ces dernières années.

Seules pouvaient faire l'objet d'un sursis à exécution les décisions « **exécutoires** » : cette notion restait toutefois difficile à préciser (CE, 23 janv. 1970, *Min. c/ Amoros, AJDA* 1970, p. 174).

Le sursis ne pouvait être obtenu que si les moyens invoqués étaient sérieux et de nature à justifier l'annulation.

Cette notion était elle-même délicate à préciser.

Il fallait que l'exécution de l'acte attaqué « soit susceptible d'entraîner pour le requérant des conséquences difficilement réparables ou au moins très graves ».

Il est évident que cette condition sévère éliminait pratiquement toute possibilité de sursis dans les litiges de caractère pécuniaire, en principe toujours « réparables ».

Dernier élément, même lorsque les conditions pour l'octroi du sursis étaient réunies, le juge disposait du pouvoir de libre appréciation **pour accueillir** ou **ne pas accueillir** une demande (CE, 13 févr. 1976, *Assoc. de sauvegarde du Quartier Notre-Dame de Versailles, D.* 1977, p. 155).

Ces possibilités de sursis s'étaient avérées nettement insuffisantes. La loi du 30 juin 2000, entrée en application le 1er janvier 2001 créant le **référé-suspension** et **le référé-liberté** bouleverse le système traditionnel des mesures d'urgence en droit administratif et constitue une véritable **révolution**.

2. Le référé-suspension

Art. L. 521-1 CJA : « *Quand une décision administrative, même de rejet, fait l'objet d'une requête en annulation ou en réformation, le juge des référés, saisi d'une demande en ce sens, peut ordonner la suspension de l'exécution de cette décision ou de certains de ses effets, lorsque l'urgence le justifie et qu'il est fait état d'un moyen propre à créer, en l'état de l'instruction, un doute sérieux quant à la légalité de la décision* ».

a) Conditions de mise en œuvre

Contrairement au système précédent peuvent faire l'objet d'une suspension les **décisions de « rejet »**. C'est la fin de la jurisprudence *Amoros*.

• **La condition d'urgence** : elle remplace l'ancienne condition selon laquelle l'exécution de la décision risque d'entraîner des conséquences « difficilement réparables ».

La condition d'« urgence » n'est certes pas facile à préciser, mais il est maintenant possible, et on le donne à titre d'exemple, d'obtenir éventuellement une décision de « suspension » en matière d'action indemnitaire. Ainsi le Conseil d'État a déjà jugé que la condition d'urgence est remplie lorsque la décision administrative contestée « **préjudicie de manière suffisamment grave et immédiate à un intérêt public, à la situation du requérant ou aux intérêts qu'il entend défendre** ». Cela vaut aussi pour les décisions purement financières (CE, S., 19 janv. 2001, *Conf. nat., AJDA*

2001, p. 150). Il y aurait encore urgence envers l'exclusion même temporaire d'un agent public « de nature à bouleverser les conditions d'existence de l'intéressé » (CE, 6 avr. 2001, *France Télécom, EDCE* 2002, p. 46).

Il n'y aurait pas d'urgence, exemple : référé qui ne pose qu'une question de principe (CE, 19 nov. 2001, *Sté des réalisateurs, LPA* 28 nov. 2001) ; référé visant un acte dont l'exécution dépend d'autres décisions (CE, 14 mars 2001, *Cne de Goutrens, AJDA* 2001, p. 832). En ce qui concerne les mesures relatives au séjour des étrangers, il a été jugé que « l'urgence sera en principe constatée dans le cas d'un refus de renouvellement du titre de séjour comme d'ailleurs celui d'un retrait (CE, S., 14 mars 2001, *Min. Intérieur, Rec.*). La question des dates de chasse est évidemment urgente (CE, 12 févr. 2001, *Assoc. France Nature Environnement, LPA* 6 mars 2001). Le juge a aussi estimé que « l'urgence doit s'apprécier globalement et objectivement » à propos de l'exploitation d'une décharge (CE, 28 févr. 2001, *Préfet Alpes-Maritimes, AJDA* 2001, p. 461).

L'urgence s'apprécie objectivement et compte tenu des circonstances de chaque espèce (CE, S., 28 févr. 2001, *Préfet des Alpes Maritimes, EDCE* 2001, p. 47 : rejet de la demande, l'instruction ne relève pas de risques sérieux pour l'environnement) ; inversement, suspension d'une mesure permettant l'importation de cellules humaines d'origine embryonnaire ; atteinte grave et immédiate aux intérêts défendus par l'association (CE, 13 nov. 2002, *Assoc. Alliance, EDCE* 2003, p. 47).

Le Conseil d'État a aussi jugé que le retour du navire « Clémenceau » était urgent (CE, 13 févr. 2006, *Assoc. Ban Asbestos France, AJDA* 2006, p. 761) ; que l'urgence ne peut être justifiée par des « motifs généraux » mais doit être précisée de façon détaillée (CE, 18 nov. 2009, *Min. de la Santé, AJDA* 2010, p. 974).

• **La condition de doute sérieux** : cette condition est plus souple que l'ancienne condition « moyen sérieux de nature à justifier l'annulation de la décision attaquée ». Jusqu'alors, l'on ne suspendait que si l'annulation ultérieure était quasi certaine. Le principe est maintenant renversé, le juge pourra suspendre par « **précaution** », au moindre doute de la légalité de l'acte (CE, S., 23 févr. 2001, *Philippart*, refus d'agrément d'un cabinet dentaire ; en l'espèce urgence et doute sérieux ; suspensions ordonnées, *RFDA* 2001, p. 390). Le doute doit être appuyé d'indices concrets et suffisamment denses (CE, 23 févr. 2001, *Min. Intérieur c/ Traika, ERCE*, 2002, p. 59).

Autres ex. de « doute sérieux » : modifications apportées au projet initial de travaux d'une section d'autoroute (CE, 2 juill. 2002, *Cne de Beauregard, EDCE* 2003, p. 47) ; doute sur la légalité d'une décision ministérielle à propos de l'importation de cellules de souches humaines d'origine embryonnaire (CE, 13 nov. 2002, *Assoc. alliance pour la vie, EDCE* 2003, p. 47). Il peut apparaître lorsqu'une juridiction d'un État membre a posé une question préjudicielle à la CJCE (CJUE) sur la validité d'une directive en application de laquelle a été prise la décision contestée (CE, 23 oct. 2003, *Sté Tecna SA, AJDA* 2004, p. 540 note Courrier).

Le seul fait que les personnes expulsées n'aient pas de solution de relogement, n'est pas propre à « créer un doute sérieux » quant à la légalité de la décision du préfet d'accorder le concours de la force publique (CE, 30 juin 2010, *Min. Intérieur, AJDA* 2010, p. 1344).

Toutefois l'ancienne jurisprudence permettant au juge de suspendre ou de ne pas suspendre, même lorsque les conditions de la suspension sont réunies, **est maintenue**.

Par ailleurs, selon la jurisprudence *Carminati* de 2002, le juge des référés ne peut prendre en compte l'inconventionnalité d'une loi. Cette question reste très discutée.

b) Procédure et effets

Les conclusions doivent être distinctes de la requête principale. Surtout, le juge de ce référé est un « **juge unique** » qui peut renvoyer à une formation collégiale. La procédure est contradictoire mais elle est écrite ou orale. **Il n'y a pas de conclusions du rapporteur public** (ex. commissaire du gouvernement). Dès la notification à son auteur dans les 24 heures l'exécution devra être suspendue. Mais le juge peut à tout moment, sur demande d'une personne intéressée, **modifier** les mesures ordonnées.

Le juge des référés doit respecter le principe du contradictoire (p. ex. communiquer au demandeur, par tous les moyens, les observations écrites de la partie adverse : CE, 18 oct. 2006, *Synd. des copropriétaires, AJDA* 2007, p. 46).

L'appel n'existe pas, seul est ouvert un recours en cassation.

L'administration ne peut passer outre une décision de suspension et la contester. En fait, l'administration ne peut pas ne pas exécuter la décision du juge (CE, 17 janv. 2007, *Min. Intérieur*, à propos d'une décision du préfet autorisant un « Teknival », décision suspendue par le juge, mais suspension non appliquée par le préfet, *AJDA* 2007, p. 488).

Le Conseil d'État donne au juge des référés des larges pouvoirs d'injonction (CE, 30 avril 2009, *Min. Intérieur, AJDA* 2009, p. 1455).

Le juge des référés peut moduler dans le temps l'effet de la suspension qu'il prononce (CE, Ord. 2 févr. 2009, *Assoc. protection animaux, AJDA* 2009, p. 232).

3. Le référé-liberté

Art. L. 521-2 CJA : *« Saisi d'une demande en ce sens justifiée par l'urgence, le juge des référés peut ordonner toutes mesures nécessaires à la sauvegarde d'une liberté fondamentale, à laquelle une personne morale de droit public ou un organisme de droit privé chargé de la gestion d'un service public aurait porté, dans l'exercice d'un de ses pouvoirs, une atteinte grave et manifestement illégale. Le juge des référés se prononce dans un délai de quarante-huit heures »*.

Il s'agit d'une avancée fondamentale du droit. Pour la première fois le juge est investi d'un pouvoir d'injonction à l'égard de l'administration avant que le litige ne soit tranché au fond et même sans qu'un recours ait été déposé au fond contre un acte administratif.

a) Conditions de mise en œuvre

Acte de nature à porter une atteinte grave et manifestement illégale à une **liberté fondamentale.**

Cette notion de liberté est très large, la notion de « fondamentale » étant même inutile, toute liberté étant fondamentale.

Ainsi l'atteinte à la libre administration des collectivités territoriales constitue une atteinte à une liberté fondamentale (CE, 18 janv. 2001, *Cne de Venelles, AJDA* 2001, p. 153). Constitue une liberté fondamentale par définition l'atteinte à la liberté d'aller et de venir (refus ou retrait de pièces d'identité, CE, 9 janv. 2001, *Deperthes, EDCE* 2002, p. 48). Les libertés fondamentales englobent surtout pour les étrangers « le droit constitutionnel d'asile qui a pour corollaire le droit de solliciter le statut de réfugié » (CE, 12 janv. 2001, *Mme Hyacinthe, D.* 2001, IR, p. 526). La propriété bénéficiera aussi de ce référé (CE, 23 mars 2001, *Sté Lidl, BJDU* n° 2-2001, p. 111).

Autres ex. d'atteintes à des libertés fondamentales : le droit de mener une « vie familiale normale » (CE. S., 30 oct. 2001, *Min. Intérieur c/ Tiba, AJDA* 2001, p. 1054), le droit du patient majeur lorsqu'il se trouve en état d'exprimer son consentement à un traitement médical (CE, Ord., 16 août 2002, *Mme Feuilletay, Dr. adm.* nov. 2002, p. 29 note Aubin) ; le secret des correspondances, la présomption d'innocence (CE, prd. 14 mars 2005, *Gollnisch*). On y trouve aussi des libertés collectives : le droit au suffrage, le libre exercice de leur mandat par les élus locaux (CE, 9 avr. 2004, *Vast*), le caractère pluraliste de l'expression des courants d'opinion et de pensée, la liberté de réunion (CE, Ord., 19 août 2002, *Front national*, p. 311), la liberté de culte (CE, 16 févr. 2004, *Alumed B*), la liberté du culte (CE, 25 août 2005, ord. réf., *Cne de Massan, AJDA* 2006, p. 91).

Le refus opposé par le maire de la location d'une salle municipale à un prix plus favorable constitue (même à l'égard des Témoins de Jéhovah), une atteinte grave à la liberté d'association et de réunion (CE, 30 mars 2007, *Ville de Lyon, AJDA* 2007, p. 1242). Constitue aussi une liberté fondamentale le droit au respect de la vie privée (CE, Ord., 25 oct. 2007, *Mme Y, AJDA* 2007, p. 2063). En ce qui concerne le « droit à l'environnement », la question reste ouverte (CE, Ord., 11 mai 2007, *Assoc. interdépartementale, AJDA* 2007, p. 2262).

Ne constituent pas des atteintes à une liberté fondamentale : le retrait du permis de conduire (CE, 6 avr. 2001, *Djerrar Tab*), les « droits » à allure de créance sociale (droits sociaux) (CE, 28 mai 2001, *Raut, EDCE* 2002, p. 48 ; congé de formation), l'accès à une formation en troisième cycle universitaire, le droit de pratiquer un sport ou de participer à des compétitions sportives, le droit au logement (CE, Ord., 3 mai 2002, *Assoc. de réinsertion*... p. 168). Le droit à la santé ne constitue pas une liberté fondamentale (CE, Ord., 8 sept. 2005, *Garde des Sceaux, AJDA* 2005, p. 1709).

L'interdiction par le maire d'ouvrir « un sex-shop » ne constitue pas en l'espèce une atteinte fondamentale à la liberté du commerce et de l'industrie (CE, 8 juin 2005, *Cne de Houilles, AJDA* 2005, p. 1851).

L'atteinte à la liberté fondamentale doit être à la fois « grave » et « manifestement illégale »...

Enfin, pour qu'il y ait injonction, il faut évidemment qu'il y ait « urgence », et on pourrait dire une « urgence extrême » (CE, 28 févr. 2003, *AJDA* 2003, p. 457).

Le juge peut évidemment interpréter le droit communautaire.

Nouvelles décisions : le juge des référés du Conseil d'État suspend le renvoi de demandeurs d'asile vers la Grèce (CE, Ord. 20 mai 2010, *Min. Immigration, AJDA* 2010, p. 1059) ; il y a urgence à mettre fin à une atteinte à une liberté syndicale (CE, 29 sept. 2008, *Syndicat autonome, AJDA* 2008, p. 2297) ; le placement en cellule disciplinaire d'un détenu ne caractérise pas en soi une situation d'urgence (CE, Ord. 22 avril 2010, *Min. État, Garde des Sceaux, AJDA* 2010, p. 929) ; le respect de la vie privée constitue une liberté fondamentale (CE, Ord. 25 oct. 2007, *Mme Y., RFDA* 2008.328 : mère qui a abandonné un enfant ; enfant à la recherche de ses origines). Mais la procédure de référé-liberté ne peut être utilisée pour contraindre l'expropriant à payer l'indemnité fixée (CE, 1er août 2008, *Indivision Estrope Lucien, RD imm.* 2008.543 note Hostiou). Pas de réunion publique à caractère politique à l'École normale supérieure, AJDA, 2011, p. 1043.

Décision fondamentale : **une question prioritaire de constitutionnalité** peut être soulevée en référé-liberté. Par ailleurs, dans la même décision, le juge administratif est autorisé, et ce pour la première fois, à exercer un contrôle de compatibilité de la loi nationale avec le droit de l'Union européenne (CE, 16 juin 2010, *Mme Diakité*, *AJDA* 2010, p. 1662).

Le juge des référés ne peut ordonner des mesures demandées à l'État français par une personne traduite devant une juridiction pénale internationale (CE, 19 oct. 2009, *M. Calixte Nzabonimaman*, *AJDA* 2010, p. 510).

Le juge des référés peut ordonner la communication d'expertises (tempête Xynthia – TA Nantes, Ord. 29 avril 2010, *Association de défense*, *AJDA* 2010, p. 927).

En cas d'entrave administrative à l'exécution d'une décision de justice, le juge des référés peut contraindre l'administration de s'y conformer (expertise génétique ordonnée par le juge judiciaire : l'administration obligée de délivrer le visa pour cet examen, CE, 4 mars 2010, *Mme Soigner ; Mlle Balezou*, *AJDA* 2010, p. 1207).

b) Procédure et effets

La procédure est la même que pour le référé-suspension, mais ici toutes les demandes sont dispensées du ministère d'avocat.

Le juge des référés doit se prononcer dans un délai de **quarante-huit heures.**

Le juge pourra prendre les mesures plus diverses : ordonner l'exécution d'un acte administratif, faire cesser un comportement, ordonner des mesures de « faire » ou « de ne pas faire ». La décision peut faire l'objet d'un **appel** dans les quinze jours, directement au président de la **section du contentieux du Conseil d'État qui doit statuer dans les quarante-huit heures**.

Si normalement le juge ne peut prendre que des mesures provisoires, il en va autrement dans certaines hypothèses : p. ex. refus de mettre à la disposition une salle (v. l'arrêt sur les *Témoins de Jehovah, op. cit.* ; idem pour une section syndicale : CE, 31 mai 2007, *Synd. CFDT interco.*, *RFDA* 2007, p. 887).

Conclusion : ces deux référés montrent la volonté du législateur de faire progresser l'efficacité, au quotidien, de la juridiction administrative. Le juge administratif doit s'insérer dans une **« culture de l'urgence »**.

4. Les référés plus traditionnels

Procédures limitées en droit administratif mais qui ont été développées :

a) Le référé-conservatoire

De façon traditionnelle les textes prévoient, et ils sont toujours en vigueur que dans tous les cas d'urgence... le président peut ordonner **toutes mesures utiles** sans faire préjudice au principal et *sans faire obstacle à l'exécution d'une décision administrative* (CE, 13 juill. 1956, *Pieton-Guibout*, p. 338 ; v. aussi CE, 10 juill. 2006, *Sté Bouygues Télécom*, *RFDA* 2006, p. 1087). L'appréciation de ces limites est souvent délicate : le juge ne peut prononcer une annulation, il ne doit pas prendre position sur des questions de légalité d'un acte ou des questions de droit, la demande ne doit pas se heurter à une contestation sérieuse. De plus le président ne peut faire droit à une demande que si la mesure est utile et urgente. Là encore les appréciations seront très concrètes (v. p. ex. CE, S., 4 févr. 2004, *Masier*, p. 43).

Toutefois d'après le décret du 2 septembre 1988, la condition d'urgence est supprimée pour que soit ordonnée en référé une mesure **utile d'expertise ou d'instruction**. Finalement malgré les conditions sévères, le président peut prendre de nombreuses mesures. D'ailleurs, la loi du 30 juin 2000 **a supprimé la condition selon laquelle le référé ne pouvait préjudicier au principal.**

Le Conseil d'État précise nettement les pouvoirs du juge du référé « mesures utiles » (CE, 12 mai 2010, *Alberogo*, *AJDA* 2010, p. 1057). V. aussi CE, 8 mars 2010, *M. Djoudar*, *RFDA* 2010, p. 639 : le juge des référés peut enjoindre à une commune de prendre des mesures conservatoires pour un danger grave et immédiat si le maire n'agit pas.

Il doit dans certains cas (expulsion du domaine public) convoquer les parties à une audience publique (CE, 24 nov. 2006, *Wuister*, *RFDA* 2007, p. 190) mais l'urgence d'une expulsion peut être liée au bon fonctionnement des services publics (CE, 1er oct. 2007, *Agence foncière*, *AJDA* 2007, p. 1904). Le juge ne peut refuser la mesure conservatoire au motif que la condition d'urgence n'est point satisfaite puisque la situation n'est pas irréversible (CE, 26 oct. 2005, *Sté des crématoriums de France*, *AJDA* 2006, p. 161).

Le juge a considérablement étendu les pouvoirs du juge en matière de référé conservatoire (CE, S., 18 juill. 2006, *Mme Elissonda Labat*, *AJDA* 2006, p. 1839). Il peut enjoindre au responsable d'un dommage causé à un immeuble des mesures destinées à faire échec ou à mettre un terme aux dangers immédiats présentés par l'état de cet immeuble. Cette décision marque une évolution des pouvoirs du juge. Il y a d'autres décisions récentes en ce sens.

b) Le référé-provision

Les décrets du 2 septembre 1988 ont apporté d'importantes innovations, valables aussi pour le Conseil d'État (v. *supra*) : les présidents peuvent sur recours ou d'office accorder une provision au créancier qui a saisi la juridiction d'une demande au fond lorsque l'existence de l'obligation n'est pas sérieusement contestable.

Dans un important arrêt *Lacroix* (CE, S., 16 déc. 2005, *AJDA* 2006, p. 582), le juge rappelle que toute autorité publique est tenue de donner son plein effet à une décision administrative même illégale, tant que cet acte n'a été ni annulé, ni déclaré illégal. L'administration ne peut donc invoquer l'illégalité de sa décision, décision dont le demandeur se prévaut comme fondant sa demande de provision.

Ce très important référé provision ressemble à celui existant devant les tribunaux judiciaires.

c) Le constat d'urgence

Cette procédure, ancienne, permet de faire désigner un expert pour constater les faits.

d) Le référé précontractuel

Cette innovation fondamentale, instituée par la loi du 4 janvier 1992 n'existe qu'en matière de contrats et marchés. Toute personne ayant intérêt à la conclusion d'un marché peut saisir le juge du contrat pour faire sanctionner de manière préventive, avant la passation du contrat, la méconnaissance des règles de formation du marché (CE, Ass., 10 juin 1994, *Cne de Cabourg*, *AJDA* 1994, p. 502). Pour éviter que les autorités ne soient tentées de signer rapidement les contrats pour empêcher que le référé-précontractuel n'aboutisse, la loi du 30 juin 2000, prévoit que le juge des référés désormais saisi sans recours administratif préalable pourra, dès sa

saisine, « enjoindre de différer la signature du contrat jusqu'au terme de la procédure » (durée max. 20 jours) (v. aussi les arrêts CE, 27 juill. 2001, *Degremont* ; CE, 24 oct. 2001, *Collect. Corse, EDCE* 2002, p. 39).
Il y a une irrésistible extension des pouvoirs du juge des référés précontractuels (article F. Dieu, *AJDA* 2007, p. 782 et s.). Ex. : le juge des référés précontractuels peut annuler une procédure de passation d'un marché ou d'une délégation de service public même si le requérant demandait seulement sa suspension (CE, 20 oct. 2006, *Cne d'Andeville, AJDA* 2006, p. 2340 ; CE, 5 juin 2007, *Corsica Ferries, AJDA* 2007, p. 1522 ; CE, 21 mars 2007, *Sté nantaise des eaux, AJDA* 2007, p. 1834.
Toutefois, dans une importante jurisprudence (CE S., 3 oct. 2008, *Smirgeomes, AJDA* 2008, p. 2161 le Conseil d'État introduit, semble-t-il des restrictions à l'exercice du référé précontractuel. Les personnes habilitées à agir pour mettre fin aux manquements du pouvoir adjudicateur à ses obligations de publicité et de concurrence sont celles susceptibles d'être lésées par de tels manquements. La notion de personne lésée est difficile à apprécier et semble réduire le champ d'action du référé précontractuel. Cet arrêt a été commenté à de nombreuses reprises (*AJDA* 2009, p. 1064). Une partie de la doctrine a critiqué cette décision restrictive.
A aussi été institué, par l'ordonnance du 7 mai 2009, un référé « contractuel » qui complète le référé précontractuel.

Conclusion : toutes ces mesures ont considérablement renforcé le référé administratif qui reste pourtant moins efficace que le référé en matière civile.

B. L'instruction

L'affaire avant l'audience :
- la requête (mémoire introductif d'instance complété parfois par mémoire ampliatif) est adressée au greffe du tribunal ou secrétariat du Conseil d'État ;
- désignation du rapporteur et du commissaire du gouvernement (rapporteur public) ;
- la requête est adressée à l'autre partie qui répond (mémoire en défense) ;
- des incidents sont possibles en cours d'instruction : intervention de personnes ayant intérêt à la solution du litige, inscription de faux, recours incidents, etc. ;
- l'instruction au Conseil d'État est confiée à une sous-section ou à la section du contentieux (décr. 29 août 1984) ;
- le juge peut faire procéder à une expertise, une enquête, une vérification, une visite des lieux (décr. 29 août 1984).

Une clôture de l'audience peut aujourd'hui être prononcée.

C. Le jugement

1. La séance de jugement

Les parties doivent être informées de l'inscription au rôle quatre jours avant l'audience devant le Conseil d'État (sept jours pour les TA et CAA).
Les séances de jugement du Conseil d'État, des cours et des tribunaux administratifs sont publiques (art. L. 6 CJA), exception faite des séances relatives à certaines matières fiscales. Mais le juge a longtemps estimé qu'aucun principe général du droit ne prévoit la **publicité** devant toutes les juridictions, surtout devant les juridictions

disciplinaires (CE, 27 oct. 1978, *Debout*, p. 395 ; CE, 11 juill. 1984, *Docteur S., AJDA* 1984, p. 557 ; 27 juill. 1984, *Subrini*, req. 41744 ; 8 févr. 1985, *Castet, AJDA* 1985, p. 239). Cette jurisprudence a été renversée (CE, 14 févr. 1996, *Maubleu, AJDA* 1966, p. 403 : principe de la publicité des débats ; v. aussi CE, 23 mars 1998, *Sté Fiducial Expertise, EDCE* 1999, p. 35, experts-comptables ; CE, 27 mars 1998, *Centre communal d'action sociale de La Rochelle*, pour la commission centrale d'aide sociale, *RFDA* 1998, p. 645, n° 14). Les parties doivent être informées de la tenue de l'audience (CE, 21 juin 1996, *Ville de Marseille, RFDA* 1996, p. 641).

La jurisprudence et les textes se sont multipliés : publicité des séances pour le CNESER statuant en matière de sanction à l'égard des usagers (étudiants) (CE, 3 nov. 1999, *Zurmely, RFDA* 1999, p. 1082) mais non pour les sanctions à l'égard des enseignants (CE, 28 sept. 1998, *Notin* req. 159236) ; publicité des séances de la Commission bancaire statuant en matière de sanctions (CE, 29 nov. 1999, *Sté Rivoli Exchange, RFDA* 2000, p. 207). Ex. de texte : déc. 31 mai 1995, géomètres-experts, etc.

Le secrétaire de la séance appelle l'affaire et le rapporteur lit les visas du projet d'arrêt. L'avocat peut alors présenter ses observations orales ; devant le tribunal administratif et les cours administratives d'appel, les parties peuvent présenter personnellement des observations orales, mais non pas devant le Conseil d'État. La parole est ensuite donnée au rapporteur public.

La lecture des conclusions du rapporteur public autrefois commissaire du gouvernement, qui n'est pas, malgré son nom, représentant du gouvernement, mais qui propose en toute indépendance, une solution en se plaçant au seul point de vue du droit. Ces conclusions ont eu une importance fondamentale dans l'évolution de la jurisprudence administrative et on retiendra le nom de certains grands commissaires du gouvernement (Romieu, Léon Blum, Matter, etc.).

Le rapporteur participe à la « fonction de juger » et sa fonction n'est pas contraire à la Convention européenne des droits de l'homme (CE, 29 juill. 1998, *Mme Esclatine, RFDA* 1998, p. 1065). **Dans un très important arrêt du 7 juin 2001, *Kress c/ France*** (*AJDA* 2001, p. 675 et nombreuses autres références) la Cour européenne des droits de l'homme a été amenée à juger de la légalité de l'intervention du commissaire du gouvernement (rapporteur public). La Cour a tout d'abord reconnu le rôle primordial des commissaires du gouvernement dans l'évolution du droit administratif français, avant de juger essentiellement *deux points*. Tout d'abord elle a estimé que la non-communication préalable des conclusions du commissaire du gouvernement (rapporteur public) et l'impossibilité d'y répondre **n'étaient pas contraires au principe d'impartialité** prévu par l'art. 6/1 de la Convention. En revanche, elle a estimé que la participation du commissaire au délibéré (même s'il ne participe pas au vote) est **contraire** à la Convention. Se fondant sur la « théorie de l'apparence », la Cour estime que les parties peuvent avoir l'impression que le commissaire du gouvernement (rapporteur public) peut avoir une influence sur le délibéré. Suite à cet arrêt, le Conseil d'État a fait savoir que dorénavant le délibéré serait conduit de telle façon que le commissaire du gouvernement (rapporteur public) ne puisse y prendre la parole. Mais la Cour européenne a de nouveau condamné la France (CEDH, 5 juill. 2005, *M.-L. Loyen, AJDA* 2005, p. 1491).

Le décret du 19 décembre 2005 prévoit que le commissaire du gouvernement (rapporteur public) assiste au délibéré mais n'y prend pas part.

Mais l'affaire ne s'arrête pas là : dans un important arrêt *Martinie* (CEDH, 12 avr. 2006, *AJDA* 2006, p. 788), la Cour européenne a souligné que la jurisprudence *Kress* prohibe, au nom du « principe d'apparence » aussi bien la participation du commissaire du gouvernement (rapporteur public) au délibéré que sa présence à ce dernier. Le Code de justice administrative a de nouveau été modifié par le décret du 1er août 2006. Devant les tribunaux administratifs et les cours administratives d'appel, **la présence du rapporteur public au délibéré est prohibée.**

Devant le Conseil d'État, l'art. R. 733-3 du CJA s'applique : « Sauf demande contraire d'une partie, le rapporteur public assiste au délibéré. Il n'y prend pas part ». Ainsi le justiciable peut récuser la présence du rapporteur public au délibéré. Depuis le **décret du 9 janvier 2009**, le **rapporteur public** succède au commissaire du gouvernement. **On peut lui demander le sens de ses conclusions ;** il pourra être répliqué à ses conclusions et des expériences seront faites pour qu'il débute l'audience au lieu de la conclure (*RFDA* 2009, p. 67).

Les parties doivent être en mesure de connaître avant la tenue de l'audience le sens des conclusions du rapporteur public. Cela vaut pour les TA, les CAA et le Conseil d'État. Les parties peuvent aujourd'hui devant les seules juridictions de fond émettre de brèves conclusions orales, après le prononcé des conclusions du rapporteur public. Devant le Conseil d'État seuls les avocats ont cette faculté.

Se pose aussi la question des « **notes en délibéré** » dont l'une des parties à l'instance peut saisir le juge administratif postérieurement à la clôture de l'instruction et au prononcé des conclusions du rapporteur public. Il appartient au juge dans tous les cas, d'en prendre connaissance avant le prononcé de la décision. Il a toujours la faculté de rouvrir l'instruction, il est tenu de le faire dans quelques hypothèses (existence d'une circonstance de fait inconnue avant la clôture de l'instruction ; CE, 12 juill. 2002, *M. et Mme Leniau, EDCE* 2003, p. 43-44).

En principe, une audience ne peut être enregistrée. Cette faculté n'existe que si l'enregistrement présente un intérêt historique (CE, 29 juill. 2002, *Zurmely, RFDA* 2002, p. 1014). Après lecture des conclusions du rapporteur public, l'affaire est mise en délibéré.

Si en principe les affaires sont jugées par la chambre collégialement (art. L. 3 CJA ; trois juges généralement), la loi du 8 février 1995 dispose qu'un certain nombre d'affaires **peuvent être jugées par le seul président du TA** ou son délégué. Voir détails art. R. 222-13 et s. CJA. Cette réforme est très importante.

Les textes ont nettement accru le recours au juge unique (p. ex. décret 23 déc. 2006 et 7 janv. 2009, permis de conduire, contentieux indemnitaire inférieur à 10 000 €, taxe foncière).

Les dangereuses reformes à venir : un important projet de loi modifie sur de nombreux points fondamentaux la procédure administrative :

l) En ce qui concerne les « étrangers » le juge sera amené à tenir de nombreuses audiences foraines (annulé par le Conseil constitutionnel) ;

2) Le champ d'intervention du rapporteur public sera largement diminué. Il pourrait y avoir « dispenses » des conclusions orales lorsque « la nature des questions à juger » ne l'exige pas. Un décret fixera les matières concernées. Sont visés les contentieux de masse comme les retraits automatiques de points du permis de conduire ou les refus de séjour des étrangers.

Les organisations syndicales estiment que ces dispositions portent atteinte à l'égalité des citoyens devant la loi et que la détermination par décret des matières dispensées de conclusions enfreint le principe de légalité.

2. Le prononcé de l'arrêt

Le délibéré se fait en chambre du Conseil (art. L. 8 CJA). Le rapporteur établit ensuite le projet définitif de l'arrêt du Conseil d'État ou du jugement du TA qui sont lus en séance publique (théoriquement) quinze jours après la séance.

Le problème de la participation du « **rapporteur** » au délibéré est devenu très délicat car celà peut sembler contraire à l'art. 6/1 de la Convention européenne. La question a été posée pour le moment pour les juridictions administratives spéciales. Dans une importante décision *Didier* (CE, Ass., 3 sept. 1999, *EDCE* 2000, p. 34) la Haute assemblée a estimé que la participation du rapporteur aux délibérations du Conseil des marchés financiers statuant en matière disciplinaire, prononçant des sanctions à l'encontre des professionnels des marchés réglementés, ne méconnaît pas la convention, car le rapporteur a des pouvoirs d'instruction mais non de poursuite (*idem* : CE, S., 3 déc. 1999, *Leriche c/ Sect. discipl. Cons. nat. ordre médecins, EDCE* 2000, p. 35, *RFDA* 2000, p. 208-209 ; v. aussi CE, Ass., 3 déc. 1999, *Caisse de Créd. mut. de Bain-Tresbœuf* pour la CNIL, mêmes références).

Toutefois, le problème se pose de façon très différente, comme cela se produit parfois devant les juridictions financières, lorsque le rapporteur est investi de très larges pouvoirs d'investigation, qu'il lui est imparti de constater des manquements aux règles de la comptabilité publique qui peuvent conduire à ce que la juridiction soit saisie. Dans ce cas, la participation du rapporteur, au délibéré, et la composition de la juridiction sont irrégulières (CE, Ass., 6 avr. 2001, *SA Entreprises Razel Frères, AJDA* 2001, p. 456).

Cette solution semble en partie différente de celle plus sévère adoptée par la Cour de cassation au sujet de la Commission des opérations de bourse (aujourd'hui AMF, Cass. ass. plén., 5 févr. 1999, *COB c/ Oury*) et du Conseil de la concurrence (aujourd'hui Autorité de la concurrence, Cass. com., 5 oct. 1999, *SNC Campenon-Bernard et autres, EDCE* 2000, p. 34).

Mais la lecture en séance publique ne constitue pas un principe général du droit pour les juridictions administratives en général (CE, 22 nov. 1985, *Benamour, RFDA* 1986, p. 874, à propos des décisions des commissions départementales des handicapés).

3. La forme de l'arrêt

L'arrêt contient tout d'abord la formule « Au nom du peuple français », puis viennent les visas qui indiquent les noms et demeures des parties, les pièces de procédure et les moyens et conclusions y figurant, les textes appliqués. Les considérants ou motifs constituent l'exposé des raisons qui ont amené le juge à prendre la décision (art. L. 9 CJA). Le dispositif constitue la décision elle-même, divisée en articles. Les décisions sont notifiées par les soins du secrétariat aux personnes présentes ou appelées à l'instance ainsi qu'aux ministres intéressés. Les tiers peuvent obtenir une copie de la décision (CE, 27 juill. 1984, *Assoc. SOS Défense, AJDA* 1984, p. 540).

Le juge peut infliger à l'auteur d'une requête qu'il estime « abusive » une amende dont le montant ne peut excéder 3 000 € (art. R. 741-12 CJA).

Section 3 › LES VOIES DE RECOURS

§ 1 - Les voies de réformation

A. L'appel

Cette voie de recours a, depuis 1953, une importance considérable, puisque les tribunaux administratifs sont devenus des juges de droit commun dont les décisions ne peuvent faire que l'objet d'un appel devant le Conseil d'État et aujourd'hui, en principe, devant la cour administrative d'appel. Mais certaines décisions considérées comme peu importantes ne peuvent faire l'objet d'un appel.
Comme il s'agit souvent des mêmes décisions qui peuvent être jugées par un juge unique (v. p. 264, 276) il nous semble que, dans certains cas, l'affaire qui ne peut faire que l'objet d'un recours en cassation est insuffisamment étudiée au fond. Sur tous ces points, voir l'important dossier sur l'appel en contentieux administratif (*AJDA* 2006, p. 1307 et s.).

1. Le recours

• Il est ouvert aux seules parties dans le délai de deux mois ;

• L'appel doit porter contre le dispositif de la décision et les motifs qui le soutiennent. L'appelant principal ne peut conclure qu'à l'annulation de la partie qui lui fait grief ;

• L'appel pour le demandeur en première instance, ne peut comporter ni demande nouvelle, ni moyen nouveau (difficile à interpréter). Toutefois, lorsque l'étendue réelle des conséquences dommageables d'un même fait n'est connue que postérieurement au jugement de première instance, la partie requérante est recevable à augmenter en appel le montant de ses prétentions par rapport au montant de l'indemnité demandée devant les premiers juges (CE, S., 8 juill. 1998, *Dépt de l'Isère*, *RFDA* 1998, p. 1067 ; v. aussi CE, 31 mai 2007, *M. Herbeth*, *AJDA* 2007, p. 158, confirmé par CE, 20 oct. 2000, *Citécable Est*).

• En revanche, l'ancien défendeur en première instance, même devenu appelant reste libre de ses moyens ;

• L'appel **incident** permet à l'adversaire de l'appelant principal non seulement de conclure au rejet de l'appel, mais aussi à la réformation du jugement en tant qu'il a donné partiellement satisfaction à son adversaire.
En ce qui concerne la demande de sursis (en appel) d'une décision juridictionnelle de première instance, les règles sont les suivantes :
– **Le sursis peut être ordonné en appel** dès lors que l'exécution du jugement de première instance risque d'exposer l'appelant à la perte définitive d'une somme d'argent (p. ex. : l'administration a été condamnée à payer de l'argent à une personne qui risque de devenir insolvable) ;
– **Pour que le sursis à exécution d'un jugement d'annulation** pour excès de pouvoir soit ordonné, il suffit que les moyens invoqués soient sérieux ;
– Sur la demande de sursis à exécution par le juge d'appel (CE, 6 juill. 2007, *AJDA* 2007, p. 1382).

2. Les effets de l'appel

L'appel en matière administrative n'a pas et sauf rares exceptions d'effet suspensif, mais le sursis peut être accordé, (en ce qui concerne les particularités de l'appel en matière de sursis à exécution, v. ci-dessus).

Le juge d'appel dispose de certains pouvoirs importants :

– **Effet dévolutif de l'appel** : le juge d'appel est saisi de l'ensemble du litige qu'il jugera à nouveau avec les mêmes pouvoirs que le juge de première instance. Il est saisi de tous les moyens et conclusions soumis au juge de première instance.

– **L'évocation** : lorsque le juge d'appel annule le jugement de première instance il peut, dans certains cas, y avoir « évocation » : cas p. ex. lorsque le premier juge n'a pas statué sur le fond (jugement d'incompétence, omission de statuer etc.). Le juge d'appel peut alors évoquer le litige sans y être contraint et si l'affaire est en état d'être jugée.

De plus en plus le juge d'appel s'affirme pleinement comme juge du litige. Le juge d'appel assure lui-même le rejugement du litige. Le renvoi de l'affaire est rare. Cette faculté de renvoi existe surtout en cas d'évocation. Mais ces hypothèses se sont raréfiées (v. la définition de l'office du juge d'appel par le Conseil d'État).

B. Le recours en cassation

Il ne s'agit pas d'un nouveau degré de juridiction ; mais, comme en matière civile, ce recours tend à vérifier la conformité au droit d'un jugement en dernier ressort.

1. Le recours

– est ouvert, même sans texte, contre les décisions de toutes les juridictions administratives statuant en dernier ressort ;

– est ouvert aux seules parties dans les 2 mois : il est toujours formé par un avocat ;

– n'a pas d'effet suspensif ; toutefois le Conseil d'État peut ordonner le sursis (CE, 28 mars 2007, *Mme Lajoie et autres*, *AJDA* 2007, p. 716 ; v. aussi CE, 24 avr. 2007, *Centre d'exportation du livre français*, *AJDA* 2007, p. 1299).

La loi du 31 décembre 1987 avait prévu que le pourvoi en cassation pouvait faire l'objet d'une procédure d'admission devant une commission d'admission des pourvois en cassation. Le décret du 24 décembre 1997 simplifie la procédure, la commission d'admission est supprimée, et le président de chaque sous-section juge de la suite procédurale à donner à l'affaire.

– les moyens du recours sont identiques à ceux du recours pour excès de pouvoir (incompétence, vice de forme, violation de la loi) mais exclusion du détournement de pouvoir (CE, 6 mars 1953, *Abbé Giloteaux*, p. 117).

2. Les pouvoirs du juge de cassation

• Le contrôle des faits est moins large en matière de cassation qu'en matière de recours pour excès de pouvoir : le juge de cassation contrôle en principe l'exactitude matérielle des faits, l'erreur de droit, la dénaturation des faits, leur qualification **juridique** mais il laisse de façon souveraine **l'appréciation des faits** au juge du fond. Mais les distinctions entre appréciation et qualification des faits sont très subtiles et la jurisprudence n'est pas très claire pour le moment. Ainsi il a été jugé en matière de travaux publics que le juge du fond apprécie seul le « défaut d'entretien normal » mais l'appréciation de caractère exceptionnellement dangereux d'un ouvrage relève du juge de cassation (CE, 26 juin 1992, *Cne de Bethoncourt*, 5 juin 1992, *Min. Équip. et logt, AJDA* 1992, p. 650 et s. ; v. aussi, CE, 5 juill. 1991, *Sté de fait Couderc, EDCE* 1991, p. 145 ; 19 avr. 1991, *Sarl Cartigny*, p. 163). La jurisprudence en la matière est aujourd'hui très abondante.

On se bornera à ajouter quelques exemples importants qui sont loin d'être exhaustifs. Dans un important arrêt *Salva-Coudert*, le Conseil d'État apprécie l'« utilité publique » d'une expropriation (CE, S., 3 juill. 1998, *AJDA* 1998, p. 792). Dans un arrêt du 11 juin 1999, il a considéré comme une qualification juridique des faits soumis à son contrôle : le caractère disproportionné aux nécessités de la sûreté publique de l'atteinte qu'une décision d'expulsion porte au droit d'un étranger au respect de la vie privée et familiale (*Ministre de l'Intérieur c/ M. Mouhaden*) ; la nécessité impérieuse pour la sécurité publique que constitue l'expulsion d'un étranger (*M. Cherfa*) ; le caractère de faute d'une gravité suffisante pour justifier le licenciement d'un salarié protégé (*Mme Chicard*) ; le caractère justifié du licenciement pour motif économique d'un salarié protégé au regard de la situation d'une entreprise (*M. Prouvost*) ; si un licenciement par perte de confiance d'un salarié est justifié par les faits (*Sté Les Grands Moulins de Strasbourg, AJDA* 1999, p. 840- 843).

Si normalement l'arrêt de cassation a une autorité relative de chose jugée, il en va autrement lorsque le juge annule une décision ayant l'autorité absolue de chose jugée (CE, S., 30 sept 2005, *Cne de Beausoleil, AJDA* 2005, p. 1871).

En cas de pluralité de motifs et surtout saisie d'une décision d'annulation rendue en excès de pouvoir, si l'un des motifs justifie le dispositif, le juge de cassation peut procéder à la censure des motifs erronés sans pour autant accueillir le pourvoi (CE, S., 22 avr. 2005, *Cne de Barcarès, AJDA* 2005, p. 16321).

• **Le Conseil d'État rejette ou casse la décision.** Dans ce dernier cas, depuis la loi du 31 décembre 1987, il peut soit renvoyer l'affaire devant la même juridiction statuant (sauf impossibilité) dans une autre formation, soit renvoyer l'affaire devant une autre juridiction de même nature, soit enfin, juger lui-même l'affaire. En cas de deuxième pourvoi, le Conseil statue définitivement.

Après premier renvoi, la juridiction subordonnée est tenue de se plier au point de droit jugé par le Conseil d'État (CE, 8 juill. 1904, *Botta, S.* 1905.3.81).

Depuis la réforme de 1987, le Conseil d'État devient de plus en plus un juge de cassation.

• Le contentieux de la cassation s'est encore enrichi depuis le 1er janvier 2001 des pouvoirs en cassation contre les mesures de référé-suspension prises par les tribunaux administratifs (v. p. 262 et s.) (ex. : CE, 15 mai 2001, *Min. Éco. et Fin., EDCE* 2002, p. 249).

Mais la suspension d'une décision juridictionnelle sur le fond ne peut être demandée en cassation (CE, 29 déc. 2008, *M. Kierzowski-Chatal, AJDA* 2008, p. 247).

Le juge de cassation peut être saisi de conclusions tendant à l'homologation d'une transaction (CE Ass., 1er juill. 2008, *Sté Krupp Hazemag, AJDA* 2008, p. 1588).

§ 2 - Les voies de rétractation

Elles sont portées devant la juridiction qui a statué. Il existe certaines voies de rétractation devant le Conseil d'État.

A. Opposition

La personne qui n'a pas fait acte de défendeur peut demander au juge de statuer à nouveau, cette fois en sa présence. Délai de 2 mois. Elle est ouverte aussi devant les cours administratives d'appel.

B. Tierce opposition

Voie de droit ouverte à la partie ni appelée ni représentée à l'instance ; il n'y a pas de condition de délai. C'est la seule voie de rétractation ouverte devant les TA. Elle existe aussi devant les cours administratives d'appel.

C. Recours en révision

Il n'est ouvert que dans des cas limitativement énumérés par les textes : décision rendue au vu d'une pièce fausse, pièce décisive retenue par l'adversaire, violation des règles essentielles de procédure, omission de répondre à un moyen (CE, S., 29 mars 2000, *GIE Groupe Victoire, AJDA* 2000, p. 419 et s.).

D. Recours en rectification d'erreur matérielle

Il est ouvert contre les décisions prises à la suite d'une erreur matérielle susceptible d'avoir influencé le jugement (ex. : erreur dans un décompte de voix). Ce recours existe aussi devant les cours administratives d'appel.

Chapitre 3 › LES DIFFÉRENTS RECOURS CONTENTIEUX

Notion : *il s'agit essentiellement du* ***recours pour excès de pouvoir****, par lequel le requérant demande au juge administratif de contrôler la légalité d'un acte administratif.*

Section 1 › CLASSIFICATION DES RECOURS CONTENTIEUX

§ 1 - Classification traditionnelle

La classification traditionnelle se réfère essentiellement aux pouvoirs du juge.

• Le requérant demande au juge de reconnaître l'illégalité d'une décision administrative et d'en prononcer l'annulation : **contentieux de l'annulation** (le type principal est le recours pour excès de pouvoir).

• Le requérant demande au juge d'utiliser l'ensemble de ses pouvoirs juridictionnels et même de prononcer des condamnations pécuniaires : **contentieux de pleine juridiction** (essentiellement contentieux des contrats et de la responsabilité).

• Un tribunal judiciaire en présence d'une question préjudicielle, ou une partie directement, demande au juge d'interpréter un acte administratif obscur ou d'apprécier la légalité d'un acte administratif : **contentieux de l'interprétation ou d'appréciation de légalité**.

• Dans certains cas, le juge est compétent pour condamner pénalement les personnes ayant commis certaines infractions (contraventions de voirie sur le domaine public) : **contentieux de la répression**.

§ 2 - Classification en recours objectif et subjectif

Cette classification se fonde sur la nature propre de la situation juridique qui fonde le recours.

A. Critère de la distinction

• Il y a contentieux subjectif lorsque **le requérant demande au juge de résoudre une question de droit subjectif**, lui demande de rechercher si un acte ou un agissement a porté atteinte à une situation juridique subjective (contrat, p. ex.).

• Il y a contentieux objectif **lorsque le requérant demande au juge de résoudre une question de droit objectif**, lui demande de rechercher si une règle de droit a été méconnue ou s'il a été porté atteinte à des droits faisant partie d'une situation générale et impersonnelle.

B. Intérêt de la distinction

• Les recours objectifs sont plus largement ouverts.

• Autorité de chose jugée absolue dans les recours objectifs.

• Les recours objectifs ne sont utilisés que lorsque le litige met en cause une situation objective.

C. Répartition des recours

• **Le contentieux objectif** comprend :
– les recours en annulation ;
– les recours en appréciation de légalité ;
– la plupart des recours en cassation ;
– le contentieux fiscal ;
– le contentieux électoral.

• **Le contentieux subjectif** comprend :
– le contentieux des contrats ou quasi-contrats ;
– le contentieux de la réparation (responsabilité).

Le contentieux de l'interprétation est tantôt subjectif, tantôt objectif, selon la nature de l'acte à interpréter.

§ 3 - Distinction du recours pour excès de pouvoir et du recours de pleine juridiction

Il s'agit là en fait des deux catégories essentielles de recours, qu'il est nécessaire de distinguer.

Objet : dans le recours pour excès de pouvoir, le requérant estime que la décision administrative est illégale et qu'elle a violé une règle de droit générale et impersonnelle. Il demande au juge de l'annuler. Dans le recours de pleine juridiction, la question posée porte sur l'existence ou l'étendue d'une situation juridique individuelle subjective. Le requérant conteste la portée ou la conséquence d'un acte juridique (contrat) ou d'une opération matérielle.

Distinction :
– dans le recours pour excès de pouvoir, le **juge apprécie seulement la légalité de l'acte et l'annule** s'il est illégal ;
– dans le recours de pleine juridiction, le **juge analyse tous les éléments de droit et de fait** : il peut le cas échéant, condamner l'administration.

Régimes juridiques :
– le recours pour excès de pouvoir est **largement ouvert** (suffit d'un intérêt à l'annulation), pour le recours de pleine juridiction, il faut un droit violé ;
– possibilité de joindre à un recours de pleine juridiction des conclusions à fin d'annulation, mais l'inverse n'est pas possible ;
– le recours pour excès de pouvoir qui défend le respect de la légalité **bénéficie d'avantages d'ordre procédural** : dispense d'avocat, frais réduits ;
– l'annulation en matière d'excès de pouvoir a effet *erga omnes* : en matière de plein contentieux, le jugement se limite aux parties au litige.

La distinction entre les deux contentieux était autrefois très tranchée. Il y avait réellement une « dichotomie » des contentieux. Mais peu à peu, des discussions doctrinales se sont ouvertes ; par ailleurs certains auteurs ont estimé qu'il y aurait absorption d'un contentieux par l'autre (ou inversement). Mais si on s'en tient au problème essentiel – la question posée au juge – et non les pouvoirs qui lui sont conférés, la différence subsiste nettement (v. F. Blanco, *Pouvoirs du juge*, PUAM, coll. CRA, 2010, avant-propos B. Stirn ; préface J.-M. Pontier ; pour une étude plus détaillée voir « Le plein-contentieux et ses faux-semblants », Chron. gén. jp administrative D. Botteghi et A. Lallet, *AJDA* 2011, p. 156 et s.).

Section 2 › LE RECOURS POUR EXCÈS DE POUVOIR (RPEP)

Définition : le RPEP est un recours par lequel le requérant demande au juge administratif de contrôler la légalité d'une décision administrative et d'en prononcer l'annulation si elle est illégale.

C'est le recours le plus important, le plus connu, le plus original du droit administratif français. Il a été essentiellement l'œuvre du Conseil d'État avant même d'être consacré par les textes.

§ 1 - Développement historique

A. De 1789 à 1864

- **Origine modeste :** il se ramène initialement à la procédure destinée à trancher les difficultés de compétence entre deux administrateurs et le chef de l'État intervient pour trancher le conflit.
- **Fondement incertain :** le RPEP n'est rattaché à aucun texte avant 1830. Puis on redécouvre la loi des 7-14 octobre 1790 relative aux réclamations d'incompétence dirigées contre les corps administratifs.
- **Moyens d'annulation réduits :** au début, les recours sont limités à l'incompétence, puis on y ajoute le vice de forme. Vers la fin de cette période, s'ajoute le détournement de pouvoir (CE, 1864, *Lesbats*). Mais, en principe, on ne contrôle que la forme extérieure des actes.

B. De 1864 à 1900

Développement considérable du recours.

- **Fondement assuré par les textes :** la loi du 24 mai 1872 confère au Conseil d'État, en même temps que la justice déléguée, la possibilité de statuer souverainement sur les demandes d'annulation pour excès de pouvoir formées contre les actes des diverses autorités administratives.
- **Simplification de la procédure :** le décret du 2 nov. 1864 dispense le recours du ministère d'avocat et des frais de justice.

• **Admission de plus en plus large des moyens d'annulation :** le juge admet le recours pour violation de la loi et des droits acquis ; il contrôle donc la légalité interne ; nécessité toutefois d'une atteinte à un droit.

C. De 1900 à nos jours

Il y eut élargissement considérable du RPEP et une soumission de plus en plus étroite de l'administration au juge.

• **Extension de la notion de légalité** : elle ne comprend pas seulement les textes, mais les principes généraux du droit, la jurisprudence du Conseil d'État.

• **Élargissement des cas d'ouverture** : abandon de la nécessité de la violation d'un droit acquis, il suffit d'une simple violation de la loi (CE, 1906, *Alcinor*).

• **Conditions de recevabilité moins sévères**
À partir de 1900 on peut faire un recours contre une décision implicite de rejet ; les conditions de délai s'assouplissent ; le recours devient possible contre toute décision unilatérale ; les notions d'actes de gouvernement et de recours parallèle voient leur champ d'application se réduire. La notion d'intérêt requis pour former un recours s'assouplit.

• **Accroissement des pouvoirs du juge**
Il examine de plus en plus largement les faits : matérialité des faits, appréciation, qualification.

• **Caractère de recours de droit commun du RPEP**, en absence de tout texte.

• **Double degré de juridiction** depuis 1953 ; il relève, en principe, en premier ressort du tribunal administratif avec appel au Conseil d'État.

§ 2 - Caractères

• **Recours contentieux :** s'il est issu du **recours hiérarchique**, il est devenu peu à peu et surtout depuis 1872, un véritable recours juridictionnel ; il garde cependant des traces de son ancien caractère hiérarchique.

• **Recours de droit commun :** il n'est pas besoin de texte pour faire un RPEP et il subsiste même lorsqu'un texte exclut « tout recours » (CE, 17 févr. 1950, *Dame Lamotte*, p. 110) sauf s'il exclut expressément le RPEP.

• Fait partie du **contentieux de la légalité** ; le recours est fondé sur la violation de la règle de droit ; toutefois, la notion de légalité prend ici un sens très large puisque le Conseil d'État crée lui-même des règles de droit (v. *supra*).

• Fait partie du **contentieux objectif** : le RPEP **est un procès fait à un acte, non à une personne** ; il tend à la sanction d'une règle de droit et non à la reconnaissance d'un droit subjectif ; ces notions sont toutefois fortement critiquées à l'heure actuelle.

• **Recours en annulation** : il se définit par le fait que le particulier demande une annulation ; peu importe en pratique que le résultat soit l'accomplissement d'une prestation administrative, **pourvu que le requérant ne demande pas au juge de l'ordonner** :

Ex. : refus d'indemnité à un fonctionnaire ; la demande d'annulation du refus est un RPEP (CE, 8 mars 1912, *Lafage*, p. 348).

§ 3 - Conditions de recevabilité

A. Actes

1. Il faut qu'il s'agisse d'un acte administratif

Exclusion :

– actes **des autorités étrangères, actes législatifs, actes parlementaires** ;

– actes des personnes privées à moins que les décisions émanent d'organismes privés chargés de l'exécution d'un service public et comportent l'emploi de prérogatives de personne publique (v. *supra*) (CE, *Monpeurt* 1942, *Magnier* 1961, *op. cit.*).

2. Exclusion de certains actes administratifs

Exclusion :

– actes de gouvernement (v. *supra*, p. 235 et s.) ;

– décisions relatives au domaine privé ayant un caractère purement individuel ;

– actes faits par les autorités administratives en application de la jurisprudence relative aux rapports de droit privé (CE, 1954, *El Hamidia*, *op. cit.*) ;

– **contrats administratifs** (jurisprudence traditionnelle : CE, 4 août 1905, *Martin*, p. 749), **sauf les actes détachables** (v. p. 289).

3. Mesure devant faire grief

Le problème est très délicat, en principe ne font pas grief :

– les circulaires, instructions de service sans caractère impératif (v. p. 56 et s.). Le problème des directives est plus complexe (sur tous ces points v. p. 58 et s.) ;

– les mesures d'ordre intérieur généralement de minime importance ; mais on sait que cette catégorie, si elle ne disparaît pas, se rétrécit (v. p. 56 et s.) ;

– les avis purement consultatifs, les projets, les vœux, les mesures préparatoires (p. ex. une mesure d'information), les mesures d'exécution qui n'ajoutent rien de nouveau, le rappel de mesures antérieures (v. p. ex. nécessité d'un « avis favorable » avant décision). L'avis ne peut être directement attaqué (CE, Ass., 26 oct. 2001, *Eisenchteter, EDCE* 2002, p. 23) ;

– les mises en demeure ne font pas grief en principe mais certaines mises en demeure, ressemblant à de véritables décisions peuvent faire grief (CE, 5 janv. 1991, *Conf. nat. Assoc. familiales catholiques, AJDA* 1991, p. 351).

La jurisprudence reste subtile (ex. : est susceptible de recours la décision de faire fleurir la tombe du maréchal Pétain le 11 novembre : CE, 27 mars 2000, *Assoc. Comité Tous Frères, RFDA* 2001, p. 248).

Les mesures purement pécuniaires qui ne pouvaient faire grief autrefois peuvent faire grief aujourd'hui (CE, 6 nov. 2002, *Mme Soulier, EDCE* 2003, p. 28).

– **Autres ex :** ne font pas grief, les recommandations de la commission des clauses abusives (CE, 16 janv. 2006, *AJDA* 2006, p. 828), la délibération d'approbation d'une carte communale (CE, avis 28 nov. 2007, *Mme Flory, AJDA* 2007, p. 2287) les avis de la CRCI (Commission régionale de conciliation et d'indemnisation, CE, 20 oct. 2007,

Sachat, *AJDA* 2007, p. 2328). En revanche, peut être censurée la décision de refus de l'administration selon une procédure qu'elle a elle-même déterminée (CE, 5 oct. 2005, *Sté Endymis*, *AJDA* 2006, p. 429).
Une décision juridictionnelle qui rejette les conclusions comme portées devant une juridiction incompétente pour en connaître fait grief (CE S., 17 juill. 2009, *Min. de l'Économie*, concl. J.-P. Thiellay, *AJDA* 2009, p. 2407).
La décision d'exclure un enfant d'une cantine et d'une garderie fait grief.

B. Requérant

Le requérant doit avoir la **capacité d'ester en justice** ; en outre il faut un **intérêt personnel** à agir, notion complexe en matière de RPEP.

1. Généralités

Le RPEP dont l'objet est de faire constater une illégalité devrait théoriquement être ouvert à n'importe qui, n'importe quand ; **il serait logique de faire du recours une action populaire**. En fait, pour des raisons pratiques, cette conception n'a pas prévalu.
Au contraire, le Conseil d'État était autrefois extrêmement sévère dans l'appréciation de l'intérêt justifiant le recours.
Cette sévérité s'est largement atténuée, mais le RPEP n'est pas devenu une action populaire. Le juge a choisi la voie moyenne, celle de **l'intérêt froissé** : pour que l'action du requérant soit recevable, il faut qu'il ait un intérêt direct et suffisant à l'annulation. Mais cette notion reste **très empirique**.

2. Caractère de l'intérêt requis

a) L'intérêt peut être matériel ou moral

Ex. d'intérêt moral : d'une association d'anciens élèves à la défense du prestige de l'école par laquelle ils sont passés (CE, *Assoc. Anc. élèves polyt.* 1949, p. 230).

b) L'intérêt peut être individuel, collectif ou public

- **Intérêt individuel**

La conception était restrictive à l'origine : seules les personnes visées par l'acte pouvaient faire un recours ; aujourd'hui, peuvent faire un recours mêmes les personnes non directement visées par l'acte (ex. propriétaire contre permis de construire accordé à l'immeuble voisin). Mais il y a des limites : un propriétaire de salle de cinéma ne peut attaquer, en tant que tel, un permis de construire accordé à un autre propriétaire de salle de cinéma (CE, 18 mars 1987, *Sté albigeoise de spectacles*, *AJDA* 1987, p. 366). **En matière de fonction publique**, les personnes titulaires d'un diplôme peuvent attaquer la nomination d'une personne à un emploi réservé aux titulaires de ce diplôme (CE, 11 déc. 1903, *Lot*, p. 780). Les personnes participant à un concours peuvent attaquer la nomination à un emploi pourvu par ce concours. De façon générale, les fonctionnaires ont qualité pour attaquer les nominations illégales faites dans l'administration à laquelle ils appartiennent lorsque ces nominations peuvent leur causer un préjudice de carrière. L'intérêt individuel ne peut être invoqué que par la personne elle-même ; toutefois, le groupement auquel cette personne appartient peut intervenir à l'instance.

• **Intérêt collectif**

– **Défense de l'intérêt collectif par l'individu** : les contribuables locaux peuvent attaquer les mesures ayant une répercussion sur le montant de leur imposition (contribuables communaux : CE, 29 mars 1901, *Casanova,* p. 333 ; contribuables départementaux : CE, 27 janv. 1911, *Richemond,* p. 105) ; les campeurs éventuels peuvent attaquer une réglementation municipale en matière de camping (CE, 14 févr. 1958, *Abisset,* p. 98) ; un hôtelier a intérêt à attaquer un arrêté ministériel modifiant la date des vacances scolaires (CE, 28 mai 1971, *Damasio, AJDA* 1971, p. 431) ; un électeur peut avoir intérêt à attaquer les actes relatifs à l'organisation d'un référendum (CE, 19 oct. 1967, *Brocas,* p. 553). Toutefois, limites, un contribuable de l'État n'est pas admis à attaquer les décisions de nature financière prises par les autorités centrales ; un agent immobilier ne peut attaquer, en tant que tel, un permis de construire ; un parlementaire ne peut attaquer, en tant que tel, une mesure prise par le gouvernement (CE, 27 févr. 1987, *Noir, AJDA* 1987, p. 364) ; un conseiller régional n'a pas un intérêt personnel suffisamment certain et direct pour demander l'abrogation de divers articles du nouveau Code de procédure civile (CE, 5 juill. 2000, *Tête, RFDA* 2000, p. 1147).

– **Défense de l'intérêt collectif par un groupement** : en ce qui concerne la fonction publique, le statut permet aux organisations syndicales de se pourvoir devant les juridictions compétentes contre les actes réglementaires concernant le statut du personnel et contre les décisions individuelles portant atteinte aux droits collectifs des fonctionnaires. Plus généralement les groupements (syndicat, association), peuvent attaquer les décisions administratives **qui lèsent l'intérêt de l'ensemble** (CE, 18 déc. 1906, *Synd. des patrons coiffeurs de Limoges,* p. 977) ou même éventuellement d'une fraction de leurs membres (la Fédération autonome des Syndicats de police peut attaquer un décret concernant le statut particulier du corps des gradés et gardiens de la paix : CE, 21 juill. 1972, *Union interfédérale des Syndicats* p. 481) : mais en principe une fédération nationale de syndicats ne peut agir quand l'intérêt d'un seul syndicat est en jeu. La Confédération des artisans ne peut défendre les seuls intérêts du Syndicat des artisans de la Vendée (CE, 9 juin 1995, *Confédération de l'artisanat, RFDA* 1995, p. 844).

L'intérêt collectif peut être une atteinte à leurs biens, à leurs statuts, une atteinte aux objectifs du groupement (ex : le syndicat du personnel d'Air France peut se pourvoir contre une décision concernant l'activité de cette entreprise et pouvant entraîner une réduction de ses effectifs : CE, 1965, *Synd. cadres Air France* p. 398).

Il peut s'agir aussi d'une décision de caractère **individuel** portant préjudice à l'ensemble du groupement (une mesure de nomination ou d'avancement d'un fonctionnaire qui lèse collectivement tous ceux qui ont vocation à en bénéficier, peut être attaquée par le groupement, mais non pas un refus de nomination ou de révocation). Cette jurisprudence a été un peu assouplie (CE, 25 juin 1972, *Synd. métaux CFDT, AJDA* 1972, p. 480) : un syndicat peut faire appel d'une décision du TA annulant une décision d'un directeur départemental rejetant une demande d'autorisation de licenciement de neuf salariés ; mais la jurisprudence reste prudente : les syndicats ne peuvent attaquer la révocation du directeur de l'ORTF (CE, 4 nov. 1977, *Synd. nat. des journalistes ORTF, AJDA* 1978, p. 111). Une association de consommateurs ne peut attaquer un décret nommant le président de la commission de la concurrence (CE, 20 nov. 1981, *Schwartz et Martin, AJDA* 1981, p. 102).

La requête d'un syndicat (syndicat de la magistrature) contre l'attribution de nouvelles compétences aux cours administratives d'appel est recevable (CE, 28 déc. 2005, *Union syndicale des magistrats administratifs, AJDA* 2006, p. 940) mais non pas celle d'une commune tendant à l'annulation d'une décision du préfet accordant son agrément à une association œuvrant principalement pour l'environnement (CE, S., 13 déc. 2006, *Cne d'Issy-les-Moulineaux, AJDA* 2007, p. 367).

– La jurisprudence, très subtile en cette matière, et dans l'ensemble de plus en plus favorable au requérant, tend à concilier le principe que « nul ne plaide par procureur » et le fait que les associations et les syndicats ont pris de plus en plus d'importance et qu'il importe de leur permettre de défendre leurs membres (CE, 22 déc. 1982, *Cté central d'entreprise*, p. 436). D'ailleurs, des groupements peuvent toujours **intervenir** à l'instance ouverte par le requérant.

Intérêt à agir d'une association de défense de « la protection de l'environnement et de la qualité de la vie » en matière d'urbanisme (CE, 11 juill. 2008, *Assoc. regroupement, AJDA* 2008, p. 2190). En revanche, en l'espèce, absence d'intérêt à agir d'une association contre l'attribution d'une concession (CE, 17 déc. 2008, *Sté d'exploitation, AJDA* 2009, p. 502).

Une association de militaires n'a pas intérêt à agir (pour une exception d'inconstitutionnalité), la possibilité d'agir est incompatible avec les règles de la discipline militaire (CE S., 11 déc. 2008, *Assoc. de défense, RFDA* 2009, p. 183).

- **Intérêt public**

– **Les autorités décentralisées peuvent faire un recours contre les actes des autorités de tutelle** (CE, 7 juin 1902, *Maire de Néris-les-Bains*, p. 275), ou les autorités de tutelle contre les actes des autorités décentralisées, si elles ne disposent pas d'autres moyens ;

– **Exclusion** toutefois des recours dans les rapports entre autorités hiérarchisées ; les fonctionnaires ne peuvent contester les mesures d'organisation du service tant que celles-ci ne portent pas atteinte à leur statut. Le principe de la hiérarchie exclut le recours. Inversement les autorités supérieures ne peuvent faire des recours contre les actes des autorités inférieures car elles peuvent les annuler directement.

C. Recours parallèle

Définition : on dit qu'il y a recours parallèle lorsque le requérant dispose dans le même litige d'une autre voie de recours que le RPEP.

1. Évolution

– On a longtemps estimé que le RPEP avait un caractère subsidiaire, qu'il s'agissait d'une ultime voie de droit ouverte aux justiciables. **L'existence d'un autre recours quelconque rendait le RPEP impossible.**

– **Cette fin de non-recevoir** tirée de l'existence d'un recours parallèle s'est largement **atténuée** lorsque le RPEP est devenu un recours de droit commun. Mais la fin de non-recevoir tirée de l'existence d'un recours parallèle n'a pas entièrement disparu ; si on ne se fonde plus sur le caractère subsidiaire du RPEP on se fonde maintenant sur l'idée de **respect des compétences** à l'intérieur de la juridiction administrative. Admettre le RPEP en toute hypothèse entraînerait à vider de leur substance toutes les autres voies de recours.

– Interprétée de cette façon, la fin de non-recevoir a encore perdu de son importance, depuis la réforme du contentieux administratif (1953) ; les tribunaux administratifs sont devenus juges de droit commun si bien que le problème du respect des compétences se pose de moins en moins.

2. Conditions de mise en œuvre

a) Devant la même juridiction, la répartition des compétences n'est pas en jeu et **la fin de non-recevoir ne joue pas en principe**. Cependant, le respect de la distinction des contentieux s'impose et, en principe, il n'est pas possible de faire un recours pour excès de pouvoir dans les matières de plein-contentieux telles que le contentieux des contrats, des élections, des immeubles menaçant ruine. Mais il en va différemment en matière de contentieux des indemnités de fonctionnaire où celui-ci peut présenter un recours pour excès de pouvoir (CE, 8 mars 1912, *Lafage*, p. 348).

b) Devant des juridictions différentes, la fin de non-recevoir peut jouer à condition que le requérant dispose d'une **action directe**, constituant un véritable recours juridictionnel procurant le même résultat que le recours pour excès de pouvoir.

c) Même dans les hypothèses où la fin de non-recevoir devrait jouer normalement, elle ne joue pas pour les actes **détachables**. Les problèmes sont particulièrement importants en **matière contractuelle** et en **matière électorale**.

• En ce qui concerne **les contrats** s'il n'est pas possible de faire un recours pour excès de pouvoir contre le contrat lui-même, le recours pour excès de pouvoir est possible contre les actes préparatoires (délibération d'un conseil municipal décidant la conclusion d'un contrat : CE, 4 août 1905, *Martin*, p. 749 ; décision excluant une classe d'un contrat d'association : CE, 28 avr. 2006, *École active bilingue Jeannine Manuel, RFDA* 2006, p. 637 ; ou interdiction de participer à un appel d'offre). De plus, si le contrat a en réalité un aspect « réglementaire » le juge admet le recours (CE, Ass., 10 juill. 1996, *Cayzeele, AJDA* 1996, p. 807 ; v. aussi CE, S., 30 oct. 1998, *Ville de Lisieux, RFDA* 1998, p. 1273).

Mais dans un arrêt d'une **importance fondamentale**, le Conseil d'État, en Assemblée du contentieux, est allé nettement plus loin (CE, Ass., 16 juill. 2007, *Sté Tropic travaux signalisation, AJDA* 2007, p. 1577, Chron. Lenica et Boucher). Le juge ouvre un recours direct contre les contrats publics, au moins aux concurrents évincés de la signature de ces contrats. Il prive en même temps d'effet rétroactif ce changement fondamental de jurisprudence. Cet arrêt a fait l'objet de nombreux commentaires.

Dès lors que les clauses réglementaires d'un contrat sont par nature divisibles de l'ensemble du contrat, une CAA commet une erreur de droit en déclarant les clauses indivisibles du contrat. Ces clauses peuvent être contestées devant le juge de l'excès de pouvoir (CE, 31 juill.2009, *Sté Les Sables d'or, AJDA* 2010, p. 895).

Cet arrêt a été confirmé et les pouvoirs du juge élargis par l'arrêt *Commune de Béziers* (CE S., 28 déc. 2009, *AJDA* 2009, Chron. jp p. 143 et s., *GAJA*, 18e éd., n° 118) ; recours de plein-contentieux pour les parties contestant la validité d'un contrat, le juge pourra soit décider la poursuite des relations contractuelles, soit prononcer éventuellement avec effet différé la résiliation du contrat ; par ailleurs, en ce qui concerne le contrat et son exécution, si on peut relever une irrégularité tenant au caractère illicite du contrat, le contrat peut être annulé. Les conséquences de cette jurisprudence sont nombreuses.

L'arrêt *Commune de Béziers* a été récemment commenté et complété par d'autres arrêts en précisant la portée (en particulier CE, 12 janv. 2011, *Manoukian, AJDA* 2011, p. 71 et *Sté des autoroutes du Nord et de l'Est de la France, AJDA* 2011, p. 72). Sur les liens avec l'exécution du contrat v. CE, 21 févr. 2011, *Sté Ophrys, AJDA* 2011, p. 356. Le contentieux des contrats est en pleine évolution (v. important dossier, *AJDA* 2011, p. 308 et s : « Contentieux des contrats publics »).

• En **matière électorale**, lorsqu'il s'agit d'**élections administratives** (p. ex. conseil municipal, conseil général etc.) peuvent être considérés comme détachables les actes réglementaires préliminaires (CE, 7 août 1903, *Chabot, S.* 1904.3.I, note Hauriou). En matière d'**élections politiques et de référendum**, le Conseil d'État a longtemps été très restrictif. Depuis quelques années sa jurisprudence en matière d'acte détachable s'est fortement développée (CE, 12 mars 1993, *Union nat écol., RFDA* 1993, p. 632). Mais, tenant compte de la nouvelle jurisprudence du Conseil constitutionnel, le Conseil d'État a fait marche arrière (CE. Ass., 1er sept. 2000, *Hauchemaille, Meyet..., RFDA* 2000, p. 988 ; CE, S., 14 sept. 2001, *AJDA* p. 858).

§ 4 - Les cas d'ouverture

Définition : on appelle cas d'ouverture ou moyens d'ouverture (ou d'annulation) les différentes catégories d'irrégularités dont la constatation entraînera l'annulation.

• **Classification traditionnelle**

La classification d'origine historique, suivant le développement de la jurisprudence du Conseil d'État distingue : incompétence, vice de forme, violation de la loi, détournement de pouvoir.

Critiques : elle ne tiendrait pas compte des différents éléments de l'acte (compétence, forme, motifs, objet, but).

• **Classifications plus récentes**

– Une première classification tient compte des éléments de l'acte : illégalité relative à l'auteur (incompétence) aux formes et procédures (vice de forme), au but poursuivi (détournement de pouvoir) à l'objet de l'acte, aux motifs de l'acte.

– Une seconde classification distingue les illégalités externes (incompétence et vice de forme) des illégalités internes.

Conclusion : si toutes les classifications ont des avantages et des inconvénients, nous retenons ici la classification traditionnelle.

Les moyens d'ordre public peuvent être soulevés par le juge. Ces moyens d'ordre public sont divers et dépendent de la volonté du juge (p. ex. incompétence, délai, etc.) qui doit communiquer au requérant les moyens d'ordre public qu'il entend soulever.

Ex. de moyens d'ordre public : une audience non publique d'un tribunal subordonné qui n'a pas donné les raisons de cette procédure, le fait que la juridiction subordonnée n'a pas siégé conformément aux lois et règlements. N'est pas moyen d'ordre public la conformité de dispositions aux normes supérieures.

Constituent en principe des moyens d'ordre public les règles relatives à la compétence des juridictions et la recevabilité des recours. En ce qui concerne le fond du litige, l'incompétence de l'autorité administrative est le plus classique des moyens d'ordre public.

A. L'incompétence

Il y a incompétence lorsque l'auteur de l'acte n'avait pas pouvoir légal de prendre cette décision, ce pouvoir étant dans les attributions d'une autre autorité.

Cas (v. *supra*, Qualité de l'auteur de l'acte, p. 23, 24 et s.) :
– **usurpation de fonctions :** ex., l'agent n'avait pas qualité d'agent public ; intervention d'un agent administratif en matière judiciaire ou législative ;
– **empiétement de fonctions :** ex., empiétement d'une autorité administrative sur la compétence d'autres autorités administratives. À côté de ces cas d'incompétence « positive » il y a aussi des cas d'incompétence **négative** lorsqu'une autorité invoque son incompétence alors qu'en réalité elle avait compétence.

Caractères : cette irrégularité est particulièrement grave, elle devra même être soulevée d'office par le juge.
Toutefois, il n'y a pas d'annulation pour incompétence en cas d'application de la théorie du **fonctionnaire de fait** ou en cas de **compétence liée** lorsque la mesure devait être prise obligatoirement et de la même façon par une autre autorité.

B. Le vice de forme

Il y a vice de forme ou de procédures lorsque l'administration a omis des formalités prévues ou les a accomplies de façon irrégulière (v. *supra*, Procédure).

Cas : déjà vus (v. *supra*, p. 25, 52).

Caractères : irrégularités **généralement moins graves que l'incompétence** :
– distinction entre **formalités substantielles** et **formalités non substantielles** ; la distinction est souvent affaire d'espèce, d'après l'influence de l'oubli ou de l'irrégularité de la formalité sur la décision. **Si la formalité est non substantielle, pas d'annulation** ; le juge dispose en la matière d'un grand pouvoir d'appréciation :
– si l'administration est dans l'impossibilité d'accomplir la formalité, pas d'annulation ;
– la **couverture du vice de forme** est possible dans certains cas : accomplissement tardif de la formalité, acquiescement des intéressés.

C. La violation de la loi

Il y a violation de la loi lorsque l'administration n'a pas respecté les règles relatives au contenu (objet) de l'acte et aux motifs de fait et de droit dont il procède.

Cas :

1. La violation de la règle de droit

a) Violation directe de la règle de droit : il y a méconnaissance directe par l'administration d'une règle de droit qu'elle aurait dû respecter (ex. : fixation des impôts à un taux supérieur au maximum prévu par des textes supérieurs). Il peut s'agir non seulement de violation de règles écrites, mais aussi de violations de principes généraux du droit (CE, 23 avr. 1982, *Ville de Toulouse c/ Mme Aragnou, AJDA* 1982, p. 476 ; la rémunération d'un agent public ne doit pas être inférieure au SMIC).

b) Violation de l'esprit de la règle de droit : ex. : la loi interdit aux communes d'accorder des subventions aux écoles privées ; le juge considère alors comme illégale la délibération d'un conseil municipal faisant participer la commune aux frais d'un service d'études surveillées dans les écoles privées.

2. Le contrôle des motifs

a) Les différentes illégalités relatives au motif.
Le contrôle porte sur les éléments de fait ou de droit qui ont conduit l'administration à agir. Le contrôle sur les motifs est devenu le moyen d'annulation le plus important en matière de RPEP.
Le problème posé au juge, celui de la relation entre l'acte administratif et les motifs qui sont à la base est complexe. Ainsi même lorsque certains motifs à la base sont illégaux, le juge ne procédera à l'annulation que lorsque ces motifs ont eu une influence « **déterminante** » dans la prise de décision. En cas de **pluralité de motifs** et si certains motifs sont erronés, le juge n'annulera la décision que si les motifs erronés ont été déterminants dans la décision prise (distinction des motifs « déterminants et surabondants » CE, 12 janv. 1968, *Min. Écologie c/ Dame Perrot*, p. 39).
La substitution des motifs : le juge substitue aux motifs erronés invoqués par l'administration des motifs légaux. Jusqu'à une date récente cette substitution n'était possible que si l'administration avait entièrement compétence liée et qu'aucune décision différente ne pouvait en tout état de cause être prise (CE, 8 juin 1934, *Augier*, p. 660). Mais, par une décision du 6 février 2004, *Mme Hallal* (CE, *EDCE* 2005, p. 32), le juge a admis que désormais l'administration peut faire valoir devant le juge de l'excès de pouvoir en première instance ou en appel, un autre motif de droit ou de fait qu'elle avait initialement invoqué en se fondant sur la situation à cette date. Le juge peut alors procéder à une « substitution de motifs » s'il estime que ce motif aurait amené l'administration à prendre la même décision.
Mais il arrive fréquemment que le juge refuse la substitution des motifs (CE, Ord., 16 mai 2007, *M. A.*, *AJDA* 2007, p. 1819). Sur l'ensemble de la question, v. article I. de Silva, *AJDA* 2006, p. 690 et s.
La substitution de base légale permet au juge de substituer au texte invoqué à tort par l'administration, un texte correct. Elle peut avoir lieu en tout état de cause en dehors de la « compétence liée ».

• Les motifs de droit :
– **actes pris en dehors du champ d'application de la loi** : il s'agit d'hypothèses où l'administration invoque un fondement (texte p. ex.) qui ne s'applique pas à l'espèce ;
– **défaut de base légale :** l'administration invoque un fondement qui n'existe pas (p. ex. texte plus applicable) ;
– **erreur de droit** (v. p. 40) : la mesure pouvait bien être prise mais le raisonnement juridique de l'administration est vicié (ex : une autorité qui dispose d'un pouvoir discrétionnaire ne peut pas limiter elle-même ce pouvoir discrétionnaire en s'estimant liée : ainsi l'administration peut refuser un congé à un fonctionnaire mais elle ne peut se fonder sur le fait, invoqué à tort, qu'il se trouvait dans une situation ne permettant pas de l'obtenir). Le Garde des Sceaux a méconnu sa

compétence en infligeant une sanction à un magistrat en déclarant qu'il se conforme à l'avis du Conseil supérieur de la magistrature. Il a commis une erreur de droit (CE, 20 juin 2003, *Stilinovic, AJDA* 2003, p. 1334). L'administration ne peut se fonder sur une règle générale qui n'a pas de valeur légale alors qu'elle doit procéder à un examen particulier des circonstances : un jury de concours ne peut limiter par avance le nombre de candidats qu'il peut déclarer admissible).

• **Les motifs de fait :**

– **Le juge contrôle l'exactitude matérielle des faits** (v. *supra*, p. 25 et s.).
– Le juge contrôle éventuellement l'appréciation et la qualification des faits (v. p. 40 et s.). Le juge sera amené à contrôler la relation entre les faits invoqués et la mesure prise.

b) Degré d'intensité du contrôle du juge

• **Le contrôle est très poussé lorsque les faits ont le caractère de conditions légales**. En effet, dans la majorité des hypothèses, les textes subordonnent l'exercice d'un pouvoir de l'administration, à l'existence de certaines circonstances : la place Beauveau constitue-t-elle une « perspective monumentale » ? (CE, 4 avr. 1914, *Gomel, op. cit.*). Telle organisation syndicale est-elle représentative ? Telle réquisition est-elle justifiée par une « grave crise du logement » comme l'exigent les textes ? C'est ce qu'on appelle le **« contrôle normal »**.

• **Le contrôle est très poussé lorsque le juge estime que la nature de la matière l'exige**. Ex. : en matière de police municipale et de libertés publiques ; en matière d'expropriation ; en matière de licenciement de salariés protégés (CE, 5 mai 1976, *Bernette*, p. 232 ; 18 févr. 1987, *Abellan*, p. 97). C'est ce qu'on appelle le « **contrôle maximum** » (v. aussi p. 41 et s., 143 et s.).

• **Le contrôle est plus réduit et on parle alors de « contrôle minimum » lorsque :**
– le choix de l'administration doit se fonder uniquement sur des considérations d'opportunité (ex. : octroi d'une gratification, choix de nom d'une rue) ;
– la nature de la matière implique selon le juge un contrôle réduit de sa part (ex. : police des étrangers, et, pendant très longtemps, délivrance des passeports aux Français). Mais la jurisprudence en ces matières a évolué ;
– incompétence technique du juge (ex. : valeur d'une copie d'examen, qualité d'une pièce de théâtre).

Le juge exerçait aussi un contrôle minimum lorsqu'il se prononçait sur la légalité de la décision administrative accordant ou refusant une autorisation de licenciement pour motif économique de salariés non protégés (CE, 27 avr. 1979, *Min. Agriculture c/ Synd. CFDT de la Coopérative laitière du Puy*, p. 171).

• On peut remarquer toutefois, que même lorsque le contrôle est très réduit, le juge sanctionnera l'administration en cas **d'erreur manifeste d'appréciation**. Le juge, certes, n'apprécie pas les motifs de la création, mais lorsque le résultat semble contraire au bon sens, scandaleux et illogique, le juge annulera la décision (p. ex. en matière d'équivalence d'emploi, de notoriété médicale, de remembrement rural, de presse étrangère, etc.) (CE, 2 nov. 1973, *SA Librairie François Maspero*, p. 611). Mais le caractère manifeste de l'erreur a tendance à s'estomper nettement (v. p. 40). Erreur manifeste de la suppression de certains tribunaux (CE, 19 févr. 2010, *M. Mollinne, RFDA* 2010, p. 427).

Pour les étrangers, obligation de vérifier la possibilité concrète d'accès aux soins (CE S., 7 avril 2010, *Min. Immigration*, *RFDA* 2010, p. 643).

• Enfin dans le domaine de l'action économique où l'administration intervient de plus en plus, le contrôle du juge, tout en restant limité, tend toutefois à se renforcer (CE, 26 janv. 1968, *Sté Maison Génestal*, p. 62).

• En réalité, la jurisprudence est très évolutive : ainsi, en matière d'expropriation pour cause d'utilité publique, le juge n'a exercé très longtemps qu'un contrôle très limité. Il exerce depuis 1971 un contrôle extrêmement marqué.

Le contrôle de la police des étrangers tend aussi à se renforcer.

Le contrôle du juge est particulièrement difficile en matière économique, Traditionnellement ce sont les mesures d'interventionnisme économique qui ont soulevé des difficultés. Aujourd'hui avec la libéralisation de l'économie et la mise en œuvre des traités européens, c'est le droit de la concurrence qui est en cause.

En matière **d'interventionnisme économique**, le contrôle de l'erreur de droit n'est possible que si la règle est relativement précise, ce qui est rare. Le contrôle des motifs et de la qualification des faits risque souvent de s'aventurer sur le terrain de l'opportunité de l'action administrative. Malgré toutes ces difficultés, le juge a tenté d'adapter son contrôle (CE, 23 mai 1969, *Sté Distillerie Brabant*, p. 264 ; 26 janv. 1968, *Sté Maison Génestal*, p. 62 ; 27 nov. 1970, *Agence-Maritime Marseille-Fret, AJDA* 1971, p. 44).

À l'heure actuelle le contrôle du juge s'exerce de plus en plus sur **le droit de la concurrence**, même si le juge administratif partage ce contentieux avec l'Autorité de la concurrence. C'est dans le très important arrêt *Sté Million et Marais* (CE, S., 3 nov. 1997, p. 406) que le juge est amené à trancher si l'attribution exclusive par contrat du service des pompes funèbres à une société a constitué un **« abus de position dominante »**. Cette jurisprudence a été largement appliquée aussi aux actes administratifs unilatéraux (CE, S., 26 mars 1999, *Sté Hertz et Sté EDA, AJDA* 1999, p. 427). Dans le droit de la concurrence le juge examine aussi d'autres règles que « l'abus de position dominante » (CE, Ass., 26 juin 1998, *Sté AXS Télécommunication, AJDA* 1998, p. 565 : respect des règles dans l'attribution de fréquences à des entreprises par l'autorité de régulation des télécommunications ; v. aussi contrôle sur la concentration des entreprises, rachat (refusé) d'Orangina par Coca-Cola : CE, S., 6 oct. 2000, *RFDA* 2000, p. 1361).

Autres ex. : la concurrence n'est pas servie par la domination de deux grandes surfaces (CE, 9 juill. 2007, *Sté Hippocampe, AJDA* 2007, p. 2101). V. aussi l'important arrêt sur la concentration dans la presse écrite (CE., S., 31 janv. 2007, *Sté France Antilles, AJDA* 2007, p. 789).

La compétence du Conseil d'État et de l'Autorité de la concurrence : le problème est très complexe : Cass. 1re civ., 29 sept. 2004, *AJDA* 2005, p. 1348, compétence de la juridiction administrative pour une action en responsabilité des producteurs autonomes contre EDF.

V. importantes décisions du Conseil d'État en matière de contentieux des opérations de concentration et de régulation économiques (CE, 23 juill. 2009, *Sté Fiducial Audi*, CE, 24 juill. 2009, *Sté Orange France*, Chron. jp *AJDA* 2009, p. 1595).

Cette jurisprudence très importante aussi bien par le nombre d'affaires soumis au juge que par l'importance des décision prises, ne peut être développée dans le cadre de cet ouvrage.

D. Le détournement de pouvoir

Définition : l'autorité administrative a utilisé volontairement ses pouvoirs dans un but autre que celui pour lequel ils lui avaient été conférés.

Cas :

– **l'administrateur a agi dans un but totalement étranger à l'intérêt général** : passion politique, intérêt personnel (ex. : création d'une école pour donner à une personne le poste de directeur, refus d'autoriser un bal pour éviter la concurrence à autre bal), volonté de faire échec à un arrêt du Conseil d'État (CE, 12 juill. 1962, *Bréart de Boisanger*, p. 484). Jury sportif qui tranche en fonction de « considérations étrangères » à l'appréciation des mérites (CE, 25 janv. 1991, *Vigier, AJDA* 1991, p. 289) ;

– **l'administration a agi dans un but d'intérêt public autre que celui en vue duquel elle devait agir** (utilisation du pouvoir de police dans l'intérêt financier de la commune, refus d'autoriser une représentation à un cirque afin de favoriser la fête annuelle de la ville) ;

Autres ex. de méconnaissance de l'intérêt général : mesures prises dans un intérêt personnel ou politique, licenciement d'un agent en congé de maternité (CE, 14 mars 2007, *Dépt de La Réunion*, req. n° 303946), refus de proposer à la mutation la candidature d'un enseignant (CE, 12 mars 2007, *Terri. de Polynésie française*, req. n° 282628), refus de reconnaître l'autorité de la chose jugée (CE, Ass., 13 juill. 1962, *Bréart de Boisanger*, p. 484).

– **détournement de procédure** : utilisation par l'autorité administrative d'une procédure autre que celle prévue par la loi (ex. : utilisation de la réquisition pour infliger une sanction, utilisation des pouvoirs de police judiciaire au lieu des pouvoirs de police administrative : CE, 1960, *Frampar, op. cit.*).

Autres ex. : commune qui fait des manœuvres foncières pour retarder la construction du TGV (CAA Nancy, 13 avr. 2006, *Cne de Vandières, AJDA* 2006, p. 960). Modification des documents d'urbanisme pour régulariser un édifice illégal (CE, 4 mai 1998, *Cne de Saint-Sauveur sur École, Leb.* T. 1103) ou la construction d'un chalet par un riche propriétaire (CE, 9 juill. 1997, *Ben Abdulaziz Al Saoud, Dr. adm.* n° 388).

Caractères :

– le juge est obligé de pénétrer la **psychologie de l'administrateur** ;

– problème délicat de la **preuve** : autrefois le juge exigeait que la preuve résulte de l'acte même, aujourd'hui il admet un faisceau de présomptions mais n'ordonne pas d'enquête ;

– le moyen n'est jamais soulevé d'office ;

– déclin relatif du détournement de pouvoir : lorsqu'il en a la possibilité, le juge préfère utiliser d'autres moyens et surtout, la violation de la loi.

§ 5 - Le jugement

A. Pouvoirs du juge

• **Le juge se borne à rejeter la requête ou à annuler la décision** administrative en tout ou en partie (si les différentes parties de l'acte peuvent être dissociées sans dommage). Le juge a même annulé « en tant que ne pas » c'est-à-dire qu'il annule la partie de la décision qui n'a pas été prise et qui aurait dû être prise (CE, 29 juin 2001, *Vassilikotis, AJDA* 2001, p. 1046 ; v. obligation d'agir). Dans une autre affaire, il accorde « un délai » pour régulariser (CE, 27 juill. 2001, *Titran, EDCE* 2002, p. 43).

Ces annulations « en tant qu'il n'inclut pas » restent très importantes dans la jurisprudence (CE Ass., 16 déc. 2005, *Groupement forestier, RRJ* 2007, p. 327).

Dans la jurisprudence *Groupement forestier des ventes de Nonant* (CE, 16 déc., 2005, *AJDA* 2006, p. 320), *Coulomb et autres* (CE, 13 juill. 2007, *AJDA* 2007, p. 1882), le juge annule partiellement une décision en tant qu'elle a (dans l'affaire Coulomb) étrangement laissé de côté une parcelle appartenant au Conseil général.

Dans un arrêt d'une importance fondamentale (CE, Ass., 11 mai 2004, *Association AC ! et autres*, p. 197, concl. Devys, *GAJA*, 18e éd., n° 112) le Conseil d'État a jugé qu'en principe un acte administratif annulé est considéré **comme n'ayant jamais existé.** Mais, si l'annulation rétroactive a pour conséquence d'emporter des conséquences manifestement excessives en raison tant des effets que cet acte a produits que des situations qui ont pu se constituer, ainsi que l'intérêt général qui peut s'attacher au maintien temporaire de ses effets, **il appartient au juge d'apprécier qu'il soit dérogé à titre exceptionnel au principe de l'effet rétroactif des annulations contentieuses.** Ainsi le juge pourra estimer que tout ou partie des effets de cet acte antérieur à son annulation devront être considérés comme définitifs ou même que l'annulation ne prendra effet qu'à une date ultérieure qu'il détermine.

Cette jurisprudence a été renforcée par l'arrêt *Techna* (*op. cit.*, p. 35 et s.), arrêt très remarqué qui s'appuie sur le principe de sécurité juridique.

Il faut ajouter à cette jurisprudence celle déjà citée sur d'autres applications du principe de sécurité juridique, qui certes ne porte pas directement sur les « pouvoirs du juge » mais sur les motifs qu'il utilise pour annuler ou ne pas annuler une décision. Lorsque le juge, comme il le fait dans la fameuse affaire *KPMG*, annule une décision administrative parce qu'elle ne comporte pas de mesures transitoires, on rejoint d'une certaine manière l'arrêt *AC !* où le juge impose lui-même une sorte de période transitoire (*op. cit.* ; v. p. 35 et s. tous les développements sur le principe de sécurité juridique qui peuvent être repris ici). Nous avions d'ailleurs déjà souligné que cette nouvelle jurisprudence se rapprochait de la jurisprudence *AC !* (v. p. 35 et s.).

Ainsi les arrêtés du ministre du Travail, relatifs au régime de l'assurance chômage qui sont illégaux, sont partiellement annulés immédiatement ; pour d'autres éléments les effets antérieurs à l'annulation sont réputés définitifs ; d'autres éléments enfin ne seront annulés qu'à compter du 1er juillet 2004.

Il y a là un **véritable nouvel office** du juge influencé par le droit comparé ; la jurisprudence garde tout de même un caractère exceptionnel et cherche à prévenir les lois de validation (application de la jurisprudence *AC !* : CE. S., 25 févr. 2005, *France Télécom, AJDA* 2005, p. 997).

Décisions récentes : modalités de transfert de compétences et de recrutement de personnels aux départements. Report de l'annulation (CE, 16 mai 2008, *Dépt du Val-de-Marne et autres, AJDA* 2008, p. 1505). Modulation dans le temps à l'examen des conclusions à fins de dommages-intérêts pour citation abusive devant une juridiction spécialisée (CE S., 6 juin 2008, *Cons. dépt. ordre chirurgiens dentistes, AJDA* 2008, p. 1316 ; v. aussi *op. cit.* CE, 12 déc. 2007, *Sirte* et 6 mai 2008, *Dépt. du Val-*

de-Marne, RD publ. 2009, p. 1517 ; v. aussi annulation différée dans le temps d'une partie de la nouvelle carte judiciaire : CE, 8 juill. 2009 (4 esp.), *AJDA* 2009, p. 1397). Le Conseil d'État a fait application de cette jurisprudence à l'annulation d'une décision individuelle (CE, 12 déc. 2007, *M. Sire, AJDA* 2008, p. 638 concl. M. Guyomar). Application de la jurisprudence *AC !* : CE, 21 nov. 2008, *Assoc. hôpitaux privés, RFDA* 2009, p. 167.

• Jusqu'à une date récente le juge se refusait à donner des **injonctions** à l'administration ; il ne pouvait ni lui prescrire, ni lui interdire de faire telle ou telle chose. Il ne pouvait la condamner à une **astreinte**. À cet égard (v. ci-dessous), des modifications importantes sont intervenues. Mais le juge ne peut toujours pas se substituer à l'administration ni prescrire des voies d'exécution contre l'administration.

• Aussi les pouvoirs du juge administratif restent bien plus limités que ceux du juge judiciaire lorsque celui-ci statue contre l'administration en matière de voie de fait. Si certaines de ces limitations – qui subsistent – découlent de la nature du droit administratif (pas de substitution à l'administration) dans d'autres cas il y avait une véritable « auto-limitation » du juge (Vedel). Toutefois avant la nouvelle loi du 8 février 1995, il y avait déjà certaines bornes à cette auto-limitation. Tout d'abord, en matière de responsabilité, le juge condamnera l'administration à des dommages-intérêts. En matière de recours pour excès de pouvoir, où le juge ne pouvait qu'annuler, il indiquait déjà parfois dans les motifs le cadre dans lequel l'administration devra se placer pour exécuter la décision (CE, 26 déc. 1925, *Rodière*, p. 1065). Enfin, et ce texte s'applique toujours, la loi du 16 juillet 1980 prévoit pour le seul Conseil d'État, la possibilité de condamner l'administration à une astreinte en cas d'inexécution d'une décision de justice (v. ci-après).

• **La loi du 8 février 1995** comporte **d'importantes innovations**. La loi prévoit que les tribunaux administratifs, les cours administratifs d'appel, le Conseil d'État peuvent éventuellement assortir leur décision d'une **injonction** et d'une **astreinte**.

• Le pouvoir d'**injonction** existe dans deux hypothèses, à condition que le requérant ait fait une demande spécifique.

– Le premier cas est celui où le jugement implique nécessairement **qu'une mesure d'exécution soit prise dans un sens déterminé**. C'est l'hypothèse où l'administration a une sorte de compétence liée après la décision du juge (ex. : annulation de la révocation d'un fonctionnaire ; il faut le réintégrer dans le corps.

– Le second cas est celui ou un **jugement implique nécessairement qu'une décision nouvelle soit prise après une nouvelle instruction** (ex. : après annulation d'un règlement obligatoire pour la loi). Dans ce cas, le juge prescrit que la décision soit prise dans un délai déterminé.

• Dans les deux cas, le juge a la faculté d'assortir l'injonction d'une **astreinte**.

Les applications de cette loi ont été très nombreuses. Exemples de décisions rendues en matières d'injonction et astreinte :

– **ne justifie pas une injonction** : annulation du refus de nommer un professeur associé mais n'impliquant pas une obligation de renouvellement (CE, 7 avr. 1995, *Grekos, RFDA* 1995, p. 629) ; annulation d'un acte réglementaire n'impliquant pas que le juge enjoigne à l'administration de revenir sur les mesures individuelles prises en exécution de cet acte (CE, S., avis, 13 mars 1998, *Mme Vindevogel, AJDA* 1998, p. 459) ;

– **justifie une injonction et parfois une astreinte** : le cas où l'annulation d'une révocation implique nécessairement la réintégration (CE, 29 déc. 1995, *Karradias, RFDA* 1996, p. 64 : injonction et astreinte) ; l'annulation de la décision du Premier ministre refusant de prendre les mesures réglementaires indispensables à l'application de la loi (CE, S., *Ass. lyonnaise de protection des propriétaires, RFDA* 1996, p. 776 : injonction mais non pas astreinte) ; cas de l'annulation d'un refus de titre de séjour pour atteinte excessive à la vie familiale normale et qui implique la délivrance du titre (CE, S., 30 nov. 1998, *Berrad, RFDA* 1999, p. 256).

Justifient aussi une injonction : la non-interdiction du « Gaucho » qui peut être préjudiciable aux abeilles (CE, 9 oct. 2002, *Un. nat. de l'apiculture frçe, EDCE* 2003, p. 30) ; l'annulation de certaines révocations implique nécessairement la réintégration (CE, 29 déc. 1995, *Karradias, RFDA* 1996, p. 64).

Justifie une injonction assortie d'une astreinte le refus par le Premier ministre du fait d'une décision implicite de rejet de prendre les mesures réglementaires indispensables à l'application de la loi-délai de huit mois (CE, Ass., 28 mars 1997, *Union nat. des Assoc. familiales,* 1997, p. 663) ; v. aussi l'important arrêt *Titran* (CE, 5 mars 2003, *Titran, AJDA* 2003, p. 1008).

B. Effets

– **Autorité relative de chose jugée** du jugement de rejet.

– **Autorité absolue de chose jugée** du jugement d'annulation qui a, sauf exception, un effet rétroactif : l'acte annulé est considéré comme n'ayant jamais existé. Toutefois, malgré l'autorité absolue de chose jugée, la tierce opposition (CE, 29 nov. 1912, *Boussuge*, p. 1128) est possible, même en matière de recours pour excès de pouvoir.

Il faut souligner que le juge a réaffirmé l'effet immédiat des « revirements de jurisprudence » (CE, 2 sept. 2009, *Assist. pub.de Marseille, AJDA* 2009, p. 1585).

C. Exécution

L'administration doit tirer toutes les conséquences nécessaires du jugement d'annulation. **Si l'administration est juridiquement obligée d'exécuter, il n'existe cependant aucune voie d'exécution contre l'administration :**

• Parfois l'annulation **se suffit en elle-même**. Ex. : annulation d'une interdiction ;

• Dans certains cas, **l'administration peut refaire l'acte.** Ainsi en cas d'annulation pour incompétence, la décision peut être prise valablement par l'autorité compétente. En cas d'annulation pour vice de forme, la décision peut être prise en respectant les formes ;

• Dans certains cas, difficulté ou impossibilité pour l'administration d'exécuter la décision, car on ne peut plus revenir sur les conséquences déjà produites de l'acte. Souvent alors le législateur intervient (validations législatives) par exemple annulation de concours qui ont eu lieu il y a quelques années ; ces validations sont parfois justifiées, parfois abusives. Le Conseil constitutionnel peut contrôler la légalité des

lois de validation (CE, 22 juill. 1980). Les jurisprudences du Conseil constitutionnel et du Conseil d'État **tendent à limiter très strictement la possibilité de recourir à des lois de validation** (ex. Cons. const., 29 déc. 1999, 1999-424, *RFDA* 2000, p. 313 ; CE, 28 juill. 2000, *M. Tête, AJDA* 2000, p. 796 ; CE, Ass., 11 juill. 2001, *Min. Défense c/ M. Préaud, AJDA* 2001, p. 841).
Ex. récent : absence de motifs d'intérêt général d'une loi ayant pour objet de modifier des procès en cours portant sur les pensions des nationaux ayant appartenu à l'Union française. Cette loi est contraire à l'art. 6/1 de la Convention européenne des droits de l'homme (CE, S., *Ka, RFDA* 2006, p. 1083).
L'objectif de ne pas aggraver le déficit de l'assurance-maladie ne constitue pas un impérieux motif d'intérêt général susceptible de rendre une validation législative compatible avec l'article 6-l de la CEDH (CE, 21 déc. 2007, *Féd. de l'hospitalisation privée, AJDA* 2008, p. 2280). Pour le Conseil constitutionnel, il y inconstitutionnalité de la validation législative du contrat de concession du Stade de France (Cons. const., 11 févr. 2011, *M. B., AJDA* 2011, p. 305). Le juge a aussi sanctionné une validation législative « inconventionnelle » (contraire à la CEDH) : CE S., 10 nov. 2010, *Commune de Palavas-Les Flots, AJDA* 2010, p. 2183 ; v. aussi CEDH, 25 nov. 2010, *Lilly France, AJDA* 2011 p. 897).
Il peut éventuellement y avoir recours devant les juges des référés (v. article D. Bailleul, *AJDA* 2008, p. 386).
Est largement incompatible avec la Convention européenne des droits de l'homme la loi rendant applicable de manière rétroactive le nouveau régime de jouissance de retraite des fonctionnaires (CE, Ass., 27 mai 2005, *M. Provin, AJDA* 2005, p. 1455).

• Souvent l'annulation crée un vide juridique dont il faut tirer toutes les conséquences et réviser de nombreuses situations juridiques : l'administration a toujours un délai pour agir ;

• Parfois l'administration est tenue de refaire un acte contraire à l'acte annulé. Cas de compétence liée : a refusé un permis de chasse alors que l'administré réunit les conditions prévues par la loi ;

• Si l'administration n'aperçoit pas clairement les suites à donner à la décision du tribunal administratif, de la cour ou à l'arrêt du Conseil d'État, l'autorité intéressée peut demander au Conseil d'État d'éclairer l'administration, ou le juge peut de lui-même attirer l'attention de l'administration sur les suites à donner à la décision. Les requérants peuvent après l'expiration d'un délai de trois mois d'une décision, signaler à la section du rapport du Conseil d'État, les difficultés qu'ils rencontrent. S'il s'agit d'une décision concernant une mesure d'urgence, ils peuvent saisir cette section sans délai (déc. 30 juill. 1963, art. 58 ; déc. 28 janv. 1969 ; déc. 2 sept. 1988) ;

• **Parfois il y a mauvais vouloir de l'administration ;** dans la pratique les cas d'inexécution flagrants sont assez rares. En revanche, et c'est le cas surtout des autorités décentralisées, l'administration trouve de multiples prétextes pour ne pas appliquer intégralement la décision ou mal l'appliquer : retards, lenteurs, exécution partielle. Le Conseil d'État a vivement dénoncé ces pratiques dans plusieurs rapports (ex. : procédures de remembrement toujours non exécutées vingt ans après le jugement, revalorisation d'une pension qui dépend d'un ministre, mais le ministre des Finances ne contresigne pas l'acte, etc.).

La violation de la chose jugée constitue elle-même un excès de pouvoir justifiant un nouveau recours. Il y a possibilité aussi d'une responsabilité pécuniaire de l'administration. Enfin depuis la réforme de 1963, le requérant peut signaler au Conseil d'État les difficultés auxquelles il se heurte. L'affaire est soumise à la section du rapport et peut-être mentionnée dans le rapport annuel (sur l'intervention du médiateur, v. p. 47 et s.) ;

• En dehors du recours pour excès de pouvoir, la loi du 16 juillet 1980 prévoit que lorsqu'une décision juridictionnelle a condamné une collectivité publique au paiement d'une somme d'argent, cette somme doit être ordonnancée dans un délai de quatre mois. Si ce délai n'est pas respecté, le comptable doit procéder au paiement sur simple présentation d'un jugement. S'il s'agit d'une collectivité locale, l'autorité de tutelle doit procéder au mandatement d'office.
Le préfet peut se substituer à une collectivité en cas de carence d'une décision de justice la condamnant à payer une somme d'argent (CE., S., 18 nov. 2005, *Sté fermière, AJDA* 2006, p. 136).

• La même loi prévoit que lorsqu'un jugement d'annulation ou de plein contentieux n'est pas exécuté au bout de quatre mois (loi du 12 avr. 2000), le requérant peut saisir le Conseil d'État qui peut condamner l'administration à une **astreinte**, à tant par jour de retard. Cette loi a été appliquée par le Conseil d'État (CE, 17 mai 1985, *Mlle Menneret, RFDA* 1985, p. 842 ; 2 mars 1988, *Sté Tennis Jean Beckett*, p. 788). Dans l'affaire *Menneret*, la commune a été condamnée à une astreinte journalière, tant qu'elle n'aurait pas rétabli le nom effacé sous un monument historique.
Estimant la jurisprudence du Conseil d'État trop restrictive, le gouvernement, par décret du 30 juillet 1990, a amélioré la procédure des astreintes et ces dernières années les condamnations se sont multipliées (ex. : CE, 6 janv. 1995, *Soulat et Boivin* ; 27 janv. 1995, *Melot, AJDA* 1995, p. 104 ; CE, S., 5 mai 1995, *Mme Berthaux, AJDA* 1995, p. 653 ; CE, S., 7 oct. 1994, *M. et Mme Lopez, RFDA* 1994, p. 1237). Autre ex. : CE, 28 mai 2001, *M. Bandesapt, RFDA* 2001, p. 957 : annulation d'une circulaire en décembre 1998 : intervention de la Section du rapport en juin 1999 ; aucune mesure en avril 2001 ; astreinte de 10 000 F par jour jusqu'à exécution. A été jugé que le président du tribunal ou de la cour est tenu de faire droit à une demande tendant à l'ouverture d'une procédure juridictionnelle présentée dans le délai d'un mois par un justiciable dont la demande d'exécution a fait l'objet d'un classement administratif. Il doit en revanche rejeter une demande tardive (CE, 25 avril 2007, *M. Guerirem, AJDA* 2007, p. 1199).
Il faut souligner que la loi du 8 février 1995 étend cette possibilité d'astreinte répressive « c'est-à-dire après non-exécution d'une décision, aux **cours administratives d'appel** et aux **tribunaux administratifs** ».

• Enfin la loi prévoit qu'éventuellement l'agent responsable de la non-exécution pourra être condamné par la cour de discipline budgétaire à une amende.

INDEX ALPHABÉTIQUE

D

E

F

G - I

J - L

M - N

S

T - U

V

TABLE DES MATIÈRES

MÉMENTOS DALLOZ

Série droit public – science politique

Administration de l'État, F. Chauvin

Administration régionale, départementale et municipale, J. Moreau

Contentieux administratif, G. Peiser

Droit administratif des biens, G. Peiser

Droit administratif général, G. Peiser

Droit constitutionnel et institutions politiques, J. P. Jacqué

Droit des contrats publics, F. Lichère

Droit européen, J.-C. Gautron

Droit fiscal, C. de Lauzainghein, M.-H. Stauble-de Lauzainghein

Droit de la fonction publique, G. Peiser

Droit international public, D. Ruzié, G. Teboul

Droit public, L. Dubouis, G. Peiser

Droit public économique, D. Linotte, A. Graboy-Grobesco

Droit de la santé publique, D. Truchet

Droit de l'Union européenne et politiques communes, P. Le Mire

Droit de l'urbanisme, J. Morand-Deviller

Finances locales, R. Muzellec, M. Conan

Finances publiques, J. Buisson

Histoire du droit, J. Hilaire

Histoire des idées politiques de l'Antiquité à la fin du XVIIIe siècle, D. G. Lavroff

Histoire des idées politiques depuis le XIXe siècle, D. G. Lavroff

Histoire des institutions publiques de la France, P. Villard

Institutions internationales, J. Charpentier

Introduction à la science politique, J. Baudouin

Libertés publiques et droits de l'homme, A. Pouille

Relations internationales, M. Gounelle

Série droit privé

Criminologie et science pénitentiaire, J. Larguier
Droit des assurances, H. Groutel
Droit bancaire, F. Dekeuwer-Défossez, S. Moreil
Droit civil général, P. Bihr
Droit civil. Les biens, P. Courbe, M. Latina
Droit civil. Les contrats spéciaux, B. Bourdelois
Droit civil. Les obligations, G. Légier, L. Tranchant
Droit civil. Les personnes, la famille, les incapacités, P. Courbe
Droit civil. Régimes matrimoniaux, libéralités, successions, F. Lucet, B. Vareille
Droit civil. Sûretés, publicité foncière, V. Brémond, M.-N. Jobard-Bachellier
Droit commercial. Notions générales, J.-P. Le Gall, C. Ruellan
Droit du commerce international, H. Kenfack
Droit de la construction, R. Saint-Alary, C. Saint-Alary-Houin
Droit des entreprises en difficulté, P.-M. Le Corre
Droit fiscal des entreprises commerciales, J.-P. Le Gall
Droit international privé, J. Derruppé, J.-P. Laborde
Droit pénal des affaires, G. Giudicelli-Delage
Droit pénal général, J. Larguier, P. Conte, P. Maistre du Chambon
Droit pénal spécial, J. Larguier, P. Conte, A.-M. Larguier
Droit de la propriété industrielle, J. Schmidt-Szalewski
Droit rural, J. Audier
Droit de la sécurité sociale, J.-J. Dupeyroux, X. Prétot
Droit des sociétés, A. Constantin
Droit du travail. Volume I. Rapports collectifs, J.-M. Verdier, A. Cœuret, M.-A. Souriac
Droit du travail. Volume II. Rapports individuels, J.-M. Verdier, A. Cœuret, M.-A. Souriac
Grands systèmes de droit étrangers, M. Fromont
Institutions juridictionnelles, J.-J. Taisne
Introduction générale au droit, P. Courbe, J.-S. Bergé
Procédure civile. Droit judiciaire privé, J. Larguier, P. Conte, C. Blanchard
Procédure pénale, J. Larguier, P. Conte
Propriété littéraire et artistique, P. Sirinelli